MÉMOIRES

CONCERNANT

LES IMPOSITIONS ET DROITS

EN EUROPE.

TOME PREMIER.

MÉMOIRES

CONCERNANT

LES IMPOSITIONS ET DROITS

EN EUROPE.

Par M^r. Moreau de Beaumont, Conseiller d'État,

NOUVELLE ÉDITION,

CONFORME A CELLE DE L'IMPRIMERIE ROYALE,

AVEC DES SUPPLÉMENS

ET DES TABLES ALPHABÉTIQUES ET CHRONOLOGIQUES,

Par M^e. Poullin de Viéville, Avocat au Parlement, Censeur Royal.

PREMIERE PARTIE,

Concernant les Droits qui ont lieu dans les Isles Britanniques, les Couronnes du Nord, les Etats d'Allemagne, ceux d'Italie, d'Espagne & de Portugal.

TOME PREMIER.

A PARIS,

Chez J. Ch. DESAINT, Imprimeur du Châtelet, rue Saint-Jacques.

M. DCC. LXXXVII.

AVEC APPROBATION, ET PRIVILEGE DU ROI.

NOTICE

SUR

LA VIE DE L'AUTEUR. (1)

JEAN-LOUIS MOREAU, Seigneur de Beaumont, naquit à Paris le 28 Octobre 1715, de Messire Pierre Moreau, Seigneur de Nassigny, Président en la premiere Chambre des Requêtes, & Conseiller d'honneur au Parlement, & de Claude-Antoinette d'Amorezan de Pressigny.

L'amour du travail, qui devoit être la passion de toute sa vie, le distingua dès sa premiere jeunesse.

Ceux, qui aspirent à la Magistrature, sont obligés de se faire recevoir d'abord Avocats ; mais aujourd'hui ils n'exercent plus guere une profession, où ils apprendroient à interroger les loix, avant de les faire parler elles-mêmes. M. de Beaumont eût l'avantage de se préparer aux augustes fonctions de Juge, comme on s'y préparoit autrefois. Dès l'âge de 19 ans, il plaida plusieurs Causes. Son talent lui valut les éloges qui, dans tous les cas,

---

auroient été donnés à son zele. Il étoit du petit nombre de
ceux à qui l'on ne peut pas faire un compliment d'usage. Un
jour où il avoit parlé fort long-temps, dans une cause aussi déli-
cate qu'embarrassée, M. le Président fut chargé par la Chambre
de lui témoigner publiquement le plaisir qu'elle avoit eu à l'en-
tendre. Le Chef du tribunal adressa cette félicitation au moment
où il prononçoit le jugement : ainsi c'étoit la justice elle-même
qui vouloit louer M. de Beaumont.

Après deux ans passés dans de pareilles épreuves, il fut reçu
Conseiller au Parlement, au mois de Décembre 1736. Dans ces
fonctions importantes & redoutables pour un jeune homme,
déja annoncé, M. de Beaumont ne tarda pas à se concilier l'estime de ses confreres, & cette estime fixa dès-lors sa réputa-
tion : un grand sens, une exactitude particuliere à tenir note
de toutes les affaires dont il étoit témoin, l'intelligence avec
laquelle il rédigeoit les conférences qui se tenoient chez M.
Le Peletier, premier Président du Parlement : toutes les qualités
d'un Juge consommé le firent regarder comme tel par un homme,
dont il suffira de prononcer le nom pour apprécier l'honneur
de son suffrage. Cet homme, c'est M. le Chancelier d'Aguesseau :
de son propre mouvement, ce grand Magistrat, ce Chef illustre
de la Justice, envoya à M. de Beaumont, qui n'avoit encore que
23 ans, des Lettres de dispense à l'effet d'avoir voix délibéra-
tive. On est tenté de chérir encore plus la mémoire de M.
d'Aguesseau, quand on le voit interrompre ses hautes pensées,
pour jeter un regard sur le mérite modeste, & le développer tout-
à-coup par un premier encouragement.

Au mois de Mai 1740, M. de Beaumont obtint des provisions de Maître des Requêtes. M. le Chancelier s'empressa de
le charger d'affaires, sur-tout de celles qui tenoient le plus à
l'administration. M. de Beaumont en rapporta trois considérables en présence du Roi, travail qui lui produisit la récompense

la plus faite pour le flatter, l'approbation de son Maître; car son attachement pour la personne du Monarque étoit si profond, qu'il auroit été difficile d'être plus François que lui. Il étoit sur le point de rapporter une quatrieme affaire, celle de Montbeillard, dont il s'occupoit depuis trois ans; & l'on peut présumer par le temps qu'avoit exigé la préparation, combien il se seroit fait d'honneur; mais il aima mieux sacrifier sa gloire & arranger l'affaire.

Jaloux de s'instruire & d'être utile, M. de Beaumont accompagna, dans plusieurs campagnes, M. de Sechelles son oncle, Intendant d'Armées. Il fut même chargé par lui des détails du siége d'Ostende. Sa principale gloire, en cette occasion, fût d'avoir eu la confiance d'un homme supérieur, cher à la France, estimé de l'Europe, d'un de ces citoyens précieux à un grand Empire, qui n'eût pas choisi M. de Beaumont par le seul motif de la parenté, s'il ne l'eût jugé capable de lui appartenir encore de plus près par son zele & son habileté.

Les places ne pouvoient manquer à M. de Beaumont. Il fut nommé Président du Grand - Conseil en 1746, Intendant de Poitiers en 1747, de Franche-Comté en 1750, de Flandres en 1754 : par-tout il eût le rare avantage d'exécuter, avec la plus grande précision, les ordres dont il étoit chargé, & d'emporter les regrets des habitans.

En 1756, le Roi le nomma Intendant des Finances. Jamais choix ne fût plus applaudi. Instruit dès sa jeunesse par une longue étude des principes généraux, il venoit rapporter au Conseil les connoissances locales qu'il avoit acquises dans les provinces : connoissances trop souvent dédaignées par des hommes d'un génie élevé, & sans lesquelles les principes généraux sont sujets à n'être que des erreurs. M. de Beaumont parût alors un Magistrat universel en fait d'administration publique. Le département des eaux & forêts, attaché seul à sa place, lui permit de se livrer à d'autres occupations. En 1760, il fut Commissaire du Roi à la Compagnie des Indes. En 1765, il fut chargé de terminer la liquidation des dettes de Lorraine, travail considérable qui exigea des détails immenses.

Ce fut vers cette époque que M. de Beaumont écrivit les Mémoires, dont on publie aujourd'hui la nouvelle Edition. L'occasion de cet Ouvrage fut la situation de l'Etat. Il s'agissoit de réformer les Finances. L'imposition, la répartition, la perception, toutes les parties, en un mot, demandoient un nouvel ordre, & beaucoup de changemens, comme on peut le voir dans la Déclaration du 21 Novembre 1763, ainsi que dans les Lettres-Patentes du 28. Le Roi prit la résolution de ne rien décider, qu'il n'eût recueilli les sentimens des Cours souveraines, & d'un certain nombre de personnes honorées d'une confiance particuliere. En conséquence Sa Majesté créa une commission pour assister à la lecture des mémoires, & lui en présenter ensuite les résultats.

M. de Beaumont composa ses Mémoires pour les porter devant cette commission. L'Ouvrage est en 4 volumes in-4°. Il contient l'origine & la progression de tous les droits qui se sont perçus en Europe & notamment en France, jusqu'en 1768.

Ce seroit faire tort à cet immense travail que d'essayer d'en rendre compte dans une notice aussi abrégée que celle-ci. Malgré la multitude effrayante de faits & de loix qu'il renferme, l'esprit s'y trouve à l'aise par la lumiere facile, répandue sur tous les objets, & par l'ordre avec lequel ils sont disposés pour la recevoir. L'Auteur ne cherche que la vérité, & son style est simple comme elle; mais un mérite très-remarquable, c'est qu'il n'y a pas un mot qui ne soit important, pas une phrase qui ne retrace des pensées de législation, ou l'histoire de ces ressources dans lesquelles réside l'art de gouverner. M. de Beaumont ne se contente pas de présenter la constitution des choses, il développe

encore leur organifation intérieure. Au lieu d'établir un fyftême, toujours fujet à contradiction, il établit des faits, & vous
vous trouvez convaincu de toutes les vérités qu'il vous a laiffé
découvrir. L'Adminiftrateur qui croit n'avoir vu qu'un tableau
ou un récit, fe fent tout-à-coup rempli d'idées & de prévoyance.

La commiffion à laquelle ces Mémoires devoient être lus, n'a
jamais été formée : mais le feu Roi ne voulut pas qu'un fi beau
travail fût perdu pour la poftérité : il en ordonna l'impreffion au
Louvre, & admit l'Auteur au Confeil royal.

Le Livre de M. de Beaumont a été long - temps le feul
où l'on pût s'inftruire, avec quelque certitude, de l'état de la
France : c'étoit le Manuel des Intendans. S'il a paru depuis
d'autres Ouvrages fur les Finances, ils lui font redevables fans
doute d'une portion de leur exiftence, & ces Ouvrages, quelque bons qu'ils puiffent être, ne pourront jamais difpenfer du
fien.

Lorfque les Intendans des Finances furent fupprimés, il fut
formé un Comité de quatre Confeillers d'Etat, auxquels des
Maîtres des Requêtes faifoient le rapport de toutes les affaires
contentieufes. M. de Beaumont fut nommé Préfident de ce
Comité, & chargé de figner les Arrêts, tant qu'il n'y eût pas
de Contrôleur général en titre. Perfonne n'ignore de quelle
utilité furent alors fes lumieres & fon intégrité. Voici ce qu'a
dit de lui dans le Compte rendu, un Miniftre des Finances,
avare de fon eftime.

« Ces Comités fe tiennent affiduement & prefque fans va-
» cances. M. de Beaumont un des Magiftrats les plus éclairés
» de votre Confeil, paffionné pour tous fes devoirs, & digne,
» fous tous les rapports, de la bienveillance particuliere de votre
» Majefté, préfide à ce Comité. Il n'eft aucune conteftation
» qui n'y foit examinée avec le plus grand foin & avec une
» impartialité & une intégrité, auxquelles le public rend hom-

« mage ». M. de Beaumont méritoit bien de trouver une inf-
cription en fon honneur dans un monument public, confacré à
l'adminiftration.

En acceptant le furcroît de travail que la préfidence du Comité lui impofoit, il demanda que l'on remit fon département
des domaines & des eaux & forêts à un fujet qui travailloit
depuis long-temps fous fes yeux, que M. le Préfident & Mme la
Préfidente de Guibeville, fœur de M. de Beaumont, avoient
choifi pour leur gendre, & qu'il avoit toujours jugé digne de
le remplacer, M. de Forges, Maître des Requêtes. C'eft la
feule récompenfe que M. de Beaumont ait demandée pour fes
longs & fideles fervices, & cette récompenfe étoit elle-même
un préfent qu'il faifoit à l'Etat. M. de Forges juftifie tous les
jours par fon intégrité, fon mérite, le choix & l'opinion de
fon oncle.

En 1781, M. de Beaumont reçut un nouvel honneur de la
bonté du Roi, qui l'admit au Confeil des Dépêches. Mais les
honneurs n'étoient pour lui qu'un redoublement de travail. Son
application continuelle finit par détruire fa fanté, fans pouvoir
rallentir fon zele. Il a fallu que la mort vint l'enlever dans une
affemblée d'hommes d'Etat, au milieu des loix & des délibérations dont il étoit l'ame. Ce fut au Confeil royal qu'il reffentît,
le 17 Mai 1785, les premieres atteintes de fa derniere maladie,
& le 22 du même mois, il mourut dans fa terre de Mefnil, près
de Mantes-fur-Seine, univerfellement regretté de tous les gens
de bien.

M. de Beaumont étoit un vrai citoyen de la France ; toute
fa vie a été celle d'un Magiftrat homme d'Etat ; deftinée glo-
rieufe que beaucoup de gens ambitionnent, ou veulent paroître ambitionner, & qui fut la fienne naturellement. Ses
devoirs s'étoient tellement rencontrés avec fes penchans, que
dès le premier jour de fa vie ils avoient été la même chofe.

Il n'avoit pas de plus grand plaisir que lorsqu'il s'occupoit des affaires. Il en parloit sans cesse : dans les conseils en homme qui les entend, & dans la société en homme qui les aime. On peut juger combien il y étoit propre par l'impression ineffaçable qu'elles produisoient sur son esprit. Quand on lui avoit rapporté un procès, il se le rappeloit aussi exactement & aussi long-temps que s'il l'eût étudié lui-même. Sa mémoire étoit admirable, elle ressembloit à des archives toujours ouvertes, où l'on pouvoit trouver en ordre, à chaque heure du jour, les loix & tous les événemens de l'administration.

M. de Beaumont ne mettoit d'intérêt qu'à ce qui étoit d'un grand intérêt, c'est-à-dire au bien public, & aux affaires, qui sont les élémens du bien public : mais il fût simple & bon dans son intérieur. Une grande politesse a souvent rendu agréable jusqu'à ses refus mêmes.

Dans la conversation, il ramenoit volontiers les objets à cette plaisanterie fine & naïve qui parmi nous a souvent appartenu aux hommes laborieux, comme aux plus frivoles, mais à des titres différens : chez les uns elle est le travail de leur esprit, chez les autres elle en est le repos.

Nous avons assez parlé des travaux de M. de Beaumont, il faut dire un mot de ses délassemens. Quand par hazard il se trouvoit libre ou qu'il s'étoit fatigué par une trop grande contention, il relisoit son Histoire de France. Personne ne la possédoit plus en détail que lui : il eût été le Président Hénault en sus de tout ce qu'il étoit déja par lui-même.

Une modestie rare l'a empêché de faire valoir toutes ses qualités, mais elle n'a pu les cacher. Nous ajouterons, en finissant, le plus beau trait qui puisse couronner un éloge. Il joignoit à tant de mérite la probité & le désintéressement d'Aristide : car il faut remonter à la vertu d'un ancien pour parler de la sienne. Content du patrimoine de ses peres, jamais il n'a rien demandé pour lui. Ce défintéreſſement de M. de Beaumont alloit à un tel point, qu'on eût pu croire qu'un homme qui avoit travaillé, toute ſa vie, ſur les finances, & liquidé de grandes maſſes de dettes, connoiſſoit à peine la valeur de l'argent.

Il avoit épouſé en 1742 Demoiſelle Marie-Françoiſe-Grimold de la Reyniere, perſonne recommandable par ſes vertus, par ſa bonté ; qui veilloit ſur M. de Beaumont comme ſur un dépôt qui lui eût été confié par la France elle-même, & dont les ſoins infatigables & la tendreſſe nous l'euſſent conſervé, ſi la tendreſſe & les ſoins avoient pu l'emporter ſur cinquante ans de travail, employés, preſque ſans interruption, au ſervice de la Patrie.

AVERTISSEMENT.

AVERTISSEMENT.

LE maintien & la confervation de tout Etat exigent de chacun des Membres qui le compofent, des fecours, que l'on peut regarder comme une contribution inhérente à la qualité de citoyen, & comme une charge des fonds dont il jouit paifiblement & fans trouble, à l'ombre de la protection, qui veille fans ceffe à fa défenfe : cette police intérieure, qui fait fa fûreté & fa tranquillité, les moyens qu'il eft indifpenfable d'employer pour éloigner de fes poffeffions les ravages de la guerre, pour prévenir ou arrêter les effets de l'ambition ou de la jaloufie des Nations voifines, entraînent néceffairement dans des dépenfes, dont l'objet eft plus ou moins confidérable, eu égard à l'étendue, à la pofition & à l'intérêt de chaque Etat. Chaque individu eft tenu de contribuer à la caufe commune & nationale par fes travaux, par fes talens & dans la proportion de fes facultés ; c'eft ce concours de zele, c'eft cette réunion d'efforts, qui font refpecter la Nation au dehors, entretiennent au dedans l'ordre, l'harmonie & la paix dans les différentes conditions où chaque particulier fe trouve placé, maintiennent les droits de la propriété, & affurent l'exécution des loix, qui ont été fucceffivement établies.

Ainfi la contribution eft indifpenfable ; mais l'objet principal, & le plus intéreffant, eft d'en rendre la répartition auffi égale, & par cette circonftance, la moins onéreufe qu'il eft poffible. Toute impofition affecte néceffairement ou la perfonne, ou les fonds, ou les marchandifes & denrées, ou les actes & contrats de la fociété civile ; fous ces quatre claffes fe rangent toutes les levées de deniers, dont la fource & l'origine ont été également, dans tous les pays, les motifs qu'on a précédemment rapelés

la néceffité des conjonctures , & le befoin de l'Etat, en ont
fouvent déterminé l'accroiffement.

On doit ici principalement confidérer la nature, la quotité &
l'affiette de chaque impofition, les formes & l'économie de la
perception & du recouvrement : il eft des vices & des abus qu'on
peut regarder comme étant dans l'effence même des chofes.
Tout ce que le zele le plus éclairé & le plus actif peut faire ; c'eft
d'en diminuer les effets ; on ne peut fe flatter de les détruire
entierement : les circonftances locales & particulieres à un pays,
les différentes fituations qu'il a éprouvées , font fouvent le principe & la caufe des inconvéniens, & en même-temps un obftacle
aux remedes, qui pourroient feuls les faire ceffer.

Ces dernieres réflexions reçoivent l'application la plus directe
à la France.

Il fut un temps malheureux pour les peuples, où ce royaume
divifé en territoires diftincts les uns des autres, pouvoit compter
autant de Defpotes que de Seigneurs. On vit paroître dans un
même Etat & dans un feul royaume plufieurs Etats, & comme
plufieurs Rois différens, qui ayant interrompu le cours & l'ordre
de la domination légitime, s'étoient fubftitués au véritable Souverain. Ce n'eft que fucceffivement que les différentes provinces
que l'anarchie féodale avoit éclipfées de la Couronne y ont été
réunies ; elles ont apporté , lors de cette réunion, & ont confervé depuis, les ufages fuivant lefquels elles étoient adminiftrées
& régies à cette époque ; elles font attachées à ces ufages , &
en regardent le maintien comme la marque la plus intéreffante
pour elles de la protection du Souverain : delà cette variété dans
la nature & la perception des différens droits, dont plufieurs
font un obftacle fans ceffe renaiffant à la circulation des denrées
& marchandifes dans l'intérieur du royaume : delà ces établiffe-
mens difpendieux, mais néceffaires pour empêcher les verfemens
facilités par le local : delà la néceffité de deftiner à cette fonc-

tion une infinité de fujets , qui pourroient être employés plus
utilement pour l'Etat : delà l'inconvénient de laiffer toujours fubfifter à la fraude un appât , qui détourne un grand nombre d'habitans de la culture des terres , & qui, par la perfpective d'un plus
grand profit, les entraîne dans la fainéantife , qui eft la fource
de tous les crimes & de tous les maux. L'uniformité pourroit
feule faire ceffer tous ces inconvéniens ; mais il eft plus facile
de les appercevoir & de les fentir, que d'y remédier.

D'un autre côté, fi chaque particulier fujet à l'impofition fe
rendoit juftice fur la quotité qu'il en doit fupporter, ou fur les
droits qu'il doit acquitter, les reglemens que la fraude toujours
ingénieufe a forcé de multiplier , feroient fuperflus ; la régie
feroit débarraffée de cette multitude de formalités, qui devient
onéreufe au redevable , & dont celui même qui eft de bonne
foi ne peut être excepté ; la fûreté de la perception les exige.

Enfin les différens Etats éprouvent également le malheur de
ne pouvoir pas toujours confidérer, autant qu'il feroit néceffaire,
dans l'établiffement des droits & impofitions , ce qu'exigent la
culture des terres, l'induftrie & le commerce des peuples; mais
les befoins de l'Etat commandent. Des vues économiques exige-
roient la modération , ou même la fuppreffion totale de certains
droits; mais l'Etat feroit privé d'une branche de revenus néceffaires pour fubvenir aux dépenfes dont il eft chargé, & qui ne
peut être remplacée par aucune autre voie.

Il feroit pareillement à defirer que l'on pût perfectionner la
forme des impofitions , que l'arbitraire en fût entiérement banni,
& que la répartition fût affife fur une bafe fixe & certaine; mais
des opérations qui font faciles, de peu de durée, & qui occafionnent des frais médiocres dans un Etat peu étendu, rencontrent, dans un grand Etat, des obftacles de tout un autre genre,
demandent un temps & des dépenfes confidérables. Enfin un
petit Etat fe maintient prefque fans effort, & par le feul intérêt

qu'ont les autres Puissances qu'il subsiste tel qu'il est; mais un grand Etat est sans cesse exposé à des événemens qu'il doit prévoir & prévenir; il fixe l'attention de toutes les Puissances; il ne peut même, pendant la paix, en goûter entiérement les douceurs, il est toujours obligé d'entretenir des forces capables d'en imposer, de tenir ses frontieres en état de défense, & suffisamment approvisionnées.

Ainsi l'administrateur se trouve arrêté & contrarié dans l'exécution des projets que lui inspire le desir de procurer à l'agriculture les encouragemens qu'elle exige, au commerce les facilités qui lui seroient nécessaires pour lui donner toute l'étendue dont les productions du pays & le génie des habitans le rendent susceptible : sans cesse occupé de pourvoir à un service toujours instant, il est forcé de se refuser à des changemens, qui, quoique utiles en eux-mêmes, apporteroient quelque diminution, ou même quelque retardement dans la rentrée des fonds affectés à des objets de dépenses indispensables. Il n'a pas même la ressource des remplacemens; tout excès en matiere d'imposition, sur quelque objet que l'augmentation puisse porter, entraîne toujours plus d'inconvéniens que d'utilité.

Ces considérations ne doivent cependant pas empêcher de fixer son attention sur tout ce qui concerne les impositions & droits, d'en approfondir les détails, de constater ce qu'il est possible de réformer ou de perfectionner.

Sa Majesté, toujours attentive à tout ce qui peut tendre & concourir au bonheur & au soulagement de ses sujets, a fait connoître le desir qu'Elle avoit qu'on s'occupât des moyens, qui pourroient être mis en usage pour introduire dans l'administration de ses finances, & dans la répartition, la levée & la perception des impositions & droits, qui ont lieu dans le royaume, les formes les plus simples, & les moins onéreuses pour ses peuples.

Pour remplir les vues dont Sa Majefté eft animée, on a penfé qu'il étoit néceffaire, & même indifpenfable, de fe procurer tous les renfeignemens qu'il feroit poffible de raffembler, foit fur la nature des impofitions & droits, qui fe levent & fe perçoivent dans les différens Etats & Pays de l'Europe, foit fur la maniere dont ces impofitions & droits y font répartis, levés & perçus, foit enfin fur tout ce qui tient au fyftême des finances dans ces Etats & Pays : Que la difcuffion de ces différens objets, & le parallele des formes & des ufages, qui s'obfervent dans les autres Etats & Pays de l'Europe, avec ceux d'après lefquels les impofitions & droits font régis & adminiftrés en France, procure-roient la connoiffance des avantages & des inconvéniens, qui peuvent réfulter des uns & des autres, & mettroient en état de propofer ce qui feroit le plus convenable, relativement à l'ordre établi dans la levée & perception de ces différentes branches de revenus.

Il a été en conféquence écrit aux Ambaffadeurs & Miniftres du Roi dans les Cours étrangeres, pour les prier de raffembler tous les détails qu'ils pourroient fe procurer à cet égard, & en les adreffant, d'y joindre les obfervations dont ils pourroient les juger fufceptibles.

Tous fe font empreffés, autant que les circonftances ont pu le permettre, à fe conformer aux intentions de Sa Majefté ; ils ont adreffé fucceffivement des Mémoires dans lefquels font rappelés le genre & la nature des impofitions & droits, qui ont lieu dans les Etats & Pays où ils réfident ; quelques-uns même ont joint à ces Mémoires différentes pieces & réglemens relatifs à ces impofitions & droits, & à la maniere dont les uns & les autres font adminiftrés.

C'eft d'après ces Mémoires qu'a été formé le travail qu'on fe propofe de mettre fous les yeux de la Commiffion, & qui fe divife naturellement en deux parties.

On rendra compte, dans la premiere, des détails, qui concernent les impofitions & droits dans les différens Etats & Pays de l'Europe : on commencera par les îles Britanniques ; on paffera enfuite aux Couronnes du nord, aux Etats d'Allemagne, à ceux d'Italie, à l'Efpagne & au Portugal.

Dans la feconde partie, on traitera des impofitions & droits, qui ont lieu en France ; on rappelera les principes & les formes par lefquels ils font régis & adminiftrés.

Ce fera d'après l'examen & la difcuffion, foit des différentes natures d'impofitions & droits, foit des différentes formes d'adminiftration, & en comparant les unes & les autres avec celles qui s'obfervent dans le royaume, qu'on fera à portée de juger ce qui, dans l'état actuel des chofes, peut être le plus convenable pour la meilleure adminiftration des finances, & pour le plus grand avantage des peuples.

TABLE

DES MÉMOIRES CONTENUS DANS CE VOLUME.

.MÉMOIRES

MÉMOIRES

Concernant la nature, la régie & la perception des impositions & droits qui ont lieu dans les différens Etats de l'Europe.

IMPOSITIONS EN ANGLETERRE.

AVANT la révolution de 1688, les taxes qui formoient le revenu de l'Angleterre étoient simples & peu considérables, savoir :

1º. Des droits de douane sur l'importation & l'exportation de différens objets de nécessité ou de luxe, montant annuellement à 1 million 15 mille 472 livres 7 sous 9 deniers sterlings.

2º. Les taxes de l'accise, qui produisoient 666 mille 383 livres sterlings.

3º. Celles sur les terres, de 245 mille livres sterlings.

4º. Les revenus du bureau de la poste, de 65 mille livres sterlings.

Enfin les saisies, les licences pour le débit de la biere & du cidre, les casualités, les revenus des duchés de Cornouaille & de Lancastre, & d'autres petites branches de domaine, formant en tout un objet de 70 mille livres sterlings.

Ainsi tout le revenu de l'Etat montoit à 2 millions 61 mille 856 livres sterlings, faisant, monnoie de France, valeur intrinseque, à 22 livres 17 sous 6 deniers la livre sterling, la somme de 47 millions 164 mille 956 livres.

L'élévation de Guillaume III à la Couronne d'Angleterre, en changeant la face du gouvernement, donna une nouvelle forme aux finances. Guillaume convint de fixer la liste civile à 700 mille livres sterlings par

Tome III. A

an , & qu'il feroit rendu compte du furplus au Parlement. Les guerres , dans lefquelles la nation Angloife a été engagée pendant fon regne & fous les fuivans, l'ont mife dans la néceffité de faire des emprunts confidérables , & les taxes fe font multipliées avec les emprunts. On va parler des uns & des autres en commençant par les taxes & revenus de l'Angleterre.

TAXES ou *REVENUS*
DE L'ANGLETERRE.

On divifera en trois branches principales les revenus de l'Angleterre.

1°. Celui des Douanes.

2°. Celui de l'Accife.

3°. Celui des Droits intérieurs.

1°. *Revenu des Douanes.*

On comprend fous le mot de *Douane* tous les droits quelconques, qui fe perçoivent à l'importation & à l'exportation des denrées & marchandifes , qui font de deux fortes , les uns appellés *Tonnage* , parce que c'eft une impofition de tant par tonneau , fur les vins, vinaigres , eaux-de-vie, efprit de vin , bieres , cidres & autres liqueurs; & les autres *Pondage* , parce qu'ils font impofés à la livre ou au cent pefant, ou à tant pour cent de la valeur, en obfervant néanmoins qu'à l'égard des articles dont le droit fe perçoit fur la valeur, & dont le prix n'eft pas fixé par les regiftres de la douane, le négociant doit en déclarer la valeur fous ferment , & que le Commis a la liberté de les prendre en payant au Négociant le prix qu'il y a fixé, & 10 pour cent en fus de profit; auquel cas on en fait une vente publique , dont le produit , droits , frais & autres débourfés déduits, appartient à la Couronne au profit de la caiffe d'amortiffement. On ne perçoit aucun droit fur les marchandifes qui ont été importées lorfqu'on les réexporte ; on rend au contraire une partie des droits perçus lors de l'importation.

Ces droits d'importation & d'exportation ont été établis par autant d'actes du Parlement, paffés en différens temps ; lorfqu'on parcourt ces différents actes, lorfqu'on y lit les réglemens & les exceptions fans nombre qu'ils contiennent, on voit un labyrinthe où il eſt aiſé de ſe perdre, & d'où le négociant ne peut abſolument ſortir ſans le ſecours des Commis de la douane, qu'on inſtruit dès la plus tendre enfance dans la ſcience des nombres, pour les initier dans les myſteres de ces calculs compliqués ; & il eſt preſque impoſſible aux commerçans de connoître ſi les calculs des Commis ſont vrais ou faux, d'autant qu'il y a pluſieurs objets chargés de différents droits additionnels.

La perception des droits de douane eſt régie au nom du Roi, ſous la direction de neuf Commiſſaires qui ont à leurs ordres des Députés, Receveurs, Contrôleurs, Viſiteurs & autres Commis néceſſaires, dont les divers bureaux & les fonctions ont beaucoup de rapport à la manutention de la ferme générale en France. Le nombre en monte à environ mille perſonnes, dont le ſalaire eſt fixé par an, & qui ont en outre la moitié des ſaiſies, dont les procédures ſonr néanmoins à leurs frais & riſques ; l'autre moitié appartenant net à la Courone. Les malverſations, les difficultés & les procès ſont très-communs en Angleterre. On prétend que les frais de cette régie montent à 10 pour cent ; & le produit net de cette premiere branche de revenu eſt, année commune, de 2 millions ſterlings, faiſant, monnoie de France, 45 millions 750 mille livres.

2°. *Revenu de l'Acciſe.*

L'UNE eſt pour un temps & l'autre eſt héréditaire, elles ont été accordées toutes deux, pour la premiere fois, à Charles II en 1660 ; mais cette taxe qui ne comprenoit, dans ſon inſtitution, que ſix articles de conſommation, ſavoir, la biere, le cidre, l'eau-de-vie & liqueurs fortes, le thé, le café & le chocolat, a été étendue, pendant les regnes ſuivans, ſur le ſel, ſur la drêche, le moût de toute liqueur propre à fermenter, les vins, vinaigres, eſprit-de-vin, chandelle, peaux en poil & apprêtées, cuirs tannés & préparés, vélin, parchemin, houblon, papier, carton, ſavon, ſoieries, toiles de fil ou de coton, étoffes de laine teintes, peintes ou imprimées, amidon, fil de laiton ou argenté. On trouve juſqu'à ſept impoſitions différentes ſur le même article, & jamais moins de deux.

Cette ſeconde branche de revenus eſt en régie comme la douane, avec cette différence, que les faifies & autres matieres à conteftation, qui font d'abord foumifes, dans les autres branches de revenu, à la décifion de douze Jurés, font laiffées dans celle-ci à la décifion des Commiffaires de l'accife, dont le jugement eft fans appel.

Tout Commis de l'accife a droit d'entrer, à l'heure qu'il lui plaît, dans la maifon de tout particulier dont le commerce eft fujet au paiement de cette taxe. Les frais de régie font à-peu-près les mêmes que ceux de la douane, & le produit net & annuel eft de 4 millions 700 mille livres fterlings, faifant, monnoie de France, 107 millions 512 mille 500 livres : le nombre des Employés eft à-peu-près de mille perfonnes.

3°. *Droits intérieurs.*

CETTE troifieme branche de revenus confifte dans ceux de la Pofte aux lettres, des faifies, des licences des Cabaretiers & Colporteurs, & dans les droits fur le papier timbré, fur les carroffes, cabriolets & chaifes à porteur, fur les maifons, fur les fenêtres, fur les cartes, fur les dez, fur les penfions, fur les emplois; le droit d'apprentiffage & la taxe fur les terres. Il y a plufieurs de ces taxes qui font multipliées jufqu'à fix fur le même objet.

Chaque article différent d'impofitions a fa régie particuliere, fuivant la forme des deux premieres, excepté les taxes fur les terres, les maifons & les fenêtres, dont on parlera dans un moment, & qui ont une forme de recouvrement à part. Cette troifieme branche de revenu produit annuellement 3 millions fterlings, faifant, monnoie de France, 68 millions 625 mille livres.

Toutes ces taxes impofées, avant & depuis la révolution, n'étoient que pour un temps, à l'exception de l'accife héréditaire; les unes fe renouvelloient tous les ans, les autres avoient un terme fixé, tel qu'un certain nombre d'années, ou la durée de la vie du Monarque régnant. Mais vers la fin du regne de George I, on a commencé à les renouveller, pour être perçues jufqu'à ce que les emprunts, auxquels leur produit a été délégué, aient été éteints en capital & en intérêts. A cette premiere claufe, on y a enfuite fubftitué, que ces taxes feroient perçues à perpétuité, à condition qu'après l'extinction de la dette hypothéquée, on ne pourroit pas difpofer du produit fans le confentement du Parlelement. Delà résulte une nouvelle maniere de considérer les revenus anglois sous deux aspects, l'un qui renferme les impôts fixes & permanens, l'autre qui contient ceux qui se renouvellent tous les ans.

ÉTAT *des Revenus fixes & permanens.*

TOUTES les Douanes .... [a] 2000000 sterl.

Les deux Accises, à l'exception du droit sur le Malt .. [b] 4000000

Les droits intérieurs ci-après, faisant partie de la troisieme branche de revenus; savoir, le papier timbré, la taxe sur les maisons & les fenêtres, le bureau de la Poste, les 4 sous pour livre sur les emplois & pensions, licences de Cabaretiers, &c. .... [c] 1000000

[d] 7000000 sterl.

Ce premier état montoit à environ 1 million 200 mille livres sterlings de moins, avant les augmentations que la derniere guerre a occasionnées dans les différentes parties qui le composent, & qui subsistoient en entier au mois de décembre 1764.

ÉTAT *des Revenus qui se renouvellent.*

LA taxe sur les Terres, à 4 schellings par livre [e] 2037814^l 19^f 11^d

Le droit sur le Malt ou Dréche .... [f] 750000

[g] 2787814^l 19^f 11^d

En temps de paix, cet état n'est ordinairement que de la somme de 1 million 768 mille 927 livres 9 sous 11 deniers sterlings, parce qu'on réduit la taxe sur les terres à deux schellings par livre; ce n'est que dans la séance du Parlement, tenue le 27 février 1767, qu'il fut agité, & ensuite décidé à la pluralité des voix, que cette taxe seroit réduite à trois schellings.

---

[a] 45 millions 750 mille livres.
[b] 91 millions 500 mille livres.
[c] 22 millions 875 mille livres.
[d] 160 millions 125 mille livres.
[e] 46 millions 615 mille 17 livres.
[f] 17 millions 156 mille 250 livres.
[g] 69 millions 771 mille 267 livres 15 sous.

} monnoie de France.

Le revenu du premier état, de 7 millions de livres sterlings; celui du second état, de 2 millions 787 mille 814 livres 19 sous 11 deniers sterlings; en tout, 9 millions 787 mille 814 livres 19 sous 11 deniers sterlings, forment, monnoie de France, une somme de 223 millions 896 mille 268 livres 7 deniers $\frac{2}{11}$.

La taxe sur les terres passe pour être aussi ancienne en Angleterre que la Monarchie elle-même; elle ne s'imposoit que dans certaines occasions, & elle portoit une autre dénomination. Ce ne fut qu'en 1688, sous Guillaume III, qu'on en fit, pour la premiere fois, l'imposition à un schelling [a] par livre du revenu, qui fut portée l'année suivante à deux schellings [b]; elle a été depuis réguliérement imposée tous les ans sur le pied de deux schellings, qui paroît avoir été le taux adopté en temps de paix, à l'exception des années 1732 & 1733, où elle n'eut lieu qu'à raison d'un schelling par livre : mais en temps de guerre, on l'a portée tantôt à trois, tantôt à quatre schellings [c], suivant les besoins de l'Etat.

Cette imposition a été faite par comtés, villes, bourgs & villages, sur leurs *déclarations volontaires* : comme les Jacobites firent des déclarations inférieures à la valeur réelle, & les partisans de Guillaume, des déclarations très-exactes, tandis que les gens neutres prirent un milieu entre les deux extrêmes, il en a résulté dans cette taxe une irrégularité qui subsiste encore, & qui fait que les uns sont à peu près à quatre schellings par livre, tandis que d'autres (& c'est le plus grand nombre) payent au-dessous.

Cette taxe est imposée sur le propriétaire, mais elle est payée par le fermier ou locataire, qui est autorisé, par un acte du Parlement, à la retenir sur le prix de son bail. Il a été accordé deux ans pour le recouvrement de l'imposition. Les Commissaires pour ce département ont, dans chaque province, un Receveur général, un Contrôleur & son Commis, & dans chaque paroisse il y a deux Collecteurs, choisis parmi les plus notables du lieu, marchands & artisans, qui sont tenus de porter la somme au Receveur général de la province, & celui-ci à l'Echiquier, dans les termes fixés. Chaque paroisse répond de la solvabilité de ses

---

[a] . . . . . 22 sous 10 deniers.

[b] . . . . 45 sous 8 deniers,

[c] 3 livres 8 sous 6 deniers
ou
4 livres 11 sous 4 deniers,

⎱ *monnoie de France.*

Collecteurs. Les frais de recouvrement sont fixés à sept deniers [a] par livre sterling ; savoir : deux deniers [b] pour les Receveurs généraux , quatre deniers [c] pour les Collecteurs , & un denier [d] pour le Contrôleur. Les taxes sur les maisons & les fenêtres sont comprises dans le département , & par conséquent, la forme du recouvrement est la même.

Cette derniere taxe consiste en deux especes ; la premiere, qui est générale , consiste en une imposition de trois schellings [e] sur chaque maison , soit qu'elle ait sept fenêtres ou qu'elle en ait moins; la seconde consiste dans une imposition additionnelle sur toute maison qui a plus de sept fenêtres. Celles qui en ont depuis huit jusqu'à onze, payent un schelling sterling [f] par fenêtre , & celles qui en ont douze & au-dessus , un schelling & demi [g] par fenêtre; le tout sans préjudice des trois schellings de la premiere imposition.

La livre sterling étant , monnoie de France , de 22 livres 17 sous 6 deniers, & le schelling sterling , de 22 sous 10 deniers $\frac{8}{18}$.

Il en résulte , que les quatre schellings par livre de revenu sur les biens-fonds , forment une taxe du cinquieme sur les terres.

Il est un autre objet qu'il paroît à propos de ne point passer sous silence , parce qu'il en résulte une charge considérable sur les fonds : c'est celui de la taxe des pauvres.

Les réglemens concernant le soulagement des pauvres ont été plus multipliés en Angleterre que dans aucun autre royaume ; le plus ancien remonte à l'année 1563, sous le regne de la Reine Elisabeh.

On se proposa d'opposer l'acte que le Parlement d'Angleterre fit à ce sujet, aux murmures des Catholiques Romains, qui prétendoient que la sécularisation des biens Ecclésiastiques tendoit à la destruction de l'hospitalité, & privoit les pauvres de leur plus grande ressource.

Cet acte n'a force de loi qu'en Angleterre ; il n'a été adopté ni en Ecosse, ni en Irlande.

---

a · · · · · 13 sous 4 deniers.		
b · · · · · 3 sous 10 deniers.		
c · · · · · 7 sous 8 deniers.		
d · · · · · 1 sou 10 deniers.		} *monnoie de France.*
e 3 livres 8 sous 6 deniers.		
f · · · · 22 sous 10 deniers.		
g · · · · 34 sous 3 deniers.		

Ce réglement, ainsi que ceux qui ont été rendus depuis, pour en étendre ou en reftreindre les difpofitions, n'ont pas produit l'effet qu'on s'en étoit promis.

On compte communément en Angleterre fix millions d'hommes, parmi lefquels on porte le nombre des mendians & vagabonds à quarante-huit mille, & celui des indigens, c'eft-à-dire, de ceux qui n'ont aucuns biens, & auxquels leur induftrie peut à peine procurer leur fubfiftance pendant fix mois de l'année, à un million deux cens foixante-dix-huit mille.

La taxe des pauvres eft affife fur tout ce qui donne un produit réel, tels que les terres, les maifons & même les dixmes ; il n'y a aucune exception ni exemption. Elle varie fuivant que le nombre de ceux qui fe trouvent dans chaque paroiffe eft plus ou moins confidérable : dans des cas urgens elle devient perfonnelle ; ainfi un marchand qui a des fonds & des marchandifes, eft fouvent taxé pour ces deux objets.

L'impofition fe fait par ceux qui compofent la Sacriftie, à l'exception du Miniftre, qui n'y influe que par la nomination du Collecteur des aumônes & par les Officiers nommés *Overfeers*, fujets à être taxés de malverfations ou de préférences injuftes. Ce font deux juges de paix qui évaluent les fonds pour les taxer : cette évaluation fe faifoit autrefois tous les mois, mais on l'a réduite à deux fois par an, l'une à Noël & l'autre à la Saint-Jean.

Dans les paroiffes qui font les moins chargées de pauvres, on paye cinq pour cent du produit des fonds, dans d'autres, dix pour cent, & dans quelques-unes, jufqu'à quinze pour cent.

Le total forme plus de 2 millions fterlings, faifant, monnoie de France, 44 millions ; & en y joignant le revenu des hôpitaux & le montant des legs pieux & des charités particulieres, il en réfulte une fomme fuffifante pour nourrir la dixieme partie des habitans du royaume ; mais quelque confidérable qu'en foit l'objet, il eft encore au-deffous du néceffaire : indépendamment de ce que les fonds qui proviennent de la taxe des pauvres, ne font pas fuffifans pour fournir à la fubfiftance d'un auffi grand nombre d'hommes ; les frais auxquels donnent lieu les conteftations fréquentes qui s'élevent entre les Communautés pour fe faire refpectivement décharger de la nourriture des pauvres qu'on leur renvoie, en diminuent encore l'objet.

On

On a proposé, pour faire cesser une partie de ces inconvéniens, de réduire le nombre des cabarets à biere, des tavernes & autres lieux de ce genre, qui servent de retraite aux fainéans.

On proposoit pareillement de ne point renvoyer les pauvres dans les paroisses d'où ils étoient, & de les placer dans des hôpitaux qui seroient établis dans les endroits où les denrées sont à meilleur marché.

Ces hôpitaux devoient être divisés en plusieurs classes :

La premiere devoit tenir lieu de maison de force, dans laquelle seroient renfermés les pauvres valides qui se refusoient à la ressource qu'ils avoient dans le travail pour subsister ; on se proposoit de les employer à de gros ouvrages, & de les nourrir au pain & à l'eau, ainsi que cela se pratique en Hollande.

La seconde classe des hôpitaux devoit être destinée à recevoir les pauvres portés de bonne volonté au travail, & auxquels on assigneroit des encouragemens, en leur accordant quelque retribution sur le produit.

Enfin, la troisieme & derniere classe devoit former l'asyle & le refuge des pauvres infirmes, & qui seroient hors d'état de travailler.

Il résultoit des calculs qui avoient été faits, qu'en établissant ces hôpitaux, les pauvres pourroient fournir, par leur travail, de quoi subvenir, dans les premiers momens, au quart, & dans la suite, aux trois quarts des dépenses nécessaires pour leur subsistance, ce qui auroit mis à portée de faire des diminutions considérables sur la taxe.

On proposoit même d'étendre ces arrangemens aux débiteurs insolvables que l'on détenoit dans les prisons sans aucune occupation ni travail, & qui sont en si grand nombre, qu'on les évalue à dix mille dans Londres, Westminster & leur banlieue, où l'on compte environ sept cens quarante mille ames.

On pensoit enfin, qu'il falloit procurer à ceux qui seroient les plus robustes & de meilleure volonté, des facilités pour passer dans les Colonies, où on leur assigneroit des terreins à cultiver, sans qu'ils fussent assujétis à aucun prix de bail ni à aucun impôt, afin que par leur travail ils pussent s'assurer, non-seulement leur subsistance, mais même une aisance suffisante pour effacer de leur souvenir l'état de misere auquel ils étoient précédemment réduits, ce qui déchargeroit la métropole de leur nourriture.

Il n'a été donné jusqu'à présent aucune suite ni exécution à ces projets, de maniere que le nombre des pauvres s'accroît sans cesse, & que plusieurs finissent par s'adonner au vol & autres excès qui font la suite & l'effet de l'état dans lequel ils sont plongés.

Il ne reste plus qu'à parler de la dette de la nation Angloise, & on a cru ne pas devoir omettre un objet si digne d'attention, dans l'examen des détails qui concernent ce royaume.

La révolution de 1688 a donné naissance aux emprunts, par les guerres dans lesquelles Guillaume III a engagé la nation ; ils se sont multipliés sous son regne & sous les suivans, de maniere qu'au décès de la Reine Anne, la dette nationale montoit à 45 millions sterlings, faisant, monnoie de France, la somme de 1 milliard 29 millions 375 mille livres.

Les guerres terminées par le traité d'Aix-la-Chapelle y ajouterent plus de 25 millions sterlings, & cette nation n'a plus connu de bornes dans ses dépenses ; puisque l'on a vu, dans ces derniers temps, le subside d'une seule année, accordé au Roi régnant par le Parlement, monter à une somme de 18 millions 500 mille livres sterlings.

Cette dette est prodigieusement accrue par la derniere guerre ; & en voici le tableau.

NOMS DES CRÉANCIERS.	CAPITAUX.			INTÉRÊTS.		
1º. L'Echiquier pour des Annuités accordées en différens temps, pour quarante-six, quatre-vingt-neuf & quatre-vingt-dix-neuf ans. Tontines, &c. sous Guillaume III, Anne & George.	2021981 sterl.	12 ſ	9 d	153164 sterl.	4 ſ	8 d
COMPAGNIE DES INDES, à 3 pour cent	4200000	11	11	127687	10	11
BANQUE D'ANGLETERRE à 3 pour cent	11686800	11	11	356502	3	5
ACTIONS de 4 pour cent, réduites à 3 pour cent, consolidées	25269139	16	$5\frac{1}{4}$	772274	3	$10\frac{7}{10}$
COMPAGNIE DU SUD, à 3 pour cent	27125309	13	11	829507	8	$1\frac{1}{2}$
ANNUITÉS à 3 pour cent, dont cent un mille trois cents quatre-vingt-dix-neuf avoient été jointes aux consolidées . .	2606000	5	11	795310	15	$9\frac{3}{10}$
Celles à $3\frac{1}{2}$ pour cent pour vingt-quatre ans, réduites ensuite à 3 pour cent des années 1756 & 1758	6000000	11	11	213375	11	11
Celles de 4 pour cent, dont 8 millions de 1760 pour vingt-un ans, & 12 millions de 1762 pour dix-neuf ans, & alors réduites à 3 pour cent, & les 7 millions restant, remboursables en tout temps . . .	27223553	1	10	1100327	2	9
	129586789 sterl.	9 ſ	$11\frac{1}{4}$	4348148 sterl.	8 ſ	$7\frac{1}{2}$

Noms des Créanciers.	Capitaux.	Intérêts.
Montant de l'autre part....	129586789$^{sterl.}$ 9^s 11$\frac{1}{4}$	4348148$^{sterl.}$ 8^s 7$\frac{1}{2}$
LONGUES ANNUITÉS provenantes des douceurs ou gratifications sur les 3 millions de 1757, à 1 $\frac{7}{8}$ pour cent; sur les 12 millions de 1759 pour quatre-vingt-dix-neuf ans, & sur les 12 millions de 1762, pour quatre-vingt-dix-huit ans, à 1 pour cent.	....	339979 . 7 9
TOTAUX......	129586789$^{sterl.}$ 9^s 11$\frac{1}{4}$	4688127$^{sterl.}$ 16 4$\frac{1}{2}$

Ces deux sommes, réduites en monnoie de France, forment pour le capital, celle de. . . . . 2964295522^l 11^s 11^d $\frac{10}{16}$

Et pour les intérêts, celle de. . . . . . . 107240877. 7. 6.

Il convient d'ajouter à cette dette, 1°. celle de 9 millions 9 mille 343 livres 13 sous 10 deniers $\frac{2}{3}$ sterlings pour le capital des longues annuités. Il est vrai que ce capital est fictif en apparence, mais il ne laisse pas cependant d'être réel, puisque l'Etat Anglois, quoiqu'il n'en ait reçu aucune valeur (ne consistant qu'en des gratifications accordées sur différens emprunts), n'auroit cependant pas d'autre moyen pour parvenir à les éteindre, que de les faire acheter sous-main au cours de la place, qui est celui auquel on vient d'en calculer le capital.

2°. Plus de 6 millions sterlings de dettes liquidées dont l'Etat paye quatre pour cent, mais auxquelles le gouvernement n'a pas encore pourvu.

3°. Et environ 10 millions sterlings de dettes à liquider, de sorte qu'après l'apurement de ces divers objets, le total de la dette nationale des Anglois ira à environ 152 millions 500 mille livres sterlings, somme qui, réduite à notre monnoie, monte à la somme de 3 milliars 488 millions 437 mille 500 livres.

Les dépenſes annuelles de l'Angleterre, qui ſont l'objet de la taxe ſur les *terres* & du droit ſur le malt, qui s'impoſent chaque année, préſentent le tableau ſuivant.

OBJETS DES DÉPENSES.	LEUR MONTANT.			Monnoie de France.		
Entretien des forces de Terre.	1509313 ſterl.	14^f	ll	34525550^l	12^f	6^d
Celui de la Marine . . .	1443568	11	9	33021631	4	10
Celui du Gouvernement de la nouvelle Ecoſſe, des deux Florides, de la Georgie, de la milice d'Amérique & des forts d'Afrique . . .	42953	12	7	982559	ll	4
La liſte des Officiers à la demi-paye.	159946	6	ll	3658771	10	ll
L'hôpital de Chelſea. . .	122325	ll	ll	2798184	7	6
T O T A U X	3278107 ſterl.	4^f	4^d	74986696^l	15^f	2^d

Ainſi, il s'en faut de plus d'un demi-million ſterlings *, que le total des revenus annuels puiſſe ſuffire à la dépenſe annuelle réduite & calculée pour le temps de paix. On a toujours eu recours juſqu'ici pour ces ſortes de vides, à la caiſſe d'amortiſſement dont on va parler.

Pendant long-temps on n'a point penſé en Angleterre aux rembourſemens des dettes, cependant on s'en eſt occupé beaucoup plutôt qu'en France, où cet objet n'eſt réellement entré en conſidération auprès du Gouvernement qu'en 1749. Quelques excédans qui ſe trouverent en 1716, 1717 & 1718, dans certaines branches du revenu Anglois, donnerent la premiere idée d'une caiſſe d'amortiſſement pour la libération de l'Etat, & cette idée, propoſée au Parlement en 1718, fut adoptée. Il ordonna que cet excédant de revenu, dont il s'étoit juſques-là réſervé la diſpoſition, ſeroit apuré, réuni & porté dans une caiſſe, dont les fonds furent

---

* 11 millions 437 mille 500 livres, *monnoie de France.*

dès-lors deftinés à retirer les billets de l'Echiquier & à racheter à mefure les capitaux de la dette. Ces excédans montoient en 1718, à 596 mille 505 livres 4 fous 11 deniers fterlings ; & c'eft le premier fonds d'amortiffement avec lequel on commença à retirer des billets de l'Echiquier.

La réduction qui fe fit enfuite de l'intérêt de la dette nationale, de fix à cinq pour cent, produifit un accroiffement dans l'excédant des impôts : mais les fonds de cette caiffe qui auroient libéré les 50 millions fterlings, que la nation devoit alors, s'ils euffent été fidélement employés à cet objet, furent prefque toujours diftraits depuis de leur deftination & appliqués à d'autres ufages.

Ces fonds avoient été accrus par la réduction faite, fous Georges II, de l'intérêt de la dette nationale de cinq à quatre pour cent, & enfuite à trois pour cent ; de plus, depuis 1752 jufqu'en 1762, le Parlement, en chargeant cette caiffe du payement de diverfes annuités, y a annexé différens droits, & le total des deniers qui fe verfent tous les ans dans cette caiffe, monte au-delà de 4 millions fterlings, dont il refte à peine 1 million & demi de net après le paiement de diverfes annuités qui y ont été déléguées fous le regne précédent & fous le regne actuel. Mais au lieu d'employer ce million & demi d'excédant à diminuer la dette tous les ans, on a été obligé jufqu'à préfent de l'employer pour des befoins preffans, & cet excédant n'a pu y fuffire dans les derniers temps, puifque pour l'année 1764, les délégations faites fur la caiffe d'amortiffement ont furpaffé d'un demi-million fterling, les fonds qui doivent y être portés.

Trois articles compofent les fonds de cette caiffe d'amortiffement.

Le premier confifte dans certains fonds agrégés, généraux & de la Compagnie du Sud.

Le fecond confifte dans tous les droits confolidés ou rendus perpétuels.

Le troifieme enfin confifte dans les fommes qu'on tire du total du fubfide qu'on accorde chaque année, pour remplir les non-valeurs qui fe trouvent dans les fonds deftinés au paiement des annuités de 1758, 1761 & 1762 ; le tout montant à 4 millions 194 mille 782 livres 10 fous 10 deniers fterlings, faifant, monnoie de France, la fomme de 95 millions 941 mille 925 livres 12 fous 9 deniers $\frac{14}{17}$.

Le paiement annuel de 1764 a été de 2 millions 704 mille 733 livres 6 fous 10 deniers fterlings, qui font, monnoie de France, 61 millions 870 mille 775 livres 3 fous 9 deniers $\frac{1}{2}$. Il a refté net 1 million 490 mille 49 livres 4 fous fterlings, qui font, monnoie de France, la fomme de 34 millions 84 mille 875 livres 9 fous.

Sur quoi le Parlement, à la feffion de 1764, a délégué 2 millions fterlings, faifant partie du fubfide accordé pour ladite année 1764, montant, monnoie de France, à la fomme de 45 millions 750 mille livres.

Par conféquent, il y a eu pendant ladite année, un vide dans cette caiffe, de la fomme de 509 mille 950 livres 16 fous fterlings, faifant, monnoie de France, celle de 11 millions 665 mille 124 livres 11 fous.

Le produit de la caiffe d'amortiffement du 10 octobre 1764 au 10 octobre 1765, a été, monnoie de France, de 121 millions 932 mille 379 livres 6 fous 10 deniers.

L'emploi de ce produit, pendant le même-temps, a été de la même fomme.

Mais le Parlement avoit délégué fur cette caiffe 2 millions 100 mille livres fterlings, faifant, monnoie de France, 48 millions 37 mille 500 livres ; & il n'a été payé qu'un million 957 mille 834 livres 13 fous 1 denier $\frac{1}{4}$ fterlings, faifant, monnoie de France, 44 millions 785 mille 467 livres 14 fous 8 deniers.

Ainfi il s'en eft fallu de 142 mille 165 livres 6 fous 10 deniers $\frac{1}{4}$ fterlings, faifant, monnoie de France, 3 millions 252 mille 32 livres 5 fous 3 deniers, qu'au 10 octobre 1765, il ne fe foit trouvé affez de fonds pour fatisfaire aux 2 millions 100 mille livres fterlings, qui ont été accordés fur la caiffe d'amortiffement à la précédente feffion du Parlement.

Les deux Chambres du Parlement ont accordé à la derniere feffion, pour le fervice de l'année 1766, un fubfide montant, monnoie de France, à 196 millions 708 mille 230 livres 6 fous 3 deniers.

Les dépenfes, pendant ladite année 1766, ont monté, même monnoie de France, à 187 millions 487 mille 642 livres 19 fous 9 deniers.

Ainfi, fi les fommes qui ont formé le fubfide font rentrées en totalité, la recette a excédé la dépenfe de 9 millions 218 mille 324 livres 15 fous 10 deniers.

Dans la féance du Parlement, tenue le 27 février 1767, on agita fi on laifferoit fubfifter la taxe fur les terres fur le même pied qui avoit lieu pendant la guerre, c'eft-à-dire, à raifon de quatre fchellings par livre ; mais après de longs débats, il fut arrêté, à la pluralité de deux cents huit voix contre cent foixante-huit, qu'on ne leveroit que trois fchellings ; il a réfulté de cette réfolution un *déficit* de 500 mille livres fterlings dans le fubfide accordé pour l'année 1767.

Les propriétaires des fonds fupportoient avec peine le poids de cette impofition ; ils repréfentoient que deux années après la paix d'Aix-la-Chapelle, cette même taxe avoit été réduite à deux fchellings par livre, & que les entraves que l'on venoit de mettre au commerce des grains leur faifoient un préjudice confidérable.

Les propriétaires d'annuités ou rentes fur l'Etat, & les commerçans, infiftoient de leur côté pour la continuation de la taxe à quatre fchellings par livre ; ils expofoient que les peuples, dans l'abondance de la paix, étoient plus en état de fupporter cette impofition que pendant la guerre ; que c'étoit le feul moyen de libérer l'Etat & de faire tomber l'intérêt de l'argent qui fe foutenoit en Angleterre à un prix inconnu depuis long-temps ; que tant que l'on prendroit les produits du fonds d'amortiffement pour les appliquer aux fubfides, l'Etat refteroit obéré & avec peu de reffources dans le crédit national en cas d'événement.

Quelque fortes que fuffent ces confidérations elles n'ont point prévalu, & la propofition de la réduction de la taxe à trois fchellings par livre a paffé.

Les opérations de finance de la nation Angloife depuis la paix, fe font bornées à liquider quelques dettes exigibles, pour lefquelles il a été conftitué autant de nouvelles rentes qu'on en a éteint d'anciennes par des rembourfemens ; le bilan de la nation a peu varié depuis la paix, la dette nationale paroît même augmentée, parce qu'on y a joint toutes les créances qui n'étoient point liquidées au moment de la ceffation de la guerre.

La féance qui vient de s'ouvrir fera la feptieme & derniere du Parlement, & l'on ne peut former aucune fpéculation fur les réfolutions économiques qui pourront y être prifes, ni fur les vues dont fera animé à cet égard le nouveau Parlement qui fera élu l'année prochaine.

AUTRE

IMPOSITIONS
EN SUEDE.

LA Suede a des revenus fixes & immuables, qui ont été anciennement établis fur la partie des biens-fonds qui appartient à la Couronne.

On nomme *Héman* une portion de terre qui, cultivée par un payfan, fuffit à l'entretien d'une famille. La divifion des hémans n'eft pas faite en égalité géométrique, mais fuivant la qualité du terrain. C'eft fur ces hémans que les taxes font établies; & fi une portion de terrain ne compofe pas un héman entier, on la taxe pour une partie : ce qui a établi la divifion du demi-héman & du quart de héman, &c.

Les hémans font invariables, & fi un payfan veut partager fon héman entre fes enfans, ou en vendre quelque portion, il faut que ce foit une partie connue & mefurée, comme un quart, un huitième, &c. en forte que dans la répartition pour l'Etat, l'héman fubfifte toujours en entier.

Tous les Impôts étoient autrefois établis en nature en Suede, comme grains, foin, beure, &c. travaux de journée, charrois, &c. les noms en fubfiftent encore, mais une partie a été évaluée en argent d'une maniere fixe. L'autre partie, comme les grains, corvées, fe payent ou en nature ou en argent, fuivant le prix courant dans les villes, pour les *grains*; & dans les provinces, pour les corvées. Le choix dépend de la Couronne qui le fait annoncer plufieurs mois d'avance, & quand le payfan paye en nature, il eft obligé de faire transporter lui-même les denrées, un certain efpace de chemin.

Outre ces anciennes redevances, le héman paye à la Couronne un dixieme de la récolte en grains, dont un tiers eft pour le Clergé, & les deux autres tiers pour les magafins de la Couronne ou pour le payement des Officiers militaires & civils, qui ont également le droit de fe faire payer en nature ou en argent.

Les hémans font encore chargés de l'entretien & des recrues de tous les régimens provinciaux de Cavalerie & d'Infanterie, & d'un certain nombre de Matelots. A cet égard un certain nombre de payfans doit entretenir un certain nombre de Matelots, qui varie fuivant la bonté du pays. En quelques endroits, un héman eft feul chargé d'un Soldat, en d'autres un héman & demi ou plus. Ils font auffi tenus de fournir au Soldat un *torp*, c'eft-à-dire, une portion de terre, trop petite pour être réduite en portion d'héman, comme deux ou trois arpens; portion fuffifante pour l'entretien d'un ménage, & fur laquelle il y a une petite habitation. Ils doivent auffi lui payer une fomme annuelle, inégale, fuivant les provinces, d'environ 30 écus ou 90 livres de France, un habit de travail; le Roi fourniffant les armes & l'uniforme à l'Infanterie, tandis que le payfan eft tenu de les fournir à la Cavalerie. Ils doivent encore l'entretenir au quartier d'affemblée pendant vingt-un jours de chaque année, & quand l'affemblée eft plus longue, le Roi fournit l'excédant proportionné à fa durée. Si le Soldat meurt ou eft tué, l'héman en doit fournir un autre, ou le payfan eft tenu de marcher pour lui ou de renoncer à fa terre. Et pour prévenir cet inconvénient, chaque héman fe fournit d'une nouvelle recrue; ce qui forme dans le royaume un milice perpétuelle. Il en eft de même pour la Cavalerie, fauf qu'un plus grand nombre de hémans fourniffent à la dépenfe plus grande de cet entretien.

Chaque Officier a, dans le territoire occupé par fon régiment, une terre de la Couronne pour fon habitation : elle eft plus ou moins étendue fuivant fon grade; & il jouit d'une portion dans la dixme fur les grains.

Les hémans font encore chargés de l'entretien des grands chemins, des bâtimens des paroiffes, presbyteres & maifons de juftice, de fournir des chevaux aux troupes fur l'ordre du Roi, à huit fous par mille Suédois, & aux voyageurs journellement, à douze fous par mille.

Les payfans qui cultivent les hémans de la Couronne, dont on a parlé jufqu'ici, ayant feuls droits d'être députés à la diette, font auffi les feuls qui foient chargés de l'entretien des députés de leur ordre, pendant la tenue des Etats.

Toutes ces contributions ne peuvent pas être évaluées avec précifion; parce que les hémans font taxés différemment dans diverfes provinces, & parce que le prix des denrées varie fuivant les années; cependant on ne croit pas fe tromper beaucoup en eftimant que chaque héman eft taxé au neuvieme de fon revenu.

Il y a une autre efpece de biens de la Couronne, appellés plus par-ticuliérement *biens du Roi.* Ce font les Châteaux & Maifons royales. Les revenus en font employés à l'entretien de la Cour. Ils font pour la plupart affermés à différens particuliers, par des baux à divers termes, même de cinquante ans, & ils ne font fujets à aucunes impofitions.

Après les terres dont le fonds appartient en propriété à la Couronne, on en diftingue de deux fortes, les Satteries & les Hémans francs.

Les Satteries font la terre que le Gentilhomme habite lui-même, fur laquelle il eft obligé d'avoir une maifon bâtie, parce que les franchifes font attachées à cette maifon & difparoîtroient avec elle. Ces terres ne font chargées que de leur quote-part de l'entretien des chemins, des paroiffes & des presbyteres, & elles ne peuvent être poffédées que par des nobles, à moins d'une permiffion expreffe du Roi & du Sénat.

Les Hémans francs peuvent être poffédés par les Bourgeois & par les Prêtres; ils payent les Dixmes, une portion *des contributions ci-deffus* mentionnées, fourniffent leur quote-part à l'entretien des Soldats & Ma-telots, des chemins & des fournitures de chevaux; & en outre ils font obligés d'entrenir tous enfemble un corps de Cavalerie nommé l'*Eten-dart de la Nobleffe*, qui eft deftiné particuliérement à la défenfe du pays, qui ne doit jamais paffer les frontieres ni être commandé que dans la néceffité. La Couronne en paye les Officiers, & leur donne une terre comme à ceux des régimens provinciaux.

Les autres revenus fixes du royaume font:

1°. La Dixme de tout le fer qui fort des fourneaux fitués fur les *terres* de la Couronne, & qui fe paye en argent, fuivant le prix courant du fer.

2°. Le Centieme de tout le fer qui fort de la forge; il s'étend fur tout le royaume & fe paye auffi en argent.

3°. Le Quart de tout le cuivre, qui fe paye en nature.

4°. Le Trentieme fur l'alun, qui fe paye en argent.

5°. Les Mines d'argent appartiennent en entier à la Couronne.

6°. Les Fabriques de la poudre à canon font à la Couronne, en pri-vilége exclufif.

7°. Une partie des lacs & des pêches appartient à la Couronne, qui l'afferme à des particuliers.

8°. Les Douanes, qui font affermées quinze tonnes d'or par an, avec la clause que si par la suite on yeut affranchir quelque marchandise actuellement taxée, on défalquera sur le prix du bail le produit des entrées, à raison d'une année commune sur dix.

9°. Les revenus de la Poste aux lettres, qui sont sous la direction d'un Secrétaire d'Etat & non affermés.

10°. Le Papier timbré affermé 60 mille écus [a].

11°. Un Droit sur les expéditions favorables dans les bureaux de l'Etat, qui a rapporté 13 mille écus [b] en 1763.

12°. Un Impôt sur tous les chevaux & bêtes à cornes dans les villes.

13°. Une Accise sur toutes les denrées, nommée *Droit de consommation*.

14°. Un Droit sur tous les navires marchands, à proportion de leur grandeur, attribué à une Caisse d'amortissement pour les dettes de la Couronne du temps de Charles XII, & un droit de pareille nature attribué aux dépenses de l'Etat, pour la protection du Commerce, les appointemens des Consuls, &c.

15°. Une Capitation générale sur tout ce qui n'est pas noble des deux sexes, depuis seize ans jusqu'à soixante-trois, tant dans les villes que dans les campagnes, de 24 sous par tête.

16°. Chaque feu de la campagne, de tous les ordres, paye 18 sous également, pour l'entretien des Sénéchaux, Juges & Gens de justice.

17°. Chaque feu est fixé à 6 sous pour l'entretien du Juge territorial, quand il vient rendre la justice.

18°. Un Impôt qui entre dans la Caisse d'amortissement pour les dettes de la Couronne du temps de Charles XII, taxé ainsi qu'il suit :

Tous les Officiers de la Couronne, suivant leur rang, depuis 13 écus jusqu'à à 1 écu [c].

Tous les Nobles qui ne font pas au service, selon leur bien, depuis 10 écus jusqu'à 1 écu & 32 sous.

Tous les Prêtres, Evêques & l'Archevêque d'Upsal, depuis 15 écus jusqu'à 1 écu [d].

---

[a] L'écu de Suède vaut 3 livres, *monnoie de France* ; ainsi 60 mille écus font 180 mille livres.

[b] 39 mille livres.

[c] De 39 livres à 3 livres.   } *monnoie de France.*

[d] De 45 livres à 3 livres.

Tous les Poſſeſſeurs de mines, forges & fourneaux, depuis 15 écus juſqu'à un écu & 32 ſous [a].

Tous les Valets & Servantes de gens qui ne ſont pas payſans, 16 ſous.

Un Payſan, chef de famille, 21 ſous.

Un Valet de payſan, chef de famille, 16 ſous.

Une Servante de payſan, chef de famille, 4 ſous.

19°. Enfin un ſubſide pour le bâtiment du château, taxé au quart de ce qui eſt compris dans l'article précédent.

Ces deux derniers revenus de la Couronne ne ſont pas préciſement fixes; ils ont été accordés par les diettes de 1723 & de 1727; mais il eſt vraiſemblable qu'ils ſubſiſteront toujours.

Il y a encore ſur les grains une impoſition toute différente. Quand ils ſont au-deſſous d'un certain prix, comme de 24 dallers ou 12 livres de France par tonneau de ſeigle, on le charge d'un impôt qui en monte le prix juſqu'à la valeur à laquelle on veut le ſoutenir. Le produit de cet impôt doit être employé à conſtruire des magaſins dans tout le royaume; il a été établi il y a huit à neuf ans, & il n'a pas encore rapporté de quoi travailler à la conſtruction des magaſins.

La perception de tous les revenus eſt confiée à des Receveurs de la Couronne, diſtribué dans le pays par département, ſous la direction du Gouverneur de la Couronne.

Chaque habitant du héman reçoit tous les ans un état libellé de ce qu'il doit payer, diviſé en trois termes, à chacun deſquels le Receveur ſe trouvant au lieu indiqué pour le payement, donne quittance au bas de l'état & ſur le livre du payſan. Ce dernier peut obtenir deux termes de délai. S'il ne paye pas au troiſieme, le Receveur ſe tranſporte chez lui pour exécuter les meubles, & ſi la valeur n'égale pas la ſomme de l'impôt arrieré, il chaſſe le payſan de ſon héman, quand même il en auroit acquis l'hérédité.

Le Receveur a trois ans pour régler les comptes & ſe faire payer l'arrieré; mais après ce terme il eſt tenu de payer de ſes deniers, étant comptable à la Couronne de la ſomme qu'il doit lever.

S'il ſe trouve des non-valeurs, il en rend compte au Tribunal du Juge

---

[a] De 45 livres à 4 livres 12 ſous, *monnoie de France.*

territorial qui a douze payſans pour aſſeſſeurs, & leur certification le rend quitte.

Les comptes ſont portés aux Gouverneurs de la province, examinés & contrôlés dans un bureau qui a pour directeur un *Subdélégué des Finances*, & la recette eſt dépoſée entre les mains du Tréſorier de la province.

Le Gouverneur remet les comptes au Collége de la Chambre des Finances, elle examine les réſultats, s'il ſe trouve des arrérages, le Receveur en eſt comptable; il a pour la derniere fois ſon recours ſur le payſan, & ce ſont ces formalités qui compoſent les trois années de délai.

Ces comptes ſont remis enſuite au Collége de Réviſion qui les examine par Article, & le Receveur eſt obligé de fournir tous les éclairciſſemens.

S'il ne peut pas répondre, il eſt condamné à payer la ſomme qui manque, & en outre à une amende de 12 pour cent. S'il eſt hors d'état de payer la ſomme, ou ſi le *déficit* monte ſeulement à 50 écus *, il eſt condamné aux travaux publics pour un an; pour 100 écus, à deux ans, & ainſi de ſuite une année de plus pour 100 écus juſqu'à 500, & au-delà il eſt puni de mort; & cette loi eſt générale pour tous les Receveurs de la Couronne, tant à la ville qu'à la campagne.

Si quelqu'un des Officiers de la Couronne leve, par ſupercherie ou par violence, la moindre choſe au-delà des contributions ordonnées, il eſt puni comme coupable de vol. Si c'eſt par perſuaſion & du conſentement du payſan, l'Officier eſt caſſé & condamné à une amende de 200 écus *, & s'il reçoit un préſent offert volontairement, il eſt obligé de le rendre & de payer 100 écus ᵇ d'amende. L'exécution de toutes ces ordonnances, ainſi que l'économie générale du royaume, eſt confiée au Collége de la Chambre des Finances; mais les recettes, qui ſont remiſes d'abord aux Tréſoriers des provinces, demeurent à la diſpoſition du comptoir de l'Etat qui rend compte directement au Sénat.

Il y a en outre des contributions variables qui ſe déterminent à chaque

---

* 150 livres,
ᵃ 600 livres, } *monnoie de France.*
ᵇ 300 livres,

diette, & qui portent fur toutes fortes de perfonnes, d'états & de chofes, le détail en feroit immenfe à expofer ici, mais pour y fuppléer on a joint à ce rapport une copie exacte de ce qui a été déterminé à ce fujet par la diette tenue en 1761.

Il refte à obferver que depuis plufieurs années, la circulation de l'efpece numéraire a difparu prefqu'entiérement en Suede; ce royaume eft réduit à une monnoie repréfentative en papier, dont le crédit porte fur une banque anciennement établie, & qui avoit toujours foutenu & mérité la confiance publique jufqu'à 1761, où le prétexte des befoins de l'Etat & de fauffes fpéculations, ont engagé à multiplier fans mefure les Billets de la banque. Cette reffource, dont l'abus trop tentant a toujours laiffé de longues plaies aux Etats les mieux conftitués, caufe dans ce moment de grands maux en Suede, fans qu'il foit facile d'en prévoir la fin.

TABLEAU des Contributions réglées à la diette de 1761.

OBSERVATIONS.

L'ÉCU de Suede vaut 3 livres, monnoie de France.

Le fou de Suede eft la 64me partie de l'écu.

Ceux qui ne font pas mentionnés dans l'état de contribution, payent à proportion de leurs égaux.

Dans les villes, la Taxe fe fait par le Grand-Gouverneur à Stockholm, & par les Gouverneurs des provinces dans les autres villes, conjointement avec les Magiftrats & les premiers Bourgeois, fur leur ferment & felon la profeffion & l'aifance de chaque Contribuable.

A la campagne, par le Gouverneur de la ville ou quelqu'un à fa place, le Juge, les Députés de la nobleffe, du clergé & des payfans.

L'acte de Taxation doit être examiné dans un bureau à Stockholm & aux Comptoirs des provinces, pour voir s'il eft conforme à ce qui eft ordonné; mais la Taxation des Bourgeois, fur leur profeffion & aifance, ne peut être diminuée ni augmentée, parce qu'il eft à fuppofer que perfonne ne fait mieux ces particularités que les Magiftrats & leurs Confreres qui les ont taxés.

Les Taxations ainsi examinées, le Grand-Gouverneur & les Gouverneurs en ordonnent la perception : le Commis ou Receveur donne à chaque Contribuable une liste de ce qu'il doit payer ; & s'il ne paye pas dans un temps prescrit, ou s'il ne se plaint pas d'être trop taxé au lieu convenable, il est exécuté.

CONTRIBUTIONS tant personnelles que sur les biens-fonds, réglées à la Diette de 1761, pour être perçues jusqu'à la Diette prochaine, l'année courante de la Diette inclusivement.

CONTRIBUABLES.	TAXES.	
	Ecus.	Sous.
Tous les Officiers de la Couronne, tant de l'état Militaire que de l'état Civil, & tous ceux en général qui occupent quelque place publique de tout rang & de tout grade, payent Deux pour cent de leurs appointemens & revenans-bons.		
Ceux de ces Officiers qui sont payés en grain ou autres denrées, payent Quatre pour cent.		
Tous les Ouvriers qui travaillent pour la Couronne à l'Artillerie, à l'Amirauté ou aux Fortifications, & qui ont une paye journaliere de 16 sous ou au-delà, sont taxés, par année, à	1.	
Ceux qui sont au-dessous de 16 sous par jour.		32.
On en a excepté les bas Officiers & les Soldats.		
Ceux qui servent sans toucher de gages, payent également avec leurs égaux dans les mêmes places avec appointemens.		
Ceux qui ont un caractere plus élevé que la		

charge

CONTRIBUABLES.	TAXES.	
	Ecus.	Sous.
charge qu'ils exercent, payent à proportion de l'appointement affecté à la place dont ils portent le titre.		
Ceux qui ont un caractere & qui ne servent point, qui même n'ont jamais servi, payent le double de ce qu'ils devroient payer, s'ils étoient réellement au service.		
Ceux qui ont eu leur démission, mais qui ont reçu un caractere au-dessus de la place qu'ils ont quittée, payent comme ceux qui servent dans le même grade.		
Ceux qui ont quitté sans autre caractere que celui qui étoit affecté à la place qu'ils occupoient, ne payent rien.		
Ceux qui ont quelque charge momentanée, & qui ont des appointemens jusqu'à ce qu'ils soient employés, payent deux pour cent de leurs gages.		
Ceux qui ont des pensions ou autres gratifications, montant au-delà de 250 écus, payent douze pour cent.		
Ceux qui ont des charges publiques, auxquelles il n'y a point de gages fixes affectés, mais qui jouissent d'autres revenans-bons de leurs emplois, payent à proportion de leurs charges, revenus & aisance, depuis........ jusqu'à.	6. 20.	
Ceux qui sont dans les colléges & bureaux pour s'instruire & qui sont sans emploi.		
Ceux qui n'ont que des profits journaliers, variables & incertains, joints aux Musiciens dans		

Tome I.   D

CONTRIBUABLES.	TAXES.	
	Ecus.	Sous.
les villes, payent depuis	1.	
jufqu'à.	3.	
Les Nobles & tous ceux qui poffedent des Trals hémans, payent à proportion de la part qu'ils ont à l'entretien du corps appellé l'*Etendard noble* ou *Adels fana*, 21 fous ⅓; ce qui peut monter par hémàn à	5.	
L'Archevêque, l'Evêque & le Curé, dont la paroiffe eft de foixante-quatre hémans, payent.	11.	16.
Ceux qui ont des paroiffes au-deffous de cette étendue, payent à proportion.		
Ceux des Prêtres qui font en ville, qui font payés en argent & non en denrées, deux pour cent.		
Les Evêques payent en outre, pour leurs appointemens en cette qualité, deux pour cent.		
Chapelains, Organiftes & Bedeaux en ville, deux pour cent de leurs gages.		
Chapelains à la campagne, dans les paroiffes de foixante-quatre hémans.	1.	
Dans les moindres à proportion.		
Les Bedeaux des Eglifes de la campagne, s'ils ont une terre à faire valoir.		48.
finon.		16.
Les Organiftes de la campagne.		32.
Tout le haut & petit Clergé, y compris les Profeffeurs & Maîtres d'école qui ont leurs appointemens en denrées, payent en outre quatre pour cent de leurs gages.		
Ceux qui font payés en argent, deux pour cent.		

CONTRIBUABLES.	TAXES.	
	Écus.	Sous.
Ceux du bas ordre qui servent à l'Eglise...........		32
Chirurgiens à Stockolm, qui ont un certain appointement.	30.	
Ditto, tant à Stockolm que dans les grandes villes, moins aisés.	20.	
Ditto au-dessous.	15.	
Chirurgiens dans les moindres villes, depuis	10.	
jusqu'à.	3.	
Médecins à Stockolm & dans les grandes villes, à proportion de leur aisance, depuis...	40.	
jusqu'à.	20.	
Ditto dans les autres villes, depuis.	20.	
jusqu'à.	10.	
Les Apothicaires à Stockolm, depuis. ...	80.	
jusqu'à.	60.	
Ditto à Upsal, Gottenbourg & Carlscrona.	50.	
Ditto dans les autres grandes villes, depuis	30.	
jusqu'à.	20.	
Ditto dans les moindres villes, depuis....	15.	
jusqu'à.	10.	
Courtiers de change, à Stockolm, depuis.	200.	
jusqu'à.	12.	
Ditto pour les vaisseaux à Stockolm, depuis.	37.	
jusqu'à.	7.	
Ditto à Gottenbourg, faisant les deux fonctions.	40.	
jusqu'à.	6.	
Ditto dans les autres villes, depuis.......	15.	
jusqu'à.	4.	
Marchands en gros à Stockolm & à Gottenbourg, à proportion de leur aisance, depuis	400.	

CONTRIBUABLES.	TAXES.	
	Ecus.	Sous.
jufqu'à	25.	
Ditto au-deffous, depuis.	200.	
jufqu'à.	15.	
*Fabricant, Ouvrier Artifan, Maître de vaif-feau, Maître jardinier, Bourgeois, depuis. . .	300.	
jufqu'à.	10.	
Architecte, Mécanicien, Peintre, Sculpteur, Maître maçon & Cabaretier, depuis.	50.	
jufqu'à.	6.	
Compagnon, depuis.	1.	32.
jufqu'à.	1.	
Chaque Carroffe, dit Fiacre.	50.	
Charretiers, Infpecteurs des mefureurs, depuis	10.	
jufqu'à.	4.	
Cafetiers à Stockolm, depuis.	100.	
jufqu'à.	50.	
Mefureurs en gros, depuis.	5.	
jufqu'à.	3.	
Travailleurs au magafin aux fers, Pécheur, Maçon, Charpentier, Valets de ville fervant fans gages fixes, depuis.	4.	
jufqu'à.	1.	32.
Tout cela s'entend des villes de Stockolm & de Gottenbourg feulement.		
Marchands, Fabricans, Ouvriers & d'autres Bourgeois dans les villes du fecond ordre, de-puis.	150.	
jufqu'à.	5.	
Ditto du troifieme ordre, depuis.	100.	
jufqu'à.	4.	
Ditto du quatrieme ordre, depuis.	75.	

CONTRIBUABLES.	TAXES.	
	Écus.	Sous.
jusqu'à.	3.	
Ditto du cinquieme ordre, depuis.	40.	
jusqu'à.	2.	
Cafetiers dans les villes, depuis.	25.	
jusqu'à.	10.	
Les autres gens, nommés sous la classe des villes de *Stockolm* & de *Gottenbourg*, qui se trouvent dans les autres villes indifféremment, depuis.	3.	
jusqu'à.		32.
Les Veuves qui continuent la profession de leurs maris, payent comme les autres Bourgeois.		
Les Nobles commerçans, payent comme les Commerçans roturiers.		
Les Propriétaires des maisons qui ne sont d'aucuns des quatre ordres de l'État, & autres gens de la même sorte, qui habitent dans les villes, avec aisance connue, & qui ne peuvent être compris dans aucune classe, payent à proportion de leurs biens.		
Tout Propriétaire d'un héman, excepté les paysans, paye pour chaque héman, pour le droit de distiller de l'eau-de-vie.	4.	
A proportion pour les hémans divisés.		
Les Paysans pour le même droit par héman.	5.	
Ditto pour $\frac{3}{4}$ d'héman.	4.	
Ditto pour $\frac{1}{2}$, même $\frac{1}{8}$ d'héman.	2.	32.
Ditto pour $\frac{3}{8}$ d'héman jusqu'au quart.	2.	
Ditto depuis le quart jusqu'au demi-quart. . .	1.	16.
Ditto au-dessous du demi-quart d'héman. . .	1.	

CONTRIBUABLES.	TAXES.	
	Écus.	Sous.
Ceux qui font hypothécaires d'une terre noble.	2.	
Les Maîtres des poftes & les Pilotes-côtiers, qui ont des hémans de la Couronne, payent en outre pour chaque héman.	2.	
Les moindres à proportion. . . .		
Les Cabaretiers & Aubergiftes à la campagne, payent pour la vente de l'eau-de-vie, depuis. . .	25.	
jufqu'à.	2.	32.
Torpare & autres poffédans une portion de terre.		48.
Les Fils demeurans chez leur pere, fans emplois publics, les Valets de gens de tout ordre, les derniers Ouvriers des fabriques, falpêtrieres, mines, &c. paffé dix-huit-ans.		32.
Les Domeftiques des particuliers, comme Secrétaires, Intendans, Teneurs de livres de compte, Caifliers, Maîtres - d'hôtel, Prétres, Précepteurs, payent deux pour cent de leurs gages.		
Laquais portant livrée.	1.	
Les Mines & Forges pour cent fois 400£ pefant qu'elles travaillent par an.	50.	
Les Forges poffédées par des payfans. . . .	33.	
Celles qui ne travaillent que cent cinquante fois 400£.	25.	
Fabriques & Manufactures de fer, depuis. . .	150.	
jufqu'à.	100.	
Les Fonderies pour les canons.	50.	
Forges pour les ancres, pour cent fois 400£ pefant.	66.	32.
Fourneau à fondre le fer, par femaine de		

CONTRIBUABLES.	TAXES.	
	Écus.	Sous.
travail.	1.	32.
Pour 100£ pesant d'acier.		18.
Les Forges fabriquant des clous pour leurs besoins.	3.	
Ditto pour vendre.	10.	
Forges de fer en plaques.	37.	32.
FORGES DE CUIVRE.		
Norkoping / Eskilstuna. . chaque.	150.	
Tyresio. . . / Hallstad. . . chaque.	37.	32.
Harg. . . . . / Mortefors. . chaque.	7.	32.
Almerid. . . / Adelfors. . . / Grenfors. . chaque.	37.	32.
MANUFACTURES.		
De laiton, pour 400£ pesant.		48.
D'alun, pour une tonne.		36.
De poudre à canon.	225.	
FABRIQUES D'ARMES A FEU.		
Jonkoping / Norkoping / Soderhamn chaque.	187.	32.
Nortelje. . / Orebro. . . / Runnaby. . chaque.	62.	32.

CONTRIBUABLES.	TAXES.	
	Écus.	Sous.
FABRIQUES DIVERSES.		
De fucre, privilégiées, avant 1756, payoient	300.	
Depuis 1756.	200.	
De verre, } chaque, { depuis.	150.	
De favon, } chaque, { jufqu'à.	75.	
Fayence à Roftrand.	150.	
Ditto à Marieberg.	75.	
De papier.	15.	
De vitriol & de foufre.	500.	
D'armes blanches, } chaque; { depuis. . .	25.	
D'huile & de pipes, } chaque; { jufqu'à. . .	12.	32.
De briques, pour un cent.		2.
De toiles, depuis.	80.	
jufqu'à.	40.	
Ouvrier des mines, en comparaifon de fon égal, depuis.	3.	
jufqu'à.		32.
Propriétaires des mines, près de Talhun, depuis. . . . . , ...	10.	
jufqu'à.	1.	32.
Imprimeurs, depuis.	20.	
jufqu'à.	4.	
Libraires à Stockolm.	10.	
MOULINS A EAU.		
En ville, en campagne, tournant toujours. . .	20.	
D'autres.	9.	
Situés fur la terre du Fralfe héman, depuis	8.	
jufqu'à.	4.	
Sur terre de la Couronne, depuis.	6.	
jufqu'à.	2.	

CONTRIBUABLES.	TAXES.	
	Ecus.	Sous.
Tournant seulement au printemps & en automne, payent moitié.		
MOULINS A VENT.		
A la campagne, depuis.	3.	
jusqu'à.	1.	32.
Près des villes, depuis.	10.	
jusqu'à.	2.	
A scier, pour chaque lame, travaillant toute l'année.	6.	
Ditto travaillant une partie de l'année, depuis	3.	
jusqu'à.	1.	32.
Ditto situés sur terr ede nobles, appellés *Jatery*, paye ½ des précédens.		
A tan & à foulon, depuis.	9.	
jusqu'à.	1.	32.
MAITRES.		
Meunier.	2.	
Salpêtrier.	1.	32.
Tailleur, } à la campagne, depuis. . . .	1.	32.
Cordonnier, } jusqu'à.	1.	
Serruriers, } à la campagne.	1.	32.
Divers Ouvriers, }		
Musicien à la campagne, depuis.	4.	
jusqu'à.	3.	
Les terres de la Couronne, hypothéquées à des particuliers avant l'an 1700, payent Quinze pour cent des rentes auxquelles elles sont taxées par l'Etat.		
Celles qui sont hypothéquées depuis 1700 jusqu'à 1740, payent Six pour cent.		

Tome I.   E

CONTRIBUABLES.	TAXES.	
	Écus.	Sous.
Ditto depuis 1740, Deux pour cent.		
Les Fermiers qui ont obtenu leurs Contrats sans adjudication, payent Cinq pour cent.		
Ditto les Adjudicataires, Deux pour cent selon leurs baux.		
Fermiers des moulins & des pêches de la Couronne, Vingt pour cent selon leurs baux.		
Les Fermiers de la douane.	15000.	
Le Comptoir du fer.	5000.	
Chantiers des vaisseaux, depuis.	200.	
jusqu'à.	25.	
Le Comptoir d'assurance de mer.	1000.	
Les Actions de Trolhetta, qui sont à Douze pour cent, payent un quart de cette rente.		
Les Fermiers du papier timbré.	100.	
Comptoir des plongeurs au sud.	500.	
Ditto au nord.	250.	
La Chambre des Encans à Stockolm. . . .	300.	
Les Maisons payent Six pour cent du loyer.		
Les Aubergistes & Cabaretiers, vendant de l'eau-de-vie à la campagne, payent pour un kannor ou trois pintes.		12.
Ils sont taxés à proportion de leur situation, plus ou moins favorable pour la vente, à. . .		18.
jusqu'à cent vingt-huit kannors, dont il faut quarante-huit pour un tonneau.		
Pour la Distillation de cette eau-de-vie, ils payent quatre écus par tonneau à proportion de leur vente.	4.	
La ville de Stockolm, pour la distillation de l'eau-de-vie.	100000.	

CONTRIBUABLES.	TAXES.	
	Écus.	Sous.
Laquelle somme est répartie sur les Brasseurs qui seuls ont ce droit & de revendre aux autres.		
Gottenbourg pour le même droit.	6000.	
Carlscrona.	3000.	
Dans les autres villes, chaque feu a droit de distiller pour son usage, & paye à proportion des terres affectées à chaque ville qu'il possede, depuis.	5.	
jusqu'à.	1.	
Ils ne peuvent en vendre, mais les Cabaretiers s'en doivent fournir & payer par tonneau.	5.	
Et pour le débit par kannor.		12.
Ils sont taxés au moins à quatre-vingts kannors.		
Pour l'usage du vin, café, thé, chocolat, tabac, poudre à cheveux, sucre, carrosses; on paye en tout, depuis le premier Officier de la Couronne jusqu'au Colonel, tant civil que militaire.	10.	
Les moins employés.	6.	
Au-dessous, même les Curés.	3.	
Officier subalterne, Curés à moindre revenu & Chapelain dans les villes.	2.	
Employé au moindre grade.	1.	32.
Bas Officier, Commis.	1.	
Subalterne à l'Université & Recteur d'école.	2.	
Bedeaux, Organistes des grandes Paroisses en ville.	2.	
Ditto des moindres paroisses.	1.	
Chapelains, ditto.		32.
Possesseurs des forges, depuis.	4.	

CONTRIBUABLES.	TAXES.	
	Ecus.	Sous.
jusqu'à	3.	
Officiers subalternes des mines, Intendant, Teneur de livres chez des particuliers, depuis	1.	32.
jusqu'à.		32.
Nobles & Gens de condition, non brevetés, les plus aisés.	6.	
Les moins aisés.	2.	
Marchands en gros & en détail, Fabricans & Manufacturiers dans les grandes villes, depuis	8.	
jusqu'à.	3.	
Ouvriers les plus aisés.	3.	
Ditto moins aisés.	1.	
Autres Bourgeois dans les mêmes villes. . . .	1.	
Marchands & Fabricans dans les villes moyennes.	4.	
Ditto moins aisés.	3.	
Ouvrier & Bourgeois aisé.	1.	32.
Ditto moins aisé.	1.	
Marchand & Fabricant des villes du troisieme ordre, aisé.	2.	
Ditto moins aisé.	1.	32.
Ouvrier bourgeois aisé.	1.	
Ditto moins aisé.		32.
Marchands & Fabricans des plus petites villes, aisés.	1.	32.
Ditto moins aisés.	1.	
Ouvriers & Bourgeois aisés.		48.
Ditto moins aisés.		25.
Tout Valet de chambre, Laquais, Coureur, Chasseur, Cocher, &c. qui a passé quinze ans, paye.		4.
Tout Paysan & Travailleur à la campagne qui a passé quinze ans, pour user du tabac, paye.		2.

IMPOSITIONS
EN
DANEMARCK ET EN NORWEGE.

L ES Impoſitions ſe diviſent en deux claſſes, ſavoir, les *Impoſitions territoriales & perſonnelles*, & celles ſur les Conſommations.

Impoſitions territoriales & perſonnelles.

L E pays eſt cadaſtré, & ces cadaſtres ont été réformés en 1681 & 1682 ; ils contiennent l'énumération des biens des royaumes de Danemarck & de Norwege ; mais ſans eſtimation, autre que celle de la qualité plus ou moins bonne des terres.

Cette énumération eſt faite ſous le nom de *Tonneau de Hartkorn*, dont la meſure n'eſt pas la même par-tout. En général on eſtime dans la plus grande partie du Danemarck, & ſinguliérement en Jutland, que la quantité de terrein néceſſaire pour ſemer un tonneau de blé froment, ſeigle ou d'orge, du poids de huit cent vingt-quatre livres (ce qui revient à trois ſetiers cinq douziemes, meſure de France de deux cent quarante livres le marc), conſiſte dans quatorze mille aunes carrées, de deux piéds de long chaque aune, meſure de Danemarck ou du Rhin, le pied de quatre lignes & demie plus court que celui de France ; & c'eſt en partant de cette fixation, que vingt-huit mille aunes carrées de bonne terre, capables de recevoir deux tonneaux de ſemence, ſont priſes, pour un tonneau de hartkorn : en Jutland on diviſe les terres en ſix qualités.

Le tonneau de hartkorn, de la premiere qualité, eſt de vingt - huit mille aunes carrées, revenant à trois arpens quatre cent onze toiſes carrées, meſure de France.

Celui de la ſeconde eſt de cinquante-ſix mille aunes, revenant à ſix arpens huit cent vingt-deux toiſes.

Celui de la troisieme est de quatre-vingt-quatre mille aunes, revenant à dix arpens trois cents trente-trois toises.

Celui de la quatrieme est de cent vingt-six mille aunes, revenant à quinze arpens cinq cents toises.

Celui de la cinquieme est de cent soixante-huit mille aunes, revenant à vingt arpens six cent soixante-six toises.

Et celui de la sixieme est de deux cent vingt-quatre mille aunes, revenant à vingt-sept arpens quatre cent quatre-vingt-huit toises.

Telles sont les différentes mesures connues en Jutland ; tandis que dans les îles de Zélande, Fionie & Lalande, on divise les terres en quatre especes principales, & on subdivise chacune de ces quatre especes en quatre autres, ce qui fait seize especes différentes ; en sorte qu'un tonneau de hartkorn est composé de 28 mille, 34 mille, 35 mille, 37 mille, 42 mille, 46 mille, 56 mille, 63 mille, 70 mille, 84 mille, 93 mille, 112 mille, 116 mille, 140 mille & 168 mille aunes carrées.

Les tonneaux de hartkorn, composés seulement de terres labourables & de prés, sont chargés depuis très-long-temps de Deux rixdales quatre marcks par tonneau ; ce qui, à 4 livre 10 sous la rixdale & à 15 sous le marc, fait 12 livres de notre monnoie ; & les tonneaux composés de bois, moulins, droits de pêche, ne payent qu'une rixdale quatre marcks & dix schellings ou sous Danois, peu différens de ceux de France en valeur.

Les Comtés ont été établis en Danemarck, par Chrétien V, en 1671. Les Comtes sont exempts de toutes impositions (excepté celles pour la dot des Princesses) sur trois cents tonneaux de hartkorn, c'est-à-dire qu'ils perçoivent sur leurs paysans la taxe annuelle des contributions sur trois cents tonneaux ; & le Comté retourne au Roi, en cas que les héritiers du Comté, appellés au Comté, viennent à manquer. Les fonds d'un Comté sont de deux mille cinq cents tonneaux, dans les quatre lieues d'enceinte du Château seigneurial. On estime l'imposition à Trois rixdales [a] par tonneau ; ainsi l'exemption des Comtés est de neuf cents rixdales [b] par an.

La Baronnie est de mille tonneaux de hartkorn, & l'exemption est sur cent tonneaux.

---

[a] 13 livres 10 sous.   } monnoie de France.
[b] 4050 livres.

Les nobles & propriétaires de fonds , jouiffant des priviléges de la nobleffe, doivent avoir une maifon feigneuriale & deux cents tonneaux de hartkorn en payfans ; alors leurs fonds de trente, quarante , & même cinquante tonneaux, font exempts des contributions ordinaires & de la dixme due au Roi, à l'Eglife & aux Curés : les payfans qui tiennent du Seigneur les deux cents tonneaux & plus , doivent payer ; & s'ils deviennent infolvables, le Seigneur eft obligé de payer pour eux, ce qui l'oblige de veiller à la conduite & adminiftration de ces payfans , & de les aider dans leurs befoins.

Il n'y avoit que les nobles autrefois qui puffent poffèder les maifons & terres feigneuriales ; mais aujourd'hui elles peuvent être poffédées par des roturiers, excepté qu'ils ont befoin d'être annoblis, ou d'avoir brevet ou caractere de Confeiller de Juftice , de chancellerie, de commerce ou de Secrétaire de l'une de ces claffes, pour jouir des droits de chaffe & de patronage aux Cures ; mais ces brevets font très-communs & faciles à obtenir.

Les payfans font divifés en cinq claffes ; la premiere , de ceux francs ou libres qui poffédent leurs biens en propre , & en payent les contributions au Roi, fans dépendance d'autres Seigneurs.

La feconde, de payfans propriétaires de leurs maifons, mais dont les terres dépendent du Seigneur , auquel ils payent leurs redevances ; leurs maifons paffent toujours à un feul de leurs enfans qu'ils choififfent. Ils peuvent fe fervir des bois qui font dans leurs fonds & pêcher avec modération dans leurs lacs ; ils font exempts des fervitudes & des corvées. la pauvreté & le défaut d'économie les font fouvent retomber dans les claffes inférieures.

La troifieme claffe eft celle des payfans ordinaires , dont les maifons & terres appartiennent au Seigneur fous une preftation annuelle. Leurs héritiers ne leur fuccédent pas, fi ce n'eft que la veuve en jouit fa vie durant ; après fa mort le Seigneur en difpofe ; outre l'impofition au profit du Roi, que payent les payfans de cette troifieme claffe, ils payent au Seigneur une fomme annuelle pour le rachat des corvées ; & tant qu'ils payent leurs impofitions & redevances, & entretiennent leurs bâtimens, le Seigneur ne peut pas les dépoffder pendant leur vie.

La quatrieme claffe eft celle des payfans à corvées , qui femblables en tout aux précédens, font en outre tenus de travailler une journée par femaine pour leurs Seigneurs, qui en exigent fouvent deux ou trois au lieu d'une.

La cinquieme claffe eft celle des payfans qui ne poffédent rien, louent une petite maifon avec un jardin ou une portion de terre, mais fans grange ni écurie. Ils rendent un prix de loyer & ils doivent un jour de corvée par femaine. Ils font fouvent plus à leur aife que ceux de la précédente claffe par leur travail & leur induftrie.

Les biens appartenans aux villes ne payent que les dixmes.

Les terres affignées aux Miniftres pour leur fubfiftance, depuis cinq jufqu'à douze tonneaux, font exemptes des contributions ordinaires, mais fupportent les contributions extraordinaires, ainfi que celles affignées aux Chantres des églifes, qu'on appelle *Diacres* ; celles poffédées par les Officiers de Juftice dans les provinces, qui exercent leurs fonctions fans appointemens, & enfin les bois & les moulins, ne font ordinairement impofés qu'aux deux tiers.

La Dixme fe leve fur tous les grains & fur toutes efpeces de beftiaux ; elle eft divifée en trois parts, un tiers à l'Eglife, un tiers au Roi & un tiers au Curé ou Miniftre.

Telles font les notions préliminaires qui étoient indifpenfables pour faifir la forme de l'impofition territoriale dans les pays de Danemarck & de Norwege.

Les anciennes impofitions font,

1º. Celle fur les grains de la récolte, qui fe payoit partie en argent & partie en grains, & toute en argent par une ordonnance de 1764, & qui revient à quatre marcks douze fchellings ou quarante-quatre fchellings [a] par tonneau, & fe nomme *Kornskat*.

2º. La Taxe du cadaftre de neuf marks [b] par tonneau, fe nomme *Mahikus-skat*, elle eft payable par quartier.

3º. Celle pour l'entretien de la Cavalerie, d'un marck huit fchellings [c], fe nomme *Ritter-skat*.

4º. Celle pour la fourniture du bœuf & du lard deftiné pour la marine, de douze fchellings [d] par tonneau, fe nomme *Oxe-oyfterke-skat*.

---

[a] 3 livres 12 fous.
[b] 6 livres 15 fous.
[c] 1 livre 3 fous.
[d] .... 12 fous.

} *monnoie de France.*

Les

Les quatre reviennent à deux rixdales quatre marcks [a] , & le tout a été ainfi fixé par une ordonnance du 29 Novembre 1746, jufqu'à ce qu'il en foit autrement ordonné.

Il y avoit en outre l'Impôt fur les familles ou Capitation, confiftant en une fomme par tête d'homme, de femme, d'enfant au-deffus de douze ans, & de chevaux; & la répartition fe faifoit par les Officiers du Roi fur certaines perfonnes, & par les Curés fur d'autres; mais le Roi l'a abonné pour une ordonnance de 1760, qui en a fupprimé la ferme, a mis l'impôt en régie, a abandonné les droits aux propriétaires de terres & autres ayant des poffeffions, & a augmenté l'impofition fur le tonneau de hartkorn, dans une proportion qu'on ne peut faire fentir que par l'exemple d'un propriétaire de cent tonneaux, qui paye pour les quatorze premiers une rixdale deux marcks [b], de quinze à vingt, en outre, une rixdale [c]; de vingt-un à trente, cinq marcks [d]; de trente-un à quarante, quatre marcks [e]; de quarante-un à cinquante, trois marcks [f]; de cinquante-un à foixante, deux marcks [g]; de foixante-un & au-deffus, un marck [h]; plus une rixdale par écurie: & en conféquence de ce payement, les Seigneurs & Propriétaires font exempts de Capitation, & en outre autorifés à lever l'impofition à leur profit fur leurs Domeftiques & fur les Gens de leurs maifons, & fur tous les Gens de leur dépendance qui y font contribuables, pour lefquels ils payent le nouvel impôt dans la proportion. Les payfans propriétaires payent auffi une impofition par tonneau de hartkorn, au lieu de la capitation. Les artifans continuent de la payer, ainfi que les payfans du Roi dont on va parler, en obfervant qu'il eft fenfible que par ce moyen l'impofition de la capitation eft devenue réelle en 1760.

Les payfans du Roi font ceux qui tiennent les terres du Roi & qui

---

[a] 12 livres 2 fous.
[b] 6 livres
[c] 10 livres 10 fous.
[d] 14 livres 5 fous.
[e] 17 livres 5 fous.
[f] 19 livres 10 fous.
[g] 21 livres.
[h] 21 livres 15 fous.

} *monnoie de France.*

Tome I.

F

payent à fes Receveurs, ils font dans le rang des différentes claffes dont on a parlé ci-deffus.

Les Baillifs qui ont à peu près la même autorité que les Intendans en France, & qui font choifis dans la nobleffe & pris dans l'état civil, doivent protéger les payfans & tenir la balance entre le Cultivateur & le Receveur, qui ne peut pas procéder à l'exécution des débiteurs fans le confentement du Baillif, lequel ne doit y confentir que quand le payfan, par mauvaife volonté ou par fa mauvaife adminiftration, mérite cette rigueur. On fent bien que ceci ne regarde que les payfans du Roi & ceux qui font de la premiere & de la feconde claffe; car à l'égard des autres, les Seigneurs font obligés de payer pour eux, ce qui les oblige à une adminiftration prudente, & met les payfans à l'abri des violences des Receveurs.

Il y a auffi un Impôt établi anciennement fur les mariages; il eft plus ou moins fort fuivant l'état des contractans, & le Miniftre ne peut pas, fous peine d'une amende confidérable, célébrer un mariage qu'en lui juftifiant de la quittance du prépofé.

La Douane ou Accife, qui eft l'Impôt fur les confommations, fera traitée dans la troifieme partie; on dira feulement ici en paffant, qu'outre cet impôt, on en perçoit un fur les cartes à jouer, au profit de l'hôpital établi à Coppenhague, pour trois cents malades; & que les actes notariés doivent être écrits fur du papier timbré, fur lequel on paye un impôt plus ou moins fort, fuivant la valeur plus ou moins confidérable de l'objet fur lequel on contracte; ce qui renferme en même temps nos droits de contrôle, Infinuation, Centieme denier & celui du papier ou parchemin timbré, nommé *Formule*.

Il y a eu un nouvel impôt, établi en 1762, pour payer les Arrérages & Capitaux de l'Etat, & il eft en forme de Capitation; le produit fe verfe dans une Caiffe particuliere établie pour cet objet; il eft confidérable.

La maniere de lever l'impofition territoriale, dans le Danemarck & la Norwege, eft bien fimple. Le Régiffeur des fonds d'une terre du Roi, appellé *Lamphforvalter*, eft en même temps Receveur des impôts réels fur toutes les terres d'un Bailliage, & toutes les autres impofitions qui peuvent furvenir.

Le Forvalter eft le Receveur d'un diftrict feulement, faifant partie d'un Bailliage.

Le *Régiments - skriver* eft le Receveur d'un diftrict, dont le produit étoit originairement deftiné à l'entretien de la Cavalerie.

Le tout compofe quarante-huit Receveurs généraux de bailliages; & dix-fept Receveurs de diftricts; ils ont trois [a], quatre [b], ou cinq [c] cents rixdales d'appointemens, fuivant que leur adminiftration eft plus ou moins étendue, & leurs appointemens vont aux environs de 20 mille rixdales, ce qui fait environ 90 mille livres de notre monnoie, à 4 livres 10 fous la rixdale.

Ces Receveurs avoient doublé leurs appointemens au moyen de deux abus, le premier en ce qu'étant chargés de marquer dans les bois du Roi & dant ceux des Seigneurs, les bois qu'on peut accorder aux payfans pour leur chauffage, conftructions & réparations de leurs maifons, fabrication & entretien de leurs voitures, inftrumens & outils, ils fe font payer les facilités qu'ils peuvent avoir pour eux; abus qui n'eft pas encore déraciné.

Le fecond confiftoit en ce que la taxe, qui fe paye partie en argent & partie en grains, leur donnoit lieu de faire payer comble par le peuple, de ne vendre que ras au profit du Roi, & de fe faire paffer un déchet dans leurs greniers d'un feizieme fur le blé, & d'un trente-deuxieme fur l'avoine; à quoi Sa Majefté Danoife a rémédié en 1763, à la grande fatisfaction de fes peuples, en faifant payer en argent la totalité de l'impofition.

Dès que les Receveurs ont fait leur levée d'impôt, dont ils donnent quittance à chaque contribuable, ils dreffent leur compte qui eft juftifié par leurs regiftres pour la recette, & par les Ordonnances de la Chambre des Finances pour la dépenfe. Les Baillifs examinent ce compte; il eft enfuite préfenté à la Chambre des Finances, à la tête de laquelle eft le Miniftre des Finances, & qui eft compofée de deux principaux Députés & des Affeffeurs d'un ordre inférieur. La Chambre nomme des Affeffeurs pour examiner le compte. Ils dreffent leurs obfervations, on

---

[a] 300 rixdales font 1350 livres.
[b] 400 rixdales font 1800 livres.
[c] 500 rixdales font 2250 livres.
} *monnoie de France.*

les communique au Receveur qui y répond ; on prend enfuite l'avis du Baillif fur le tout, & enfin on juge le compte fur le rapport d'un des membres de la Chambre ; à moins qu'il ne s'y trouve quelque difficulté à devoir être décidée par le Roi, fur le rapport du premier député qui eſt le Miniſtre des Finances ; & le comptable n'eſt déchargé que fur une quittance fignée du Roi, fur le rapport du premier député.

Impofitions fur les Confommations.

IL eſt néceſſaire de diſtinguer entre le Danemarck & la Norwege.

La Douane & les droits de Confomption & d'Accife, font encore en régie dans le Danemarck, & probablement au détriment des Finances de Sa Majeſté Danoife ; puifque les premiers baux qu'on a faits en Norwege, ont augmenté d'un tiers en fus.

En Norwerge, la fraude, la contrebande, l'infidélité des Commerçans, celle des prépofés, le mauvais choix des employés fait fouvent par brigue & par follicitations, réduifoit fort au-deſſous de leur véritable valeur, les impôts mis fur l'entrée & la fortie des marchandifes & denrées, fur la Confomption & fur l'Accife.

On s'eſt déterminé en 1748, à donner ces droits à ferme pour dix ans ; en 1758, on les a renouvellés pour fix ans ; & en 1764, on les a pareillement renouvellés pour fix ans.

Chaque province ou grand bailliage a fes fermes & fes compagnies particulieres pour fes différens diſtricts. Les Négocians de chaque ville principale fe réuniſſent pour former une compagnie : ils fe font, fans y être aſſujettis par aucune loi, un devoir d'admettre dans leur compagnie, & à proportion de leurs facultés, tous les Commerçans capables de fournir fur leur propre bien, une caution de 500 rixdales * ; en forte que fi ces fermes font avantageufes aux fermiers, chaque Commerçant eſt admis, pour ainfi dire, à en partager l'avantage & le profit, tandis que les frais de régie étant à la charge des fermiers, ils n'y emploient que le nombre de Commis néceſſaire, aucun n'y eſt admis par faveur ou par autorité, & le bénéfice reſte dans la province.

---

* Ou 2250 livres, *monnoie de France.*

Lorſque ces baux ſont prêts à expirer, la Chambre des Finances fait annoncer l'adjudication quelques mois à l'avance, par des placards envoyés aux grands-baillifs, qui ſont à-peu-près comme des Intendans des provinces. Ceux-ci les font afficher. Les habitans des principales villes de commerce, ſe réuniſſent & s'aſſocient en compagnie. Chaque compagnie doit ſe préſenter au grand-baillif, & ſans dire le prix auquel elle veut porter la ferme, doit fournir une caution plus que ſuffiſante, qu'il accepte ou refuſe; & la compagnie a même la faculté d'en faire accepter une par *interim* à Coppenhague par la Chambre des Finances. Les fermes s'adjugent au plus offrant & dernier enchériſſeur; l'Adjudicataire doit préſenter ſa caution reçue, ſans quoi, dans la même ſéance, il ſeroit procédé à une nouvelle adjudication à ſa folle-enchère, & il ſeroit tenu du *deficit* entre ſon adjudication & la nouvelle faite ſur folle-enchère.

Les conditions de ces fermes conſiſtent,

1°. Dans le droit de lever des impôts avec le même pouvoir que le Roi y emploîroit, à la charge de ſe conformer au tarif & de compter à la Chambre des Finances.

2°. De ne faire aucuns changemens aux droits établis, de n'accorder aucune modération & de ne point favoriſer l'entrée des marchandiſes prohibées, à peine d'amende conſidérable, ou autres peines ſuivant l'exigence des cas.

3°. De porter toutes les cauſes concernant les Douanes & l'exécution des Baux, dans les Tribunaux ordinaires, à la charge de l'appel au Tribunal du Conſeil des Finances.

4°. Faculté aux Fermiers de nommer les Directeurs & autres Prépoſés qui ſont à leurs gages; ſauf que le Roi ſe réſerve le choix & la nomination dans chaque ferme, d'un Jaugeur de vaiſſeaux, d'un Peſeur, d'un Meſureur, & ſur-tout d'un Contrôleur qui eſt indépendant des Fermiers, & dont le devoir conſiſte à tenir un Contrôle exact de leur recette, & d'envoyer ſon regiſtre de Contrôle, chaque année, à la Chambre des Finances, comme les Fermiers y doivent envoyer auſſi leur regiſtre de Recette.

5°. Et enfin les Fermiers doivent payer tous les trois mois, ſinon ils y ſont contraints par voie d'exécution militaire.

IMPOSITIONS

ET

DROITS

*Dans la ville & territoire d'*HAMBOURG*, & dans les villes de* BREMEN*, de* LUBECK *&* DANTZIC*.*

LES Impofitions qui fe levent & les Droits qui fe perçoivent dans la ville & dans le territoire d'Hambourg, & dans les villes de Bremen, de Lubeck & Dantzic, font à peu près les mêmes, & font dirigés par les mêmes principes; le peuple y eft peu nombreux, fon zele pour la patrie eft celui d'un pere pour fa famille, chacun confent & s'empreffe d'acquitter les impofitions & les droits dont la néceffité & l'utilité font reconnues, & attache même une efpece de honte à fe trouver en retard.

Ces circonftances pourroient faire préfumer que le peuple a part à l'adminiftration, ou qu'au moins il en connoît les refforts ; cependant cette adminiftration n'eft connue que du petit nombre de citoyens, auxquels elle eft confiée : perfonne n'eft inftruit de leurs vues ni de leurs opérations, & par ce moyen ils parviennent à leurs fins fans obftacle, & fans éprouver ni haine ni jaloufie de la part de leurs concitoyens.

On va rendre compte de ce qui concerne les droits, & on rappellera enfuite ce qui a rapport aux impofitions.

Les droits qui fe perçoivent à Hambourg font de deux efpeces; les droits généraux ou de commerce, & les droits particuliers.

Les droits généraux font ceux qui fe perçoivent dans les Douanes fur les marchandifes, qui entrent & qui fortent tant par terre que par mer, à l'exception de celles qui font privilégiées, telles que les grains & les métaux.

Ces droits font perçus dans cinq Douanes ; celle du Sénat, celle de

Bourgeois, celle de l'Amirauté, celle de Schaumbourg pour les marchandises de Transit, & enfin celle des Accises pour les vins, la viande & la biere.

Les marchandises sont taxées, les unes selon leur valeur, les autres par ballots, barriques & barils; les droits sont énoncés dans un Tarif général, *qu'on tient secret*, & ils sont plus ou moins forts suivant que les marchandises viennent de telle ou telle Nation.

Les droits sur les marchandises de France, reviennent à un Demi pour cent; sur celles qui arrivent de Hollande ou d'Angletere, à Trois quarts pour cent; & sur celles d'Espagne & de Portugal, à Deux pour cent.

Les vins & eaux-de-vie payent des droits beaucoup plus considérables: la tonne d'eau-de-vie est taxée à Six marcs[a], la barrique de vin à Un marc, & le panier de soixante à quatre-vingts bouteilles, à Un demi-marc, ou 17 sous monnoie de France.

Il y a encore à Hambourg une autre espece de Douane; mais elle est uniquement destinée pour les droits sur les grains, qu'on fait moudre dans les moulins de la République

Les droits particuliers sont de plusieurs especes.

Les premiers consistent dans les droits des Charges & Offices.

La Commission qui est établie pour la vente des charges & offices, est composée de deux Sénateurs & de deux Bourgeois : cette Commission reçoit le prix des charges & offices, & le remet à la Chambre des Finances; le prix des charges n'est point fixé, & varie suivant les circonstances.

Les droits sur les places, les échopes & étaux des Bouchers, forment encore un produit assez considérable; il est telle place qui est louée 50 écus[b] par an; c'est la Commission qui est établie pour l'entretien des places & des rues qui afferme ces objets, en reçoit les loyers & en re met le montant à la Chambre.

Les droits qui se perçoivent sur les Juifs qui résident à Hambourg,

---

[a] Le marc d'Hambourg vaut 34 sous, *monnoie de France*; ainsi les 6 marcs font 10 livres 4 sous.

[b] L'écu d'Hambourg vaut 5 livres 9 sous 3 deniers, *monnoie de France*; ainsi les 50 écus reviennent à 273 livres 2 sous 6 deniers.

& qui y font commerce, & qui font appellés *Droits de protection*, rapportent annuellement 6 mille écus [a] : le produit de ce droit eft très-modique, eu égard à la multitude de Juifs qui réfident actuellement dans Hambourg ; mais l'établiffement de ce droit eft très-ancien, & il n'a point varié depuis fon origine.

Les anciens de la Synagogue reglent la fomme que chaque famille Juive doit fupporter ; ils remettent ces taxes à deux d'entr'eux qui font prépofés pour les recevoir, & lorfque la fomme eft complete, ils la portent à la Chambre, au terme qui eft indiqué.

On perçoit auffi des droits de Maitrife, de Port & de Corderies.

Les droits de Maitrife confiftent dans une fomme que chaque Corps & Communauté donnent annuellement à la Chambre, & au Sénateur Patron pour le maintien de fes priviléges.

Les droits de Port & d'Ancrage fe payent à l'Amirauté, qui a un bureau établi à cet effet : le Propriétaire ou Commiffionnaire de chaque navire fait fa déclaration au bureau du port, du montant de fa cargaifon & du lieu d'où il arrive, & il eft taxé en conféquence.

Les droits de Corderies confiftent dans le produit de la vente des places deftinées pour les corderies ; chaque place eft vendue 2000 marcs [b] ; les Cordiers font obligés de goudronner les cordes au magafin de l'Amirauté, & de payer un droit par quintal.

Le produit des amendes & confifcations eft perçu par un Officier prépofé à cet effet, & eft porté à la Chambre, qui en difpofe comme bon lui femble.

Tout bourgeois ou habitant qui quitte Hambourg, pour aller s'établir ailleurs, eft tenu de payer le dixieme de ce qu'il poffede ; ceux qui font compris dans le Contrat, c'eft-à-dire qui payent annuellement une fomme convenue, ne font pas obligés d'acquitter ce dixieme, mais feulement le montant de quatre années de ce qu'ils payent annuellement.

Celui qui fabrique les Monnoies, rend une certaine fomme par marc.

La bourgeoifie à Hambourg eft perfonnelle ; le fils d'un bourgeois n'eft point bourgeois de droit ; il eft obligé d'acheter la bourgeoifie ; & c'eft ce qu'on appelle les *Droits de bourgeoifie*.

---

[a] 32775 livres, *monnoie de France*.

[b] 2000 marcs, à 34 fous, font 3400 livres.

L'Etranger

L'Etranger ou le Hambourgeois qui ne veut point acheter la bourgeoisie , est obligé d'entrer dans le Contrat étranger , c'est-à-dire de payer annuellement à la ville une somme convenue , pour obtenir la faculté de faire le Commerce ; il paye d'ailleurs tous les droits & les impositions auxquels sont sujets les autres citoyens.

La ville de Hambourg a établi un Lombard, c'est-à-dire, une Maison où on prête sur gages à six pour cent d'intérêt. Par ce moyen elle procure à ses habitans des ressources faciles & qui ne sont point onéreuses , & elle se ménage un gain considérable, qui passeroit aux usuriers qui, avant cet établissement, exigeoient des intérêts outrés , tels que soixante ou quatre-vingts pour cent.

Lorsque le terme pour lequel on a prêté est expiré, on est obligé d'aller retirer les effets donnés en nantissement ; faute de quoi la vente en est faite, mais de maniere que les effets sont portés à leur valeur, & l'excédant de la somme est remis, avec la plus grande fidélité , à celui auquel appartiennent les effets. On prétend que la ville tire du Lombard un bénéfice annuel de 150 mille écus [a].

La Cave de ville & l'Apothicairerie forment encore un objet de revenu très-considérable.

La Cave de ville est principalement fournie de vin du Rhin, il y en a depuis cent feuilles jusqu'à celui de la derniere récolte. Cette cave est immense ; & forme, à proprement parler, une ville sous-terre ; on y a pratiqué beaucoup de salles & des chambres pour les repas que les habitans d'Hambourg & les étrangers y font souvent : celui qui est chargé de ce commerce, rend compte à la Commission, qui est composée de quelques membres du Sénat & de la Chambre.

L'Apothicairerie renferme pareillement tout ce qu'il est possible de rassembler en drogues ; ces drogues sont beaucoup au-dessus de celles que tiennent les autres Apothicaires, & par cette raison le débit en est considérable, & produit un grand bénéfice.

La Douane pour la farine est affermée à des Boulangers qui en rendent annuellement 18 mille marcks [b] ; chaque sac de grain , qui contient quatre mesures , revient à cent soixante-dix ou cent soixante-quinze

---

[a] 829375 livres , *monnoie de France.*

[b] 18 mille marcs font, *monnoie de France* , 30600 livres.

Tome I.   G

livres pefant, & paye un marc ou 34 fous de France pour droit de Mouture.

Voici maintenant ce qui concerne les Impofitions.

On les divife en *Impofitions ordinaires & extraordinaires.*

Les Impofitions ordinaires font la Taille, la Garde, les Boues &
Lanternes.

La Taille confifte dans le Quart pour cent que tout habitant, fans
exception, eft obligé de payer de tout ce qu'il poffede en meubles &
immeubles.

Il ne fe fait aucune répartition de cette taille. Chaque bourgeois fe
cottife lui-même & porte fon impofition à la Maifon de ville, & on
n'exige autre chofe de lui, finon le ferment qu'il eft obligé de faire que
ce qu'il paye, forme véritablement ce qu'il doit acquitter.

Tout habitant eft tenu de faire la garde ou de la faire faire par d'autres. On a adopté l'ufage d'avoir des gens deftinés pour ce fervice; le
Capitaine du quartier eft tenu de les fournir, moyennant une rétribution, qui lui eft payée par chaque Bourgeois; les Nobles, les Perfonnes titrées & Eccléfiaftiques font exempts de la garde.

Chaque habitant paye auffi une fomme annuelle pour les Boues &
Lanternes : le produit de cette impofition eft verfé dans la Caiffe de la
Chambre des Finances.

Chaque maifon eft infcrite dans un regiftre deftiné à cet effet avec
le nom du propriétaire, la valeur de la maifon & ce qu'elle doit rendre
de loyer; chaque propriétaire eft tenu de payer un fou par marc * du
montant de ce loyer; il porte lui-même ce montant à la Maifon de
ville dans le temps marqué.

Les Impofitions extraordinaires, confiftent 1°. Dans une efpece de
Capitation qui fe paye par tête par tous les habitans, à l'exception des
Nobles, des Eccléfiaftiques & des Perfonnes titrées.

Tous les Contribuables font diftingués en neuf claffes; ceux de la premiere payent jufqu'à 600 marcs, ou 1029 livres, monnoie de France;
la Femme eft impofée pour moitié de ce que fon mari acquitte, & les
Enfans pour moitié de ce à quoi la mere eft taxée.

La derniere claffe, dans laquelle font compris le menu peuple, les

______

* 1 fou par marc fait le 34.me du montant du loyer.

Domestiques, les Nourrices & Ouvriers, payent 1 marc & 12 sous pour les hommes, & 12 sous pour les femmes. Ce sont les Capitaines de chaque quartier qui sont tenus de faire la collecte de ce droit, d'après l'état qu'ils ont fourni de toutes les personnes qui résident dans leur quartier.

2°. Dans le droit qu'on appelle *Droits des fossés*, le produit de cette imposition est destiné à subvenir aux dépenses d'entretien, qui sont à la charge de la ville. Elle est plus ou moins forte suivant le plus ou moins d'objets de ces dépenses; la répartition & la levée se font de la même maniere que pour la Capitation.

IMPOSITIONS ET DROITS
dans la ville & territoire de Dantzic.

On ne connoît dans la ville & territoire de Dantzic que deux sortes d'Impositions. La premiere consiste dans une Capitation, à laquelle sont assujettis depuis 1717 tous les habitans, sans distinction.

Le Total de cette imposition qui a été réglée pour la ville & le territoire de Dantzic, monte à 75 mille florins * , qui sont annuellement portés dans la Caisse de l'administration pour l'entretien des Troupes: mais dans la répartition qui s'en fait, on impose beaucoup au-delà de ces 75 mille florins, & c'est cet excédant qui entre dans la Caisse de la ville, pour subvenir à ses charges.

Tous les Gens établis & mariés dans la ville & le territoire de *Dantzic*, payent, sans distinction d'état, 1 florin par mois & 5 florins 20 grains par an, dont le produit est pareillement versé dans la Caisse de la ville. Les Magistrats, les Echevins, leurs Secrétaires, les Ecclésiastiques, les Médecins & les Militaires sont exempts de cette contribution.

Indépendamment de ces impositions personnelles, on perçoit différens droits.

1°. Le droit de Douane maritime qui se leve sur les navires & sur les marchandises qui entrent & qui sortent; la moitié du produit de ce

___

* Le florin de Dantzic vaut, *monnoie de France*, 24 sous; ainsi les 75 mille font 90 mille livres.

droit appartient au Souverain en conféquence d'anciens traités.

2°. Le droit de Zulage qui fe perçoit fur toutes les marchandifes que les Négocians ou les Bourgeois de la ville expédient, ou qui leur font expédiées par mer ; l'objet de ce droit eft de remplacer le montant de ce que le Souverain retire dans le droit de Douane.

3°. Les droits d'Entrées ou d'Accifes, qui fe levent fur toutes les denrées qui entrent dans la ville pour la confommation des habitans.

4°. Enfin la ville de Dantzic pofféde des biens patrimoniaux, dont les revenus forment un objet affez confidérable.

C'eft avec le produit de ces impofitions & droits, qui eft fujet à des variations fréquentes, fuivant que le commerce eft plus ou moins florif-fant, que la ville de Dantzic foudoye une garnifon nombreufe, qu'elle entretient fes fortifications, fes ponts, fes canaux & tous les édifices publics qui font à fa charge.

IMPOSITIONS
EN BOHEME.

A VANT 1748 , il régnoit dans l'adminiftration des Finances & dans la levée & la répartition des impofitions en Bohême , des défordres de tout genre. C'eft à cette époque que le fyftême actuel a été établi d'après les connoiffances qu'on s'eft procurées fur les abus qui exiftoient auparavant.

Les impofitions qui fe levent dans la Bohême , confiftent principalement dans une contribution ordinaire & extraordinaire.

La contribution ordinaire eft fixée à 5 millions 270 mille 488 florins 44 kreutzers *.

La contribution extraordinaire n'eft point fixe ; elle dépend de la volonté du Souverain , qui adreffe chaque année aux Etats un Refcript, par lequel le montant de cette contribution extraordinaire eft fixé : les Etats déliberent enfuite fur les moyens de percevoir cette contribution.

Ces moyens font de deux efpeces, ordinaires ou extraordinaires.

Les moyens ordinaires confiftent dans les taxes qui fe levent fur les Terres & Maifons , fur l'Induftrie & fur la Viande.

Les moyens extraordinaires ne font point fixes, & portent tantôt fur le commerce , tantôt fur les moulins & brafferies, tantôt fur les bois ; on ne fuit à cet égard d'autres principes que de varier les impofitions, pour les faire porter fucceffivement fur toutes fortes de perfonnes & fur toutes les poffeffions , & de régler l'impofition extraordinaire , de maniere à remplir le vide que le produit des impofitions ordinaires laiffe dans la fomme demandée par le Souverain.

L'affiette générale fe fait fur les états , que la Regiftrature du Confeil Suprême des impôts de Prague préfente chaque année des produits de l'année précédente , des non-valeurs , & généralement de tous les détails qui peuvent faciliter cette opération.

C'eft le Confeil attaché à cette Regiftrature qui fixe la portion pour laquelle chaque cercle du royaume , chaque feigneurie & chaque ville

---

* *Nota.* Le florin revient à 45 fous de France , & le kreutzer à 11 deniers ; ainfi les 5 millions 270 mille 488 florins font , *monnoie de France* , 11 millions 858 mille 598 livres.

ou village doivent contribuer , & qui envoie en conséquence des mandemens au Capitaine du cercle.

Ce Capitaine les remet à des Meffagers, qui font établis à cet effet, & qui les portent aux Officiers municipaux & feigneuriaux ; ces derniers font la répartition & la levée de la fomme qui eft demandée.

Les impofitions fe payent par mois & toujours d'avance ; le montant de chaque mois doit être remis le 21 dans la Caiffe du cercle, & le 25 dans la Caiffe des Etats ou dans la Caiffe générale à Prague, & le 30 de chaque mois au plus tard les fonds font verfés dans les Caiffes militaires.

Le 21 de chaque mois on envoie l'exécution militaire aux particuliers qui font en retard de payer, & on établit un Commiffaire ou Séqueftre chez les Seigneurs qui font pareillement en retard ; leurs revenus font alors faifis au profit des Etats, qui prélevent l'intérêt de la fomme qui eft due fur le pied de dix pour cent ; & le féqueftre n'eft levé que lorfque cette fomme eft entiérement acquittée.

C'eft le Capitaine du cercle qui ordonne les exécutions & les féqueftres ; il ne perçoit que les appointemens qui lui font réglés & payés par le Prince.

Les Commiffaires des cercles qui font fous l'infpection du Capitaine, & qui font comme lui à appointemens fixes, font tenus de veiller à ce que les Troupes foient approvifionnées, & de faire des vifites dans les cas d'incendie, de grêle ou inondation ; ce font eux qui fervent de féqueftres dans les cas où on faifit les revenus des Seigneurs qui font en retard de payer.

Les Officiers municipaux & feigneuriaux font chargés, chacun pour ce qui les concerne, de l'affiette & du recouvrement de la contribution ; leur falaire dans chaque diftrict eft fixé à 15 kreutzers * par chaque Contribuable poffédant fonds ; le montant de ces falaires eft porté en dépenfe dans le compte qu'ils rendent de la contribution.

Le montant total de la contribution doit être payé au Souverain par les Etats ; ceux-ci, pour fuppléer aux non-valeurs, ajoutent à la contribution, lorfqu'ils font la répartition générale, une fomme qui eft deftinée

----

* Le kreutzer revient à 11 deniers de France ; ainfi les 15 kreutzers reviennent à 13 fous 9 deniers.

à remplir le vide, lorſqu'un diſtrict n'eſt point en état d'acquitter le montant de la ſomme à laquelle il eſt impoſé.

Dans les Seigneuries particulieres, les Officiers peuvent tranſporter une partie de l'impoſition d'un village ſur un autre, & en ce cas cette ſeigneurie parvient à acquitter par ce moyen la ſomme qui lui eſt demandée ; mais lorſque cet arrangement ne peut être exécuté ſans trop ſurcharger une communauté, alors ce qui manque ſe prend ſur le fonds de la ſomme qui a été ajoutée par les Etats, à la contribution.

L'Impératrice-Reine a deſtiné un fonds annuel de 170 mille florins pour payer la contribution de ceux qui ont é té incendiés ou qui ont éprouvé d'autres accidens de ce genre.

La contribution ſe leve,

1°. Sur les Terres & autres fonds, & ſur les Maiſons.

2°. Sur l'Induſtrie des artiſans.

3°. Sur la Tête de tous les habitans.

Contribution ſur les FONDS & MAISONS.

On a travaillé pendant près de cent ans à former le cadaſtre de la Bohême ; ce n'eſt ni l'étendue des terres, ni leur qualité qui déterminent le montant de la ſomme qu'elles doivent ſupporter ; c'eſt d'après le produit que la contribution eſt fixée, & elle revient aux deux cinquiemes de ces produits ou à quarante pour cent.

Pour parvenir à déterminer ces produits, on a adopté des méthodes différentes ſuivant les différentes natures de fonds.

Les terres labourables ſont diviſées par jettées. La jettée forme un terrain propre à contenir une meſure de ſemence, qui contient huit mille grains d'orge. La différence du ſol en occaſionne une très-grande dans l'étendue du terrain qui peut recevoir cette quantité de ſemence, parce qu'une terre forte porte beaucoup plus de ſemence qu'une terre ſablonneuſe ; on compte cependant toujours par jettées ſans s'arrêter à l'étendue, & c'eſt ce calcul qui forme la baſe du cadaſtre & de l'aſſiette de la contribution.

On diſtingue, quant aux terres labourables & à celles qui y ſont aſſimilées, entre les terres de plaine & celles de montagne ; chaque eſpece eſt ſoûs-diviſée en trois claſſes, les bonnes, les médiocres & les mauvaiſes terres.

Le produit des bonnes terres est évalué à cinq grains & demi pour un, celui des mauvaises à quatre grains; on se sert de ces expressions pour marquer la fertilité du terroir.

Le produit des terres de la premiere classe, c'est-à-dire, des bonnes terres, est évalué en argent à 5 florins 30 kreutzers [a]; les autres classes sont évaluées à raison d'un florin par grain.

Les prairies, les bois, les étangs sont estimés à part sur le produit réel, & payent vingt pour cent de ce produit.

Le produit des terres & des autres fonds, ainsi déterminé, on évalue également le produit des différens avantages ou bénéfices dont jouit chaque particulier, tels que la culture du chanvre, du lin, du millet, du houblon, la modicité du prix du bois, la facilité du débit des denrées, le charriage, le filage, la proximité d'un grand ou d'un petit marché, & les pâturages; chacun de ces objets est évalué à 5 ou 10 florins [b], suivant la fertilité du sol ou l'aisance des habitans : ces dernieres sommes sont appellées *Additionnelles*, & leur montant, réuni à celui des gros fruits, forme la masse totale des objets sujets à la contribution.

Cette masse totale ainsi constatée, il se fait d'abord une répartition générale sur chaque cercle, seigneurie, ville ou village : cette répartition, qui ne pourroit être rendue sensible sans entrer dans des détails infinis, se fait par la comparaison ou la proportion du produit des terres & autres fonds de chaque territoire.

Il faut ensuite procéder à la répartition particuliere de que chaque habitant doit supporter dans cette contribution, à proportion des biens & autres avantages dont il jouit.

Cette proportion exige des détails & des opérations extrêmement multipliées, mais dont la combinaison est facilitée aux Asséeurs & Collecteurs par des *Tabelles* ou livres de Comptes faits, & dans lesquels on a calculé & combiné tous les cas & toutes les suppositions possibles.

Dans la fixation du produit des terres, qui sert de base à la fixation de la somme pour laquelle elles doivent contribuer, ce produit n'est fixé & tiré que déduction faite des dépenses & frais de culture; d'où il résulte que ces estimations sont variées à l'infini.

---

a Ou 12 livres 12 sous 6 deniers.   ⎱
b 11 livres 5 sous *ou* 22 livres 10 sous. ⎰ *monnoie de France.*

Le travail de la regiſtrature de Prague eſt incroyable, & demande des perſonnes habiles & qui ſoient verſées dans ce genre d'opérations.

Impôt ſur les *MAISONS.*

LES Maiſons dans la ville de Prague ſont diviſées en ſept claſſes.

Les maiſons de la premiere claſſe ſont évaluées à 12 mille florins [a], & celles de la derniere claſſe à 250 florins [b] de revenu.

L'eſtimation du produit des maiſons eſt purement fictive & idéale ; c'eſt une valeur quelconque que l'on a adoptée pour baſe de l'impoſition, dont l'événement eſt de former cependant une Taxe très-médiocre.

En voici la preuve :

Une maiſon de la premiere claſſe, eſtimée 12 mille florins ou 27 mille livres de France de revenu, ne paye que 75 florins ou 168 livres 15 ſous, monnoie de France.

Voici l'opération.

Le revenu d'une maiſon de la premiere claſſe eſt fixé à 12 mille florins ; ci . . . . 12000 florins.

On en retranche la moitié, qu'on met en dehors de la contribution, ci . . . . 6000.

RESTE . . . . 6000 florins.

Sur cette moitié de 6 mille florins, on prend le vingtieme ou cinq pour cent, & c'eſt ſur le ſeul objet que porte la taxe.

Les cinq pour cent de 6 mille florins ſont de 300 florins.

On tire ſeulement le quart de ces cinq pour cent pour la taxe, & ce quart revient à 75 florins, faiſant, monnoie de France, 168 livres 15 ſous.

Ainſi une maiſon dont le revenu eſt eſtimé par une opération fictive à 27 mille livres, monnoie de France, paye même monnoie, 168 livres 15 ſous ; ce qui ne forme que cinq huitiemes pour cent.

Les maiſons des autres villes ſont pareillement diviſées en différentes claſſes, relativement à leur ſituation & à l'aiſance de leurs propriétaires ;

---

[a] Ou 27000 livres.
[b] Ou 562 livres 10 ſous. } *monnoie de France.*

Tome I. H

ces maisons ne payent néanmoins qu'environ le tiers de ce que celles de la même claffe payeroient dans la ville de Prague.

Contribution de l'INDUSTRIE.

Tous les Artifans & Négocians, indiftinctement , contribuent pour raifon de leur induftrie, indépendamment des impofitions qu'ils payent d'ailleurs, pour raifon de leurs biens-fonds ou autres poffeffions.

L'Induftrie eft divifée en quatre claffes, felon la nature & le produit des différens Arts & Métiers.

La premiere claffe paye 100 florins [a].

La feconde 70 [b].

La troifieme 50 [c].

Les Artifans des villages & la derniere claffe de ceux des villes , payent 25 florins [d].

Impôt d'AMORTISSEMENT.

L'Impot connu fous la dénomination d'Amortiffement , n'eft établi que depuis 1763 ; c'eft une efpece de Capitation qui fe paye d'après une claffification qui contient vingt-quatre degrés.

La premiere claffe paye 15 kreutzers [e] par Tête.

Les claffes qui fuivent, jufques & compris la quatorzieme, font dé-terminées par la qualité des perfonnes.

Les Religieux & Religieufes font compris dans la fixieme claffe, & payent deux florins [f] par tête , indépendamment de leur contribution pour les revenus dont leur maifon jouit.

Les neuf dernieres claffes font relatives aux facultés depuis 10 jufqu'à 80 mille florins [g] de revenu , & payent un peu plus que le dixieme.

---

[a] 100 florins font 225 livres.
[b] 70 idem font 157 livres 10 fous.
[c] 50 idem font 112 livres 10 fous.
[d] 25 idem font 56 livres 5 fous.
[e] . . . . . 13 fous 9 deniers.
[f] 4 livres 10 fous.
[g] Depuis 22500 liv. jufqu'à 180 mille l.

} *monnoie de France.*

Le Maître eſt garant de ſes domeſtiques, le propriétaire de ſes locataires, & perſonne n'eſt exempt.

Impôt de *FAMILLE.*

L'IMPOT de famille eſt une taxe établie en 1762, & qui ſe payoit
par tête ; mais pour faciliter le recouvrement & faire contribuer les
célibataires, on ſuppoſe que chaque famille eſt compoſée de cinq perſonnes, & le chef paye en conſéquence.

Lorſque la famille excede ce nombre, l'impoſition augmente proportionnellement ; on ne paye rien pour les enfans au-deſſous de douze ans.

Impoſitions pour les *INVALIDES.*

CETTE Impoſition conſiſte dans un droit additionnel d'Un pour cent,
qui ſe perçoit avec la contribution deſtinée pour l'entretien & la ſolde
des Troupes ; il forme annuellement un objet de 527 mille 48 florins
6 kreutzers *.

Impôt ſur la *VIANDE.*

CHAQUE livre de viande doit Un kreutzer, perſonne n'eſt exempt de
cette impoſition ; elle ſe leve par les Collecteurs chargés du recouvrement de la contribution, & ſe verſe dans la Caiſſe deſtinée pour cette
impoſition.

Impôt ſur les *CAPITAUX.*

DEPUIS que l'intérêt de l'argent a été fixé à Quatre pour cent, l'excédant des intérêts que produiſoient les capitaux avant cette réduction,
a été levé au profit du Souverain ; mais on penſe que cet uſage ne ſub-
ſiſtera plus dans la ſuite.

---

* 1 million 185 mille 858 livres 5 ſous, *monnoie de France.*

H ij

Maniere dont se fait la Collecte.

Au commencement de l'année, le Collecteur remet à chaque Contribuable une feuille qui contient le montant de la somme pour laquelle il doit contribuer aux impositions, & il inscrit, sur cette feuille, les payemens qui lui sont faits.

Quoique l'on verse tous les mois dans la Caisse du Souverain, le montant des impositions pendant le mois, le Paysan & l'Artisan ne payent cependant pas réguliérement tous les mois ; c'est aux Officiers municipaux à régler les facilités qu'ils font dans le cas d'accorder sur la possibilité dans laquelle ils se trouvent de remplir les vides ; les Paysans payent ordinairement après les récoltes, & les Artisans après les foires.

Les Seigneurs, par conséquent, payent plus dans les mois où les Paysans payent moins.

Les revenus Communaux sont affectés par préférence à l'acquittement de la contribution à la décharge des habitans.

Le produit de toutes les impositions comprises sous la dénomination de *Contribution*, est affecté à la Caisse militaire, & le Conseil de guerre en a la libre disposition, même lorsque les fonds sont encore entre les mains des Receveurs & Collecteurs particuliers.

Nature des FONDS.

Tous les fonds qui sont situés dans la Bohême, sont ou seigneuriaux ou rusticaux.

On connoît par Fonds seigneuriaux, tous ceux qui, en 1658, étoient possédés par des Seigneurs : la qualité qu'ils avoient alors leur est devenue tellement inhérente, qu'elle ne peut plus changer. Ainsi les terres rusticales, qui ont été depuis cette époque acquises par des Seigneurs, ont conservé leur nature ; & les fonds seigneuriaux, qui ont été acquis par des Paysans, ont conservé leur qualité de fonds seigneuriaux.

Le privilége des fonds seigneuriaux, consiste à ne payer, dans la proportion du produit, que Vingt pour cent ; au lieu que les fonds rusticaux payent sur le pied de quarante pour cent.

Ces fonds sont compris dans deux rôles distincts & séparés.

On ne connoît en Bohême aucune exemption pour quelque nature de fonds que ce soit, ni pour charges réelles ni pour charges perſonnelles.

Le Souverain n'eſt réputé, relativement aux domaines qu'il poſſede, que Seigneur particulier. Le Clergé ne jouit d'aucune exemption, même pour les impôts perſonnels ; chaque Moine ou Eccléſiaſtique, qui n'a point de bénéfice, paye 2 florins de Capitation.

Le Clergé indépendamment des impoſitions générales, paye, en conſéquence d'une bulle du Pape, une Décime dont le montant eſt réglé à l'amiable. L'origine de cette bulle, qui ſe renouvelle *tous les* quinze ans, remonte aux guerres contre les Turcs.

Dans les cas extraordinaires, on demande en outre au Clergé un *Don gratuit*, qu'il ne refuſe jamais.

Le Clergé forme dans chaque province un corps à part, mais il ne forme point corps dans l'enſemble de la Monarchie, & n'a point droit de s'aſſembler.

La baſe de toutes les répartitions dérive des cadaſtres, auxquels on a travaillé pendant cent ans.

Ces cadaſtres contiennent ;

1º. Le nombre de jetées de terrain, poſſédées par chaque particulier.

2º. La claſſe du grain ou du produit de chaque jetée.

3º. Les adminicules ou jouiſſances additionnelles.

4º. L'indication des réſultats tirés des différentes tabelles, dont on a parlé plus haut. Ce ſont ces différens objets qui forment les regles de répartition.

Les Cadaſtres ſubſiſtent juſqu'à ce que les parties demandent une rectification. Les Capitaines des cercles ſont chargés de vérifier ce qui eſt expoſé.

Il y a deux cadaſtres, l'un pour les fonds ſeigneuriaux, & l'autre pour les fonds ruſticaux.

La maniere de les former conſiſte à demander à chaque particulier la continence & la nature de ſes poſſeſſions. La déclaration eſt diſcutée en préſence des principaux habitans de la Communauté, & des Officiers municipaux & ſeigneuriaux, qui procedent ſur le champ à la vérification des conteſtations.

Ceux qui font une déclaration fauſſe, ou qui demandent ſans fondement que le cadaſtre ſoit rectifié, ſont condamnés en des amendes, & quelquefois même les fonds ſont confiſqués, ſuivant les circonſtances ;

ce n'eſt qu'en tenant la main à l'exécution de ces diſpoſitions qu'on eſt parvenu à finir le cadaſtre général.

Les Collecteurs & autres employés qui prévariquent, ſont punis ſuivant la nature de la faute ; le plus léger divertiſſement des deniers de la Caiſſe eſt puni de mort.

Reddition des Comptes.

CHAQUE Collecteur rend ſon compte particulier à la députation du Tribunal Suprême, à l'expiration de chaque année ; mais il eſt obligé d'envoyer chaque mois le bordereau de ſa Recette. La Députation en forme un bordereau général qu'elle envoie à la Chambre des Comptes à Vienne, où on fait le relevé général de tous les bordereaux de la Monarchie.

La Regiſtrature de la Chambre des Finances tient de grands Journaux, où le tout s'inſcrit, ainſi que ce qui concerne toutes les Finances.

Trois jours après cette tranſcription, la Chambre des Comptes doit en avoir fait la réviſion, & le quatrieme jour, la décharge eſt donnée au Regiſtrateur & autres employés de la Regiſtrature.

Par ce moyen, on prétend qu'on a tous les jours l'état au vrai des Finances, en recette, dépenſe, charges, dettes & comptant. On en préſente tous les mardis un bordereau au Souverain.

Les Officiers municipaux & ceux des Seigneurs ont une très-grande autorité : ils ſont les répartitions ſur chaque Contribuable ; ils fixent les époques des paiemens ſelon les facilités que les contribuables peuvent trouver à s'acquitter ; ils ſont chargés des premieres vérifications de la recette & des fonds que les Seigneurs deſtinent communément pour être avancés à ceux de leurs vaſſaux, qui ne peuvent payer à point nommé, car il eſt de l'intérêt de ceux-ci de leur épargner les frais d'exécution.

En effet, plus un payſan eſt riche, plus le Seigneur en retire ; ainſi un Seigneur qui entend ſes véritables intérêts, doit être un pere de famille ; & c'eſt par cette raiſon qu'on voit ſouvent des Seigneurs diſtribuer gratuitement des beſtiaux à leurs ſujets.

Les Seigneurs ont encore une pratique très-utile & très-avantageuſe.

Lorfqu'un payfan a confommé le produit de fes récoltes, le Seigneur lui avance le grain néceffaire pour enfemencer fes terres, & le payfan eft tenu de remettre le huitieme de fa recolte. La moitié de ce huitieme appartient au Seigneur, l'autre moitié eft dépofée dans un grenier commun qu'on remplit dans les bonnes années, & dont on vend l'approvifionnement, dans les momens de difette ou de cherté.

Ces fonds s'adminiftrent au profit des fujets, fous la direction des Seigneurs qui y trouvent une reffource qui va à leur décharge.

Les Officiers municipaux & feigneuriaux font tenus de veiller à l'adminiftration de ces greniers, moyennant une rétribution d'un Demi-kreutzer par chaque mefure de grains qui entre ou qui fort.

La politique indifpenfable des Seigneurs, de conferver à leurs payfans les facultés néceffaires pour acquitter leurs contributions, a donné lieu à un fyftéme fingulier fur le partage des biens & fur l'ordre des fucceffions de cette claffe d'hommes.

On divife les Payfans en trois claffes, payfans entiers, demi-payfans & quart de payfans.

Le payfan entier eft celui qui poffede maifons, terres labourables & pâturages en quantité fuffifante pour entretenir un nombre de beftiaux, déterminé felon le fol de chaque canton, pour produire une récolte qui eft auffi déterminée, & pour payer par cette raifon une taxe proportionnée à fes facultés.

Le demi-payfan eft celui qui ne poffede que la moité de cette quantité. Le quart de cette poffeffion conftitue le quart de payfan.

A chaque maifon de payfan eft unie une quantité de terre proportionnée à chacune des trois claffes, elle n'en peut être féparée.

Lorfqu'un payfan entier vient à décéder, le Seigneur nomme à fon choix un de fes fils ou de fes autres héritiers, pour lui fuccéder dans la totalité des fonds qu'il poffédoit; les autres héritiers reçoivent ou une penfion ou une fomme une fois payée. Cette fomme ou cette penfion eft déterminée par le Seigneur, relativement à la facilité que celui, qu'il a nommé pour fuccéder, a de payer la contribution en entretenant convenablement les fonds.

Le feul cas où un co-héritier eft admis à partager, c'eft, ou lorfqu'il poffede déja une maifon, ou qu'il eft en état d'en faire conftruire une; & encore ne l'obtient-il pas, fi les bâtimens de l'héritier défigné devenoient ou trop vaftes ou même inutiles par le démembrement d'une partie des fonds.

Il y a au furplus certains fonds qui, n'étant point attachés aux maifons, font libres, & entrent dans le commerce.

Ceux qui n'ont pas de maifon avec un maffe de biens qui y foient attachés, ne font pas réputés avoir des fonds, & ne peuvent même poffé-der les biens libres.

Impôts & Revenus indépendans de la CONTRIBUTION.

10. LE Souverain poffede un nombre confidérable de terres qui ont été confifquées pendant les troubles des quatorzieme & dix-feptieme fiecles.

2°. Il fe perçoit fur le fel un droit qui monte de 6 à 7 florins [a] par cent pefant. Les Seigneurs ont droit de le débiter en détail à 54 kreutzers [b] de bénéfice ; la livre pefant coûte à peu près 5 kreutzers [c].

3°. Les boiffons font fujettes à des droits à la confommation.

Le Tonneau de bierre paye 2 florins ou 4 livres 10 fous, monnoie de France.

La Mefure de vin, qui contient quarante bouteilles, paye 30 kreutzers ou 25 à 26 fous de France.

La Pinte d'eau-de-vie paye 2 kreutzers & demi, ou 2 fous 9 deniers de France.

On vient d'établir une mefure uniforme dans toute l'étendue des Etats Héréditaires.

4°. Les droits de Douanes & Entrées font très-confidérables fur plufieurs objets.

Les Vins de France payent cinquante pour cent de leur valeur.

5°. Les mines forment encore un revenu affez confidérable.

Celles dont les particuliers ont obtenu la conceffion, rendent le cinquieme net au Souverain. Les quatre autres cinquiemes font portés dans les magafins du Souverain, qui en paye le montant à un taux modique.

---

[a] De 13 liv. 10 fous à 15 liv. 15 fous. ⎱
[b] Ou 2 liv. 9 fous 6 deniers. ⎰ *monnoie de France.*
[c] Ou . . . . . . 4 fous 7 deniers.

6°. Les

6°. Les droits fur le Tabac, font affermés 700 mille florins[a].

7°. Les Succeffions en ligne collatérale payent dix pour cent; les legs font taxés fur le même pied; les biens s'eftiment au vrai.

8°. Le Papier marqué eft auffi un objet de revenu, qu'on évalue à 2 millions de florins[b].

9°. Les taxations fur toutes les Expéditions judiciaires & autres quelconques, les droits d'Infinuation, dont les regles ne font pas abfolument fixes, varient fuivant la valeur de l'objet; lorfqu'il monte à 50 mille florins[c], le droit d'Infinuation eft fixé à 500 florins[d].

Enfin il fe leve des droits de Péages très-multipliés, & dont le produit étoit anciennement deftiné à l'entretien des chemins publics.

Tous ces objets font fous l'adminiftration de la Chambre des Finances; les parties qui font affermées dépendent entiérement des Fermiers, mais le tiers des bénéfices qu'ils font appartient au Souverain : les Fermiers font toutes les avances, & dépofent en outre une fomme confidérable, dont les intérêts leur font payés à raifon de cinq pour cent.

---

[a] Ou 1 million 575 mille livres.
[b] Ou 4 millions 250 mille livres.
[c] Ou . . . . 112 mille 500 livres.
[d] Ou . . . . . . 1125 livres.
} *monnoie de France.*

IMPOSITIONS

EN

AUTRICHE.

On comprend fous le nom d'*Autriche*, l'Autriche proprement dite, la Styrie, la Carinthie, la Carniole, le Frioul Autrichien, le Littoral ou les côtes de mer Adriatique, Gradifca, le comté de Gorice & le comté de Cilley.

Chacune de ces provinces a fon adminiftration & fes états à part ; mais la *Contribution* & *les autres Impôts* y font à peu près les mêmes, & s'y perçoivent de la même maniere.

Anciennement, & même dans le dernier fiecle, les Etats de ces provinces jouiffoient de priviléges très-étendus. On les voyoit fouvent ne point déférer aux demandes qui étoient faites par le Souverain. L'empereur Léopold a reftreint ces priviléges, & il n'a confervé à ces Etats que ceux dont jouiffoient les Etats de Bohême.

En 1762, les malverfations, auxquelles fe livroient quelques employés particuliers, donnerent lieu d'examiner l'adminiftration des Etats : il fut reconnu que ces Etats tenoient une Caiffe fecrete qu'ils rempliffoient, en augmentant le montant des fommes auxquelles étoient fixées les Impofitions.

L'Impératrice deftitua les employés, changea la forme d'adminiftration, & laiffa fubfifter les Impofitions fur le même pied auquel elles avoient été portées par les Etats.

Ainfi, dans l'état actuel des chofes, les Etats n'ont uniquement que le droit d'impofer ou déterminer la fomme que chaque Ville ou Seigneurie doit fupporter dans la contribution, qui eft demandée par le Souverain ; ils font en même temps garans & refponfables de la rentrée des deniers qui proviennent de cette contribution, dont chaque quartier doit être remis d'avance dans la Caiffe du Souverain.

La répartition générale fe fait d'après un ancien cadaftre, par lequel eft fixée & déterminée la portion que chaque Ville & chaque Seigneurie doit fupporter ; on expédie en conféquence des Mandemens aux Officiers municipaux & feigneuriaux, qui d'après ces mandemens & un cadaftre particulier, reglent la portion que chaque communauté, dépendante d'une même feigneurie, doit acquitter.

Ces Officiers font tenus de raffembler les deniers qui proviennent de la contribution, & de les verfer dans celle des Caiffes des Etats qui leur eft affignée. Ils ne jouiffent d'aucune rétribution particuliere pour ce travail. La plus légere négligence de leur part eft punie par des amendes.

Lorfque la portion, qui doit être acquittée par chaque Ville & par chaque Communauté, dépendante d'une même feigneurie, eft ainfi réglée par les Officiers municipaux & feigneuriaux, les Prépofés de chaque communauté fixent, d'après un cadaftre qui contient l'énumération de tous les biens fujets à contribution, la portion que chaque particulier doit acquitter.

Cette portion a été déterminée dans le principe, par la valeur réelle de chaque fonds, qui a été fixée foit d'après les titres de propriété & d'acquifition, qui ont été repréfentés par les Propriétaires, foit d'après des eftimations qui ont été faites par des Experts, lorfque les titres n'étoient pas en forme authentique, ou qu'ils ne faifoient point connoître fuffifamment la valeur des fonds ; ainfi chaque Propriétaire fait ce qu'il doit acquitter.

Anciennement, les biens Nobles, ceux du Clergé, & tous les Fonds qui n'étoient point attachés à des maifons de payfans, étoient exempts de la contribution. Mais depuis la nouvelle forme d'adminiftration, qui a été introduite en 1748, tous les biens-fonds, même ceux qui forment le patrimoine du Souverain & des Eglifes, font fujets à cette contribution.

La condition des Seigneurs dans l'Autriche, eft la même que celle des Seigneurs dans la Bohéme ; ils font refponfables des taxes de leurs Vaffaux, & ont par cette raifon le même intérêt qu'eux à leur faciliter les moyens de fubvenir à l'acquittement de leurs taxes.

Lorfqu'un Seigneur eft en retard de porter le montant de la contribution dans la Caiffe des Etats, au jour qui eft indiqué, les Etats payent pour lui, & ils exigent, dans ce cas, dix pour cent d'intérêts de leurs fonds d'avance ; ils donnent deux ans pour les rembourfer, & , fi le rem-

I ij

bourſement n'eſt pas fait dans cet intervalle, ils font faiſir la terre.

Si cette terre forme un majorat, le revenu en appartient aux Etats, juſqu'à ce qu'ils ſoient remplis de ce qui leur eſt dû.

Si c'eſt une terre libre, elle eſt vendue ſur le champ au plus offrant & dernier enchériſſeur, & on préleve ſur le prix les ſommes qui ſont dues aux Etats.

La Contribution porte auſſi ſur l'Induſtrie; la répartition s'en fait ſur ceux qui y ſont ſujets d'après la déclaration qu'ils font, ſous la foi du ferment, du produit annuel de leur induſtrie; elle ne porte que ſur les habitans des villes & des bourgs.

Les autres Impoſitions, qui ſe levent dans l'Autriche, ſont les mêmes que celles qui ont lieu dans la Bohême, & n'exigent aucune réflexion particuliere.

IMPOSITIONS

DANS

LE ROYAUME DE HONGRIE.

Il eſt néceſſaire, avant de rendre compte des Impoſitions & droits qui ont lieu dans le royaume de Hongrie, de rappeller quelle eſt la ſituation actuelle de cet Etat.

La Hongrie eſt diviſée en Comitats ou Comtés, dont les Seigneurs ſont les chefs, & les Payſans ſont de condition ſervile.

Ces payſans, ſouvent vexés par les Seigneurs, ſe ſont ameutés, & ont refuſé d'acquitter les impôts, ſur le fondement que les Seigneurs ne leur laiſſoient pas les moyens d'y ſubvenir ; les plus mutins ſe ſont aſſemblés en très-grand nombre, ils ont détruit & dévaſté les parcs & les clos des Seigneurs, ils ont réclamé la liberté du pâturage, & au lieu que les Seigneurs leur aſſignent chaque année la quantité de terrain qu'ils veulent que les payſans cultivent, ſoit pour leur ſubſiſtance particuliere, ſoit pour le compte des Seigneurs, ils ont demandé à jouir librement, & ſans aucun trouble, d'une certaine étendue de terrain.

La Cour de Vienne s'eſt ocupée de tous les moyens qui pouvoient être mis en uſage pour diminuer du moins le poids de leur ſervitude; elle a demandé, entr'autres objets, lors de la derniere Diette, que les corvées fuſſent reſtreintes, & que la contribution fût rendue réelle : mais ces demandes ont rencontré les plus grands obſtacles de la part des Seigneurs, intéreſſés à ne point adopter les changemens qui étoient propoſés. Il eſt ſenſible qu'en procurant aux ſimples habitans de ce royaume une condition plus douce que celle dans laquelle ils vivent, on mettroit cet Etat en ſituation de fournir au Souverain, lorſque les circonſtances peuvent l'exiger, des ſecours plus étendus.

Voici maintenant en quoi conſiſtent les Impoſitions & droits qui ont lieu dans le royaume de Hongrie.

Le ſeul Impôt, qui ſoit à la diſpoſition du Souverain, conſiſte dans une Capitation modique, qui eſt la même pour tous les habitans de la campagne indiſtinctement, & qui, dans les villes, eſt fixée d'après les déclarations que les habitans, qui ne ſont point nobles, font de leurs facultés, & dont ils ſont tenus d'affirmer la vérité.

Après la Capitation vient la Contribution.

Le Souverain fait demander aux Etats la ſomme qu'il juge à propos ; les Etats ou l'accordent en entier, ou déterminent ce qu'ils croient devoir accorder ; & lorſqu'on eſt d'accord, ils ſe chargent de faire remettre la ſomme convenue dans les Caiſſes royales de Peſt & de Presbourg.

En 1751, la Diette avoit fixé la Contribution à 3 millions de florins * ; le Souverain demanda qu'elle fût augmentée de 1 million de florins, les Etats s'y refuſerent, & enfin, après une réſiſtance très-longue, ils accorderent une augmentation de 600 mille florins, mais ſous la condition expreſſe qu'ils ne demeureroient pas garans de la rentrée de cette augmentation, & que les non-valeurs ſeroient en pure perte pour le Souverain. Chaque Comitat demeura le maître de payer ou non cette augmentation, auſſi elle n'a été acquittée que dans les Comitats où la Cour avoit des perſonnes qui lui étoient entiérement dévouées.

On ne connoît, à proprement parler, aucun impôt réel dans le royaume de Hongrie ; on y tient au contraire, pour maxime certaine, que toute terre eſt noble, & que tout Noble eſt exempt de toute eſpece d'impôts, ſoit pour ſa perſonne, ſoit pour ſes poſſeſſions.

Pendant les deux dernieres guerres, le Souverain a demandé & a obtenu des ſecours fort conſidérables ; mais ces ſecours formoient de vrais dons gratuits, auxquels perſonne ne pouvoit être forcé de contribuer contre ſon gré ; chaque Magnat, chaque Comitat, chaque Noble ſe cottiſoit lui-même, & il dépendoit de lui ou d'acquitter ſur ſon propre bien la ſomme qu'il avoit réſolu de donner, ou d'en faire ſupporter le montant par ſes ſujets.

On a obſervé qu'on ne connoiſſoit, dans la Hongrie, aucune Impoſition réelle proprement dite, & que la répartition de la Contribution ſe faiſoit à raiſon des facultés de chaque contribuable ; mais on doit remarquer que dans l'évaluation des facultés, on fait entrer le produit des terres que chaque Contribuable cultive,

---

* Le florin vaut 20 ſous, *monnoie de France.*

Lorſque le montant de la contribution que les Etats doivent fournir, eſt réglé & fixé, les Députés qui compoſent la Diette, envoient dans chaque Comitat un mandement qui contient le contingent pour lequel il doit contribuer.

Chaque Comitat s'aſſemble enſuite pour procéder à la répartition particuliere, cette aſſemblée eſt néanmoins préſidée par un Officier, qui eſt nommé par le Souverain, & qui porte le titre de *Comte Suprême*, ou en ſon abſence par un Vice-Comte qui eſt pareillement nommé par le Souverain. Ces charges ſont à vie, quelques-unes même ſont héréditaires dans certaines familles. Tous les Nobles du diſtrict, & les Députés des villes libres & royales, ont ſéance dans le conſeil du Comitat.

La répartition de la Contribution ſe fait d'après un cadaſtre, dont l'origine remonte au regne du Roi Ladiſlas. On ſe plaint vivement des inégalités qu'il renferme ; on prétend ſur-tout que les terres de la Couronne & celles de quelques Seigneurs particuliers, ne ſont point ſuffiſamment taxées ; d'autant que depuis cinquante ans un ſimple Gentilhomme n'a pas eu les mêmes moyens d'augmenter la culture de ſes terres, & par conſéquent le commerce & l'aiſance de ſes vaſſaux.

Depuis trente ans, une multitude conſidérable d'Allemands ont été s'établir en Hongrie, & ont ſtipulé avec les Seigneurs, des exemptions pour un certain nombre d'années ; ainſi il n'y a plus de proportion entre les charges, & il ſeroit très-néceſſaire de réformer l'ancien cadaſtre ; mais les Seigneurs les plus puiſſans, dont l'intérêt ſe trouve le même que celui du Souverain, s'y oppoſent, & on ne laiſſe pas aux Diettes un temps ſuffiſant pour s'occuper d'une opération auſſi longue.

Lorſque dans l'aſſemblée du Comitat, la portion que chaque Communauté doit ſupporter, a été fixée, c'eſt aux Magiſtrats ou Officiers de ces Communautés à procéder à la répartition de ce que chaque Particulier doit payer.

Ces Magiſtrats ſont au nombre de huit. Le premier eſt à la nomination du Seigneur, & les ſept autres, qu'on appelle *Jurés*, ſont choiſis par les habitans à la pluralité des voix ; on les change tous les trois ans.

La répartition ſe fait à raiſon des facultés actuelles de chaque habitant ; c'eſt la ſeule maniere qui puiſſe être miſe en uſage vis-à-vis ces habitans, qui ne poſſedent aucunes terres en propriété, qui ne cultivent que ce qu'il plaît au *Seigneur* de leur accorder chaque année , & dont la condition eſt plus ou moins dure , ſelon que le Seigneur exige plus ou moins d'eux.

Lorſque la Communauté ou un Particulier prétendent que leur contingent a été porté trop haut ,. ils doivent s'adreſſer au Comitat ; mais cette voie n'eſt preſque jamais uſitée , parce qu'elle eſt très-diſpendieuſe.

Chaque Juge ou Chef d'une Communauté perçoit les deniers de la Contribution , & les porte dans les Caiſſes du Comitat , gratuitement & ſans aucuns frais.

Les Communautés ſont tenues ſolidairement du contingent de chaque habitant en particulier , mais elles ne peuvent contraindre ceux qui ſont en retard , qu'en conſéquence d'une ordonnance du Comitat qui décerne l'exécution militaire.

Chaque Comitat a une Caiſſe particuliere , dans laquelle ſe verſe la Contribution royale ; le Tréſorier ou Caiſſier eſt chargé des détails qui concernent le recouvrement & le verſement des deniers dans les Caiſſes de Peſt & de Presbourg.

Les ſalaires du Caiſſier & les autres dépenſes qu'exige l'adminiſtration , ſont à la charge du Comitat , & payés par une Caiſſe particuliere , ſans aucune diminution des fonds royaux.

Il reſte maintenant à parler de ce qui concerne les autres revenus , que le Souverain perçoit dans le royaume de Hongrie.

Ces revenues conſiſtent ,

1°. Dans les Mines , dont quelques-unes ſont exploitées pour le compte du Souverain , & les autres rendent le Cinquieme du produit net.

2°. Dans le bénéfice du commerce des matieres d'or & d'argent ; la Cour de Vienne qui en tire conſidérablement , & ſur-tout des matieres d'or , des mines de Hongrie & de Tranſilvanie , & qui a dans le Levant un débouché très-étendu d'argent , a dans ces circonſtances les plus grands avantages pour ſe procurer ces matieres , & faire refluer à Vienne une quantité conſidérable d'argent , dont l'envoi au Levant & en Italie , produit , tous frais faits , un bénéfice de Huit pour cent.

3°. Dans le produit des terres & ſeigneuries royales , dont le nombre devient de plus en plus conſidérable , parce que la Cour de Vienne

qui

qui a renoncé aux principes de prodigalité des anciens Souverains, &
dont l'adminiftration a pour bafe une fage économie, ufe pour elle-même
& à fon profit, du droit inhérent à la **Couronne** de difpofer de tous
les biens vacans & confifqués.

Ce droit eft fi étendu, les révolutions en Hongrie ont été fi fréquentes,
les loix des fucceffions font fi reftreintes & fi obfcures, les privileges de
propriété patrimoniale fi mal établis, le principe enfin, reçu en Hongrie,
qu'aucun laps de temps, quel qu'il foit, ne peut valider une poffeffion qui
n'eft point fondée fur un titre valable, reçoit des applications fi fréquentes,
que toutes ces circonftances réunies ne peuvent que produire des accroiffemens confidérables & fucceffifs dans les poffeffions du Souverain.

Les autres revenus confiftent en différens droits fur les confommations; les Nobles en font exempts, mais comme la Nobleffe feule poffede un fuperflu en denrés, les droits de Douane, que l'on fait payer à
l'importation & à l'exportation de ces denrées, tiennent lieu des droits
à la confommation dont elle eft exempte.

La Cour de Vienne, par une fuite du fyftème qu'elle a adopté, de
fixer arbitrairement le prix des droits qui font partie de fon domaine,
& que les loix ne foumettent pas à l'infpection de la Diette, vient de
hauffer le prix du fel d'un quart en fus.

Les Etats fourniffent tout ce qui eft néceffaire pour la folde & entretien de fix régimens d'Infanterie, & de quatre régimens d'Huffards.

Les villages fourniffent le logement, les vivres & les fourrages à
quinze régimens de Cavalerie allemande, à un prix extrêmement modique, & qui ne revient pas au quart de ce que ces régimens coûte-
roient en Allemagne.

Enfin la Diette de 1764 a accordé au Souverain 300 mille florins * ;
pour l'entretien d'une Garde noble hongroife près de fa perfonne.

Tous les fonds & revenus qui compofent le domaine font fous l'adminiftration de la Chambre royale des Finances de Prefbourg; c'eft
elle qui donne aux Comitats les décharges néceffaires pour le payement
de la Contribution.

---

* 300 mille livres de France.

IMPOSITIONS

D'ANS LA PRINCIPAUTÉ

DE TRANSILVANIE.

LA conftitution de la Tranfilvanie differe en tout de celle des autres provinces qui compofent les Etats héréditaires; c'eft un gouvernement purement militaire, le Souverain peut y établir tels impôts qu'il juge convenable.

L'adminiftration de ce pays a éprouvé, depuis quelques années, des variations fi fréquentes, qu'il n'y a actuellement rien de fixe que la Contribution.

Cette contribution eft établie, de temps immémorial, fur les biens-fonds, les maifons & les beftiaux.

La portion pour laquelle chaque particulier doit y contribuer, eft déterminée par un ufage ancien.

Un habitant qui poffede fix arpens de terrain, une maifon, deux chevaux, fix vaches & vingt-quatre brebis, paye la contribution entiere, & fa portion augmente ou diminue, fuivant que l'objet de fes poffeffions fe trouve au-deffus ou au-deffous de la quantité déterminée.

On fait entrer néanmoins en confidération, dans l'augmentation ou la diminution, le plus ou le moins d'aifance que les poffeffions procurent au contribuable.

Chaque diftrict, au furplus, a fes ufages particuliers, qui font tous fondés fur une jufte égalité, & déterminés par des circonftances locales.

Cette maniere d'affeoir la contribution exigeoit néceffairement des changemens fréquens dans les cadaftres, & des détails qui fe multiplioient à l'infini, & qui étoient d'autant plus difficiles à fuivre, qu'on ne trouve dans la Tranfilvanie que très-peu de perfonnes qui fachent écrire.

Ces inconvéniens ont engagé à former un réglement, d'après lequel on a établi des regiſtres, & on a fixé des époques pour la vérification des changemens qui ſurviennent dans les poſſeſſions des contribuables.

On a choiſi , dans chaque canton , des Officiers ſeigneuriaux ou municipaux , qui ſont obligés de former des rôles des Communautés , de vérifier & rectifier les changemens, & de recevoir les deniers de la contribution.

On leur a aſſigné à chacun 60 florins * , & ils ſont obligés, moyennant cette rétribution de porter les deniers dans la Caiſſe du Souverain.

Indépendamment de la contribution, le Souverain leve des Impôts ſur l'induſtrie & ſur les conſommations ; ces Impôts ne ſont point fixes, & varient à la volonté du Prince.

Le Souverain poſſede auſſi , dans la Tranſilvanie, des fonds domaniaux, mais moins conſidérables qu'en Hongrie ; les mines, & ſur-tout celles d'or, rendent beaucoup plus que celles d'Hongrie.

Les habitans de la Tranſilvanie ſont chargés de l'entretien d'une Milice très-nombreuſe, dont l'établiſſement a été fait pendant la derniere guerre; la moitié de cette Milice ſert à cheval. On s'eſt propoſé de l'enrégimenter, la réſiſtance que ce projet a rencontré de la part des habitans, n'a pas encore permis de le mettre à exécution; il a même occaſionné des émigrations, & la Cour de Vienne obſerve à cet égard les ménagemens que la diſpoſition des eſprits, par rapport à cet arrangement, & la ſituation de ce pays ont paru exiger.

---

* A 24 ſous le florin , 72 livres, *monnoie de France.*

IMPOSITIONS
DANS LES ÉTATS
DU ROI DE PRUSSE.

IL paroît que la forme, dans laquelle les Impofitions territoriales font réparties en Pruffe, a été établie, ou du moins a reçu fon dernier état, fous le regne du feu Roi.

Les Etats du Roi de Pruffe font compofés de dix ou douze Etats Souverains, indépendans les uns des autres. Il y a dans chacun des affemblées d'Etats pour régler les affaires domeftiques. Il s'affemblent de trois mois en trois mois, pour ce qui concerne la levée des Contributions.

Chaque Etat indépendant eft diftribué en cercle, & chaque cercle a un Directeur.

Il y a à Berlin un Directoire qui regle les Finances en dernier reffort, & on garde dans les archives de ce Directoire ou Chambre des Finances, des cartes de tout le pays.

Les terres font diftribuées en différentes claffes, felon la qualité du terrein, fa fituation, fes avantages pour le commerce; & de temps en temps, on fait la révifion de cette diftribution des terres.

Deux fortes de perfonnes concourent à la répartition des Impôts; favoir, la Nobleffe du diftrict ou les Propriétaires des terres, & les Gens qui font chargés des intérêts du Souverain.

La Chambre des Finances a des Subdélégués dans le diftrict, qui font avec le Directeur la perception des deniers royaux, qu'ils reçoivent des mains des Baillis & des Collecteurs, qui touchent la quote-part des payfans, mais fans pouvoir les exécuter.

Ainfi le Collecteur porte à la Caiffe de fon diftrict, ce qu'il a reçu & l'état de ceux qui font en retard de payer. C'eft le Directeur qui emploie la contrainte. Les Propriétaires payent environ vingt ou vingt-cinq pour cent de leur revenu, c'eft-à-dire, à peu près le quart; & les Eccléfiaftiques payent quarante ou quarante-cinq pour cent, c'eft-à-dire, près de moitié.

Il résulte de cette forme d'adminiſtration, que l'opération de ceux qui ſont prépoſés au recouvrement des deniers, eſt éclairée par le Direc-teur du diſtrict ; que la contrainte s'exerce par le Directeur, & qu'il en rend compte à l'aſſemblée du diſtrict ; que les Directeurs n'ont aucun profit à faire dans les abus, étant payés à une ſomme fixe par année ; & enfin que l'impoſition étant ſolidaire, tout le monde a intérêt d'avoir les plus grands ménagemens, parce que la ruine du Contribuable tom-beroit à la charge du diſtrict.

Au ſurplus, la contrainte aſſurée de la perception forme le contrôle exact des opérations reſpectives.

Le Roi de Pruſſe, actuellement régnant, établit cette forme dans les nouvelles acquiſitions qu'il a faites.

IMPOSITIONS
DANS LA SILÉSIE.

LES revenus du Souverain, dans la Siléfie, confiftent dans les Impofitions territoriales & dans l'établiffement des différens droits, dont les uns fe perçoivent dans les villes & les autres dans les campagnes.

Les Impofitions territoriales ont été fixées & déterminées, d'après un cadaftre qui a été formé depuis quelques années avec la plus grande attention, & dans lequel les différentes natures de biens & leur produit annuel, font diftingués avec la plus grande exactitude.

Pour parvenir à la formation de ce cadaftre, le Roi de Pruffe chargea des opérations qu'elle exigeoit, les deux Chambres de Finance établies à Breflau & à Glogau, auxquelles il joignit d'autres Officiers, au nombre de quinze, qu'il choifit entre ceux qui étoient les plus inftruits & les plus éclairés dans les autres Chambres de Finance établies dans fes Etats.

La bafe de ce travail demandoit une connoiffance exacte de la valeur & du produit des différens fonds, & des facultés des Contribuables ; on établit dans chaque cercle du Duché une Commiffion, pour conftater fur les lieux le revenu de chaque poffeffeur, foit eccléfiaftique, féculier, noble ou roturier ; toutes ces terres ayant été fujettes dans tous les temps à l'impofition, de même que dans la Bohême, dont dépendoit autrefois la Siléfie.

Pour que les opérations de ces différentes commiffions fuffent dirigées fur des principes uniformes, on forma un tableau qui, pour établir une proportion dans les taxes, diftinguoit les différentes qualités du fol, les différentes natures de productions, les différens genre d'induftrie.

Le fol étoit divifé en terres labourables, pâturages, prairies, bois & étangs.

Chacune de ces claffes étoit fous-divifée :

Les Terres labourables, fuivant le produit que donnoit la femence.

Les Pâturages en bons, moyens & mauvais.

Les Prairies, fuivant la qualité & le prix du foin.

Les Bois fuivant leur effence, bois durs, fapins & buiffons.

Les Etangs & la Pêche en riviere, fuivant l'abondance & la qualité du poiffon.

Les autres genres de revenus, tels que les Péages, & les Briqueteries, Brafferies de bierre & d'eau-de-vie, les Mines de charbon & de fer, les Forges, étoient rappellés comme devant être taxés fur le moindre revenu de fix à dix ans.

Il y avoit pareillement des regles prefcrites pour la taxe des Meuniers, fuivant le nombre de roues des moulins, des Pafteurs & Bergers, des Maréchaux-ferrans, des Cabaretiers, des Tifferands, des Merciers -& autres métiers en général.

On entroit auffi dans le détail des corvées, ou fixées à un certain nombre ou indéterminées, ou gratuites ou à prix d'argent, ou nourriture, pour déterminer la taxe de ceux qui en étoient tenus.

On envoya ce tableau à chaque Commiffion qui, d'après les regles qu'il prefcrivoit, forma fon cadaftre & le fit paffer à l'Intendant de la province qui, après avoir réuni les différens cadaftres & en avoir compofé le total de fa province, adreffa le tout à la Direction générale à Breflau, où fut dreffé le cadaftre général des onze provinces ou principautés qui compofent la Silefie.

Lorfque ce cadaftre fut entiérement achevé, il fut préfenté au Souverain, pour fixer la quotité de l'impofition que chaque claffe de fonds devoit fupporter.

Les Terres & Poffeffions de l'Evêque de Breflau furent taxées à vingt-cinq pour cent du revenu annuel.

Les Biens eccléfiaftiques, des deux religions, à cinquante pour cent.

Les Commanderies Teutoniques & de Malte, à quarante pour cent.

Les Terres nobles, à trente-huit $\frac{1}{4}$ pour cent.

Et les Poffeffions roturieres, à trente-cinq $\frac{1}{3}$ pour cent.

Pour donner plus de facilité aux redevables, le montant de ces impofitions a été divifé en douze parties, dont une s'acquitte chaque mois. C'eft le Seigneur du lieu, Contribuable lui-même, qui d'après l'ufage dans lequel il étoit, & qu'on a laiffé fubfifter, de recevoir les Impofitions de la communauté, remet chaque mois la portion qui eft due & échue de l'impofition, au Receveur du cercle, qui fait paffer les fonds à la Caiffe générale militaire de Breflau & de Glogau, en joignant un borderau vifé par l'Intendant de la province.

Les Receveurs des cercles jouiffent d'une remife qui n'eft jamais fixée au-delà de deux pour cent, & font d'ailleurs exempts des corvées & preftations perfonnelles.

Les habitans des différentes villes n'étant fujets à l'Impofition du cadaftre, que pour les fonds qu'ils poffédent dans le plat-pays, & leurs maifons & jardins dans les villes n'y étant point affujettis, on a jugé que le moyen le plus propre à faire contribuer dans la proportion convenable le Commerce & l'Induftrie, qui font concentrés dans les villes, étoit l'établiffement des droits à l'Entrée & à la Sortie des villes, à titre de Péages & d'Accifes, fur les marchandifes & denrées de toute efpece. Ces droits font réglés par des tarifs, à l'exécution defquels on tient exactement la main.

Les habitans des villes font fujets au logement des gens de guerre; chaque habitant eft obligé de loger plus ou moins de Soldats, fuivant que la garnifon eft plus ou moins forte, & quelquefois ce nombre peut monter jufqu'à dix pour un habitant.

Celui qui loge un moindre nombre de Soldats que celui pour lequel il eft infcrit, paye un florin par chaque Soldat qu'il loge de moins; de même celui qui loge un plus grand nombre de Soldats, reçoit un florin * par chaque Soldat qui excede le nombre pour lequel il eft infcrit.

Les autres revenus du Souverain, confiftent dans les Poftes, le Sel, le Papier timbré & la Caiffe des recrues, qui confifte dans le montant du premier mois des appointemens de chaque employé, dont la retenue eft faite fur lui, & qui eft deftiné aux dépenfes pour les Recrues. Tous ces droits font régis pour le compte du Souverain par des Régiffeurs, dont les remifes font affez confidérables.

Il exifte dans le duché de Magdebourg, à Hall, à Groffen-Salza & à Strafsfurth, des Salines qui appartiennent à grand nombre de particuliers, qui les poffédent à titre de fiefs.

C'eft du fel qui eft fabriqué dans ces falines, que font approvifionnés les Etats du Roi de Pruffe, ainfi que la Saxe électorale & la Franconie.

---

* Environ 25 fous, *monnoie de France*.

Le

Le feu Roi de Pruſſe, en 1718, fit conſtruire des bâtimens étendus pour l'exploitation de ces ſalines; il forma, par le moyen de l'Elbe & de pluſieurs autres rivieres, des entrepôts de ces ſels, pour en fournir les différentes provinces de ſes Etats, & même la Franconie; & il interdit à ces feudataires tout débit, à la ſeule exception de celui qu'ils font encore aujourd'hui dans la Saxe.

Cette vente du ſel pour le compte du Roi, a lieu dans tous les Etats de ſa domination, y compris la baſſe Siléſie; car la haute Siléſie eſt approviſionnée du ſel de Pologne.

Chaque habitant, de quelqu'âge & condition qu'il ſoit, eſt impoſé pour une conſommation fixe & déterminée, & eſt obligé d'en acquitter le montant, au prix fixé par le Souverain. Cet objet forme un produit annuel, dans la Siléſie, de 103 mille écus, & dans les anciens Domaines de 544 mille écus, faiſant en tout 647 mille écus, ou 2 millions 588 mille livres.

Le Papier timbré produit, en Siléſie, 5 mille écus.

La Caiſſe des recrues, 3 mille écus.

Les villes de Breſlau, de Schweidnitz & de Brieg, ont des revenus conſidérables; la Chambre des Finances arrête chaque année l'état de leur dépenſe; & l'excédant des revenus, les charges & dépenſes acquittées, eſt porté dans la Caiſſe du Souverain. Cet excédant forme ordinairement un objet de 26 mille écus, ou 104 mille livres, monnoie de France.

A ces différentes branches de revenu ſe joignent ceux qui ſont verſés dans la Caiſſe des Domaines, & qui proviennent des bailliages ou *terres* du Souverain, de ſes forêts, des péages & de quelques autres articles qui compoſent ſon patrimoine dans la Siléſie.

IMPOSITIONS
EN SAXE.

LA Saxe eſt régie comme les autres pays d'Etats. Le Souverain fait demander aux Etats aſſemblés les ſubſides qu'il juge convenables ; les Etats délibérent, & lorſque le montant du ſubſide eſt arrêté & fixé, les Etats reglent la maniere dont il ſera pourvu à ſon acquittement.

Les moyens dont on fait ordinairement uſage, pour ſe procurer le montant du ſubſide, conſiſtent dans une Taille qui porte ſur les biens-fonds, dans une Capitation qui s'impoſe ſur les charges & offices ſeulement, & dans les Droits qui ſe perçoivent ſur la bierre, ſur le vin & ſur le papier marqué.

TAILLE.

LA Taille s'impoſe annuellement d'après d'anciens cadaſtres, qui n'ont été formés que ſur les déclarations des propriétaires , & ſur les évaluations qui ont eté faites dans le temps par ces mêmes propriétaires, du produit net des fonds qu'ils déclaroient. Les variations qui ſont ſurvenues ſucceſſivement dans la valeur & le produit des fonds , n'ont apporté aucun changement dans la répartition & fixation de la Taille, que doit ſupporter chaque Propriétaire, de maniere que tel particulier paye quarante pour cent de ſon revenu, tandis que d'autres ne payent que juſqu'à concurrence de dix pour cent. Le Gouvernement ſe propoſe de remédier à cet inconvénient, en faiſant former, avec le plus d'exactitude & d'ordre qu'il ſera poſſible, un nouveau cadaſtre.

Impôt ſur la BIERRE.

LA conſommation de la bierre eſt très-conſidérable dans la Saxe ; delà l'établiſſement d'un très-grand nombre de braſſeries, tant dans les villes que dans les campagnes.

Chaque Propriétaire de brafferie paye 2 florins [a] par baril de bierre de quatre cent quatre-vingts bouteilles.

Il y a dans chaque village un Commis qui conftate, jour par jour, la vente & le débit du Braffeur & du Détailleur. Il eft furveillé par l'Infpecteur du cercle.

Le Fabricant & le Débitant qui réfident dans les villes, payent, indépendamment du droit que l'on vient de rappeller, favoir, le Fabricant 2 florins par baril, & le Débitant 4 florins [b] par baril pour l'Accife; on entend par *Accife* le droit qui fe paye, dans les villes, fur les Confommations.

Impôt fur le *V I N.*

LE Vin qui croît dans la Saxe, ne paye aucun droit, lorfqu'il eft confommé dans le plat-pays : mais lorfqu'il eft conduit dans les villes, il paye l'Accife, qui monte à 10 fous, *monnoie de France,* par baril de cinquante bouteilles.

Les Vins qui viennent de l'étranger, foit qu'ils foient deftinés pour la confommation des villes, foit qu'ils reftent dans le plat-pays, payent 8 livres par eymer ; l'eymer forme environ le tiers du muid de Bourgogne ; ainfi un muid de vin de Bourgogne, payeroit en Saxe, 24 livres de droits *

C A P I T A T I O N.

LA Capitation, qui étoit générale dans la Saxe, a été reftreinte, en 1763, dans la derniere affemblée des Etats, aux feuls Propriétaires d'offices civils & militaires.

Papier timbré.

LA manutention du papier timbré eft la même qu'en France ; il y a un bureau général, & des bureaux particuliers pour les détails.

---

[a] Le florin revient environ à 42 fous, *monnoie de France*; ainfi les 2 florins font 4 livres 4 fous.

[b] Ou environ 8 livres 8 fous, *monnoie de France.*

* Le tout, *monnoie de France.*

Il y a dans chaque cercle des Receveurs ou Caiſſiers généraux , & dans chaque ville ou communauté , des Receveurs particuliers. Les appointemens de ces Caiſſiers & Receveurs ſont acquittés ſur les revenus de l'Electeur , & ne font point partie des impoſitions.

Lorſque le cadaſtre projetté ſera entiérement achevé , on eſtime que les revenus de l'Electorat de Saxe , pourront former un objet de 18 millions.

IMPOSITIONS

DANS

L'ELECTORAT DE HANOVRE.

L'ÉLECTORAT de Hanovre eſt compoſé de huit provinces qui, dans l'intervalle de 1757 à 1758, renfermoient 455 mille 197 habitans, 47 mille 303 chevaux d'attelages, & un très-grand nombra de bêtes à corne.

Les revenus du Souverain, dans l'Electorat de Hanovre, montent, année commune, à 1 million 854 mille 641 écus, qui, à raiſon de 3 livres 18 ſous chacun, forment, monnoie de France, un objet de 7 millions 233 mille 101 livres 10 ſous.

Ces revenus conſiſtent dans le produit des domaines & dans les ſub-ſides ou contributions ordinaires; on va les parcourir ſucceſſivement: on commencera par les domaines.

DOMAINES.

LES revenus provenant des domaines, conſiſtent dans le produit des biens-fonds, des moulins, des cens & rentes, des reconnoiſſances en nature & en argent, des mines, des ſalines, des poſtes & meſſageries, & des péages.

Les Reconnoiſſances, en nature & en argent, ſont compoſées,

1°. D'un droit que ſont obligés de payer ceux qui entretiennent un nombre de chevaux plus conſidérable, que n'en exige la culture des terres, qu'ils poſſedent ou qu'ils font valoir.

2°. D'un droit que payent ceux, qui poſſedent des bergeries.

3°. Du droit que l'on nomme *Mortuaire*, & qui conſiſte dans l'obli-gation qui eſt impoſée à tout héritier, de donner le meilleur cheval ou la meilleure vache de la métairie à laquelle il ſuccede.

4°. Du droit que l'on appelle *de Succeſſion*, & que les Roturiers ſont tenus de payer, foit pour les fucceffions qui leur échoient, foit pour les héritages qu'ils acquierent.

5°. Du droit que payent, pour raifon du pâturage commun, tous les Propriétaires de fonds qui ne réfident point dans les campagnes, & ne font point valoir par eux-mêmes leurs héritages.

6°. Des rentes que payent les Juifs pour le libre exercice de leur religion.

7°. Des droits d'aubaine.

8°. Des droits fur la Mufique.

9°. Du droit que font obligés de payer, en fe mariant, tous ceux qui font cenfitaires du domaine.

10°. Des corvées qui fe payent en argent.

11°. Enfin des corvées de fervice, qui ont été converties en argent, depuis que les Electeurs ne réfident plus dans l'étendue de l'électorat.

Ces différens droits & revenus font régis, & fe perçoivent, pour le compte du *Souverain*, par *les Baillis* des cent trente bailliages qui compofent l'électorat d'Hanovre. Ces Baillis tiennent leurs commiffions de l'Electeur, qui les révoque, quand il juge à propos ; ils comptent de leurs recettes en la Chambre des Finances, à laquelle ils adreffent, tous les trois mois, leurs états de fituation.

Les payemens font divifés en quatre termes qui font la Saint-Michel, Saint-Martin, Noël & Pâques. Les Redevables font obligés d'acquitter en entier les trois premiers termes, & lorfqu'ils ont des non-valeurs ou des dépenfes à répéter, il ne leur en eft tenu compte que fur le montant du quatrieme terme ; les comptes de chaque année doivent être rendus, dans le mois qui fuit l'expiration de cette année.

La forme de ces comptes eft la même pour tous les bailliages ; ils font formés de cinq Chapitres de recette & de cinq Chapitres de dépenfe : les cinq Chapitres de recette font compofés,

1°. Des parties fixes.

2°. Des parties muables.

3°. Des parties cafuelles extraordinaires.

4°. Des parties arbitraires, telles que les bois.

5°. Des parties en nature réduites en argent.

Les cinq Chapitres de dépenfe font compofés,

1°. Des gages & appointemens.

2°. Des penſions.

3°. Des remiſes ou indemnités.

4°. Des frais de juſtice.

5°. Des repriſes.

Chaque colonne de la recette & de la dépenſe contient le montant des recettes & dépenſes de l'année précédente, de maniere que d'un coup d'œil on en peut faire la comparaiſon.

Les appointemens des Baillis ſont peu conſidérables, ils conſiſtent dans des remiſes qui leur ſont paſſées ſur le produit de leur recette, & qui ſont fixées, ſavoir, depuis 6 mille écus [a] & au-deſſous, à raiſon de Quatre pour cent : depuis 7 juſqu'à 10 mille écus [b] à Trois & demi pour cent ; & depuis 11 juſqu'à 20 mille écus [c], à Trois pour cent : & depuis 21 mille écus [d] & au-deſſus, à Deux & demi pour cent ; de maniere que, comme le produit des plus forts bailliages n'excede point 30 mille écus [e] celui des Baillis, dont la recette eſt la plus conſidérable, ne retire jamais au-delà de 500 écus [f] ; les Baillis ſont logés dans les chefs-lieux de leurs bailliages, dans des maiſons qui appartiennent au domaine. Le produit de tous les domaines réunis, forme, année commune, un objet de 682 mille 582 écus [g].

MINES.

Les Mines du Hartz ſont adminiſtrées par des Intéreſſés, & par un Intendant & un Contrôleur, qui y ſont établis par l'Electeur.

Le produit de ces Mines, toutes charges & dépenſes acquittées, eſt partagé tous les trois mois ; la portion qui revient à l'Electeur monte année commune à 127 mille 700 écus [h].

---

[a] Les 6 mille écus, à 3 livres 18 ſous, font 23 mille 400 livres.

[b] C'eſt-à-dire, depuis 27 mille 300 liv. juſqu'à 39 mille livres.

[c] Depuis 42 mille 900 livres, juſqu'à 78 mille livres.

[d] Ou 81 mille 900 livres.

[e] Ou 117 mille livres.

[f] . . . . . . 1950 livres.

[g] 2 millions 661 mille 913 ℔. 16 ſous.

[h] . . . . . . 498 mille 30 livres.

monnoie de France.

S A L I N E S.

LES Salines font en régie ; cette régie eſt très-diſpendieuſe, à cauſe des frais de tranſport des ſels , le produit ne monte, année commune, qu'à 7 mille 874 écus *.

Droits des Licentes dans la province de Lunebourg.

CES droits de Licentes conſiſtent dans des eſpeces de Péages, qui font acquittés par les Marchandiſes qui montent & deſcendent ſur l'Elbe ; il y a ſur ce fleuve trois bureaux diſpoſés de maniere que , ſans qu'il ſoit néceſſaire d'avoir des gardes, il ne peut paſſer aucun bateau qui ne ſoit apperçu. Chaque bureau n'eſt compoſé que d'un Receveur , un Viſiteur & un Inſpecteur.

Revenus Caſuels.

CES Revenus conſiſtent dans le produit des amendes , du gibier, des jardins potagers & autres ſemblables ; ils font adminiſtrés par un ſeul Secrétaire de la régence.

Poſtes & Meſſageries.

LE produit des Poſtes & Meſſageries appartient en entier à l'Electeur ; les Maîtres des poſtes ne font que des Régiſſeurs, qui font tenus de rendre compte. On préleve ſur le produit , les frais d'achats de chevaux, d'entretien , de nourriture & les ſalaires des poſtillons.

Les Maîtres des poſtes font obligés de tenir jour par jour, des bordereaux bien détaillés , de maniere qu'en rapprochant les bordereaux de chaque Maître de poſte , les uns ſervent de vérification aux autres , & que pour frauder les droits , tant des lettres que des chevaux & Meſſageries, il faudroit néceſſairement que tous les Maîtres de poſtes fuſſent d'intelligence.

----

* . . . . . . 30 mille 708 livres 12 ſous *monnoie de France.*

Voici

*Voici maintenant en quoi confistent les Subfides ou Con-
tributions ordinaires des différentes provinces de l'Electorat de Hanovre.*

LES huit provinces, qui compofent cet Electorat, forment autant d'E-
tats féparés, qui fuivent à peu-près les mêmes ufages pour l'acquittement
des contributions dont ils font tenus ; il y a cependant, dans la forme de
la répartition, quelque différence dont il eft néceffaire de rendre compte.

Impofitions dans les Duchés de Calemberg & de Gottingen.

LES contributions ordinaires de ces deux Duchés, font réglées à 250
mille écus *, qui font remis annuellement dans la caiffe de l'Electeur.

Les Etats, pour fe procurer la rentrée de ces 250 mille écus, impofent des droits tantôt fur les confommations, tantôt fur les marchandifes.

Lorfque les droits qui ont été établis ne rapportent pas le montant
du fubfide, les Etats fourniffent ce qui s'en manque, fans recourir à
une nouvelle impofition ; ils ont à cet effet des caiffes qu'on appelle *de
Secours*, & qui font formées de l'excédant des recouvremens de certains droits fixes, qui appartiennent aux Etats, tels que des droits *fur les*
grains venant de l'étranger, & fur les chevaux & les beftiaux.

S'il ne fe trouve dans ces caiffes aucun excédant, les Etats ont recours à
des emprunts qui fe rembourfent fucceffivement, & à mefure que les
droits produifent un excédant de recette.

Lorfque les Etats impofent des droits fur les objets de confommation,
ils ont la plus grande attention à n'en exiger que de très-modiques fur
les denrées deftinées pour la fubfiftance des pauvres ; les objets fur lefquels
les droits portent principalement, font les vins, les eaux-de-vie & les
liqueurs venant, foit des Provinces voifines, foit de l'Etranger. Les pre-

---

* Ou 975 mille livres, *monnoie de France.*

miers payent depuis Trois jufqu'à Huit pour cent, & les derniers communément Dix pour cent.

Les Receveurs & Employés n'ont aucuns appointemens fixes, mais
des remifes qui font réglées fur les produits, & qui n'excedent jamais
Cinq pour cent, & ne font jamais au-deffous de Trois pour cent. Les
comptes fe rendent devant les Députés des Etats.

Indépendamment des droits qui font impofés pour le fubfide ordinaire, chaque village paye annuellement une certaine fomme pour les
fourrages de la Cavalerie & des Dragons qui y font en quartier. On a la
liberté de fournir les fourrages en nature.

Pour parvenir à une diftribution égale, on commence par régler le
montant total des fourrages qui doivent être fournis ; ce montant eft
divifé en autant de parties qu'il y a de bailliages ; les baillis de chaque
bailliage font la répartition fur les différentes communautés de leur diftrict, eu égard à l'étendue de chaque territoire, & enfuite le *Syndic* de
chaque *communauté*, avec un certain nombre de principaux *Habitans*,
regle la portion que chaque particulier doit fupporter, foit en argent,
foit en nature.

Duché de Grubenhagen.

Les fubfides ordinaires fe levent dans le duché de Grubenhagen de
la même maniere que dans les duchés de Calemberg & de Gottingen.

Duché de Lunebourg.

Les fubfides ordinaires dans le duché de Lunebourg, fe levent par
une impofition fur les biens-fonds ; le montant de cette impofition n'a
pas varié depuis 1707 qu'elle a été réglée. Ce font les Baillis qui en
font le recouvrement, chacun dans l'étendue de leur bailliage : on perçoit dans les villes un droit d'entrée, dont la quotité revient au fixieme de l'impofition que fupportent les fonds.

Lorfque les fubfides ordinaires font augmentés, la contribution fur
les fonds & les droits d'entrée dans les villes font augmentés dans la
même proportion.

Duchés de Bremen & de Verden.

Dans les duchés de Bremen & de Verden, l'imposition pour les subsides ordinaires, se fait sur les biens-fonds, d'après un ancien cadastre qui contient l'énumération des fonds de chaque bailliage; le recouvrement de cette imposition est fait par les Receveurs des Etats, qui en remettent le produit directement à la Caisse de l'Electeur.

Comtés de Diépholtz & de Hoya.

Dans ces deux Comtés, le montant des subsides ordinaires est acquitté par le moyen d'une taille, dont la répartition est faite par les Baillis, conjointement avec les Syndics de chaque communauté. Tous les habitans, sans exception ni distinction, sont imposés, eu égard à leurs facultés.

On observe qu'indépendamment des droits ou des impositions qui sont établis par les Etats, pour fournir à l'Electeur le montant des subsides ou contributions ordinaires, ces Etats ajoutent à ces droits & à ces impositions les sommes qui sont nécessaires pour subvenir aux dépenses & aux charges dont ils sont tenus, & qui consistent à entretenir les grands chemins, à payer les Officiers de Justice dans le plat-pays, à fournir aux hôpitaux & aux maisons de correction les secours qui leur sont nécessaires, à payer des pensions & gratifications, à entretenir des colléges & autres dépenses de ce genre.

Tels sont les différens renseignemens que l'on a pu se procurer relativement à l'administration des Finances dans l'électorat de Hanovre.

IMPOSITIONS
DANS
L'ÉLECTORAT DE BAVIERE.

Lᴀ Baviere eſt régie de la même maniere que les pays d'Etats.

Les Etats ſont compoſés de trois Ordres, le Clergé, la Nobleſſe & les Villes.

Dans les aſſemblées des Etats, la Nobleſſe jouit de la moitié des ſuffrages, l'autre moitié eſt partagée entre le Clergé & les Villes : ainſi la députation ordinaire eſt compoſée de huit Gentilshommes contre quatre Prélats & quatre Députés des Villes.

Le duché de Baviere eſt diviſé en quatre *Rentamts* ou Intendances ; ſavoir, celle de Munich, celle de Straubing, celle de Landshut, & celle de Bourghauſen.

Les députations des Etats ſe font par Intendances, chaque Intendance nomme deux Gentilshommes, un Prélat & un Député pour les villes.

Les revenus de l'Electeur de Baviere ſont de deux ſortes; les uns conſiſtent dans ce qu'on appelle *les Revenus généraux du pays*, & dont la régie appartient aux Etats; les autres dans *les Revenus électoraux* qui ſont adminiſtrés par les Officiers de l'Electeur.

Revenus généraux du pays.

Lᴇs revenus généraux du pays conſiſtent dans une Impoſition territoriale ou Taille réelle, connue ſous la dénomination de *Stever*, & à laquelle ſont ſujets tous les fonds, ſoit qu'ils faſſent partie du domaine, ſoit qu'ils appartiennent au Clergé, à la Nobleſſe & aux Particuliers. Le montant de cette Taille ou Stever eſt réglé annuellement dans l'aſſemblée des Etats.

Il eſt néceſſaire, pour mettre à portée de connoître comment ſe font la répartition & la levée de cette impoſition, d'obſerver que tous les fonds ſitués dans l'étendue de l'Electorat de Baviere, ſont diviſés en *hoffs* métairies de différentes valeurs & étendues.

Les hoffs ou métairies qui dépendent du domaine, & qui appartiennent aux Nobles & au Clergé, font données en fiefs, les unes à vie, les autres pour deux ou trois générations, d'autres à perpétuité.

C'eft fur ces métairies, ainfi que fur celles qui appartiennent aux Particuliers, que la Stever ou Taille eft répartie.

Il y a dans les greffes de chaque bailliage un cadaftre, dans lequel font infcrites toutes les métairies du bailliage. Ce cadaftre contient le nombre des arpens de terre, prairies & autres fonds dont chaque métairie eft compofée, & le nom du poffeffeur.

Les cadaftres des bailliages d'un Rentamt ou Intendance réunis, forment le cadaftre de cette Intendance; & les cadaftres des quatre Intendances pareillement réunis, forment le cadaftre général de l'Electorat, dont une copie eft dépofée dans les archives des Etats, & une autre dans celle de la Chambre des finances de l'Electeur.

Ainfi par la réunion de ces cadaftres, on connoît la confiftance, la valeur & le produit de chaque hoff ou métairie.

La Stever ou Taille fimple, confifte dans le vingt-cinquieme du produit net de chaque métairie, déduction faite de la redevance que paye le poffeffeur & des frais de culture; le montant de cette Taxe eft doublé ou triplé, fuivant que les circonftances exigent qu'on leve deux ou trois Stevers.

La députation ordinaire des Etats s'affemble tous les ans à Munich, au mois de Janvier; les Commiffaires de l'Electeur fe rendent à cette affemblée, expofent les befoins, & demandent ou une Stever fimple, ou le nombre de Stevers qui eft jugé néceffaire.

Lorfque la quotité de l'Impofition eft réglée, l'Electeur fait publier des univerfaux pour en faire connoître l'objet.

La répartition en eft faite par des Commiffaires provinciaux, qui s'affemblent tous les ans à la Chandeleur; ces Commiffaires font au nombre de quatre, un Prélat, deux Nobles & un Député des villes.

Le payement du montant de l'Impofition eft divifé en quatre termes, qui font fixés, le premier au mois de Février, le fecond à la Pentecôte, le troifieme au 8 Septembre, & le quatrieme au jour de Saint-Martin.

Dans chaque Intendance, on nomme un Prélat qui eft tenu de faire le recouvrement de ce qui concerne le Clergé, & deux Gentilshommes pour ce qui regarde la Nobleffe ; les Magiftrats des villes reçoivent, chacun dans fon diftrict, la contribution des particuliers ; dans les bailliages électoraux, les Baillis de l'Electeur font la collecte de ce qui eft à la charge du Clergé & des Nobles.

Les Commiffaires provinciaux qui fe font affemblés à la Chandeleur pour faire la répartition de l'impofition, s'affemblent à la Saint-Martin pour fe charger des recettes.

Les Prépofés particuliers leur remettent chacun les fommes qu'ils font obligés de percevoir ; ces fommes font verfées dans la Caiffe générale des Etats à Munich, & le Tréforier fait remettre, à la Chambre des finances de l'Electeur, le montant du fubfide qui a été convenu.

On obferve que les Etats font dans l'ufage d'impofer un Vingtieme, en fus de la fomme qui a été réglée pour le fubfide ; le produit de ce Vingtieme eft deftiné à payer les honoraires des Députés & des Officiers des Etats, & à accorder des remifes aux communautés ou particuliers, qui ont effuyé des pertes par des événemens forcés ou imprévus.

Revenus électoraux.

Les revenus électoraux confiftent,

1°. Dans les Lods & Ventes, les Cens, le droit de Main-morte & autres droits feigneuriaux.

2°. Dans le produit des Brafferies électorales & dans les Impôts que payent les Brafferies feigneuriales & particulieres.

3°. Dans l'Accife ou droits d'Entrée, foit fur les denrées qui fervent à la confommation des villes & bourgs, foit fur le vin venant de l'étranger, & le tabac.

4°. Dans les Péages ou droits d'Entrée fur les marchandifes venant de l'étranger.

5°. Dans les Salines.

6°. Dans la Monnoie.

7°. Dans le produit des forêts & de la glandée.

Le recouvrement de ces différens droits eft fait par autant de perfonnes différentes.

Les Baillis électoraux font, chacun dans leur bailliage, la recette des Cens, Lods & Ventes, & autres droits feigneuriaux ; ils rendent leur compte à un *Rentmefter* ou Receveur général qui eft établi dans chaque Intendance, & qui eft obligé de faire tous les ans une tournée, pour examiner & arrêter ces comptes.

Les Directeurs des brafferies électorales font la recette des droits que payent les Brafferies feigneuriales & particulieres; ils en comptent directement à la Chambre des finances de l'Electeur.

L'Accife ou droit d'Entrée eft perçu aux portes des villes & bourgs, par des Commis qui font prépofés à cet effet, & qui font furveillés par des Infpecteurs choifis parmi les Nobles, & qui comptent à la Chambre des finances.

Les Péages font perçus par des Officiers qui font furveillés par des Infpecteurs, auffi choifis parmi les Nobles, & qui dépendent de la Chambre des péages.

Les Salines font adminiftrées par des Maires qui répondent directement à la Chambre des finances.

La Monnoie eft régie par une Cour ou Chambre particuliere, qui paye annuellement une fomme fixe à la Chambre des finances.

Le produit des coupes des forêts du domaine & de la glandée, eft recouvré par les Grands-foreftiers, qui en comptent directement à la Chambre des finances.

Cette Chambre nomme annuellement des Commiffaires qui font des tournées dans toute l'étendue de l'Electorat, & qui examinent & vérifient les comptes des Receveurs & Employés.

Indépendamment de la Chambre des finances, il y a à Munich une commiffion permanente, qu'on appelle *Status commiffion*, qui s'occupe uniquement des moyens d'améliorer les revenus du Prince & de réformer les abus. Les réfultats de cette commiffion font communiqués à la Chambre des finances.

Tous les emplois font à vie; le Gouvernement prend un foin particulier des veuves & enfans des Employés qui décedent; ce qui excite & entretient l'émulation parmi ces Employés.

IMPOSITIONS

DANS

L'ÉLECTORAT DE MAYENCE.

ON suit, dans les différens électorats de l'Empire, les conftitutions du corps Germanique.

Les Droits feigneuriaux dérivent, pour la plus grande partie, de l'ancien droit féodal des Lombards.

Dans l'électorat de Mayence, chaque Communauté paye au Seigneur territorial, par feu, par charrue & par arpent de terre, une fomme qui eft réglée ou par des titres ou par la poffeffion.

On divife communément les terres en trois claffes : celles de la premiere payent 30 fous * par arpent, & celles de la derniere claffe 10 fous ; d'autres Communautés font abonnées, & payent annuellement une fomme fixe, dont la répartition eft faite par des habitans de ces communautés, qui font nommés à cet effet.

L'Induftrie n'eft impofée qu'à des fommes très-foibles, & cette circonftance devroit être favorable à fes progrès ; mais d'un autre côté elle eft gênée & reftreinte par d'anciens réglemens, qui mettent des entraves continuelles à fon accroiffement ; le prix de la main d'œuvre en eft confidérablement augmenté. Il entre dans les vues du Gouvernement de faire ceffer ces abus & ces inconvéniens, par de nouveaux arrangemens, qui donnent aux Arts tout l'effor dont ils peuvent être fufceptibles.

La Capitation n'a lieu qu'en temps de guerre ; les befoins du moment en determinent la quotité.

Les Droits qui fe perçoivent fur les denrées de confommation, font en très-petit nombre, & très-modiques fi l'on en excepte ceux fur le vin ; les Cabaretiers payent le Dixieme de tout le vin qu'ils débitent, & c'eft cet objet qui forme la confommation dominante.

---

* Le fou revient à celui de France.

chaque

Chaque année la Régence adreſſe , pour la perception des droits &
pour la levée des impoſitions , des Mandemens aux Grands-Baillis & à
leurs Lieutenans , qui font la répartition ſur chaque communauté.

Les chefs & les Prévôts des communautés font faire la collecte; ils
en remettent , tous les trois mois , le montant aux Baillis qui le portent à
la Chambre des Comptes du Prince , & le Tréſorier leur donne quittance.

On ne paſſe aux Baillis , Prévôts, & au Tréſorier , aucune taxation.

Les Offices ne s'achettent point dans l'électorat de Mayence ; leur produit fixe eſt honnête , & leur caſuel très-conſidérable. Il y a des bailliages dans leſquels le même Officier tire de ſon office juſqu'à 25 mille
livres par an.

L'on aſſure que l'on a reconnu la néceſſité d'établir une nouvelle forme
d'adminiſtration , ſoit dans la levée & répartition des impoſitions , ſoit dans
la perception des droits , ſoit dans la comptabilité , & qu'on s'occupe
des moyens d'y parvenir.

IMPOSITIONS

DANS LES ÉTATS

DE LA SUISSE.

ON ne connoît point de peuple en Europe, chez lequel les impositions soient moins multipliées & plus modiques que chez les Suisses : la raison en est simple.

Une partie du territoire qu'ils habitent, n'offre que des montagnes très-élevées & couvertes de bois, dont l'exportation est, pour ainsi dire, impraticable ; l'autre ne présente que des vallons extrêmement resserrés, qui ne produisent que des pâturages.

Le gros bétail forme l'unique richesse de plusieurs des Etats helvétiques, & le tribut, qu'une grande partie de la nation paye à la nature, semble la dispenser de se soumettre à d'autres Impôts.

Les exactions auxquelles se livroient les Gouverneurs autrichiens, hâterent les pas rapides que les Suisses firent vers l'indépendance, & réveillerent en eux ce desir de liberté, qu'une terre marâtre leur inspiroit sans cesse, & que leur position, au milieu de montagnes très-élevées, leur donnoit les moyens de se procurer plus facilement, & de s'y maintenir.

Quelques cantons de la Suisse ont été forcés, par la nature du sol & du climat qu'ils habitent, de conserver leur ancienne maniere d'être ; & avec elle se sont perpétués l'amour de la liberté, & l'éloignement invincible pour toute espece d'impôt, au moins fixe & permanent.

De petites conquêtes, un sol moins ingrat, l'espoir enfin de se civiliser, qui entraîne toujours avec lui une sorte de luxe, ont rapproché quelques Cantons des mœurs Européennes, ont mis quelques entraves à leur indépendance, & ont enfin conduit à la nécessité d'établir parmi eux quelques impôts.

On peut diviser les Etats de la Suisse en trois classes différentes.

On parlera d'abord de ceux qui se sont le plus écartés de la liberté primitive, & qui par cette raison ont établi & levé plus d'impositions & de droits dans l'étendue de leur territoire; tels sont les cantons de Berne, Lucerne, Fribourg & Soleurre, que l'on pourroit dire qui forment des Etats presque Aristocratiques.

On considérera ensuite les Etats Aristo-démocratiques, dont les mœurs plus rigides forment la preuve d'une liberté plus étendue, & dans lesquels les impôts ne sont, dans les Cantons où il en existe, de nulle considération par leur médiocrité; & l'on rangera dans cette classe les cantons de Zurich, Bâle, Schaffouse & les villes de Saint-Gall, Malhouse & Bienne.

On examinera en troisieme lieu les Etats Démocratiques, où les vertus du peuple sont quelquefois dangereuses par leur excès, & où la liberté ne peut que gémir d'être extrême : tels sont les cantons d'Uri, Schwitz, Underwald, Zug, Glaris, Appenzel & les Républiques des Grisons & du Valais, & on ne trouvera dans ces Etats que peu ou point d'impositions.

On terminera enfin ce Mémoire, par les Etats qui suivent le gouvernement Monarchique, tels que l'Abbaye de Saint-Gall, l'Evêché de Bâle & la Principauté de Neufchâtel.

On rappellera, en examinant les impositions qui ont lieu dans les Etats de la Suisse, les revenus de cette nation, parce que la maniere de percevoir les uns est naturellement liée avec les formes qui sont établies pour la perception des autres.

Impositions, Droits & Revenus dans les Cantons Aristocratiques.

B E R N E.

LE canton de Berne, quoique le plus étendu & tenant le plus à l'Aristocratie, leve néanmoins, dans l'étendue de son territoire, très-peu de ces Contributions qu'on puisse regarder comme de véritables Impôts. On y perçoit 3 sous de France par chaque piece ou tonneau de vin, que les Particuliers font entrer dans leurs caves, & 6 sous, même monnoie, sur chaque piece ou tonneau qui est vendu en détail.

Chaque Bourgeois de Berne étoit obligé anciennement de monter la garde à son tour; mais depuis qu'il a été établi dans cette ville une garde réglée, chaque Bourgeois, sans exception, paye, pour l'entretien de cette garde, 9 livres de Suisse * par année.

Il a pareillement été établi, depuis environ dix ans, dans le canton de Berne, une espece de Maréchaussée; l'Etat paye sur ses revenus la moitié de la somme à laquelle revient l'entretien de cette maréchaussée; l'autre moitié est imposée pour tenir lieu, & en remplacement d'une milice, qui devoit faire les fonctions de cette maréchaussée.

La ville de Berne est éclairée depuis quelques années pendant la nuit; cette dépense se prenoit, dans les premiers temps, sur les contributions que chaque habitant donnoit volontairement, mais depuis il a été établi une imposition pour y subvenir.

1°. Le Magistrat paye, suivant le revenu de sa charge, depuis 10 livres jusqu'à 20 livres, monnoie de France.

2°. Les *Capitaines*, qui sont au service de France & de Piémont, payent 10 livres; ceux qui sont au service de la Hollande 16 livres.

3°. Les Bourgeois qui ont des places lucratives sont taxés par proportion au revenu de leurs places.

Anciennement, dans les besoins pressans de l'Etat, on mettoit sur tout le Canton une imposition générale & momentanée, après qu'on avoit consulté tout le pays, les villes & même les villages; mais depuis long-temps cet usage a été aboli dans le Canton de Berne.

La défense du pays consiste uniquement dans la fidélité des habitans & des alliés du Canton.

Tout habitant, depuis l'âge de seize ans jusqu'à soixante, est enrégimenté; chacun est obligé d'avoir un habit uniforme & ses armes à ses dépens. Les Dragons sont choisis parmi les paysans aisés, qui se fournissent de chevaux & d'armes.

Il y a toujours, dans l'arsenal du Canton, un armement complet, & un train d'artillerie prêt à marcher, dont les Communautés fournissent les chevaux, soit en nature (si elles en ont dans leur territoire), soit en argent si elles n'ont pas de chevaux: l'Officier & le Soldat n'ont de paye qu'en temps de guerre; il y a dans chaque bailliage un fonds des-

---

* Environ 11 livres 5 sous, *monnoie de France.*

tiné pour cette paye, & on ne peut y toucher que du consentement des Communautés qui forment ce bailliage.

Les autres Impôts, qui sont perçus dans le canton de Berne, consistent,

1º. Dans un Droit qui est fixé à 300 livres, pour obtenir des lettres de naturalité.

3º. Dans une Taxe qui est perçue sur ceux qui veulent séjourner quelque temps dans le pays.

3º. Dans un Droit, fixé à 30 livres de France, pour la permission de recruter qu'obtiennent les Capitaines qui sont au service étranger. Ces Capitaines payent en outre 30 livres par compagnie, pour les émolumens du Secrétaire de la Chambre des recrues, & quelques honoraires aux Membres de cette Chambre.

Après avoir ainsi rappellé les Impôts qui sont établis dans le canton de Berne, voici le détail des revenus de ce Canton, qui consistent en Dixmes, Rentes ou Cens fonciers, Lods & Ventes, & Péages.

Il est très-peu d'héritages, dans toute l'étendue de la Suisse, qui ne soient sujets à une Dixme qui se leve au profit des Etats, & le produit qui en résulte forme un objet considérable.

Les Rentes ou Cens fonciers consistent dans des redevances qui sont dues en conséquence d'anciens baux emphytéotiques, & qui se perçoivent en blé, vin, poules, œufs & argent.

Les droits de Lods sont perçus à raison du sixieme du prix de la vente des fiefs nobles, & du dixieme pour les héritages en roture.

Dans la partie du canton de Berne, qui est située en pays Allemand, le peuple, qui étoit anciennement de condition servile, a racheté sa liberté en se soumettant à des redevances, à des corvées & à d'autres charges de ce genre. Il est tel bailliage dans lequel, lorsqu'un pere de famille meurt, le Bailli peut exiger ou une portion de la succession ou le meilleur cheval de l'écurie. Ces redevances tiennent lieu de lods dans les Cantons où ils sont en usage.

Les Péages qui sont établis dans le canton de Berne, portent sur les personnes, sur les marchandises & denrées, sur les chevaux & bestiaux de tout genre. Ils montent depuis un jusqu'à trente schellings *, suivant

---

Environ 45 sous, *monnoie de France.*

la nature & la quantité des marchandifes, denrées & beftiaux.

Indépendamment de ces objets, le canton de Berne jouit encore de quelques revenus, qui proviennent, foit de fes domaines, foit de l'argent placé dans le pays ou chez l'étranger, foit enfin de la vente du fel, qui, quoiqu'il ne revienne la livre qu'à 2 fous 8 deniers de France à ceux qui l'achettent, produit néanmoins une fomme confidérable.

L'Impôt fur les Vins eft régi par une Chambre compofée de Confeillers d'Etat, & perçu par des Commis qui rendent compte, tous les mois, de leur geftion à cette Chambre : on s'en rapporte toujours aux déclarations des Particuliers fur la quantité des vins qu'ils ont fait entrer dans leurs caves ou qu'ils ont débités.

Les Baillis du canton de Berne, au nombre de foixante-douze, font chargés de recevoir les dixmes, les lods & les redevances, ou rentes foncieres ; ils en rendent compte aux Tréforiers & aux Bannerets de la République, & ces comptes font examinés avec la plus grande exactitude.

Une Chambre ou Commiffion, établie pour les Péages, régit cette partie de revenus, dont le produit eft employé à réparer les chemins & à en pratiquer de nouveaux.

Enfin la vente du fel eft régie par une autre Chambre ou Commiffion, qui eft établie à cet effet, & à laquelle ceux qui font prépofés pour cette vente rendent compte directement.

En général, les revenus du Canton rentrent exactement dans la Caiffe publique ; mais les charges, telles que les appointemens des Magiftrats & des Employés, les bâtimens publics, les gratifications que l'on accorde à des Particuliers, les aumônes fréquentes qui font faites, l'entretien des Miniftres enfin, abforbent prefque toujours la totalité de ces revenus.

Chaque ville, bourg ou village a fon Tréfor ou fa Caiffe particuliere pour fubvenir aux befoins preffans ; les fonds qui y font verfés proviennent du produit des fonds qui appartiennent à ces communautés.

LUCERNE.

ON ne leve, dans le canton de Lucerne, aucune impofition pour les dépenfes & les befoins de l'Etat, tant qu'il refte dans le Tréfor public des fonds provenant des Rentes foncieres, des Dixmes, des Péages, des Lods & autres droits feigneuriaux ; mais lorfque le tréfor public eft épuifé ; chaque Habitant, fans exception, eft taxé à une fomme proportionnée à fes facultés ; & dès que le befoin ceffe, cette contribution ceffe pareillement.

On leve cependant, dàns la ville de Lucerne, une taxe légere fur les Bourgeois, pour fubvenir à la dépenfe de la garde de la ville.

Dans chaque bailliage, les Gens de la campagne payent auffi aux Baillis, chacun dans leur diftrict, une fomme qui revient à environ 30 fous par téte, mais dont il rentre une très-petite partie dans la Caiffe publique.

On a voulu établir fur le Clergé de ce Canton, qui eft très-riche, une Contribution, fous le nom de *Don gratuit* ; mais le Pape a refufé jufqu'ici de donner fon confentement pour l'établiffement de cette taxe.

Les droits de Lods & Ventes, & ceux fur les Succeffions, ne font payés, dans le canton de Lucerne, que dans les diftricts où le Souverain eft Seigneur direct ; mais lorfqu'un particulier veut abdiquer fon droit d'habitant, & emporter fa fortune en pays étranger, il paye dix pour cent de la vente de fon bien.

Les actes publics ne font fujets à aucuns autres droits qu'à l'honoraire du Greffier qui les rédige.

Les droits de Péages dans le canton de Lucerne, font à peu-près les mêmes que dans celui de Berne.

Les Commerçans étrangers jouiffent, dans ce Canton, des mêmes priviléges que les Négocians nationaux, ils vont de foire en foire, & payent, outre les droits de Péages, deux fous par florin du montant de la vente qu'ils font : on s'en rapporte pour la perception de cette taxe à leur déclaration.

Les revenus, qui proviennent des Domaines & des Dixmes, font perçus par les Baillis, qui en rendent compte au Confeil ; quant aux autres droits, revenus ou impofitions, ils font levés par des Employés ou Receveurs, qui portent leur recette au Tréforier de l'Etat ; on s'en rapporte entiérement, & fans aucun examen, à leur bonne foi.

Le penchant que les habitans du canton de Lucerne montrent pour l'entiere indépendance eft fi marqué, que les Magiftrats font forcés de ne faire aucun ufage des avantages que leur donneroit fur le peuple la forme de leur gouvernement, dans la crainte de voir au premier moment leur autorité s'évanouir.

Les fels ou les penfions que la France fait délivrer & payer aux Habitans du canton de Lucerne, fourniffent aux befoins courans de l'Etat, & au payement des appointemens de fes Confeillers.

FRIBOURG.

AVANT 1555, on étoit dans l'ufage d'impofer dans le canton de Fribourg (mais dans des befoins preffans feulement), une Taille dont la répartition étoit faite fur tous les habitans, fans aucune exception, relativement aux facultés de chacun; depuis cette époque de 1555, cette taille ou contribution n'a point eu lieu.

Les Fabricans & Artifans ne font fujets à aucune taxe pour raifon de leur commerce & de leur induftrie; mais ils font obligés de fe faire agréger aux maitrifes, & de payer, pour cette agrégation, quelques droits qui font très-modiques.

Les terres font fujettes à des dixmes & à des redevances foncieres; mais il y en a qui font exemptes de ces charges; les lods & ventes ne font dus que pour raifon de celles qui font affujetties; les héritiers n'en font tenus que dans les cas où n'étant point habiles à fuccéder *ab inteftat*, ils recueillent les fucceffions en conféquence des difpofitions faites à leur profit par des teftamens.

Chaque Communauté paye annuellement une taxe connue fous la dénomination d'*Argent de guerre*; mais cette taxe ne forme qu'une partie du produit des terres que l'Etat a abandonnées anciennement à ces Communautés.

Chaque Bourgeois de la ville de Fribourg paye annuellement une taxe, qui revient à 40 fous de France, pour l'entretien de la garnifon.

La plus forte partie des revenus du canton de Fribourg, confifte dans les droits de Péages & de Douane: ces droits font réglés depuis 1 jufqu'à 30 fchellings, ou 30 fous de France, fuivant la qualité & la quantité des marchandifes & denrées.

Les formes pour la perception de ces droits font à peu-près les mêmes que celles qui ont lieu en France.

Outre les droits de Péages, chaque Marchand forain, paye dans le canton de Fribourg, environ le 30me. denier du produit des ventes qu'il fait dans ce Canton.

Il y a cette différence, entre l'adminiftration de Fribourg & celle de Berne, que, dans ce premier Canton, toutes les marchandifes crues & non travaillées doivent, pour l'entrée, la moitié du droit qu'elles payent à la fortie, & que les marchandifes travaillées payent en revanche la moitié de plus à l'entrée qu'à la fortie : ce qui forme un encouragement pour les Fabricans, au lieu que, dans le canton de Berne, où le luxe eft plus étendu, les marchandifes qui font importées de l'étranger payent moins que les marchandifes du pays, lorfqu'elles en fortent pour être exportées à l'étranger.

SOLEURRE.

LE canton de Soleurre eft, à l'exception de Geneve, le feul Etat de la Suiffe dans lequel on ait établi un Impôt pour les fortifications de la ville.

Ce droit, qui depuis foixante ans n'a point varié, fe leve de trois manieres différentes.

Dans la ville, ce font les onze Confréries, ou les onze Tribus de la bourgeoifie, qui l'acquittent par égales portions fur leurs fonds particuliers. Celles de ces tribus qui n'ont point de fonds, répartiffent leur contribution fur chaque Bourgeois, à proportion de leurs facultés ; & cette taxe eft fi modique, qu'elle n'a jamais excité aucune réclamation.

Dans les villages un peu opulens, cette Contribution eft également acquittée par chaque Pere de famille ; & dans ceux qui font plus pauvres, la Communauté s'affemble & regle la taxe de chaque particulier fuivant la nature & l'objet du bien qu'il poffede.

Les Cabaretiers, & tous ceux qui débitent du vin, font affujettis à un impôt annuel, dont l'objet eft très-modique.

Chaque Bourgeois de la ville de Soleurre paie 6 livres de Suiffe * pour l'entretien de la garde de la ville ; les quatre Chefs de la République font exempts de cette contribution.

Les Officiers, qui font au fervice étranger, lorfqu'ils parviennent à des compagnies, & les Magiftrats lorfqu'ils obtiennent des places d'un certain ordre, font obligés de payer, à la Maffe du Tréfor des Arquebufiers, les uns 6 livres, les autres 24 livres ; le produit de ces contribu-

---

* Environ 7 livres 10 fous, *monnoie de France.*

tions est destiné à établir des Prix annuels, que les Bourgeois se disputent par leur adresse à tirer de l'arquebuse.

L'Etat jouit d'une partie des dixmes & redevances foncieres, qui se levent dans le Canton ; l'autre partie appartient au Clergé & à quelques particuliers : le Bourgeois ne paye aucun droit de Lods ; mais l'Habitant de la campagne paye un pour cent de tout ce qu'il acquiert par achat, échange, donation & succession.

Les droits de Péage, dans ce Canton, sont à peu-près les mêmes que dans celui de Berne, avec cette différence que les Bourgeois & les Gens de la campagne ne payent aucun Péage, pour raison des denrées qui viennent de leur crû ; les Marchands forains payent, indépendamment du droit de Péage, 45 sous par 100 livres du montant des ventes qu'ils déclarent avoir faites dans le Canton. Les Juifs, toutes les fois qu'ils entrent dans la ville ou qu'ils en sortent, payent un droit de Péage.

Tout Etranger ou Habitant de la campagne, qui obtient la permission de s'établir ou de séjourner quelque temps dans la ville, paye un droit d'habitation qui est fixé arbitrairement.

Les Péages de la ville sont perçus par trois Commis, qui en remettent tous les mois le produit au Trésorier de l'Etat ; les autres Péages sont affermés au plus offrant & dernier enchérisseur, & le prix de l'adjudication remis entre les mains du Secrétaire de la Bourse.

L'Impôt pour les fortifications est payé dans la ville au Trésorier de l'Etat, & dans les campagnes aux Baillis, qui en rendent compte en plein Conseil d'Etat, ainsi que des Dixmes & autres revenus qu'ils perçoivent.

Les revenus du canton de Soleurre, en y comprenant les graces du Roi, reviennent annuellement à 240 mille livres, monnoie de France.

Impositions, Droits & Revenus dans les cantons Aristo-Démocratiques.

ZURICH.

NI le Magistrat, ni le Bourgeois, ni les Gens de la campagne ne payent aucune imposition ; mais chaque Particulier, sans exception, qui a dix-neuf ou vingt ans, eft obligé de fe faire enrégimenter, & de fervir & s'habiller à fes dépens : il doit toujours être prêt à marcher.

Une loi expreffe porte que dans des cas de befoin, chaque Particulier fera taxé à proportion de fes revenus, en quoi qu'ils puiffent confifter & qu'il indiquera fous la foi du ferment.

Le canton de Zurich jouit, comme celui de Berne, de dixmes, de rentes foncieres & de droits de lods, qui fe perçoivent fur toutes les terres fans exception, mais dont l'objet eft beaucoup plus modique.

Les droits de Péage font d'un produit affez confidérable, relativement à l'étendue du commerce de la ville : chaque chariot ou autre voiture chargé de marchandifes ou denrées, de quelque nature qu'elles foient, eft taxé 10 fous de France.

Les Fabricans & Artifans payent pour les marchandifes, qu'ils ont travaillées & qu'ils envoyent hors du pays, un droit très-modique, & dont ils fixent eux-mêmes le montant.

Tous les droits qui fe perçoivent dans la ville, font levés par des Commis aux Douanes, qui portent toutes les femaines leur recette au Tréforier de l'Etat ; il leur paye fur cette recette leurs gages, & rend compte chaque mois à une Commiffion fouveraine.

Tous les revenus & droits qui fe levent hors la ville, font perçus par les Baillis & par les principaux Habitans des villages, qui font ces levées à peu de frais : les Baillis rendent compte à l'Etat de ce qu'ils ont perçu & fait percevoir par les Notables qui font dans l'étendue de leurs bailliages.

B A S L E.

DEPUIS environ foixante ans, toute perfonne qui entre dans la Magiftrature, ou qui obtient une charge ou emploi, qui eft fufceptible de produit, eft obligée de payer, une fois pour toutes, une certaine fomme qui eft réglée fur ce que la charge ou place peut produire.

Un des principaux revenus du Canton confifte dans un droit qui a été établi fur le vin qui fe vend en détail, & fur les beftiaux qui fe tuent dans les boucheries ; ces droits font au furplus très-modiques.

Chaque Bourgeois paye environ 15 livres, monnoie de France, pour la garde de la ville.

Celui qui veut fe marier n'en obtient la permiſſion qu'en fe préſen-tant devant fon Bailli, armé de pied en cap.

Chaque Habitant paye une eſpece de Capitation à raiſon de *6* ſous par tête, & une Taille qui eſt de *2* ſous par arpent de terre qu'il poſſede.

Les corvées pour la conſtruction & réparation des chemins, qui ne portoient anciennement que ſur les laboureurs, ſont ſupportées actuelle-ment par tous les habitans des campagnes, qui ſont taxés à raiſon de leurs facultés.

Le canton de Bâle a des dixmes & des rentes foncieres, des droits de lods & ventes, & ſur les ſucceſſions : les premiers, dans les endroits où ils ont lieu, ne vont qu'à un ou deux pour cent ; les ſeconds ſont de *vingt-cinq pour cent :* le produit de ces droits forme une partie des émolumens du Greffe & du Bailli.

Lorſqu'un habitant veut ſortir du pays, ou qu'une femme du canton veut ſe marier à un étranger, ils ſont obligés de payer dix pour cent de tout le bien qu'ils poſſedent dans l'étendue du Canton.

Il y a pareillement, dans le canton de Bâle, des droits de Péage ſur les voitures & ſur les beſtiaux.

Le revenu le plus conſidérable du Canton conſiſte dans les droits de Douane.

Chaque Négociant eſt obligé de déclarer, ſous la foi du ſerment, la valeur des marchandiſes qu'il fait paſſer à l'étranger, & de payer un demi pour cent de cette valeur ; mais ſi ce Négociant peut prouver qu'il a été obligé de faire revenir ſes marchandiſes, n'en ayant point trouvé le débit, il ne doit rien pour le retour.

Le Marchand forain paye cinq deniers par florin de toutes les mar-chandiſes qu'il achette, qu'il vend & fait vendre dans le pays.

L'Artiſan paye pour l'ouvrage qu'il envoie au dehors, un quart pour cent de la valeur, & le Cultivateur deux ſous par quintal des denrées qu'il débite hors du Canton.

La répartition & la levée de l'Impôt ſe font d'une maniere aſſez ſin-guliere.

Chaque Bourgeois prête tous les ans ſerment de payer ce qu'il devra d'impôt, & tous les trois mois, le Marchand & le Cabaretier, qui for-ment entr'eux une très-grande partie de la bourgeoiſie, envoient, ſoit aux Tréforiers de l'Etat, foit aux Baillis, un compte de ce qu'ils ont vendus, foit dans le pays, foit à l'étranger, & reglent au bas du compte le montant de la fomme qu'ils jugent devoir légitimement payer.

Les trois Tréforiers de l'Etat reglent ces comptes, & ceux que leur envoient les Baillis, en reçoivent le montant, reglent pareillement les comptes des Commis de la Douane & des Péages, payent les appointemens & forment au bout de l'année un état de la recette & de la dépenfe, qui eft porté devant le Grand-Confeil, qui l'arrête.

S C H A F F O U S E.

On ne peut guere donner le nom d'Impôts aux droits qui fe levent dans le canton de Schaffoufe.

Tout Particulier eft obligé de déclarer par ferment, la quantité de vin qu'il fait entrer dans fa cave, & de payer 4 fous 6 deniers par mefure; ce droit augmente d'un tiers au détail & lorfqu'il eft porté à l'étranger.

Les Cabaretiers & Taverniers payent d'ailleurs une petite taxe pour le droit de tenir auberge.

Lorfque l'Etat a des befoins preffans, on augmente les droits fur le vin à proportion de fes befoins.

Le fel eft pareillement fujet à un droit, mais qui eft très-modique.

Tout Officier qui recrute pour des compagnies avouées, paye 1 fou par homme à la Chambre des recrues; & celui qui recrute pour des compagnies non-avouées, 2 fous par homme.

Le canton de Schaffoufe jouit, comme les autres, de dixmes, de rentes foncieres, de droits de lods & de droits fur les fucceffions; ces droits font de même genre, & font régis de même que dans les autres Cantons.

Les Péages forment la principale richeffe de ce Canton : ces Péages varient fuivant la qualité & quantité des marchandifes importées ou exportées.

L'Etat jouit auffi de plufieurs maifons, boutiques & fabriques, qu'il loue à un affez bon prix.

Tous les revenus du canton de Schaffoufe, à l'exception de quelques dixmes & du droit fur le vin, font affermés.

Ville de SAINT-GALL.

La ville de Saint-Gall jouit de petits droits & revenus qui font entiérement femblables, & fe perçoivent comme ceux des cantons de Zurich & de Bâle.

Dans les befoins extraordinaires, chaque Bourgeois déclare au Magiftrat quelles font fes facultés; & on le taxe en conféquence.

On leve dans cette ville une taxe qui revient à 7 fous 6 deniers par chaque 250 livres de revenus que les habitans poffédent.

MALHOUSE.

Dans la ville de Malhoufe, chaque Bourgeois paye annuellement 12 à 15 livres de France pour la gardé.

Le *Sujet* paye une taxe qui revient environ à la cent cinquantieme partie de fon revenu.

Dans les cas de néceffité, la même taxe fe leve fur les Bourgeois, à proportion des biens qu'ils déclarent.

Le fimple Habitant paye un droit d'habitation fort léger, & qui ne varie jamais.

Les Cabaretiers payent pareillement un droit modique pour leur enfeigne.

On ne connoît dans le territoire de Malhoufe aucune taxe fur les fonds, à l'exception des fucceffions qui paffent à un étranger, & qui payent dix pour cent du montant de ces fucceffions.

Les Commerçans étrangers payent des droits de Péage, qui font fixés depuis un demi jufqu'à un pour cent de la valeur des marchandifes qu'ils déclarent; le Bourgeois eft fujet aux mêmes droits, à l'exception des denrées & marchandifes qui fervent pour la confommation de fa maifon.

Chaque nature de droits eft perçue par un Receveur, qui rend compte au Confeil d'Etat.

BIENNE.

On ne perçoit, dans la ville de Bienne, qu'un feul impôt fur le vin qui fe vend en gros & en détail.

Le droit fur la vente en gros eft fixé à 9 fous par chaque piece.

Celui fur le vin qui fe vend en détail eft réglé à trois pour cent du montant de la vente.

La Bourgeoifie eft divifée en fix tribus, qui, dans les befoins urgens, fe cottifent pour acquitter la fomme qui eft impofée fur la bourgeoifie entiere : ces tribus, lors des expéditions militaires, pourvoient pareillement à la paye du Soldat, & l'Etat à celle des Officiers.

Les Dixmes de la ville de Bienne ne fe levent que fur les grains & fur le vin.

Les Marchandifes étrangeres, qui ne font que paffer, payent 3 fous par quintal ; & celles que le bourgeois travaille & envoie à l'étranger, 1 fou 6 deniers par quintal.

Enfin celles, qui font vendues par le Marchand forain, payent deux ou trois pour cent de leur valeur.

Impôts, Droits & Revenus des Etats Démocratiques de la Suiffe.

U R I.

L E canton d'Uri perçoit un droit très-modique, & dont le Confeil eft communément l'arbitre, fur les terres qui changent de mains, par ventes, fucceffions, donations ou autres actes.

On y perçoit pareillement des droits de Péage affez forts ; ces Péages font quelquefois en régie, & plus fouvent donnés à ferme.

S C H W I T Z.

O N n'a point de connoiffance qu'il fe perçoive aucune fomme, à titre d'impôt, dans ce Canton ; la forme de fon gouvernement paroît être directement oppofée à tout ce qui pourroit être levé à ce titre : cette circonftance rend entiérement étranger aux vues que l'on fe propofe, tout ce qui peut le concerner, & ce motif fuffit pour faire fentir que les détails relatifs à l'adminiftration de ce Canton, ne feroient d'aucune utilité pour l'objet dont on eft occupé.

UNDERVALD.

LE territoire d'Undervald eſt ſi ſouvent dévaſté par des orages & des inondations, que ce Canton a quelquefois des dépenſes extraordinaires à acquitter.

Dans ces cas, le peuple s'aſſemble, chacun convient, avec la plus grande franchiſe, du bien dont il jouit, & eſt taxé tantôt à 5 ſous, quelquefois à 10 ſous par 1000 livres de capital. On décide, dans la même aſſemblée, l'eſpace de temps, pendant lequel l'impôt doit ſubſiſter.

On leve en outre, dans le canton d'Undervald, un droit qui revient à 6 ſous par pot de vin ; ce droit eſt perçu ſur la déclaration qui eſt faite par chaque particulier, du vin qu'il a conſommé dans ſa maiſon pendant l'année.

Le ſel ſe vend en détail, & on perçoit ſur la vente un droit très-modique.

ZUG.

ON perçoit dans le canton de Zug, comme dans celui d'Undervald, un impôt ſur le vin qui s'y conſomme.

Il y a, dans l'étendue de ce Canton, des bailliages dans leſquels, lorſqu'un pere de famille vient à mourir, les héritiers ſont obligés de donner à l'Etat le plus beau cheval ou le plus beau bœuf de l'écurie.

Le même droit eſt attaché à certains fiefs qui ſont poſſédés par des particuliers, & lorſque ces fiefs changent de main, celui qui les achette paye pour le droit de lods cinq pour cent du prix de la vente.

Les droits de Péage dans le canton de Zug ſont les mêmes que dans celui d'Uri ; mais le peu d'étendue & de commerce de ce Canton en rend l'objet peu important.

GLARIS.

TOUTES les fois que les dépenſes de la Bourſe commune excédent la recette, on a recours, dans le canton de Glaris, à une impoſition, dont le montant eſt déterminé entre les habitans des deux religions, & dont les deux tiers portent ſur les fonds, & l'autre tiers ſur les perſonnes.

Le

Le montant de ces taxes a été jufqu'en 1730 d'un florin par mille, & d'un demi-florin par tête ; mais elles ont été depuis réduites à moitié.

Lorfqu'il eft queftion de renouveller les rôles de ces taxes, on examine s'il eft furvenu de l'augmentation ou de la diminution, dans la fortune des particuliers, & les taxes font réglées en conféquence des éclairciffemens qu'on s'eft procurés.

Lorfqu'il s'agit d'un habitant, qui n'a point encore été impofé, les Confeillers, qui font chargés de faire la taxe, font tenus, par ferment, de donner un avis équitable, & qui tende plutôt à faire impofer à une fomme plus foible que trop forte ; & fi celui qui a été taxé fe trouve furchargé, il peut porter fes plaintes, & lorfqu'elles fe trouvent fondées, la taxe eft diminuée.

L'Impôt par tête doit être payé par tous les Citoyens âgés de feize ans & au-delà, même par les Pauvres.

Les Valets, les Ouvriers, les Etrangers & les Eccléfiaftiques font feuls exempts de cette taxe ou capitation.

Les droits de Péage font d'un produit fi médiocre, qu'on les abandonne aux Péagers.

Tous les revenus du canton de Glaris font levés & perçus par fix Commis, qui en remettent le montant au Tréforier & au Banneret, qui en rendent compte annuellement à la République.

République des GRISONS.

LES Grifons ne payent aucune efpece d'impôt, en temps de paix ; mais ils font lever, dans le pays qui leur eft fujet, des tailles fur les biens-fonds des particuliers ; ces tailles font réglées chaque année par une commiffion nommée *Syndicature*, que la République envoie fur les lieux, & le montant eft employé uniquement à l'entretien du pays fujet, & à celui des Vicaires ou Baillis qu'on y envoie.

En temps de guerre, les Communautés, qui conftituent la République, font obligées, fuivant d'anciennes Conftitutions, de fournir leur contingent pour le befoin de l'Etat : chacune impofe fur les Bourgeois qui la compofent, une taxe qui eft réglée & déterminée d'après une eftimation très-fuperficielle de leurs biens, & jamais ces taxes n'ont excité, depuis la confédération de ces Communautés, aucune plainte ni réclamation.

Les Grisons n'ayant point eu de guerre depuis celle de la Valteline, il n'a été fait aucune imposition, depuis cette époque, pour des expéditions militaires ; mais il n'y a aucun doute que, si la République venoit à entrer en guerre, elle ne fît supporter une partie des dépenses qu'elle occasionneroit aux habitans de la Valteline, de Chiavenne & de Bormio.

Les successions qui sont dévolues à des habitans du pays, ou aux sujets, ne sont sujettes à aucuns droits ; mais lorsqu'elles passent à des Etrangers, ils payent cinq pour cent du montant de ces successions, à moins qu'il n'y ait, entre les Nations dont l'héritier fait partie & la République des Grisons, un traité de réciprocité.

Les Péages, qui appartiennent à la République, sont de trois sortes.

Le premier a lieu sur les marchandises étrangeres, qui passent sur le territoire de l'Etat, & il est payé indistinctement par l'Etranger & les *Gens du pays.*

Le second a lieu sur les fruits & denrées provenans du territoire du pays, qui sont transportés d'une communauté dans une autre, ou qui sont exportés hors du pays.

Le troisieme a lieu sur les marchandises que tout Fabricant ou Artisan, sujet ou étranger, fait entrer dans le pays, pour en fournir les fabriques ou pour les faire préparer ; & lorsque ces marchandises sortent du pays, après y être entrées, elles payent une seconde fois les mêmes droits de Péage.

Indépendamment de ces droits de Péage, il y en a encore quelques autres moins étendus, & dont le produit est destiné aux réparations des chemins.

Les trois Péages principaux sont affermés. Le Fermier acquitte les dépenses qui sont tirées sur lui, & rend compte annuellement de ce qu'il a dépensé par ordre de la République.

République du *VALAIS.*

On ne connoît d'Impositions dans le Valais, que dans la partie de cette République qui est située le long du Rhône, & ces Impositions y ont été introduites par la nécessité de réparer les dommages, que causent les fréquentes irruptions de ce fleuve.

Ces Impositions confistent dans une Taille, qui eft impofée fur les fonds, relativement à leur étendue, & dont l'objet eft tantôt plus foible & tantôt plus fort, fuivant les befoins.

Les autres revenus de la République de Valais confistent dans des dixmes, des rentes foncieres, des droits fur le fel, & des droits de péage ou de tranfit fur les marchandifes.

La République de Valais fe fournit de fel d'Italie pour le haut Valais, & de fel de France pour le bas Valais.

Dans l'une & l'autre partie, la vente du fel fe fait par des Commis, qui rendent compte de la vente à la Diette générale.

Il y a deux Grands-commis, un pour le haut, l'autre pour le bas Valais, & ces Commiffions, qui font d'un certain rapport, font exer-cées fucceffivement par les premiers Magiftrats.

La ville de Sión a du fel de France en fon particulier; c'eft un des Magiftrats du premier ordre qui en fait la vente pendant quatre années.

Les Commis établis pour la vente du fel font choifis parmi les No-tables des lieux.

Impofitions, Droits & Revenus dans les Etats alliés de la Suiffe, qui fuivent le Gouvernement Monarchique.

Abbaye de S A I N T-G A L L.

L ES toiles, qui fe fabriquent dans le territoire de l'abbaye de Saint-Gall, forment un des plus confidérables revenus de l'Abbé, auquel elles payent un droit de 3 fous par piece.

Il perçoit pareillement, fur les cabarets & les boucheries, une Taxe qui eft plus ou moins forte felon l'endroit où la boucherie & l'auberge font placées, & felon le plus ou le moins de confommation qui s'y fait.

Chaque Capitaine paye quelques fous par chaque homme de recrue qu'il fait dans le pays.

Dans les befoins extraordinaires, chaque Communauté impofe, d'après d'anciens rôles, une Taxe fur les Propriétaires de fonds & fur les Fa-bricans : ces taxes font arbitraires, & la Communauté feule a le droit de ſtatuer ſur les conteſtations, auxquelles elles peuvent donner lieu.

Tous les fonds, de quelque nature qu'ils ſoient, ſont aſſujettis à des redevances envers l'Abbé de Saint-Gall, & lorſqu'il meurt un pere de famille, la meilleure bête de ſon écurie appartient à l'Abbé, & lui tient lieu de lods.

Les Péages ſont de la même nature que ceux des Cantons populaires, avec cette différence néanmoins que les habitans du pays ne ſont point ſujets aux Péages, pour ce qui eſt deſtiné pour leur conſommation particuliere.

Chaque Communauté paye, dans l'étendue de ſon territoire, à celui qui eſt prépoſé pour recevoir les revenus de l'Abbé, & ce Prépoſé en remet chaque année le montant au Tréſorier de cet Abbé.

Evêché de BASLE.

LES Princes, Evêques de Bâle, ſont autoriſés par les Conſtitutions de l'empire d'Allemagne, à lever des Impoſitions, ſoit pour la défenſe, ſoit pour les beſoins de l'Etat ou du Souverain ; mais il ne ſont uſage de ce droit que dans des cas extraordinaires.

Ils convoquent alors les Etats de la Principauté, & ceux-ci propoſent les moyens qu'ils jugent les plus convenables, pour ſe procurer les ſommes qui ſont demandées.

Depuis 1747, on s'eſt ſervi d'un cadaſtre qui contient l'eſtimation, qui a été faite par des Experts, des fonds de terre.

Une terre qui eſt eſtimée 100 livres paye 5 ſous, & lorſqu'on veut doubler ou tripler l'impoſition, on annonce, par une ordonnance, qui eſt émanée du Prince, que l'on exigera deux, trois impoſitions.

Il y a, dans chaque bailliage, un Receveur qui forme les rôles des Contribuables : ces rôles ſont viſés ſans frais par le Bailli ; ils ſont enſuite remis à un Notable, qui fait la collecte moyennant quatre deniers pour livre. Le Receveur du bailliage reçoit les deniers, & les remet au Receveur général, qui eſt nommé par le Prince, & auquel il eſt payé un ſou pour livre ; enfin le Receveur général fait l'emploi des deniers, & en rend compte par-devant une Commiſſion, qui eſt nommée par le Prince & par les Députés de l'Etat.

Mais comme, par cet arrangement, l'Impoſition porteroit en entier ſur les Propriétaires de fonds, on leve, fur les Meuniers, Cabaretiers & Artifans des villes, une efpece de Capitation, dont le montant eft employé à acquitter d'autant celui de la fomme qui eft demandée par le Prince.

Pour fournir à la dépenfe ordinaire des Etats, qui confifte dans l'entretien d'une garde Suiffe, les honoraires des Miniftres qui réfident auprès des Cours de Verfailles, de Vienne & autres, on perçoit, depuis environ un fiecle, un droit d'Accife fur les vins qui fe vendent en gros, lorfqu'ils ne font pas du crû du vendeur, & principalement fur les vins qui fe vendent en détail dans les cabarets, même fur la viande de boucherie, les cartes, le tabac, les liqueurs & les cuirs verds; mais ces droits font extrêmement modiques.

Les droits de Lods n'ont lieu que dans un feul bailliage de l'Evêché, où ils fe payent à raifon du dixieme denier.

Il fe perçoit auffi quelques droits de Péage, qui ne font dus que par l'Etranger & le Commerçant qui fait paffer fes marchandifes debout à l'étranger.

On obferve que le nouveau cadaftre de la principauté de Bâle, qui vient d'être renouvellé, renferme principalement deux défauts effentiels.

Le premier confifte en ce que, dans l'eftimation des biens d'une Communauté, on n'a point compris les fonds communaux.

Le fecond, qu'on n'a pareillement point fait entrer, dans cette eftimation, les bois & les forêts.

On ajoute qu'une Communauté qui contiendroit dans fon étendue mille arpens de terres labourables & cinq cents arpens de prés, & qui n'auroit d'ailleurs ni communaux, ni bois, ne feroit certainement pas fi riche qu'une autre Communauté qui renfermeroit dans fon territoire, outre la même quantité de terres & de prés, des communaux & des boix: qu'ainfi il feroit convenable que l'Impofition, dans cette derniere Communauté, fût plus forte que dans la premiere; ce qui n'a point lieu par la maniere dont le cadaftre a été formé.

Principauté de *NEUFCHATEL.*

LES revenus du Prince de Neufchâtel font deftinés à fournir aux dépenfes ordinaires de l'Etat, & ces charges acquittées, il refte à ce Prince de net environ 100 mille livres chaque année.

Dans les befoins extraordinaires, les Communautés s'impofent entr'elles, en proportion de fes befoins & des fonds que chacune d'entr'elles a à fa difpofition.

Les revenus du Prince de Neufchâtel confiftent en rentes foncieres, dixmes, lods & ventes, droits d'habitation & péages ; mais tous ces objets font modiques, & ne font point à charge à ceux qui les payent.

IMPOSITIONS
DANS LE PAYS
DE LIEGE.

La principauté de Liége eſt régie comme pays d'Etats.

Les Etats ſont compoſés, pour le Clergé, du Chapitre cathédral, qui ſeul forme l'Etat Eccléſiaſtique ; pour la Nobleſſe, des Nobles qui font preuve de ſeize quartiers ; & pour le tiers Etat, des Bourgue-meſtres des vingt-deux villes que renferme le pays de Liége.

Lorſque les circonſtances exigent qu'il ſoit fourni des ſubſides, le Prince, Evêque de Liége, convoque les Etats ; chaque ordre délibere ſéparément, ſoit ſur le montant de la ſomme qui doit être accordée, ſoit ſur les moyens à établir pour la procurer : le réſultat des délibérations d'un ordre eſt communiqué aux deux autres ; & lorſqu'à la pluralité des ſuffrages, on eſt convenu de l'objet du ſubſide & des moyens de le percevoir, les trois ordres ſe réuniſſent pour ne former qu'une ſeule & même réſolution, qu'on nomme *Recés*. Lorſqu'il s'agit d'un Impôt extraordinaire, on communique les recès des Etats au Clergé, pour avoir ſon acceſſion ; la réſolution ou délibération des Etats eſt préſentée enſuite au Prince, Evêque de Liége, qui la confirme par un Mandement, par lequel il en ordonne l'exécution.

Les Impoſitions & Droits qui ſont en uſage dans le pays de Liége, pour fournir les ſubſides ordinaires & extraordinaires, ſe diviſent en deux claſſes, & ſont connues ſous les dénominations de *Moyens ordinaires* & *Moyens extraordinaires*.

Les moyens ordinaires conſiſtent,

1º. Dans le Soixantieme denier, qui ſe perçoit ſur la frontiere à l'entrée des marchandiſes de toute eſpece, ſoit qu'elles ſoient deſtinées pour la conſommation du pays, ſoit qu'elles ne faſſent qu'emprunter le paſ-ſage, & dans ce dernier cas, elles ne payent aucun droit à la ſortie.

2º. Dans un pareil droit de Soixantieme, qui ſe perçoit ordinairement à la fortie & exportation fur toutes les productions du pays , comme les grains , le bois , la houille , le charbon , le fer , la pierre , la chaux , l'ardoife , les vins , & généralement fur toutes les matieres, qui peuvent fervir à alimenter les manufactures étrangeres.

Ces droits d'Entrée & de Sortie ne font point fixes & permanens ; on les augmente , on les diminue , & quelquefois même on les fupprime , felon que les occurrences rendent l'importation & l'exportation ou avantageufes ou préjudiciables au pays.

Tous les ouvrages, qui proviennent des manufactures du pays de Liége , & qui ont reçu leur entiere perfection , font en général exempts de tous droits à la fortie.

Indépendamment de ces droits d'Entrée & de Sortie, il y a différentes marchandifes & denrées , foit étrangeres , foit du pays, qui payent à la Caiffe ordinaire des droits particuliers.

Le vin & les eaux-de-vie , qui viennent de l'étranger & qui font deftinés pour la confommation du pays, payent 6 florins par *emmer* ; l'emmer contient deux cents pintes.

Les vins & les eaux-de-vie , qui ne font qu'emprunter le paffage , n'acquittent que le Soixantieme , en juftifiant de la fortie par des acquits à caution.

Le tabac , le fel & le grain dont on fe fert pour faire la bierre , & qui eft connu fous la dénomination de *Dréche* , font auffi fujets à des droits qui reviennent , favoir , à 6 deniers par livre de tabac , à 4 fous par fetier de fel du poids de foixante livres , & à 20 fous par mefure de dréche contenant cent livres pefant.

Ces droits font perçus fur la frontiere par des Receveurs, des Contrôleurs & des Gardes, qui font nommés & établis par les Députés des Etats ; ce font pareillement ces Députés, qui nomment les Receveurs généraux & les Receveurs provinciaux.

Les Receveurs fubalternes remettent chaque mois le montant de la recette de leurs bureaux aux Receveurs principaux de leurs départemens , & ces derniers au Caiffier général.

Ce Caiffier général en fait le dépouillement ; il forme un compte qu'il vérifie avec les Directeurs qui font prépofés à la régie ; & lorfque ce compte eft arrêté , il verfe les fonds dans les Caiffes des Receveurs généraux , qui acquittent les dépenfes fur les ordres des Etats ou de leurs Députés.

Ces

Ces Députés connoiffent en premiere inftance de toutes les contraventions qui peuvent être commifes à la perception des droits ; mais ce font les Etats en corps qui prononcent en dernier reffort.

Tous les Impôts & Droits, que l'on vient de rappeller, fi l'on en excepte ceux fur le vin & la drèche, font payés indiftinctement par tous les habitans du pays, Eccléfiaftiques, Nobles & Magiftrats ; les Membres des trois Etats, ceux du Confeil privé, les Membres du haut Clergé & les Couvents, font exempts de l'Impôt de *6* florins par Emmer de vin ; les mêmes perfonnes & tous les Eccléfiaftiques jouiffent de l'exemption de l'impôt ordinaire de *20* fous par cent livres pefant de drèche.

Le droit fur la drèche eft affermé à la chaleur des encheres, par les Etats, dans chacune des fept provinces du pays de Liége, en détail & par des adjudications particulieres, qui comprennent quatre à cinq Communautés d'habitans feulement. Chaque Adjudicataire eft tenu de payer, de trois mois en trois mois, au Receveur de la province, le prix de fa ferme ; & ces Receveurs verfent directement les fonds dans la Caiffe des Receveurs généraux.

Le produit des impôts & droits, qui forment la Caiffe ordinaire, eft employé aux donatifs que les Etats font au Prince, à l'acquittement de la folde & entretien des Troupes, aux honoraires & dépenfes des Miniftres dans les Cours étrangeres, à l'entretien des ponts & chauffées hors des villes, & au payement des arrérages des rentes qui font dues par les Etats, & autres dépenfes de ce genre.

Les Impôts connus fous la dénomination de *Moyens extraordinaires* confiftent ;

1º. Dans une augmentation de droit fur la drèche & fur le vin.

2º. Dans le vingtieme du prix qui fe perçoit fur la viande qui fe débite dans les boucheries.

Les moyens, foit ordinaires, foit extraordinaires, font accordés par les Etats, tantôt pour un ou pour deux ans, mais plus ordinairement pour trois années.

Les Impôts extraordinaires n'ont lieu que pour des événemens imprévus ou forcés, qui obligent d'y avoir recours : telles font les dettes contractées pour la guerre & autres cas femblables ; & les motifs qui les font établir, font en même temps que perfonne, de quelqu'état qu'il foit, & en quelque grade qu'il foit conftitué, n'en eft exempt.

Le Clergé connoît, par le moyen d'une Commiſſion qu'il établit à cet effet, & qui eſt compoſée d'Eccléſiaſtiques, des contraventions qui peuvent être commiſes par ſes Membres, à la perception de ce dernier genre d'Impôts; & les Etats, ou leurs Députés, doivent lui juſtifier de l'emploi qui a été fait du produit de ces impôts.

Lorſque le montant des Impoſitions & droits, connus ſous les dénominations de *Moyens ordinaires & extraordinaires*, n'eſt pas ſuffiſant pour remplir l'objet des dépenſes, & que les circonſtances exigent de nouveaux ſecours, on a quelquefois recours à une Taille ou Taxe, qui porte ſur les biens-fonds, & qui eſt répartie, par province ou département, d'après un ancien cadaſtre qui a été approuvé par les Etats, & qui regle & détermine ce que chaque Communauté doit ſupporter.

Les Maiſons des villes, quoique formant des fonds, ſont rarement aſſujetties à cette taille ou taxe; mais lorſqu'elle a lieu, le montant de ce que chaque Maiſon doit ſupporter eſt réglé par la quantité des fenêtres ou des cheminées qu'elle contient.

Chaque Communauté a le droit de faire par elle-même la répartition, ſoit de la ſomme pour laquelle elle doit contribuer aux beſoins de l'Etat, ſoit de celle qui eſt néceſſaire pour ſubvenir à ſes dépenſes & charges locales; mais cette répartition doit être faite de maniere que les deux tiers de la ſomme, qu'il s'agit de lever, portent ſur les fonds, & l'autre tiers ſur les perſonnes à raiſon de leurs facultés.

On ſuppoſe que les Terres doivent payer à raiſon du centieme denier, plus ou moins, ſuivant les circonſtances.

Elles ſont diviſées en trois claſſes; les bonnes, les médiocres & les mauvaiſes.

Les bonnes acquittent la taxe entiere; les médiocres, la moitié; & les mauvaiſes, le quart.

Les Maiſons & Métairies ſont impoſées en proportion du centieme denier de leur valeur.

Lorſqu'il s'agit de former un cadaſtre pour une Communauté, les Propriétaires des terres, maiſons & métairies, ſont tenus de déclarer aux Bourg-meſtres & Députés de la Communauté, la quantité & la valeur de ces fonds.

Si ces déclarations ſont ſuſpectes, ces Bourg-meſtres & Députés ſont autoriſés à faire procéder à un meſurage & à une eſtimation.

Quant aux taxes perſonnelles, chaque Communauté a ſes uſages : les unes les font porter ſur les boiſſons, d'autres les levent à raiſon de l'habitation, & en ce cas chaque Propriétaire ou Locataire eſt aſſujetti à une taxe qui revient à 10, 12 & 15 ſous par maiſon.

IMPOSITIONS

DANS

LES PAYS-BAS AUTRICHIENS.

Les provinces qui composent les Pays-Bas Autrichiens, quoique régies par des usages différens, sont cependant, quant aux impositions, administrées, à certains égards, de la même maniere que les provinces de France, qui forment des pays d'Etats, & principalement comme celles de Flandre & de Haynault.

Des différentes formes qui sont établies dans les Pays-Bas Autrichiens, pour la répartition & la levée des impositions, celles que l'on suit dans la province du Brabant, sont généralement regardées comme étant préférables à toutes les autres, parce qu'elles sont les moins sujettes à l'inconvénient de l'inégalité, les moins dispendieuses dans le recouvrement; & par cette raison les moins onéreuses pour les sujets.

Suivant la constitution & les priviléges de la province du Brabant, le Souverain n'est point dans l'usage d'établir, de son propre mouvement, aucune imposition sur les fonds ni sur les personnes; tout ce qui a rapport à ces deux objets se fait par forme de demandes ou *pétitions* aux Etats assemblés.

Ces demandes ou pétitions sont faites au nom du Souverain, par le Chancelier de la province, qui se rend aux Etats, expose les besoins, demande les subsides, tant ordinaires qu'extraordinaires que l'état des finances & les circonstances peuvent exiger, & laisse ensuite aux Etats le soin & la liberté de délibérer.

Les Etats sont composés des ordres du Clergé, de la Noblesse & du tiers Etat; le Clergé est représenté par le Primat, Archevêque de Malines, par les autres Evêques & par les Députés des abbayes; & la Noblesse, par tous les Nobles qui ont droit de séance aux Etats, & qui sont invités par des lettres circulaires du Gouvernement.

Ces deux Ordres s'assemblent dans la même Chambre; & déliberent entr'eux fur l'objet de la demande ; la délibération paſſe à la pluralité des ſuffrages qui ſont recueillis par le Penſionnaire des Etats.

Le tiers Etat eſt compoſé des Magiſtrats & Députés des villes & chefs-lieux de la province, & des Doyens ou Syndics des corps & métiers de la capitale : le Penſionnaire des Etats ſe rend à l'aſſemblée du tiers Etat, il y expoſe la demande qui a été faite au nom du Souverain, rend compte de la délibération qui a été priſe par le Clergé & la Nobleſſe, & recueille les avis.

Lorſque les ſuffrages ſe trouvent réunis, le Penſionnaire des Etats porte les délibérations au Chancelier ou Commiſſaire, qui les fait paſſer au Gouvernement.

Le Souverain n'influe en rien dans les moyens qui ſont employés dans la répartition & le recouvrement des ſubſides, ſoit ordinaires ſoit extraordinaires, qui ſont demandés & accordés ; ce ſont les Etats qui y pourvoient, ſoit par eux, ſoit par une Chambre toujours permanente, & qui eſt compoſée de leurs Députés. Le Receveur ou Tréſorier général des Etats paye, entre les mains des Receveurs généraux des finances du Souverain, & ſans aucune réduction, le montant de ces ſubſides.

Les moyens dont les Etats font uſage pour ſe procurer les fonds néceſſaires pour acquitter ces ſubſides, conſiſtent principalement dans des Vingtiemes, dont le nombre diminue ou ſe multiplie ſuivant l'objet des ſecours qui ſont demandés : on perçoit, dans l'Etat actuel, trois Vingtiemes.

On diſtingue dans la répartition de ces Vingtiemes, les villes cloſes & le plat-pays, c'eſt-à-dire, les paroiſſes & communautés de la campagne.

Impoſitions des Vingtiemes dans les Villes cloſes.

DANS les villes cloſes, les Vingtiemes ſe répartiſſent indiſtinctement & ſans aucune exception, ſur toutes les maiſons ou jardins qu'elles renferment. Ils conſiſtent dans la vingtieme partie du revenu de ces maiſons ou jardins, qui a été fixée dans le principe ſur le produit de ces maiſons ; ainſi une Maiſon qui rapportoit, lors de la fixation du premier

Vingtieme, 200 florins [a] de revenu, & dont le Vingtieme a été réglé à 10 florins [b], paye, actuellement qu'il existe trois Vingtiemes, 30 florins [c].

Les Etats ont dans chaque ville un bureau qu'on appelle *le Comptoir des Vingtiemes*; il est composé d'un Receveur, de Commis & d'Huissiers aux gages des Etats.

Dans ce bureau est un registre, dans lequel sont inscrites toutes les maisons distinguées par quartiers, & numérotées. Le montant de la somme que chaque Maison doit supporter par vingtieme, ainsi que le nom du Propriétaire & du Locataire, sont pareillement inscrits à côté; les Vingtiemes sont acquittés, moitié par le Propriétaire & moitié par le Locataire, à moins que le bail ne contienne une clause contraire.

Dans le mois d'Octobre de chaque année, on forme d'après ce registre, des avertissemens qui contiennent le quartier où la maison est située, le numéro de cette maison, la quantité des vingtiemes, la taxe relative à chaque vingtieme, *le montant total de l'imposition*, & un commandement de payer au bureau du comptoir dans le courant du mois de Décembre; ces avertissemens sont portés par les Huissiers du bureau.

Si le Propriétaire ou Locataire néglige de payer dans le délai prescrit, les Huissiers du bureau, munis de lettres qu'on nomme *Exécutoriales*, & qui sont émanées du Conseil de la province, font trois sommations, d'après lesquelles ils sont autorisés à saisir & à faire vendre les meubles jusqu'à concurrence du montant de la somme principale & des frais; mais on n'en vient que rarement à cette extrêmité.

Les Receveurs des comptoirs des villes rendent leurs comptes au bureau général des Etats, établi dans la capitale de la province; c'est-là qu'ils versent les deniers de leur recette, que l'on fait passer ensuite aux Receveurs généraux des finances du Souverain.

Telle est la forme qui s'observe dans les villes closes, relativement à l'imposition & au recouvrement des sommes pour lesquelles elles doivent contribuer aux subsides demandés par le Souverain; voici maintenant ce qui se pratique dans le plat-pays.

---

[a] Ou 420 livres.
[b] Ou 21 livres. } monnoie de France.
[c] Ou 63 livres.

Impofitions dans le Plat-pays.

Les Impofitions qui fe perçoivent dans le plat-pays, font de trois fortes.

1°. L'Impofition des Vingtiemes.

2°. Celle connue fous la dénomination de *Béde*.

3°. L'Impofition que l'on nomme *Rachat du bétail & de la mouture*, *qui a été convertie* en une taxe perfonnelle.

VINGTIEMES.

Les Vingtiemes qui s'impofent dans le plat-pays, ne forment pas, comme dans les villes clofes, la vingtieme partie du revenu des fonds, c'eft une taxe qui tient de la Taille réelle & de la Capitation, dont la bafe n'a point varié depuis 1586 qu'elle a été établie, & dont l'objet augmente ou diminue fuivant le plus ou le moins de Vingtiemes que l'on eft dans le cas d'impofer.

Cette Taxe fe perçoit fur les maifons, cens, terres labourables, prés, bois, étangs, dixmes & fur les habitans & artifans faifant quelque Commerce ou Négoce.

Les terres labourables payent, pour chaque Vingtieme, 8 fous 6 deniers par arpent; les bois, 6 fous par arpent; les étangs, 2 fous 8 deniers par arpent; les maifons, 3 fous 6 deniers; & chaque artifan, faifant Commerce, eft taxé à 6 fous * (ou plus) par Vingtieme, fuivant le genre de commerce ou d'induftrie qu'il exerce : quant au Vingtieme fur les dixmes, le montant en eft réglé fur le produit de ces dixmes qui fe levent en nature à raifon de la dixieme partie des fruits, foit par ceux auxquels elles appartiennent, foit par leurs Fermiers.

Lorfque le montant de la contribution que chaque diftrict doit fournir, a été arrêté par les Etats, les Chefs-mayeurs de la province en-

---

* Le tout, *monnoie de France.*

voient les ordres en conformité aux Mayeurs, Gens de loi & Taxateurs de chaque ville de ce diſtrict.

Ces Mayeurs particuliers, de concert avec les Taxateurs ou Echevins, font la répartition de la taxe aſſignée ſur les biens ſitués dans l'étendue de leur communauté ; on y ajoute les frais de recouvrement, les droits de remiſe du Collecteur, les frais de la reddition des comptes qui s'impoſent au *prorata* de chaque cotte, & le tout eſt donné à titre de ferme, ou s'adjuge au rabais.

Le rôle arrêté & rendu exécutoire par les Mayeurs & Echevins, eſt remis au Fermier ou Adjudicataire, qui eſt tenu d'en faire payer le montant (déduction faite des frais) au Comptoir général des Etats.

Faute de payement de la part des redevables, le Collecteur fait ſaiſir & vendre les récoltes, le bétail & les meubles juſqu'à concurrence du montant de la taxe & des frais.

Si le Collecteur ne remet pas le *montant de ſa recette au Comptoir général des Etats dans les trois* mois de l'échéance, les Huiſſiers de ce Comptoir ſaiſiſſent ſes biens & effets, & en font la vente.

Le Collecteur doit rendre un premier compte, devant les Mayeurs & Taxateurs de l'endroit, dans les premiers mois qui ſuivent l'année de ſa collecte ; & à la fin de cette même année, un ſecond compte qu'on appelle *Compte purgatif*, & lors duquel tout ce qui concerne le recouvrement, les frais & les non-valeurs doit être entièrement vérifié & apuré.

BÉDE DE SIX MOIS.

L'IMPOSITION que l'on connoît ſous le nom de *Béde*, eſt la plus ancienne de celles qui ſe perçoivent dans la province du Brabant; elle porte uniquement ſur les terres labourables, les prairies, les bois & les étangs; elle eſt réglée indiſtinctement ſur ces quatre objets, à raiſon de 16 ſous par arpent.

On nomme *Béde de ſix mois*, parce qu'elle ſe paye par moitié tous les ſix mois, à la Saint-Jean & à Noël ; on ſuit pour la répartition, la levée & la reddition des comptes de cette impoſition, la même forme que pour les Vingtiemes, & c'eſt ordinairement le Fermier ou Adjudicataire des Vingtiemes qui l'eſt en même temps de la Béde.

RACHAT

Rachat du bétail & de mouture.

L'Imposition connue sous la dénomination de *Rachat de bétail & mouture des grains*, ne se leve ni sur le bétail ni sur le produit de la mouture des grains ; elle a été convertie en une taxe personnelle, qui est payée par tous les Habitans des campagnes, sans distinction d'états & de sexes. Cette taxe est réglée à 7 sous par chaque homme, femme, fille, garçon & domestique au-dessus de l'âge de sept ans.

La collecte de cette taxe est donnée à ferme ou s'adjuge au rabais, ainsi que les deux précédentes. On suit pour la confection des rôles, pour le recouvrement, pour le paiement & pour la reddition des comptes, le même ordre & les mêmes termes que pour les Vingtiemes & la Béde.

Les contestations qui s'élevent, relativement à la répartition & à la levée des impositions dont on vient de rendre compte, sont portées, en premiere instance, devant les Mayeurs & Gens de loi des lieux, & par appel au Conseil de Brabant.

Les Etats de la province du Brabant, ainsi que ceux des autres provinces des Pays-Bas, qui sont sous la domination de la maison d'Autriche, sont chargés de l'entretien des troupes d'Infanterie, Cavalerie & Dragons qui y sont établies, & qu'on y envoie en quartier.

Cette dépense consiste dans la solde, l'habillement & l'entretien en charbon, bois & lumieres, tant aux Troupes qu'aux Etats-majors, & est réglée sur le pied de quarante mille hommes, quoiqu'il y en ait toujours beaucoup moins.

Les Etats, pour se procurer le montant des sommes qu'ils sont obligés de remettre à cet effet chaque année dans les Caisses des guerres, ont été autorisés par le Souverain à percevoir des droits sur les objets de consommation, tels que les vins & eaux-de-vie étrangers, les eaux distillées dans l'intérieur, le tabac, la bierre, les moutures & les bestiaux de consommation, sur le contrôle des vaisselles & sur le papier timbré.

Il y a dans chaque district des Receveurs particuliers, qui tiennent leurs commissions des Etats, & auxquels on accorde cinq pour cent sur le produit de leurs recettes.

Les fonds provenans de la perception de ces droits, sont remis par ces

Receveurs au Comptoir ou Caiffe générale, qui eft établie dans le chef-lieu de chaque province.

La connoiffance & adminiftration de ces droits appartient au Confeil de Brabant, qui fait diftribuer des Imprimés, qui contiennent l'ordre de la perception, & des tarifs exacts de la quotité des droits que chaque denrée doit fupporter.

Indépendamment des fubfides, tant ordinaires qu'extraordinaires, & des fonds pour l'entretien des quarante mille hommes de Troupes réglées, qui font fournis par les Etats; le Souverain jouit, dans les Pays-Bas Autrichiens, de droits d'entrée, de fortie, de convoi & tranfit des marchandifes, d'un droit connu fous la dénomination de *Tonlieu*, & du revenu des Domaines dont l'aliénation n'a pas été faite aux Etats.

Droits d'Entrée & de Sortie.

LES droits d'Entrée & de Sortie *fur les* marchandifes allant & venant de France, *des pays retrocédés*, de la Lorraine & du pays entre la Sambre & la Meufe, ont été réglés par un Tarif en 1670; mais ils n'ont point ceffé depuis de varier, fuivant que l'importation & l'exportation ont augmenté oudiminué.

Les droits fur les marchandifes & denrées, allant & venant d'Allemagne, de la Hollande & des ports de Flandre, ont pareillement été arrêtés & réglés par un tarif fait en 1680; mais ils ont pareillement éprouvé, & éprouvent, tous les jours, des variations perpétuelles fuivant les circonftances.

Les marchandifes qui empruntent le territoire des Pays-Bas Autrichiens pour paffer à l'étranger, font affujetties à un droit de tranfit, qui eft réglé d'après la valeur de ces mêmes marchandifes. Il en eft de même des marchandifes qui entrent & qui fortent du Duché de Luxembourg, du Comté de Chimay, & qui paffent fur la Mofelle.

Droit de Tol ou Tonlieu.

LE droit de *Tol*, ou *Tonlieu*, fe perçoit fur toutes les marchandifes & denrées, foit étrangeres ou du crû, & des manufactures du pays, foit qu'elles viennent de l'étranger, foit qu'elles y paffent, foit qu'elles foient tranfportées dans le pays, d'une province à l'autre.

Enfin on perçoit, dans les Pays-Bas Autrichiens , & notamment dans le Brabant , un droit qu'on appelle *Droit de convoi* , & qui a été anciennement établi pour fournir à la dépenſe des Troupes, qui , dans les temps de guerre, étoient employées à eſcorter les marchandiſes & denrées que l'on tranſportoit d'une province à l'autre. Ce droit eſt fixé à un pour cent de la valeur des marchandiſes à l'importation ; & à un demi pour cent à l'exportation.

Le produit de ces différens droits eſt employé, ſous l'autorité du Conſeil des finances , à l'acquittement des dépenſes, qui ſont à la charge du Souverain dans les Pays-Bas Autrichiens.

L'adminiſtration de ces pays eſt confiée à un Conſeil des finances qui eſt établi à Bruxelles , & qui eſt compoſé d'un Tréſorier général qui fait, ſous les ordres du Gouvernement , les fonctions de Contrôleur général des finances, de ſept Conſeillers, dont un honoraire; de deux Conſeillers, députés pour les affaires du commerce; de deux Receveurs généraux , qui ſont chargés des recettes & des paiemens, de deux Greffiers & de pluſieurs Commis qu'on nomme *Officiaux.*

Ce Conſeil connoît de tout ce qui concerne les droits , qui ſe levent au profit de la Reine, & c'eſt lui qui a la nomination des emplois.

Les conteſtations relatives aux droits d'entrée , de ſortie & de tranſit , ſont portées , en premiere inſtance, devant les Juges des domaines établis dans chaque département , & par appel en la Chambre ſuprême , qui eſt compoſée d'un Conſeiller du Conſeil des finances , & de deux Conſeillers du Conſeil de la province.

IMPOSITIONS
ET DROITS
DANS LA HOLLANDE.

LES Impôts font extrêmement multipliés en Hollande : le nombre &
la nature de ces différens impôts paroiffent même difficiles à concilier
avec ce que fembleroient exiger l'induftrie & le commerce.

Les dettes publiques font divifées en Obligations des Etats généraux,
des provinces, des villes & des amirautés.

La République doit environ 1 milliard de florins *, & la Hollande,
dont la contribution aux charges ordinaires eft de 57 florins 14 fous 8
deniers par cent florins, contribue dans la même proportion à l'acquittement des dettes.

A mefure que ces dettes fe font accrues, on a tellement multiplié
& augmenté les impôts, que depuis trois années que le comité de Raadt,
qui repréfente les Etats de la province, & qui eft préfidé par le premier Noble de Hollande, fait travailler au Tableau général de ces impôts, l'ouvrage eft à peine à moitié.

La perception des impôts a été en ferme jufqu'à l'avénement de Guillaume IV au Stathouderat. Il fut reconnu & conftaté, par les recherches que ce Prince fit faire, que d'un florin [a] d'impôt, il n'entroit pas
5 fous [b] dans la Caiffe du Receveur général. Il propofa la fuppreffion
des fermes, & cette propofition n'ayant point été reçue, il la fit im-
primer & répandre dans le public. Les efprits s'échaufferent, les maifons & les bureaux des Fermiers furent pillés & détruits dans toutes
les villes de la Hollande ; & depuis cette révolution, on compte que la

---

* 2 milliards 100 millions, *monnoie de France.*

[a] Le florin de Hollande revient à 42 fous, *monnoie de France.*

[b] *Nota.* Le fou de Hollande revient à celui de France, à la différence d'environ $\frac{1}{31}^{me}$ de denier dans la proportion.

régie fait rentrer un peu plus de la moitié de l'impôt dans la Caisse publique.

Les impôts font divifés en droits d'Appréciation, d'Entrée, de Sortie & de Poids; en droits fur les confommations; en droits perfonnels & réels : tous ces droits font réglés par des tarifs & par une multitude d'ordonnances anciennes & nouvelles, émanées tant des Etats de la province que des Régences des villes.

Droits d'appréciation, d'Entrée, de Sortie, de Poids & d'Accifes.

LE Tarif, qui regle ces droits, eft divifé en trois colonnes. La premiere contient l'Appréciation des marchandifes & denrées; la feconde, le droit d'Entrée; la troifieme, le droit de Sortie.

Dans la premiere colonne, font rappellées toutes les marchandifes & denrées brutes & fabriquées, qui entrent & qui fortent tant par terre que par eau. Les droits à la fortie font réglés à un pour cent de la valeur, & les droits à l'entrée à deux pour cent; on perçoit en fus, fous le nom de *Convoi*, un tiers pour cent à l'entrée & un pour cent à la fortie.

Le Tarif contient une multitude d'exceptions, dont les unes font à charge au commerce, & d'autres, mais en petit nombre, le favorifent. Il y a plufieurs marchandifes qui ne font point comprifes dans le *tarif*, parce que la fabrication n'en étoit pas établie lors de la formation du tarif; d'autres dont l'appréciation n'eft point portée affez haut, d'autres enfin dont l'appréciation ou eftimation eft de beaucoup trop *forte*; de maniere que ce tarif eft très-gênant pour le commerce.

Le Négociant eft tenu de déclarer la valeur des marchandifes qui ne font point comprifes dans le tarif; il peut auffi déclarer, au-deffous du montant de l'appréciation, la valeur de celles qui font rappellées : cette faculté eft fondée fur les révolutions & les variations qui furviennent dans les prix des différentes marchandifes : de maniere que, lorfque le Négociant trouve l'appréciation portée par le tarif, trop forte, il peut déclarer la valeur de la marchandife au-deffous; & lorfqu'au contraire l'appréciation portée par le tarif lui eft avantageufe, il la fuit, & par ce moyen il paye moins de droits que la marchandise n'en devroit supporter.

Les Commis sont autorisés à prendre les marchandises sur le pied de la valeur qui est déclarée, en la payant comptant, & en y ajoutant un cinquieme en sus.

Ainsi le Négociant, pour diminuer le droit, ne déclare jamais la véritable valeur de la marchandise ; & comme dans le fait les Commis n'exercent jamais la faculté qui leur est donnée, les Négocians donnent toujours aux marchandises & denrées une valeur inférieure à celle qu'elles ont réellement.

La circonstance d'ailleurs que les denrées & marchandises, dès qu'elles sont entrées, ne sont plus sujettes à aucune visite, donne lieu à des fraudes de tous genres.

Indépendamment des droits d'Entrée & de Sortie que l'on vient de rappeller, on paye un pour *cent* sur les marchandises qui viennent du Levant, & *deux pour cent* sur celles qui viennent de Smyrne & d'Alep ; les vaisseaux hollandois qui partent pour le Levant, payent un florin par deux tonneaux.

Ces derniers droits sont employés à l'entretien de la Chambre de direction du Commerce du Levant, au paiement des appointemens des Consuls dans les Echelles, à la moitié de ceux de l'Ambassadeur à la Porte, & aux autres frais qu'exige la direction de ce commerce.

La perception des droits d'Entrée & de Sortie est confiée aux Amirautés, qui sont chargées de l'entretien des ports : elles rendent compte de leur recette & dépense à la Chambre des Comptes de leur généralité ; elles connoissent aussi de toutes contestations relatives à la perception des droits.

Droits de *POIDS*.

Le droit de poids est réglé par un Tarif divisé en droits pour la ville, qui sont très-modérés, & en droits pour le plat-pays qui sont infiniment plus forts : ce tarif a le défaut de n'être point relatif à l'état actuel du commerce.

Chaque ville a un poids public & le même tarif ; personne ne peut avoir de grandes balances pour peser les marchandises qui se vendent en gros.

Le droit s'acquitte autant de fois que les marchandiſes ſont vendues, cédées ou tranſportées.

Celles, qui des villages ſont tranſportées dans les villes, quand même elles auroient acquitté le droit de Poids, le payent encore de nouveau dans les villes où elles ſont tranſportées.

Aucune marchandiſe ne peut être livrée, ſans que le droit ait été payé, à peine de confiſcation.

A C C I S E S.

ON perçoit dans toute l'étendue de la Hollande, ſous la dénomination d'*Acciſes*, des droits à la conſommation des vins & liqueurs fortes, des vinaigres, de la bierre, des grains de toutes eſpeces, des farines, des fruits, des pommes de terre, du beurre, du bois à bâtir & à brûler, ſur la tourbe, le charbon, le ſel, le ſavon, le poiſſon, le tabac, les pipes à fumer, le plomb, les tuiles, les briques, les pierres de toutes eſpeces & ſur le marbre.

Chaque ville, à ces droits, en ajoute d'autres, qui ſont plus ou moins forts, & qui ſont d'autant plus abuſifs, que la fixation de ces droits dépend entiérement des Régences particulieres, qui les établiſſent d'elles-mêmes, & ſans avoir preſque jamais recours à aucune autoriſation, ce qu'elles n'avoient point, avant la révolution du Gouvernement, la liberté de faire ſans un octroi des Comtes, repréſentés aujourd'hui par les Etats de la province.

Cette faculté, ou plutôt cet abus, s'eſt introduit juſque dans les campagnes, où ceux qui ſont à la tête de la Communauté établiſſent des droits de ce genre, de maniere que dans tous les lieux on paye, outre l'Acciſe de la province, une Acciſe municipale.

Les vins payent à l'entrée 5 florins 5 ſous [a] par tonneau de quatre barriques, & pour l'Acciſe de la province, dans les endroits où ils ſont conſommés, ils payent 28 florins 14 ſous [b] par barrique de deux cent ſoixante-dix bouteilles; ceux qui ſont deſtinés pour les Cabaretiers & au-

---

[a] 11 livres 6 ſous.
[b] 59 livres 5 ſous 6 deniers.   } monnoie de France.

tres Marchands qui vendent en détail, payent 34 florins 14 fous [a] par barrique.

Il eſt défendu aux villes de rien impofer au-delà fur les vins. C'eſt le feul article de l'Accife fur lequel les Etats aient gêné la liberté des Régences des villes.

La bierre paye, pour l'Accife de la province, 1 florin 1 0 fous [b] par tonne, & un dixieme en fus ; & en joignant ces droits à l'Accife particuliere des villes, la bierre paye communément 2 florins 8 fous [c] par demi-tonne.

La petite bierre, & la bierre aigre ou gâtée, eſt exempte de droits.

La bierre nouvelle, qui fe confomme dans le plat-pays, pendant les mois de Juin, Juillet & Août, ne paye que 15 fous par tonne, & lè dixieme en fus, lorfque le prix de cette bierre n'excede pas 3 florins [d] par tonne.

La bierre qui fe confomme à bord des bâtimens de navigation, tant intérieure qu'au dehors, paye 12 fous & le dixieme d'augmentation, de quelque qualité que foit cette bierre.

Les bierres qui font importées en Hollande des fix autres provinces, payent des droits plus forts.

Celles qui viennent d'Angleterre, de Liége ou autres pays étrangers, payent 12 florins [e] par tonne ; les bierres même du pays, qui font dé-pofées dans des vaiffeaux ou futailles étrangers, payent le même droit.

Les vinaigres du pays & ceux venant des pays étrangers, qui font faits avec le vin ou le cidre, payent pour quatre - vingts pots, fai-fant deux cent quarante bouteilles, 4 florins 16 fous [f].

Ceux qui font fabriqués avec des fruits ou eaux - de - vie de grains, payent 3 florins 12 fous [g] ; & les vinaigres faits avec la bierre, payent, à raifon de foixante-dix-huit pots, qui font deux cent trente-quatre bou-

---

[a] 72 livres 10 fous.
[b] 2 livres 12 fous.
[c] 4 livres 12 fous.
[d] 6 livres 6 fous.
[e] 25 livres 4 fous.
[f] 9 livres 4 fous.
[g] 6 livres 18 fous.

} *monnoie de France.*

teilles,

teilles, 1 florin 5 fous [a] ; le tout avec un dixiéme d'augmentation.

Toutes les eaux-de-vie de grains & tous les vins de liqueurs, même ceux d'abfinthe, de genievre, ou autres de ce genre, payent des droits différens ; & lorfqu'une efpece eft mêlée avec l'autre, foit pour un tiers, pour un quart, ou plus ou moins ; les droits font calculés & payés à raifon de chaque quantité de chaque efpece ; ce qui fait des calculs à l'infini, & donne lieu fouvent à des abus & à des difcuffions très-difficiles à prévenir & à terminer.

Indépendamment de tous ces droits, toutes les liqueurs, qui font importées dans la Hollande, payent, de quelque lieu qu'elles viennent, favoir, les liqueurs fortes, à raifon de deux cent quatre-vingt-huit bouteilles, 14 florins [b] ; & les liqueurs communes, à raifon de 9 florins 13 fous [c], outre le dixieme d'augmentation.

Toutes les denrées & marchandifes, qui fe vendent à la mefure ronde, font taxées à des droits très-modiques.

Le laft de froment paye 1 florin 2 fous 8 deniers [d] (le *laft* faifant deux tonneaux de mer), & les autres grains à proportion ; le tonneau de ciment, 6 fous ; celui de chaux, 3 fous ; & les douze cents livres pefant de houblon, 4 fous 6 deniers.

L'Accife fur les farines varie fuivant les lieux & la qualité de ces farines ; & en joignant à cette Accife, celle de l'endroit où ces farines fe confomment, ces deux droits réunis, en y ajoutant le dixieme en fus, doublent prefque par-tout le prix náturel de la farine ; il eft défendu aux Boulangers de vendre le pain-bis à un prix au-deffous du pain blanc, mais on laiffe aux Bourgeois la faculté de faire leur pain chez eux, comme ils le jugent à propos.

Les Amidoniers payent par laft, pour les grains qu'ils emploient dans leurs fabriques, 14 florins 4 fous [e] : il leur eft défendu d'employer des pommes de terre.

---

[a] 2 livres 7 fous.
[b] 29 livres 8 fous.
[c] 19 livres 11 fous.   } *monnoie de France.*
[d] 2 livres 4 fous 8 deniers.
[e] 29 livres 12 fous.

Tome I.   S

Les Brasseurs & Distillateurs ne payent que 3 florins [a] du last de froment ; 30 sous par last de seigle, & 1 florin [b] du last de l'orge ou de blé-sarasin.

Le plat-pays ne peut introduire, dans les villes, du pain, ou autres denrées de boulangerie, qu'en payant 1 florin 7 sous [c] par cent livres pesant : les villes au contraire peuvent en envoyer dans le plat-pays sans rien payer ; mais lorsque le pain & la farine sont portés d'une ville dans une autre, on paye le demi-droit dans la ville où ils doivent être consommés. Il en est de même du pain, du biscuit, de la farine, qui sont transportés d'une ville à l'autre, pour l'approvisionnement des vaisseaux, on perçoit le demi-droit, & on paye en outre l'Accise particuliere dans toutes les villes & villages de la route, à moins que le grain n'ait été moulu dans le district de la destination.

La farine, le biscuit & le pain qui sortent de la province de Hollande, & ceux qui sont destinés pour les bâtimens de pêche, ne payent aucuns droits.

Dans le plat-pays, chaque Collecteur forme, dans son district, une liste, ou état des personnes qui consomment ordinairement du pain de froment, de celles qui ne mangent que du pain de seigle ; la quantité de pain que chaque personne doit consommer est aussi réglée & évaluée à un vingt-huitieme de last de froment, ou un sac de la Haye pour les personnes qui consomment du froment ou du méteil, & à un quart de sac pour celles qui consomment du seigle ; & en conséquence les premieres sont taxées à 3 florins 15 sous [d] par an, & les secondes à 1 florin 17 sous [e] ; les enfans depuis quatre ans jusqu'à dix sont comptés pour une demi-personne, ou deux pour une tête.

L'Accise sur les fruits à couteau & à noyau, & sur les pommes de terre, est du huitieme du prix de l'achat : le Vendeur est obligé de déclarer au Collecteur la quantité qu'il en porte au marché, leur qualité &

---

[a] 6 livres 6 sous.
[b] 2 livres 2 sous.
[c] 2 livres 9 sous.
[d] 7 livres 1 sou.
[e] 2 livres 19 sous.

} *monnoie de France.*

le prix qu'il les a vendus ; les châtaignes ne payent qu'un douzieme.

Le Beurre en gros est taxé à raison de deux *duites* ou un liard par livre, & & le dixieme en sus ; & celui qui se porte au marché par petites parties, à raison d'un liard par livre seulement.

Les Négocians, Facteurs & Marchands de beurre payent par an 4 florins [a], & un dixieme en sus pour leur consommation & celle de leurs famille & domestiques, lorsque le tout compose cinq personnes ; & au-dessous ils payent un quart de moins.

Les bestiaux, qui sont tués dans les boucheries, payent à raison du septieme denier de l'achat ; & lorsque le Boucher les garde trois semaines sans les tuer, le droit se paye par estimation.

Les bœufs & vaches engraissés hors de la province, payent à l'entrée 1 florin 4 sous [b] par tête à trois ans, & les bêtes de deux ans la moitié ; les agneaux & moutons payent indistinctement 15 sous par tête, & le dixieme en sus.

Les places destinées pour étaler & vendre la viande, sont louées au profit des villes, depuis 500 jusqu'à 1500 florins [c] : ces places se tirent au sort tous les ans.

Le bois à brûler paye à raison du quart de sa valeur, & le dixieme en sus : le vieux bois, les copeaux & les bois qui sortent de la province, ne payent aucuns droits ; les Propriétaires des terres ne sont exempts du droit pour les bois de leur crû, que par rapport aux terres situées dans la province.

La tourbe est taxée à raison de 4 sous par tonne, & le dixieme en sus ; la tourbe grise ne paye que la moitié du droit.

Dans les villages où sont les tourbieres, une personne qui fait de la tourbe est taxée à raison de 3 florins 17 sous [d] par an.

Une famille qui ne fait que de la tourbe, sans labourage, paye 5 florins 2 sous 12 deniers [e].

Une famille qui fait de la tourbe, & qui a une exploitation & dix

---

[a] 8 livres 8 sous.
[b] 2 livres 6 sous.
[c] Depuis 1050 livres jusqu'à 3150 liv. } *monnoie de France.*
[d] 7 livres 3 sous.
[e] 10 livres 13 sous.

vaches, paye 6 florins 8 fous 8 deniers [a], & 10 fous 4 deniers pour chaque vache excédante, en comptant deux geniffes pour une vache.

Toutes perfonnes ou familles enfin, qui ont un domeftique, payent 7 florins 14 fous [b]; & pour deux domeftiques & plus, 18 florins 18 fous 12 deniers [c], & le dixieme en fus.

Quant aux Boulangers, Cabaretiers & Aubergiftes, les Collecteurs font autorifés à compofer avec eux par abonnement.

La tourbe paye à la fortie de la province 4 fous une dutte par tonne, & le dixieme en fus.

Le charbon de terre, qui vient de Liége, d'Angleterre ou d'Ecoffe, eft fixé pour les Braffeurs, Diftillateurs & Teinturiers, pour cent pefées ou balances, à 39 florins 12 fous [d]; & pour les autres confommateurs, à 46 florins 4 fous [e], & le dixieme d'augmentation.

Le fel rafiné dans la province, paye 5 florins [f] par tonneau, & le dixieme en fus; le fel rafiné au-dehors, paye, outre ces 5 florins, 11 florins 5 fous [g] par cent tonneaux pour l'entrée.

Le fel deftiné pour les falaifons de la pêche, ne paye aucun impôt: le fel qui n'eft pas rafiné eft prohibé.

Les perfonnes qui compofent l'équipage d'un vaiffeau, payent, fuivant la deftination des vaiffeaux, depuis 2 liards jufqu'à 2 fous par tête, pour le droit fur le fel qu'ils confomment.

La faumure paye 18 fous 12 deniers par *anker*, efpece de mefure qui contient quarante-cinq bouteilles; le lard ou autre viande falée qui eft importée en Hollande, paye 12 fous par tonne, & le dixieme d'augmentation.

Outre ces droits fur le fel, il s'en perçoit un autre fous la dénomination de *Sel des Vachers* : ce droit confifte dans une Taxe que toutes les perfonnes qui ont des vaches laitieres font obligées de payer pour le fel

---

[a] 13 livres 8 deniers.
[b] 15 livres 8 fous.
[c] 38 livres 15 fous.
[d] 82 livres 10 fous.
[e] 96 livres 16 fous.
[f] 10 livres 10 fous.
[g] 23 livres 7 fous.

} *monnoie de France.*

qu'elles emploient à leur laitage; elle eſt à raiſon de 16 ſous 4 deniers par vache.

On exempte les vaches que le Propriétaire veut engraiſſer & laiſſer tarir, pourvu qu'elles ſoient ſeches au mois d'Avril.

Au moyen du paiement de cette taxe, ceux qui tiennent quatre vaches peuvent aller chercher un demi-ſac de ſel, & pour un plus grand nombre de vaches à proportion; mais ſi cette quantité ne ſuffit pas, ils doivent prendre un nouveau billet du Collecteur, qui exige une nouvelle taxe ſur le ſel à raiſon de 6 florins 15 ſous [a] par ſac de ſel.

Indépendamment de cette taxe, ceux qui tiennent quatre vaches ou plus, & dont la famille eſt de huit perſonnes, en comptant deux enfans de huit ans & au-deſſous pour une perſonne, payent, pour la conſommation de leur famille, 13 florins 10 ſous [b] par année: un plus grand ou un moindre nombre de perſonnes, ſont taxées dans cette proportion.

Les familles ſont enregiſtrées ſuivant la quantité de perſonnes dont elles ſont compoſées au temps du dénombrement annuel.

La moindre de ces familles, tenant quatre vaches ou plus, eſt réputée de quatre perſonnes, & taxée à 6 florins 15 ſous [c].

Ceux qui tiennent moins de quatre vaches, ne payent que moitié de l'impôt, dans les mêmes proportions du nombre de perſonnes, dont les familles ſont compoſées: la moindre des familles eſt toujours réputée compoſée de quatre perſonnes, & paye 3 florins 7 ſous 8 deniers [d].

Ceux qui n'ont qu'une vache ou 3 geniſſes, ne payent qu'un florin 13 ſous 12 deniers [e].

On ne comprend pas dans le dénombrement des familles, relatif à cet impôt, les Domeſtiques qui ſont impoſées au droit de *Heere-Geld*, eſpece de Capitation.

On ne compte pas non plus, parmi les vachers, les habitans qui ont une vache, ou deux, pour le laitage de leur propre conſommation.

Tous ces droits ſe payent avec le dixieme d'augmentation en ſus.

---

[a] 13 livres 7 ſous.
[b] 27 livres 16 ſous.
[c] 13 livres 7 ſous.
[d] 6 livres 13 ſous 8 deniers.
[e] 2 livres 16 ſous.

} *monnoie de France.*

On ne donne point de fel aux vaches. Il eſt employé à ſaler le fromage & le beurre ; ainſi le Vacher revend le ſel avec un bénéfice conſidérable, & l'impôt ne lui eſt point onéreux, parce qu'il retombe en entier ſur le Conſommateur.

Le ſavon fabriqué en Hollande, ou importé des autres provinces, paye 12 ſous par tonne de deux cent quarante livres peſant ; & les ſavons étrangers, 12 ſous par tonne de cent quarante livres, & le dixieme en ſus.

Le ſavon eſt encore aſſujetti à un droit qui ſe paye à la conſommation.

Ce droit eſt fixé à 9 florins par tonne de deux cent quarante livres peſant.

Le ſavon ſec qui vient de l'étranger, & celui qui eſt fabriqué dans le pays, à l'imitation de l'étranger, payent 6 duttes ou 3 liards par livre. Le dixieme d'augmentation a pareillement lieu ſur ces droits à la conſommation.

Le poiſſon ne peut être conſommé ni tranſporté au-dehors, qu'il n'ait été expoſé en vente publique au rabais, & que le premier Acheteur n'ait payé au Collecteur de cet impôt le neuvieme denier du prix, comme celui de l'adjudication ſe paye à l'Officier qui fait la vente. La perception de ce droit eſt facile, & comme le poiſſon eſt à bas prix, l'impôt ne fait preſque point ſenſation : le poiſſon ſalé en mer n'y eſt pas ſujet.

L'Acciſe ſur le plomb eſt de 5 ſous par cent livres peſant ; on l'a étendue ſur les briques, les tuiles de toutes ſortes, les pierres, le marbre, les ardoiſes, les meules de moulin à aiguiſer, qui ſont taxées par un tarif dont les détails ſont très-étendus, ſuivant leurs différentes natures & quantités.

Le droit d'Importation ſur le tabac ne monte pas à deux pour cent de la valeur ; & les droits au détail ſont encore moins forts.

Tout Négociant ou Facteur de tabac à fumer & à raper, paye, pour la faculté de faire ce commerce, 25 florins [a] par an ; & ceux qui tiennent boutique des deux eſpeces, ou d'une ſeule, ſont taxés à proportion

---

[a] 52 livres 10 ſous, *monnoie de France.*

de la vente qu'ils font; on leur fait payer 50 florins [a] pour 2 mille livres & au-deffus.

Pour 1500 à 2000 livres, 25 florins [b].

Depuis 1000 jufqu'à 1500 livres, 12 florins [c].

Depuis 500 jufqu'à 1000 livres, 6 florins 6 fous [d].

Et pour 500 & au-deffous, 3 florins 3 fous [e].

Chaque groffe de pipes à fumer, qui font importées en Hollande, paye 6 fous 8 deniers, & le dixieme en fus.

On paye auffi fur les gazettes un droit, mais fi modique qu'il n'eft d'aucun objet.

Droits Perfonnels.

Il fe perçoit, fous la dénomination de *Heere-Geld*, une Capitation à raifon du nombre des Domeftiques que chaque Particulier a à fon fervice.

La Capitation, pour un Domeftique, eft de 5 florins 16 fous [f]; pour deux, de 10 florins 6 fous [g]; pour trois, de 11 florins 12 fous [h]; pour quatre, de 12 florins 18 fous [i]; & pour cinq, de 14 florins 14 fous [k], & le dixieme en fus.

Ceux des Domeftiques qui demeurent ailleurs que chez leurs Maîtres, font enregiftrés dans le lieu du domicile du Maître; & c'eft dans cet endroit que cette Taxe doit être payée.

On comprend fous le nom de *Domeftiques*, tous ceux qui, fous quelque dénomination que ce foit, font logés & nourris, & qui ont des gages ou leur argent à dépenfer. On ne paye que 3 florins [l] pour les Garçons

---

[a] 105 livres.
[b] 52 livres 10 fous.
[c] 25 livres 4 fous.
[d] 12 livres 18 fous.
[e] 6 livres 9 fous.
[f] 11 livres 6 fous.
[g] 21 livres 6 fous.
[h] 23 livres 8 fous.
[i] 26 livres 2 fous.
[k] 30 livres 2 fous.
[l] 6 livres 6 fous.

} *monnoie de France.*

jardiniers, les Valets & les Servantes de labourage, de boulangerie & de blanchisserie.

On perçoit aussi un droit sur tous les Habitans ayant ou occupant maison, pour raison du thé, du café & autres liqueurs qu'ils consomment & font consommer chez eux ; ce droit est payé même par ceux qui habitent en chambre garnie, lorsqu'ils y ont séjourné un an & trois semaines.

Tous ceux qui possèdent des emplois, sont imposés sur le pied du produit de ces emplois, savoir ; pour 1500 florins, à 15 florins [a] ; pour 1200 florins, à 12 florins [b], & ainsi par proportion. Ceux dont la dépense extérieure fait présumer qu'ils ont d'autres revenus que leur emploi, sont taxés plus haut : ceux qui n'ont que 300 florins [c] de revenu, & au-dessous, sont exempts du droit.

Ceux qui n'ont point de revenus fixes, & qui ne subsistent que par leur commerce, ou la profession qu'ils exercent, sont taxés d'après le produit qu'on estime qu'ils peuvent retirer de ce commerce ou profession.

Les Marchands qui vendent du thé & du café, sont taxés à proportion du commerce qu'ils font, depuis 4 jusqu'à 25 florins [d].

Ceux qui tiennent café public dans les villes du premier ordre, payent 25 florins [e] ; & dans les autres villes & villages, 15 florins [f].

Les Aubergistes & Cabaretiers sont taxés à raison de 8, 16 & 25 florins [g] ; pour le thé & café qui se consomme chez eux pendant l'année : ceux qui au bout de l'année affirment qu'il ne s'est bû chez eux ni thé ni café, sont déchargés du droit.

Il est pareillement dû un droit par les personnes qui se marient ; ce droit est réglé suivant la qualité des personnes, & fixé depuis 3 jusqu'à 40 florins [h].

---

[a] Pour 3150 liv., à 31 liv. 10 sous.
[b] Pour 2520 liv., à 25 liv. 4 sous.
[c] 630 livres
[d] Depuis 8 livres 8 sous
jusqu'à 52 livres 10 sous.
[e] 52 livres 10 sous.
[f] 31 livres 10 sous.
[g] 16 livres 16 sous, 33 l. 12 s.
& 52 livres 10 sous.
[h] Depuis 6 livres 6 sous
jusqu'à 84 livres.

} *monnoie de France.*

Droits Réels.

Les bêtes à cornes, de l'âge de trois ans & au-dessus, sont impofées à 6 fous par mois, depuis le 1ᵉʳ Avril jufqu'au 1ᵉʳ Octobre ; & à 3 fous par mois, depuis le 1ᵉʳ Octobre jufqu'au 1ᵉʳ Avril : celles au deffous de trois ans, payent moitié de ces droits, & le dixieme en fus.

Les terres enfemencées de grains, pois, féves, lentilles, carottes, oignons & autres légumes, payent par arpent, pendant fix mois, à raifon de 4 fous 6 deniers par mois ; & pendant fix autres mois, à raifon de 2 fous 1 liard : la Hollande n'a que très-peu de terres de cette nature.

A l'exception des potagers, le territoire de cette province eft prefque tout en prairies, dont le produit eft infiniment fupérieur à celui des meilleurs fonds en blé.

Ce qui eft femé fur les digues ou levées de terres, paye fuivant la déclaration de l'Ufufruitier.

Les terres qui ne font louées que 30 fous l'arpent, ne payent aucune impofition : il y en a fort peu dans ce cas.

Toutes les Maifons en général, foit qu'elles foient louées foit qu'elles ne le foient pas, font taxées à deux & demi pour cent de leur valeur, fuivant l'eftimation qui en eft faite fans égard au prix des loyers ni aux réparations ou entretien ; les eftimations font en général fort inégales, mais toujours inférieures à la valeur réelle.

Lorfqu'une maifon eft reconftruite, ou qu'on y fait des augmentations ou améliorations, on procede à une nouvelle eftimation, & l'*impôt* fe fixe en conféquence.

Les prairies font affujetties au même impôt que les maifons. On fait payer un & demi pour cent des obligations qui font données par les provinces, les amirautés & les villes pour raifon de leurs dettes ; les Rentes ou Obligations fur Particuliers, ne font point comprifes dans cette impofition.

Toute vente d'immeubles doit être enregiftrée dans les Hôtels de ville des lieux de leur fituation, formalité fans laquelle aucun titre, acte ou contrat ne peut ni transférer la propriété, ni même donner l'hypotheque, & le droit d'enregiftrement eft réglé à deux & demi pour cent du prix de la vente , outre les frais d'enregiftrement & d'expédition de l'acte.

S'il s'agit d'un acte par lequel on veut acquérir un hypotheque fur des fonds, l'enregiftrement eft pareillement néceffaire , & le droit eft auffi de deux & demi pour cent du montant de l'hypotheque , indépendamment des frais du greffe & de l'expédition.

Ce droit a même été étendu à tous les vaiffeaux, yachts & bâtimens couverts ou découverts, du port de deux lafts & au-deffus ; comme la loi porte que l'Acheteur & le Vendeur payeront le droit par moitié , fi l'acheteur eft étranger, le droit eft réduit à moitié.

Les ventes de meubles & immeubles qui fe font en juftice, font fujettes à la même taxe de deux & demi pour cent du montant de la vente.

Tout acte , convention ou engagement, de quelque nature qu'il foit , foit fous fignature privée ou par-devant Notaires , même les teftamens , doivent être faits fur papier timbré, à peine de nullité, & d'une amende de 200 florins ᵃ ; les feules lettres de change ou billets de commerce peuvent être faits fur papier ordinaire.

Pour les teftamens , ceux qui difpofent de cette maniere font obligés de fe fervir d'un papier timbré, dont le prix foit proportionné à leur fortune & à leurs biens ; c'eft ce qui fait qu'il y a du papier timbré qui coûte depuis 3 fous la feuille jufqu'à 300 florins ᵇ ; & fi celui qui a tefté s'eft fervi d'un papier dont le timbre foit d'un prix inférieur à celui prefcrit par le tarif, & dont il devoit faire ufage relativement à fes facultés , fa fucceffion eft confifquée.

Les fucceffions directes ne font affujetties à aucun droit , mais les fucceffions collatérales payent depuis cinq jufqu'à trente pour cent, fuivant le degré de parenté de ceux qui fuccédent.

Les donations & les legs, qui font faits par teftament à des Collatéraux, font fujets au même droit.

Les avantages entre conjoints font fujets au quinzieme denier.

Les fucceffions des defcendans aux afcendans , payent le vingtieme.

Ces droits font perçus par les Magiftrats des villes, dans le diftrict

---

ᵃ 420 livres.
ᵇ 630 livres.   } *monnoie de France.*

defquelles les fucceffions font ouvertes ; ce qui, dans tous les cas, met dans la néceffité de faire des inventaires, & occafionne une grande confommation de papier timbré.

On perçoit fur les chevaux un droit qui eft fixé à 1 florin [a] par mois, fur les chevaux qui prennent deux ans ; & au-deffus de deux ans, à 2 florins [b] par mois, & le dixieme en fus : les chevaux de felle font taxés à 15 florins [c].

Les droits fur les caroffes & voitures font réglés, favoir ; pour un caroffe à fix chevaux, à 100 florins [d] ; pour un caroffe à quatre chevaux, à 75 florins [e] ; pour un caroffe à trois chevaux, à 60 florins [f] ; & pour un caroffe à deux chevaux, à 50 florins [g].

Les Voitures à quatre roues & à couvertures mobiles ou fixes, entieres ou coupées, font réputées caroffes, & taxées à proportion du nombre de chevaux.

Un chariot couvert & une chaife à deux roues, font taxés à 30 florins [h].

Toute Voiture tirée par un cheval, même les yachts, paye 20 florins [i].

Les Loueurs de caroffes & autres voitures, font taxés, eu égard au nombre de chevaux qu'ils ont, depuis 20 jufqu'à 120 florins [k].

Il y a dans toute la Hollande une immenfité de droits de Péages, qui varient fuivant les circonftances.

On forme chaque année, dans chaque diftrict, un état eftimatif des dépenfes qu'exigent les réparations des éclufes, digues & canaux de navigation, & le montant de cette dépenfe eft impofé annuellement fur

---

[a] 2 livres 2 fous.
[b] 4 livres 4 fous.
[c] 31 livres 10 fous.
[d] 210 livres.
[e] 157 livres 10 fous.
[f] 126 livres.
[g] 105 livres.
[h] 63 livres.
[i] 42 livres.
[k] Depuis 42 livres jufqu'à 252 livres.

} *monnoie de France.*

les terres & prairies du diſtrict, depuis 3 juſqu'à 4 florins $\frac{1}{2}$ * par arpent.

La retenue ſur les Actions de la Compagnie des Indes orientales, qui n'étoit ci-devant que d'un demi pour cent ſur le montant total de la répar-tition, eſt actuellement fixée à un & demi pour cent; & celle ſur les Ac-tions de la Compagnie des Indes occidentales, dont les bénéfices ſont très-modiques, eſt réglée à un pour cent.

Voici maintenant les formes qui ſont établies pour la Perception, Adminiſtration, & Comptabilité des droits dont on vient de rappeller le détail.

LES droits qui ſe payent aux Hôtels-de-ville, tels que ceux ſur les ventes d'immeubles, ſur les mariages, les ſucceſſions collatérales & au-tres de ce genre, ſont reçus par les Magiſtrats ou Secrétaires des Hô-tels-de-ville, qui en comptent à la province, & retiennent ce qui leur revient.

Les Officiers publics, auxquels appartient le droit de procéder à la vente des meubles & effets mobiliers, retiennent ſur le montant de ces ventes, les droits auxquels elles ſont aſſujetties, & en comptent pareil-lement à la province.

Les droits d'Entrée & de Sortie ſont reçus par les Amirautés qui ont à cet effet différens bureaux, un très-grand nombre de Commis, & dans chaque diſtrict un Commis général pour veiller ſur les autres Em-ployés.

Les droits ſur les terres, les prairies, les maiſons, les beſtiaux, les chevaux, les domeſtiques, les caroſſes & autres de ce genre, ſont per-çus par des Collecteurs qui ſont établis à cet effet.

Ces Collecteurs portent d'abord aux Redevables des billets qui con-tiennent les taxes qu'ils doivent payer, & le temps auquel le payement doit en être fait.

---

* Depuis 6 livres 6 ſous juſqu'à 9 livres 9 ſous, *monnoie de France.*

Ces billets font fur papier timbré, & fe payent depuis 2 fous jufqu'à 1 florin 4 fous : le Redevable, en recevant ce billet, eft tenu d'en payer le coût ; & il eft obligé de fe préfenter, dans le terme fixé par le billet, au Bureau de recette de fon diftrict, pour acquitter le montant de la taxe.

Les denrées & marchandifes ne peuvent être délivrées que fur un billet qui conftate que les droits d'Accife ont été payés.

Les vins, les eaux-de-vie & les liqueurs, ne peuvent être déchargés ni tranfportés à leur deftination que par des Jurés, qui ne peuvent le faire que fur un billet qui conftate pareillement que les droits ont été acquittés ; & fi ces Jurés font convaincus de s'être prêtés à la fraude, ils font condamnés à une peine capitale, & le Redevable à une amende confidérable, & s'il ne peut acquitter cette amende, il encoure une peine capitale.

Les Marchands de vin en détail ne peuvent vendre le vin que par *ankers*, c'eft-à-dire par mefures de quarante-cinq bouteilles, & l'Acheteur eft obligé de juftifier du payement du droit d'Accife, avant de pouvoir enlever ce vin.

Si un Marchand eft furpris vendant fon vin par plus petites quantités, il eft condamné à une amende confidérable, & faute de payement à une peine capitale.

Le papier timbré fe diftribue dans des bureaux qui font établis à cet effet ; le Receveur prend en charge telle quantité de papier, il eft obligé ou de repréfenter ce papier, ou d'en remettre le montant ; ainfi la perception de ce droit eft fimple & facile.

Dans chaque ville ou diftrict, il y a des Commis, un Infpecteur particulier, & deux Infpecteurs généraux, qui veillent continuellement à ce que les Commis foient exacts à remplir leurs fonctions.

Indépendamment de cette Infpection, les Baillis des villes font pareillement chargés de veiller à ce qu'il ne fe commette point de fraude, & de pourfuivre ceux qui en font coupables.

Ces Baillis ont à leurs ordres un grand nombre d'efpions, qui font plus ou moins payés, fuivant que les Baillis jugent à propos. Ces efpions donnent avis aux Archers des villes des fraudes qu'ils ont découvertes ; ces Archers fe tranfportent fur le lieu, faififfent les Fraudeurs, & font leur rapport aux Magiftrats des villes, qui prononcent des amendes arbitraires & toujours confidérables : ces amendes appartiennent, favoir, un tiers aux Pauvres, un tiers aux Baillis, & l'autre tiers aux Dénonciateurs. Dans tous les cas, & pour tous les droits, celui qui n'eft point en état de payer l'amende, eft puni d'une peine capitale.

La portion qui appartient aux Baillis dans les amendes, peut donner lieu à des abus très-préjudiciables au recouvrement du droit, en ce que ces Baillis compofent avec ceux qui ont été furpris en fraude, & qu'au moyen des fommes qui leur font payées, ils ne font aucunes pourfuites ; il eft vrai que ces Baillis ont eux-mêmes des fupérieurs dans les Fifcaux de divers colléges, qui doivent les pourfuivre lorfqu'ils commettent des prévarications ou qu'ils négligent leur devoir.

Quant aux finances, ils font furveillés par le Fifcal ou Procureur général du Comité de Raadt, qui eft le Juge fuprême de la finance de la province, dont les fentences font cependant fujettes à la révifion ou propofition d'erreur devant une députation tirée, dans ce cas, de toutes les Régences des villes.

Ce font les mêmes Employés qui agiffent pour tous les droits des villes, bourgs & villages, & pour ceux de la province, à l'exception de la ville d'Amfterdam, qui a fes Employés particuliers pour tous fes droits, & qui a toujours affecté plus d'indépendance que les autres, & plus de fecret dans fon adminiftration municipale.

Chaque recette particuliere fe verfe, favoir, des villages dans les villes, & des villes dans la Caiffe de la recette générale à la Haye. Tous les Receveurs, à l'exception de celui du timbre, qui a des remifes fur le montant de la vente qu'il fait, font à gages, même le Receveur général.

Tous les Receveurs font fujets à des vifites pour conftater l'état de leurs Caiffes ; le Receveur général eft chargé en même temps de la recette de la Loterie, dont le fonds eft ordinairement de 36 à 40 millions, ce qui, au moyen d'une retenue de dix pour cent, forme un revenu net de plus de 3 millions.

C'eft fur le Receveur général que toutes les dépenfes de la province font affignées. Il compte au comité ou collége de Raadt ; les Régences particulieres des villes ne comptent à perfonne du produit de leurs Accifes ; c'eft une adminiftration entiérement cachée, & dont on n'a aucune forte de connoiffance.

Les dépenses en Employés de tout genre font exceffives: on compte qu'il y en a plus de cinquante mille dans la feule province de Hollande.

Chaque province paye fa contribution aux charges de la République fur la demande ou pétition qui eft faite, par le Confeil d'Etat. Chaque Ville ou Régence acquitte fes charges & dépenfes particulieres.

Lorfque le Confeil d'Etat juge à propos de demander à chaque province une contribution plus forte que celle qui eft accoutumée, on augmente auffi-tôt dans chaque diftrict les droits; & lorfque cette reffource eft épuifée, on a recours aux emprunts, auxquels s'obligent la province & les villes.

On eftime à environ 120 millions le revenu total des Etats généraux & des villes.

Les Cultivateurs & autres gens de la campagne, quoique les impôts foient extrêmement multipliés, font en général très-aifés, parce que les droits qui fe perçoivent, portant prefque tous fur fa confommation, les denrées fe vendent à proportion, de maniere que le Cultivateur paye l'impôt & les droits avec l'argent des Confommateurs.

Tous les payfans font en général ou pêcheurs, ou tourbiers, ou jardiniers; plufieurs réuniffent même ces différens métiers; la pêche furtout produit, à ceux qui l'exercent, un fonds de richeffes inépuifable; ils comptent ordinairement leur fortune par tonnes d'or, dont chacune vaut 100 mille florins * : ces payfans perpétuent leurs richeffes par la grande attention qu'ils ont de ne point laiffer fortir leurs enfans de leur état.

Les droits d'Accifes font en général trop multipliés & trop confidérables. Il en réfulte de jour en jour la chute des manufactures, qui ne peuvent foutenir la concurrence avec l'étranger, parce que la main-d'œuvre y eft portée à un prix exceffif. Ainfi les habitans des villes qui font éloignées du commerce maritime font pauvres, les marchands ne s'y foutiennent qu'à peine; cette même circonftance de la cherté de la main-d'œuvre pour tous les ouvrages qui tiennent au commerce & à la marine, affecte auffi les principales branches du commerce, & notamment la pêche du Hareng & de la Baleine, & la conftruction des vaiffeaux, ce qui influe néceffairement fur le commerce en général.

---

* 210 mille livres, *monnoie de France.*

IMPOSITIONS

DANS

LE COMTÉ DE TIROL.

LE Comté de Tirol se divise en quatre parties, le Tirol proprement dit, les pays annexés, l'Evêché de Brixen & l'Evêché de Trente.

Ce Comté a été porté dans la maison d'Autriche, par le mariage d'Elisabeth fille de Meinhard, Comte de Tirol, avec Albert Duc d'Autriche, & depuis Empereur.

Les Evêques de Brixen & de Trente font sous la protection immédiate du Comte de Tirol, & en cette qualité ils font tenus de contribuer aux subsides que le Souverain juge convenable d'exiger.

Anciennement, les pays qui composent actuellement le Comté de Tirol, étoient entre les mains de différens possesseurs.

Les incursions auxquelles ils étoient exposés, de la part des Puissances limitrophes, & principalement de la République de Venise, les engagerent à s'unir entr'eux, & à former une ligue défensive.

A peine cette union fut-elle formée, qu'il s'éleva des difficultés, soit sur la nature & l'objet des secours que chaque pays devoit fournir, soit sur les circonstances dans lesquelles ces secours doivent l'être.

Ces difficultés furent terminées par un réglement qui fut arrêté en 1511, & par lequel le nombre des Fantassins que chaque pays devoit fournir, fut réglé & déterminé : chaque pays fit ensuite la répartition de ce nombre de Fantassins dans ses districts.

On ne connoissoit à cette époque aucune taille dans ces différens pays ; ce ne fut qu'en 1574 qu'elle commença à être établie : voici ce qui donna lieu à cet établissement.

On vient de voir que par le réglement de 1511, on avoit fixé le nombre de Fantassins que chaque pays devoit mettre sur pied pour la défense commune ; ce service n'étoit pas rempli exactement, plusieurs Fantassins manquoient : ceux qui étoient tués ou qui mouroient, n'étoient

pas

pas exactement remplacés; d'autres ne fe rendoient point dans les temps fixés : ce fut pour prévenir ces inconvéniens, ainfi que les troubles auxquels ils donnoient lieu, que, par une convention, qui fut arrêtée en 1574, il fut réglé que chaque pays fourniroit en argent le nombre de Fantaffins qui étoit à fa charge.

Chaque Fantaffin fut évalué à 3 florins [a] d'Allemagne. L'on impofa fur les biens-fonds, fous la dénomination de *Stevre*, une taxe, qui a été le principe & l'origine de la Taille réelle, qui fe leve dans le Comté de Tirol.

L'évaluation ou taxe, qui n'étoit, en 1574, que de 3 florins par Fantaffin, a été depuis fucceffivement augmentée, & elle eft portée, dans l'état actuel des chofes, à 40 florins [b] par Fantaffin.

Le nombre des Fantaffins avoit été réglé, dans le principe, d'après le nombre & les facultés des habitans. On fuit encore l'ancien réglement, quant au nombre des Fantaffins ; mais dans la répartition, on ne confulte que la valeur des biens-fonds.

Ces biens-fonds font énoncés & rappellés dans un cadaftre, connu fous la dénomination d'*Orbario*, & c'eft d'après ce cadaftre qu'eft faite l'impofition de la Taille.

Cette Taille eft divifée en deux claffes, la Taille noble ou militaire, & la Taille roturiere.

Dans la claffe de la Taille noble ou militaire, font compris ceux qui poffédent des fiefs, châteaux ou autres biens nobles.

Dans la claffe de la Taille roturiere, font compris ceux qui ne poffédent que des rotures.

Il fe tient chaque année à Infpruck une Diete, qui eft *formée* d'un Etat - majeur ou Chambre haute, & d'un Etat - mineur ou *Chambre baffe*.

La Chambre haute eft compofée des Députés des Princes-Evêques de Brixen & de Trente, de ceux des Chapitres de ces deux Eglifes, du Chef du pays, du Clergé & de la Nobleffe.

La Chambre baffe eft compofée des Députés des villes, des Vaffaux des fiefs, & des Payfans qui ont droit de députer à la Diete.

---

[a] 3 livres 15 fous.
[b] 50 livres. } *monnoie de France.*

Le Souverain fait demander dans cette Diete les subsides qu'il juge convenables ; les deux Chambres délibérent , & les résolutions sont déterminées à la pluralité des suffrages.

Lorsqu'il s'agit d'une demande ou impôt extraordinaire , la délibération , par laquelle il est accordé , contient toujours la clause , que c'est sans préjudice au réglement de 1511 , & aux priviléges du pays.

Lorsque le montant du subside , ou de l'imposition , est réglé , on en fait la division par Fantassins , & l'Intendant de la province fait ensuite la répartition , eu égard au nombre que chaque Communauté doit fournir.

Quant à la levée de cette Taille , il existe dans chaque district un Receveur , qui en fait le tour deux fois l'année , à la Saint-George & à la Saint-André ; son arrivée dans chaque endroit est notifiée à son de trompe un mois auparavant , afin que chacun tienne prêt le payement qu'il en doit faire : ces Receveurs , qui sont choisis & payés par les Contribuables , ont chacun le cadastre du district où ils font la perception de la Taille.

On tient tous les deux ans une Diete générale , qui est composée de la même maniere & des mêmes personnes que la diete annuelle ; c'est dans cette diete générale que les Receveurs particuliers & le Receveur général rendent leurs comptes , dans lesquels sont distingués ce qui a été levé pour le Souverain , & ce qui a été levé pour le Pays : ces comptes sont ensuite adressés à la Cour de Vienne , qui les approuve , lorsqu'elle les trouve en regle.

On constate pareillement dans cette diete les changemens qui sont survenus pendant ces deux années dans les possessions , de maniere que les cadastres sont toujours exacts.

Les Receveurs particuliers remettent à la Caisse générale le montant des sommes qu'ils ont reçues , à la déduction de celles qu'ils ont employées aux payemens ordonnés par la diete.

Les Contribuables qui sont en retard de payer , sont contraints par la saisie de leurs revenus , & quelquefois même par la vente d'une portion de leurs fonds.

L'imposition de la Taille a pour principe & pour titre , la défense & les besoins du pays.

Les Impositions extraordinaires ou les *Dons gratuits* , ont pour cause les naissances & mariages des Archiducs , les payemens des dettes , & autres de ce genre.

C'eſt dans la ville de Bolzano que ſe tient la Caiſſe générale. Les fonds, qui ſont verſés dans cette Caiſſe, ſont diſtribués conformément à ce qui a été réglé par la diete, & s'ils ne ſont pas ſuffiſans pour les beſoins, le Receveur contraƈte, au nom de la province, une dette à quatre pour cent d'intérêts.

Indépendamment de la diete annuelle, il exiſte à Inſpruck un Tribunal ou Commiſſion, qui eſt toujours en aƈtivité : ce Tribunal exécute les ordres & les inſtruƈtions qui lui ſont donnés par la diete, mais il ne peut donner aucune déciſion définitive ſans le conſentement & l'agrément de la diete.

On perçoit auſſi dans le Tirol des droits ſur le vin qui eſt vendu en détail, ſur toutes les denrées comeſtibles, & ſur les marchandiſes qui ſe tranſportent d'un lieu dans un autre.

Les autres droits dérivent des biens qui ſont donnés à bail emphytéotique, des fonds allodiaux, des inveſtitures, des mines & des peines fiſcales.

La plus grande partie de ces droits eſt donnée à titre de bail, & compoſe la ferme générale ; l'objet des droits ſur les marchandiſes & denrées deſtinées pour la conſommation du pays, & ſur celles qui ne ſont qu'emprunter le paſſage, a été conſidérablement augmenté depuis quelques années.

Les droits ſur le ſel, la bierre, les bois, le fer & autres minéraux, forment des fermes particulieres entiérement indépendantes de la ferme générale.

IMPOSITIONS

DANS LES ÉTATS

DE LA RÉPUBLIQUE DE VENISE.

Les impofitions qui fe levent, & les droits qui fe perçoivent dans les Etats de la République de Venife, font de plufieurs fortes, & portent fur les terres, fur les fruits qu'elles produifent, fur les perfonnes & fur les marchandifes ; les uns fe perçoivent par des perfonnes qui font directement prépofées à cet effet par le Gouvernement, les autres s'afferment & quelques-uns font en régie. On va les retracer fucceffivement.

Impofitions territoriales.

Les Impofitions territoriales confiftent principalement dans une dîme générale, ou dans un droit de dix pour cent du revenu des terres labourables, qui font toutes décrites dans des regiftres ou cadaftres, qui font dans les archives des Gouverneurs des revenus.

Cette dîme, quant aux terres qui font affermées, fe leve fur le prix du bail ; lorfque le Propriétaire fait valoir par lui-même, la dîme fe perçoit par eftimation ; on fait remife au Propriétaire d'un cinquieme, au moyen de quoi il ne paye que huit pour cent du revenu.

Les maifons de campagne font exemptes de la dîme ; celles des villes, ainfi que tous les bâtimens qui font loués, payent, pour la dixme, un & demi pour cent du revenu ; les Propriétaires ne payent rien pour les maifons ou autres bâtimens qu'ils occupent.

Indépendamment de la dîme, les terres labourables font affujetties à une taxe qu'on nomme *Campadego*, & dont le produit eft deftiné au curement & entretien des rivieres & canaux, & aux réparations des grands chemins. Cette taxe eft répartie par proportion à l'objet des dépenfes & du montant de la dîme.

Chaque Propriétaire eſt tenu de ſe préſenter, dans les mois de Mars ou Avril, au Magiſtrat ou Siége des Gouverneurs des revenus, avec un regiſtre, ſur lequel on inſcrit le montant de l'impoſition dont il eſt chargé pour la Dixme & le Campadego; il lui eſt libre de payer en argent ou en grains, & on lui donne quittance ſur ſon regiſtre.

Si le Propriétaire laiſſe écouler les délais preſcrits pour les paiemens, il eſt tenu de payer le double; & lorſqu'il n'eſt pas noble, le Gouvernement fait ſaiſir ſes grains, vins, beſtiaux, meubles & effets, que l'on remet au dépôt public établi dans chaque ville: s'il eſt noble, il ne peut exercer les fonctions des charges ou emplois dont il eſt revêtu, juſqu'à ce qu'il ait acquitté les impoſitions qui ſont à ſa charge.

La Dîme a auſſi lieu à raiſon de vingt pour cent, ſur les appointemens & penſions que paye la République.

Cet Impôt eſt levé dans les provinces par des perſonnes aiſées qui ſont nommées à cet effet, & qui portent le montant de leurs recettes à des *Camerlinguis* ou Tréſoriers qui ſont établis dans les capitales de chaque province, & qui ſont chargés de la recette & de la dépenſe à la charge de la République. Ces Camerlinguis jouiſſent de 20 ſequins [a] par mois pour appointemens, & d'une remiſe de 2 ſous par ducat [b].

Les Propriétaires de pâturages, qui nourriſſent des beſtiaux & qui en font commerce, payent un demi pour cent de la valeur des bœufs qu'ils deſtinent à être vendus; ils ne peuvent vendre ces bœufs qu'aux Fermiers des boucheries.

Ceux qui élevent des moutons, veaux, agneaux & cochons, payent pareillement à titre de dîme, un droit proportionné à la valeur de ces beſtiaux.

Les blés des particuliers, deſtinés pour la conſommation de la ville de Veniſe & des autres villes, doivent être amenés chez les Meuniers établis par le Gouvernement; on paye à ces Meuniers, outre le droit de Mouture, 4 ſous par ſac d'un ſtare & demi [c], dont ils rendent compte au Gouvernement.

---

[a] Le ſequin de Veniſe revient à 11 livres; ainſi les 20 ſequins font 220 livres, *monnoie de France.*

[b] Le ducat courant de Veniſe eſt de 6 livres 4 ſous de monnoie vénitienne; ce qui revient à 3 livres 2 ſous, *monnoie de France.*

[c] Le ſtare & demi peſe deux cents livres de farine.

Le Gouvernement a feul le droit d'introduire dans la ville de Venife, des grains qui font dépofés dans des magafins deftinés à cet effet. Ces grains font vendus aux Boulangers ; l'excédant de la quantité néceffaire pour la confommation fe tranfporte par mer & par terre, & forme un objet de commerce qui eft affermé pour les deux tiers, & l'autre tiers eft régi au profit du Gouvernement.

Lorfque des Particuliers veulent introduire dans la ville de Venife des farines provenant d'autres moulins que ceux du Gouvernement, ils font obligés de prendre des paffeports du Magiftrat ou Siége établi pour l'adminiftration des blés, de faire vifer ces paffeports dans la Chancellerie la plus voifine du lieu d'où fort la farine, & de payer pour l'entrée 6 livres, monnoie de Venife *, par chaque ftare & demi, ou par chaque 200 livres.

On accorde, moyennant un nantiffement que le Propriétaire de la farine donne, un délai de fix mois pour payer le montant du droit; mais fi le droit n'eft pas acquitté dans ces fix mois, l'effet donné en nantiffement eft vendu, fans formalités, au profit du Gouvernement.

Il en eft à peu-près de même pour le vin; chaque tonneau, qui contient environ un quart de Paris, paye 10 ducats d'argent, c'eft-à-dire environ 31 livres, monnoie de France. Il faut, pour faire entrer du vin dans Venife, prendre, des Officiers fur le vin, des paffeports, & donner, au lieu de nantiffement, une caution & un certificateur de caution ; on a pareillement fix mois pour payer le montant des droits, mais ces fix mois expirés, on eft obligé, outre le droit, de payer vingt pour cent de la valeur du vin.

On ne peut tefter dans les Etats de la République de Venife, que pardevant Notaires.

Les Notaires qui reçoivent des teftamens, font obligés de les dépofer à la Chancellerie, où ils reftent, dans le plus grand fecret, jufqu'au décès du teftateur.

Les héritiers paternels & maternels en ligne directe, les maris & les femmes qui veulent fe faire des avantages, ne doivent que les frais de dépôt du teftament.

---

* Ou 3 livres, *monnoie de France* ; la livre de Venife ne revenant qu'à 10 fous de notre monnoie.

Les héritiers collatéraux, les héritiers inftitués, les femmes pour les avantages qui leur font faits par d'autres que leurs maris, foit par legs, foit par donation, foit par inftitution d'hérédité, ceux même qui fuccédent *ab inteflat*, payent cinq pour cent du montant des meubles & immeubles, même pour le viager.

Ceux qui acquittent ces cinq pour cent dans les deux mois du jour du décès, obtiennent des remifes affez fortes ; mais ils ne peuvent entrer en jouiffance que lorfque les droits ont été acquittés, & ceux qui négligent de payer dans les délais prefcrits, au lieu de cinq pour cent font obligés de payer vingt-cinq pour cent.

Lorfque le propriétaire d'un bien-fonds veut le vendre, il eft tenu de faire annoncer cette vente, pendant trois Dimanches confécutifs, dans le lieu de la fituation ; les voifins ont la préférence pour l'acquifition. La vente confommée, le Vendeur & l'Acquéreur font obligés de porter le contrat aux Gouverneurs des revenus, & de payer chacun un droit qu'on nomme *Maffetraria*, & qui confifte dans un & demi pour cent de la valeur de la chofe vendue ; le même droit fe perçoit fur les vaiffeaux qui fe vendent, & lorfque la vente n'a pas lieu, le droit eft reftitué.

Impofitions fur les Communautés d'arts & métiers.

LES Communautés d'arts & métiers de la ville de Venife font affujetties à deux impofitions qui leur font particulieres, la Taxe & le Taillon.

Chaque Communauté a une confrérie, dans laquelle font infcrits les chefs, les maîtres, les garçons & les apprentis. Il y a, dans chaque quartier, un *Gaftaldo* ou Concierge, & deux Taxateurs, qui font approuvés par le Magiftrat qui a l'infpection fur les arts & métiers.

Lorfqu'on veut faire payer la taxe, le Magiftrat de la milice de mer envoie à chaque Gaftaldo un ordre pour lever dans fon quartier une certaine fomme, les Taxateurs en font la répartition fuivant l'objet du commerce que fait chaque ouvrier ; l'état ainfi arrêté & publié, chaque Ouvrier eft obligé de porter fa taxe à la Caiffe de la confrérie, qui la verfe dans celle de la milice de mer.

Le Taillon, dont le produit eſt deſtiné aux dépenſes de la guerre, ſe leve de la même maniere que la taxe, l'objet en eſt peu conſidérable en temps de paix; les Canoniers, Bombardiers; les Ouvriers de l'arſenal, les Fils de maîtres, tant qu'ils travaillent chez leurs peres, & les Vieillards de ſoixante ans & au-deſſus, ſont exempts de la Taxe & du Taillon. Ceux qui payent exactement obtiennent des remiſes, ceux qui reſtent en arriere ne peuvent travailler de leur métier qu'ils n'aient entiérement payé; la dette de celui qui meurt eſt répartie ſur tout le corps.

FERMES PARTICULIERES.

Ferme des BŒUFS.

La fourniture de la Viande dans la ville de Veniſe, s'afferme pour cinq ans; la conſommation eſt fixée à cinquante-ſix mille bœufs. Le Fermier paye 36 livres [a] par bœuf, ce qui forme un objet de 2 millions 16 mille livres [b], monnoie de Veniſe. Le Fermier eſt obligé de payer cette ſomme entiere, quand bien même la conſommation ſeroit moins forte; ſi elle excede, le bénéfice tourne en entier à ſon profit.

Ferme du TABAC.

Le Tabac eſt pareillement en ferme, le Fermier rend, pour neuf ans, 1 million 800 ducats d'argent [c]; il eſt obligé de payer d'avance 200 mille ducats [d], dont on lui paye l'intérêt à raiſon de trois & demi pour cent, & on lui tient compte de cette avance ſur les paiemens qu'il fait de ſix mois en ſix mois.

---

[a] 18 livres.
[b] 1 million 8 mille livres.
[c] Faiſant 5 millions 580 mille livres. } *monnoie de France.*
[d] Ou 620 mille livres.

Il

Fermes du SEL & des HUILES.

Il y a deux Fermiers pour le fel, l'un pour la partie qui eft au-delà du Mincio, l'autre pour celle qui eft en deça.

Celui qui a la partie en deça du Mincio, paye 50 mille ducats[a] par mois, & fait une avance de 80 mille ducats[b]; & celui qui a la partie au-delà, rend 48 mille ducats[c] par mois, & fait une avance de 26 mille ducats[d].

Il eft de même de la ferme des Huiles, qui eft portée à 95 mille ducats[e] par an, dont le Fermier fait l'avance de 30 mille ducats[f].

L'Impôt du Vin eft en régie, le Particulier qui fait venir du vin pour fa confommation, paye 10 ducats[g] par tonneau; les Marchands qui font établis par le Gouvernement, pour fournir la ville & les cabarets, payent le double pour le vin qu'ils font venir.

DOUANES.

Il y a à Venife quatre Douanes royales.

Le *Staglio* ou Douane de mer.

Le *Fontego de Thedefchy* ou hôtel des Allemands.

L'Entrée par terre.

Et la Sortie.

Pour la Douane de mer, on porte au Magiftrat de la fanté, des états détaillés des marchandifes & cargaifons qui arrivent par mer; ces marchandifes font enfuite portées à la Douane, où on les vifite, & où l'on fixe les droits à raifon de tant par cent. Le Propriétaire, en donnant caution, a fix mois de délai pour payer ces droits, finon il doit les acquitter fur le champ.

---

[a] Ou 155 mille livres.
[b] Ou 248 mille livres.
[c] Ou 148 mille 800 livres.
[d] Ou 80 mille 600 livres.   } monnoie de France.
[e] Ou 294 mille 500 livres.
[f] Ou 93 mille livres.
[g] Ou 31 livres.

Tome I.   X

On suit les mêmes formes pour les marchandises qui viennent d'Allemagne, & qui doivent être portées à l'hôtel des Allemands ; & pour celles qui arrivent par terre, & qui doivent être portées à la Douane de terre.

Quant à la sortie, les marchandises, qui sont destinées à sortir de Venise, sont portées à la Douane de sortie, où elles sont plombées & les droits acquittés ; on remet au Voiturier un passeport avec lequel il traverse & sort librement des Etats de la République.

Indépendamment de ces quatre grandes Douanes, il y en a quelques autres particulieres pour certains Cantons, & dans lesquelles on suit les mêmes usages que dans les grandes Douanes.

Les bâtimens qui arrivent dans le port de Venise, ou qui en sortent, sont exactement visités ; les navires François & Anglois sont exempts de ces visites, lorsqu'ils se rendent dans le port de Pareglia, distant de Venise d'environ cinq milles.

S'il se trouve, dans quelque barque, de la contrebande, on la saisit ainsi que la barque ; le conducteur est puni de la prison, qu'il tient plus ou moins de temps, suivant les qualité & quantité de la contrebande.

Les marchandises, qui arrivent par terre, sont sujettes aux mêmes visites, & il y a les mêmes peines pour raison de la contrebande qui s'y trouve.

IMPOSITIONS
DANS
LE DUCHÉ DE MANTOUE.

LES revenus du Souverain, dans le duché de Mantoue, dérivent de trois fources.

1°. Des fonds domaniaux ou allodiaux.

2°. Des droits qui compofent la Ferme générale.

3°. Du produit de la Taille réelle.

Fonds Domaniaux ou *Allodiaux*.

LES fonds allodiaux font régis & adminiftrés par un Agent, qui eft fous l'infpection de la Chambre des finances ; il a été fait, pendant la derniere guerre, des aliénations d'une partie de ces fonds, leur produit annuel forme, dans l'état actuel, un objet de 80 à 90 mille livres, monnoie de France.

Fermes générales.

LES droits qui compofent le bail de la ferme générale , font affez multipliés ; ils font environ au nombre de quarante-deux.

Les principaux confiftent dans les douanes, les contrats, les droits fur le fel, la viande & le vin, & dans les droits d'entrée & de fortie.

Les droits fur la viande reviennent à 5 fous * par livre, poids & monnoie du pays ; la livre pefe vingt-quatre onces.

Les droits fur le vin font de vingt pour cent de fa valeur.

Le prix du bail de la ferme générale forme un objet d'environ 12 cent mille livres par an.

---

* Ou 3 fous 4 deniers *monnoie de France* ; mais la livre étant de vingt-quatre onces, c'eft, *monnoie de France*, 2 fous 3 deniers.

X ij

IMPOSITIONS SUR LES FONDS,
ou *Taille réelle.*

IL a été établi, dans le duché de Mantoue, un cadaſtre dont les opérations ont été réglées & déterminées par les mêmes principes, d'après leſquels a été formé, ſous la dénomination de *Cenſimento* & par les ſoins de l'Abbé de Néry, le cadaſtre du Milanois.

Ce cadaſtre contient une deſcription générale de tous les fonds, qui ſont ſujets à l'impoſition ou taille réelle.

Ces fonds ſont diviſés en trois claſſes :

Dans la premiere ſont compris ceux qui produiſent du ris, ou qui forment des pâturages, & qui ſont ou arroſés ou ſuſceptibles de l'être par les rivieres & canaux.

La ſeconde comprend les fonds que l'on regarde comme bons.

La troiſieme enfin, ceux dont les produits ſont de peu d'objet.

Les fonds compris dans la premiere claſſe & les jardins, payent, ſans diſtinction, 11 livres 8 ſous [a] par biolche; la *biolche* forme une étendue de terrein de huit cents toiſes carrées.

Les fonds de la ſeconde claſſe ſont taxés à raiſon de 5 livres 14 ſous [b], monnoie du pays, par biolche.

Les taxes ſur les fonds de la troiſieme claſſe, varient ſuivant les lieux où les fonds ſont ſitués; quelques-uns de ces fonds payent depuis 3 livres juſqu'à 4 livres [c] par biolche.

Le montant de ces taxes eſt acquitté en trois paiemens égaux, ſavoir; un tiers au mois de Mars, un tiers au mois de Juin, & le dernier tiers au mois d'Octobre.

Les maiſons des villes ſont pareillement ſujettes à la Taille réelle, mais l'objet de cette taille eſt ſi modique, que le plus bel Hôtel ne paye que 100

---

[a] 9 livres 12 ſous 4 deniers.
[b] 4 livres 13 ſous.
[c] Depuis 52 ſous juſqu'à 3 liv. 8 ſous. } *monnoie de France.*

livres [a] par an ; les maisons de campagne ne sont point assujetties à cette Taille.

Les fonds Ecclésiastiques, qui sont aliénés à bail emphytéotique, sont moins chargés que les autres.

Les fonds, qui appartiennent à des particuliers, qui sont absens, payent, en sus de la taxe ordinaire, 52 sous [b] de plus par biolche.

Les moulins & autres usines, pour l'exploitation desquels l'usage des eaux des rivieres ou canaux est nécessaire, payent une taxe qui revient à celle qu'acquittent quarante biolches de terre, qui jouissent de l'usage de ces mêmes eaux.

Le recouvrement des Taxes imposées sur les fonds, ou de la Taille réelle, se fait de la maniere dont on va rendre compte.

Dans les premiers jours de chaque année, la Chambre des finances fait adresser aux Propriétaires ou Possesseurs des biens-fonds, dans chaque district, un billet imprimé, dans lequel sont rappellés la quantité des biolches qu'il possede, la qualité des fonds qui les composent, & le montant des sommes qu'il doit acquitter.

Faute de paiement dans les délais qui sont fixés, le Redevable est exécuté sans aucune formalité, & il est obligé de payer, en outre, dix pour cent du montant de sa contribution.

Si le Redevable est hors d'état de payer, il doit se pourvoir avant l'échéance du paiement devant le Tribunal auquel, & l'administration & la jurisdiction sur ce qui concerne cette imposition, sont confiées.

Ce Tribunal peut accorder des délais pour l'acquittement de la taxe; mais si le Redevable se prétendoit exempt, sa prétention ne pourroit être accueillie, parce que l'on regarde comme un principe certain, qu'aucun possesseur de fonds ne peut, à quelque titre que ce soit, être exempt du paiement de l'imposition réelle.

C'est ce Tribunal qui connoît de toutes les contestations qui surviennent dans la répartition & la levée de l'imposition ; c'est pareillement de son autorité que se font tous les paiemens ordinaires & extraordinaires ; mais quant à ces derniers, lorsqu'ils excedent la somme de 100 florins , il

---

85 livres.
34 sous 8 deniers. } monnoie de France,

ne peut rien preferire qu'il n'y foit autorifé par un ordre fupérieur du Gouvernement.

C'eft le Préfident de ce Tribunal, qui a l'infpection & le contrôle de la Caiffe, dans laquelle font verfés les fonds, qui proviennent de l'Impofition réelle.

IMPOSITIONS
DANS
LE DUCHÉ DE MODENE.

LES impositions qui se levent, & les droits qui se perçoivent, dans le duché de Modene, portent sur les fonds, sur les maisons, sur les personnes, & sur presque tous les objets de consommation.

De ces impositions & droits, les uns sont régis & administrés par une Chambre souveraine, qui les fait lever & percevoir par économie, & qui en compte au Souverain; les autres sont donnés à titre de ferme particuliere, d'autres enfin composent la ferme générale.

On rappellera d'abord les objets, qui sont régis par la Chambre souveraine; on rendra compte ensuite de ceux qui sont mis en ferme.

Impositions & Droits dont la régie est confiée à la Chambre souveraine.

CES impositions & droits sont le Censiment, la *Mezza-doppia*, le *Testatico*, les Chasses, les Postes, les Droits sur les fonds qui sont vendus, sur le pain, sur les vitres & autres verreries, & les Péages sur les rivieres.

CENSIMENT.

CE droit consiste dans une Taxe ou Contribution que payent chaque année les Propriétaires, soit laïcs, soit ecclésiastiques, même les Religieux, pour raison des maisons, terres & autres héritages qu'ils possedent, & dont le revenu est de 12 cents livres & au-dessus; cette contribution s'appelle *le Sou de Censiment*, & le sou est évalué à 7 livres 15 fous, monnoie du pays ; ainfi celui qui poffede en fonds de terre, maifons ou autres héritages, 12 cents livres de rente, paye 7 livres 15 fous ; pour 2 mille 400 livres, 15 livres 10 fous, & ainfi par gradation.

Cette impofition eft perçue par des perfonnes, qui font prépofées à cet effet, dans les différentes villes, & qui tiennent des regiftres dans lefquels font infcrits les fonds, leur produit ou revenu annuel, les noms des Propriétaires & la quotité des fous que chacun doit payer.

Lorfqu'il furvient des augmentations ou des diminutions dans le produit ou revenu des terres, maifons ou autres héritages, le montant de l'impofition eft réglé fur les déclarations que les Propriétaires en font, & après que ces déclarations ont été vérifiées.

Si quelque Propriétaire eft en retard de payer, celui qui eft établi pour la levée de l'impofition, lui envoie un avertiffement fur lequel il doit fatisfaire, fans aucun délai, faute de quoi fes meubles font vendus, & lui-même eft conftitué prifonnier, fans aucune formalité.

Les Receveurs particuliers font tenus de rendre leurs comptes dans un délai qui eft fixé, au Receveur général, établi dans la capitale ; celui-ci rend fes comptes au Préfident de la Chambre fouveraine, fous l'infpection duquel font établis ces Receveurs, & ce Préfident rend compte directement au Souverain.

LA MEZZA-DOPPIA.

LA *Mezza-doppia* forme un impôt, qui porte uniquement fur les gens de la campagne, qui font divifés en deux claffes, les familles qui doivent payer, & les familles qui font exemptes. Toute famille qui eft affez nombreufe pour labourer une certaine étendue de terrain, & pour fournir un Soldat, fans que le labourage en fouffre, eft exempte de la *Mezza-doppia* ; toutes les autres payent cette impofition.

Les fonds qui exigent pour leur enfemencement, depuis vingt jufqu'à trente-deux boiffeaux de froment, font taxés à une piftole chaque année ; depuis huit jufqu'à dix-neuf boiffeaux, à une demi-piftole ; & depuis quatre jufqu'à fept boiffeaux, à un quart de piftole.

Il y a dans chaque diftrict un bureau, dans lequel on tient des regiftres de tous les fonds, & de la quantité de femence que chacun de ces fonds exige : l'impofition doit être payée à une époque fixée, &

lorfqu'on

lorsqu'on n'eft pas exact à l'acquitter, on envoie des *Sbirres* ou Archers qui, fans aucune formalité, enlevent une partie des meubles ou des beftiaux, & les vendent ; cette exécution, que l'on prévient prefque toujours, s'appelle *il Gravame.*

Les familles de payfans, qui fourniffent un Soldat au Souverain, indépendamment de l'exemption de la *Mezza-doppia,* jouiffent encore de celle des chariages, c'eft-à-dire, qu'ils font difpenfés de fournir comme les autres, les chariots néceffaires pour le tranfport des troupes, pour les réparations des grands chemins, & autres objets de ce genre.

Le Soldat fourni par ces familles, eft exempt de la bouche du fel ; c'eft-à-dire que, tandis que tous les payfans, tant hommes que femmes, font obligés de prendre chaque année pour leur confommation, feize livres de fel par perfonne, il n'eft point affujetti à cette impofition.

IL TESTATICO.

LE *Teftatico* eft une impofition qui fe leve fur les beftiaux ; on payé pour chaque cheval, bœuf ou vache, 10 *bologuins,* ou 10 fous monnoie du pays ; 6 fous pour les ânes, & 4 fous pour les veaux, brebis & porcs.

Il y a dans différens endroits de la campagne, & dans les villes, des bureaux où l'on tient regiftre de chaque famille, de la quantité de beftiaux qu'elle poffede, & du nombre des exempts ; chaque famille de payfan eft obligée de déclarer chaque année au bureau de fon diftrict, les augmentations qui furviennent dans le nombre des beftiaux, fous peine de confifcation de la totalité des beftiaux.

Les Receveurs particuliers comptent au Receveur général, & celui-ci au Préfident de la Chambre fouveraine, qui rend compte au Souverain.

CHASSES.

LES Propriétaires des fiefs jouiffent, dans l'étendue de ces fiefs, du droit de Chaffe.

Quant aux chaffes, qui n'appartiennent point à un Seigneur de fief, elles font toutes affermées, à l'exception des Cantons qui forment les plaifirs du Souverain, & c'eft encore la Chambre fouveraine qui régit cette partie de revenu.

Postes aux Lettres & aux Chevaux.

LES Postes aux lettres & aux chevaux font affermées par la Chambre souveraine, au plus offrant & dernier enchériffeur, à autant de perfonnes qu'il y a de bureaux pour les lettres & de relais pour les chevaux ; il n'eft pas permis, à qui que ce foit, de tenir des chevaux de louage ; les taxes des lettres font très-modiques.

Chaque Directeur ou Maître de pofte, paye directement à la Caiffe de la Chambre fouveraine le prix de fa ferme.

Droits fur les Fonds qui font vendus ou donnés à loyer.

CELUI qui achete un fonds eft tenu de payer un droit, qui monte à environ cinq pour cent de la valeur de ce fonds.

La Chambre fouveraine ne fait point régir ce droit, il eft donné par adjudication au plus offrant & dernier enchériffeur.

Droits fur les Vitres & autres verreries.

LE droit d'introduire & de faire débiter dans l'étendue du duché de Modene les verres à vitres, & les ouvrages de verrerie qui fervent aux ufages ordinaires, eft affermé par la Chambre fouveraine, au plus offrant & dernier enchériffeur ; tous autres, que l'adjudicataire ou fes prépofés, qui font entrer, ou qui débitent des ouvrages de verrerie, encourent la peine de la confifcation & des amendes.

Péages par eau.

TOUTE perfonne, à l'exception des Militaires, des Miniftres, & de ceux qui font attachés au Gouvernement, payent des droits de Péage pour le paffage des rivieres ; ces droits de Péage font pareillement affermés par la Chambre fouveraine.

LOTERIE.

ON fait chaque mois dans la ville de Modene, le tirage d'une Loterie, dont le privilége eft affermé par la Chambre fouveraine.

Droits sur le PAIN.

IL existe dans chaque ville du duché de Modene, des fours publics, qui sont affermés à des Particuliers, qui ont seuls le droit de vendre le pain; ils ne peuvent faire provision de bled que pour trois mois; le Gouvernement regle tous les trois mois le poids & le prix du pain, suivant l'abondance ou la disette des grains.

Tels sont les impositions & les droits dont la Chambre souveraine a l'administration & la régie : voici maintenant les objets qui composent la ferme générale.

Ces objets consistent dans la vente du sel, du tabac & des eaux-de-vie, dans la mouture des grains, les droits sur les cuirs, sur la viande, & enfin dans les droits d'entrée & de transit.

Toute personne qui a atteint l'âge de sept ans, & au-dessus, est obligée de prendre une certaine quantité de livres de sel.

Celle qui est réglée pour les habitans des villes, est moins considérable que celle qui est fixée pour les gens de la campagne; mais d'un autre côté, ces derniers payent le sel à un prix modique, & ce prix est encore moins fort pour les lieux qui sont situés sur les frontieres.

Les salines appartiennent au Souverain qui fait délivrer le sel aux Fermiers, moyennant le prix qui est réglé, & qui fixe celui auquel ils doivent le vendre.

Le tabac & l'eau-de-vie se vendent aussi à très-bon compte, & à un prix encore au-dessous sur la frontiere, ce qui empêche les fraudes & la contrebande; les Religieux payent le tabac moins cher *que les* séculiers.

Il est dû, sur toutes les denrées qui entrent dans les *villes*, ou qui y passent, des droits d'Entrée ou de Transit, qui s'acquittent dans des bureaux établis à cet effet.

Le droit de Mouture consiste dans une somme de 4 livres 10 sous, monnoie du pays, qui est payée par chaque sac de froment, que l'on fait moudre; les autres grains payent à proportion; les Religieux sont exempts de ce droit pour les bleds nécessaires à leur subsistance.

Les cuirs de petites vaches & de veaux se fabriquent dans le duché de Modene, & personne ne peut y en introduire de cette espece, sans être dans le cas de la confiscation.

Y ij

Tout animal, qui eſt tué pour la conſommation ordinaire des habitans, paye un droit par chaque livre de 12 onces ; ce droit augmente
ou diminue, ſuivant l'abondance ou les beſoins du Prince ; il eſt plus
fort dans les villes que dans les campagnes.

Les denrées de conſommations payent des droits d'entrée dans les
villes ; ſi les denrées proviennent de la terre du Particulier, réſidant
dans la ville, auquel elles ſont adreſſées, elles ne payent qu'un tiers
du droit.

Les villes jouiſſent d'une portion dans les impoſitions & les droits
qui s'y levent & qui s'y perçoivent ; mais elles n'en ont pas la libre
diſpoſition, qui eſt toujours réglée & déterminée par le Souverain.

Les denrées qui excedent la conſommation du pays, ne peuvent être
exportées, qu'en conſéquence d'une permiſſion du Gouvernement, ſous
peine de confiſcation & d'amende.

IMPOSITIONS
DANS
LE MILANOIS.

LE Milanois eſt compoſé de ſix provinces, qui formoient anciennement autant de Républiques diſtinctes & indépendantes les unes des autres, ſavoir :

La ville & le duché de Milan, proprement dit.

La ville & principauté de Pavie.

La ville & comté de Crémone.

La ville & comté de Cône.

La ville & comté de Lodi.

Et la ville & ſeigneurie du Caſal-maggiore.

Les ducs de Milan, de la maiſon Viſconti, à meſure qu'ils les ont ſoumis à leur domination, les ont réunis à leur domaine ; & c'eſt de ces réunions, qu'a été formé ſucceſſivement le Milanois ; mais ces pays, quoique réunis ſous un même Souverain, ſont encore conſidérés, relativement aux droits d'Entrée, de Sortie, & de Tranſit des marchandiſes & denrées, comme étant entiérement diſtincts & ſéparés, c'eſt-à-dire, comme étant étrangers les uns par rapport aux autres.

Les impoſitions qui s'y levent, & les droits qui s'y perçoivent, peuvent être rangés ſous trois claſſes différentes.

La premiere comprend les impôts & droits domaniaux, dénommés *Régaliens*, qui, dans différentes circonſtances, ont été aliénés & engagés, ſoit à des villes ou communautés, ſoit à des particuliers, & dans leſquels le Souverain peut rentrer lorſqu'il le jugera convenable.

Dans la ſeconde claſſe, ſe rangent les impoſitions qui ſont payées au Souverain directement, & qui ſont preſque toujours adminiſtrées, ſoit à titre de Ferme générale, ſoit à titre de Fermes particulieres.

La troiſieme claſſe enfin, eſt compoſée de deux taxes, dont l'une eſt réelle, & l'autre perſonnelle.

On va rappeller féparément les différens objets qui compofent ces trois claffes.

PREMIERE CLASSE.

Impôts & Droits domaniaux aliénés.

LE Milanois produit des grains en affez grande quantité, pour fournir à la fubfiftance de fes habitans, & à celle de fes voifins qui, dans différentes circonftances, fe font approvifionnés dans les greniers qu'il renferme.

On ne perçoit aucun droit, foit à l'entrée, foit à la circulation des grains dans le Milanois; on en perçoit feulement à l'exportation, & dont on rendra compte dans la fuite.

Les grains acquittent des droits, lorfqu'ils font convertis en farine.

Ces droits, connus fous la dénomination des *Droits de Mouture*, confiftent dans une fomme de 3 livres 10 fous [*], monnoie du pays, qui fe paye par chaque mefure de farine; la mefure pefe cent cinquante livres, & chaque livre eft de vingt-huit onces.

Les Meûniers, foit de la ville, foit de la campagne, auxquels on donne du grain à moudre, font obligés, lorfqu'il eft converti en farine, d'en faire la déclaration au bureau le plus prochain, & d'acquitter le droit, & le Propriétaire leur en rembourfe le montant, lorfqu'on lui rapporte la farine.

Les Meûniers font affujettis à des vifites, dont l'objet eft de prévenir les fraudes auxquelles ils pourroient fe livrer fans cette précaution.

2°. On perçoit un droit fur les fours, ou boulangeries publics.

Il exifte, foit dans les villes, foit dans les campagnes, un certain nombre de fours, qui font affermés à un Entrepreneur général, qui les fous-ferme enfuite à des Boulangers.

C'eft dans ces fours que fe cuit le pain, qui eft deftiné à être vendu au public.

---

[*] 46 fous 8 deniers, *monnoie de France.*

Le pain qui eſt cuit dans les fours de la campagne, ne peut être apporté dans les villes.

Il eſt cependant permis à tout Particulier, ſoit de la ville, ſoit de la campagne, d'avoir un four chez lui, & d'y faire cuire le pain néceſſaire pour ſa conſommation & celle de ſa maiſon ; mais la facilité de trouver à tout inſtant du pain dans les fours, ou boulangeries publics, empêche qu'on ne faſſe uſage de cette faculté, cette circonſtance rend l'objet du produit des droits ſur ces fours, ou boulangeries publics, aſſez conſidérable.

3°. Quelques Particuliers, tels que les Aubergiſtes & les Cabaretiers, payent des droits pour raiſon de la faculté qui leur eſt accordée, de faire cuire chez eux du pain, & de le vendre au public.

4°. Les vins étrangers, qui ſont conduits dans le Milanois, ſont ſujets à des droits qui ſont perçus, non-ſeulement ſur la frontiere, mais encore dans les différentes villes par leſquelles ils paſſent, & dans celles pour leſquelles ils ſont deſtinés.

5°. Les vins du pays, lorſqu'on les tranſporte dans une ville, payent des droits d'Entrée ; s'ils ſont conduits d'une province du Milanois dans une autre, ils acquittent des droits de Tranſit ſeulement ; enfin, s'ils ſont exportés, ils ne ſont ſujets qu'à des droits de Sortie.

6°. Les Aubergiſtes, les Cabaretiers, ſoit de la ville, ſoit de la campagne, payent des droits pour raiſon du vin qu'ils vendent en détail. Les Particuliers ont pareillement la faculté de vendre du vin en détail, en payant une ſomme dont on convient avec eux.

Quant à ceux qui font le commerce de vin en gros, ils ne ſont ſujets à aucuns droits de ce genre ; cette exemption a été principalement accordée en faveur des Propriétaires de terres, afin de leur procurer la facilité de vendre leurs vins.

7°. Le nombre de boucheries, tant dans les villes, que dans les différens bourgs & villages, eſt fixé & déterminé, ainſi que l'eſpece des viandes qui doivent être vendues dans chaque boucherie.

Dans les unes on vend du bœuf & du veau, dans d'autres de la vache, & dans d'autres, enfin du mouton, des chevres & de l'agneau.

Les Particuliers qui veulent vendre des menues viandes, comme l'agneau & le mouton, ſont obligés de demander des permiſſions, qu'on leur accorde moyennant une certaine ſomme.

Les droits qui doivent être acquittés par chaque efpece de viande, font réglés par un tarif qui fait la regle de la perception.

8°. Les Particuliers qui, pour leur propre confommation, font tuer chez eux des beftiaux, payent un droit à raifon de chaque piece.

9°. Les Charcutiers peuvent feuls vendre les porcs, foit en gros, foit en détail : les droits qu'ils doivent payer, font pareillement réglés par des tarifs.

10°. La volaille & le gibier payent pareillement des droits, foit aux entrées fur les frontieres, foit à l'entrée dans les villes où ils font tranfportés.

11°. L'eau-de-vie & les liqueurs fortes font affujetties à des droits, qui font perçus à la vente en gros & à la vente en détail.

Celles qui font deftinées pour les Particuliers, payent des droits, non-feulement à l'entrée dans le Milanois, mais même à l'entrée des villes.

12°. Les huiles, qui font fabriquées dans les campagnes, ne payent des droits qu'à leur entrée dans les villes ; celles qui font fabriquées dans les villes, acquittent les mêmes droits ; les huiles d'olives, qui vinnent de l'étranger, font pareillement fujettes à des droits, comme marchandife étrangere.

13°. Il exifte dans chaque ville du Milanois, des magafins de bois & de charbons, qui appartiennent à des Particuliers, qui les vendent au public, foit en gros, foit en détail : ces Marchands payent des droits pour raifon de la vente des bois & charbons ; ils font obligés de fe conformer pour le prix aux taxes, qui font faites quatre fois l'année, & dont le montant eft réglé, eu égard à l'abondance ou à la difette, & au degré de befoin d'après la faifon.

14°. Les barques ou chariots remplis de foin, font pareillement fujets à des droits, dont le montant eft fixé à raifon du poids de la barque & du chariot. On connoît, par la grandeur de la barque & du chariot, ce qu'ils pefent, & c'eft en conféquence, que le droit eft réglé.

15°. Les cuirs & peaux qui font tannés & apprêtés, foit dans les villes, foit dans les campagnes, font fujets à des droits ; les cuirs & peaux en verd, qui font exportés à l'étranger, payent pareillement des droits de Sortie.

16°. La grande quantité des lacs, de rivieres & de canaux, qui envi-

ronnent

ronnent & qui traverfent le Milanois, rend la pêche très-abondante.
Le poiffon paye des droits, non-feulement à l'entrée dans le Milanois,
mais encore à l'entrée des villes.

Il arrive rarement à Milan du poiffon de mer frais ; celui qu'on
y tranfporte, ne paye que les mêmes droits que les poiffons fecs
& falés.

Indépendamment des droits qui fe payent à l'entrée du Milanois
& des villes, on en perçoit encore à la vente ; & ces différens
droits réunis, augmentent confidérablement le prix de toute efpece de
poiffon.

17°. Les œufs, & les autres fruits & denrées, qui font apportés
des campagnes dans les villes, font affujettis à des droits d'Entrée,
qui les tiennent toujours à un certain prix. Les Revendeurs ne peuvent
fe préfenter dans les marchés qu'à une heure qui eft fixée, afin que les
Bourgeois & les Particuliers puiffent s'approvifionner.

18°. Les droits de Péage qui fe perçoivent fur les chemins, les
ponts, les lacs, les rivieres & canaux, forment un objet d'autant plus
confidérable, que ces chemins, ponts, rivieres & canaux, font très-
multipliés dans le Milanois.

Ce font les différens droits, dont on vient de rappeller les détails, qui
forment les droits domaniaux aliénés, ou dont la jouiffance fe trouve
actuellement dans les mains des Communautés & des Particuliers ; on en
évalue le produit annuel à 6 millions, monnoie de Milan, ce qui revient
à environ 4 millions, monnoie de France.

Les aliénations de ces différens droits, déterminées fucceffivement
par les conjonctures & par les befoins de l'Etat, ont été faites par un
Tribunal, qui eft connu fous la dénomination de *Chambre royale*, ou
Chambre du Souverain.

Chaque Aliénataire a la libre adminiftration des objets qu'il a acquis ;
delà l'établiffement d'une multitude de bureaux, de gardes, qui font
d'autant plus multipliés, que quelquefois le même droit doit être acquitté
dans deux bureaux différens, c'eft-à-dire, par exemple, que le droit
principal & originaire eft payé dans les bureaux de la Ferme générale,
& l'augmentation créée & établie depuis, en fus de ce droit, eft acquittée dans le bureau de celui auquel elle a été aliénée.

On regarde comme un principe certain, que le Souverain peut rentrer, quand il le juge convenable, dans les droits domaniaux qui ont été aliénés, en remboursant le montant des finances qui ont été payées, lors des acquisitions qui en ont été faites; mais la différence qui existe dans la valeur de la monnoie actuelle, par comparaison à celle de la monnoie qui avoit cours à l'époque des aliénations, occasionne souvent des difficultés dans la liquidation des sommes, qui doivent être remboursées aux Aliénataires; & lorsque les circonstances ouvrent la voie à des reventes avantageuses, le Souverain excerce le droit de Rachat, & revend en même-temps les droits rachetés à des conditions plus profitables; ces reventes se font en la Chambre royale, ou Chambre du Souverain.

Les villes du Milanois, pour subvenir aux dépenses ordinaires dont elles sont tenues, & aux dépenses extraordinaires qui peuvent survenir, perçoivent quelques taxes ou impôts; mais ils ne sont perçus qu'après qu'ils ont été autorisés par le Souverain, qui n'accorde ces octrois qu'après que l'utilité & la nécessité en ont été constatées & reconnues.

SECONDE CLASSE.

Impositions & Droits qui sont payés directement au Souverain, & qui forment communément l'objet d'une Ferme générale & de quelques Fermes particulieres.

FERME GÉNÉRALE.

LES objets qui composent la Ferme générale, consistent,

1°. Dans l'achat, vente & distribution du sel, qui sont donnés à ferme sous l'inspection de la Chambre des finances de Milan, qui veille, d'une maniere particuliere, à ce qu'il ne soit livré au public que du sel d'une bonne qualité, & qu'il ne se commette aucune fraude ni abus dans la maniere de le mesurer. Cette Chambre se conforme, dans son administration, au nouveau réglement qui a été fait par l'Impératrice-Reine, & qui a fait cesser les abus qui avoient lieu auparavant, soit par rapport au mélange, soit par rapport à la mesure de cette denrée.

2°. L'entreprise des marchandises, ou les droits qui se perçoivent à l'entrée, à la sortie & à la circulation des marchandises & denrées, forment encore un des objets de la Ferme générale.

On se rappelle que le duché de Milan est composé de six provinces, qui, quoique réunies sous une seule & même domination, sont néanmoins considérées comme étrangeres les unes par rapport aux autres, relativement aux droits d'Entrée, de Sortie, & à la circulation des marchandises & denrées.

La multiplicité des droits auxquels cette circonstance donnoit lieu, les difficultés qui survenoient dans la perception, étoient très-préjudiciables au commerce en général, & très-onéreux pour les Particuliers.

Il a été formé depuis peu un nouveau réglement, par lequel, en supprimant plusieurs des droits qui avoient lieu, & en diminuant l'objet de quelques autres, la perception de ceux qui subsistent a été réglée par des principes uniformes : il a été en même-temps arrêté un tarif général, qui contient, par ordre alphabétique, les différentes especes de marchandises & denrées sujettes aux droits, les noms des villes & provinces dans lesquelles les droits doivent être perçus, la quotité de ces droits relativement à la quantité, au poids & à la mesure des marchandises ; le même tarif contient par un article final, une énumération des marchandises & denrées qui n'étoient point susceptibles d'acquiter les droits relativement à leur quantité, poids ou mesures ; ils sont réglés sur ces marchandises à tant par écu de leur valeur, au moyen de quoi cette perception est simple & facile.

L'entreprise du tabac forme le troisieme objet de la Ferme générale.

Les Fermiers tirent tout le tabac du pays étranger. Il ne s'en fait aucune culture dans le Milanois, le prix auquel il est vendu est considérable ; on prétend d'ailleurs que la contrebande sur cet objet est infiniment plus étendue que par rapport à tous les autres droits.

Le sel rafiné ou le sel blanc forme aussi l'objet d'un droit particulier, & qui est indépendant de celui qui se leve sur le sel ordinaire ; il fait partie de la Ferme générale.

Le droit d'extraire le salpêtre, la fabrication & la vente de la poudre à tirer, sont aussi compris dans la Ferme générale.

Les autres droits, qui composent la Ferme générale, sont les droits de la Douane de Lodi, de Casal-maggiore, & ceux qui se perçoivent le long du fleuve du Pô, & d'autres droits locaux qui se perçoivent dans les villes de Crémone & de Soressora.

Les droits qui composent la Ferme générale avoient toujours été régis & administrés par les Fermiers, & l'on ne pouvoit en connoître le véritable produit.

Lors du dernier bail, l'Impératrice - Reine s'est réservé un tiers dans le produit total de cette Ferme, & il a été établi deux Régisseurs qui, conjointement avec ceux qui sont choisis par les Fermiers, président à toutes les opérations relatives à son exploitation, de maniere que la conduite de ces Fermiers est continuellement éclairée, & que le montant du produit des droits est exactement connu.

On ne néglige rien pour s'opposer à la contrebande. Le pays, du côté de la plaine, est fermé par trois rivieres considérables, & qu'on ne peut passer à gué dans aucun endroit : ces rivieres sont le Pô, le Tessin & l'Adda ; d'ailleurs une troupe de Hussards prête main-forte aux Commis, & court sans cesse le pays ; mais malgré ces précautions, les Contrebandiers qui risquent tout, & se regardent comme n'ayant rien à perdre, viennent par troupes, sur-tout au-delà du Pô, & du côté de la Sardaigne & de Genes, & apportent, sans cesse en fraude, du tabac, du sel & de l'huile.

Cette Ferme rapporte environ 5 millions, monnoie de Milan, faisant monnoie de France, 3 millions 333 mille 333 livres.

FERMES PARTICULIERES.

LES objets qui composent des Fermes particulieres, consistent,

1°. Dans la fabrication & la vente exclusive des cartes à jouer, qui sont affermées à un Particulier.

Toutes les cartes qui ne sont point de cette fabrique sont contrebande, & ceux qui s'en servent, soit dans les jeux publics, soit dans les maisons particulieres, sont dans le cas d'une amende.

2°. Dans l'entreprise du théâtre de Milan, qui est donnée à ferme. Les Rois d'Espagne avoient affecté le produit de cette entreprise à la dotation & entretien du couvent des Vierges espagnoles ; l'Impératrice-Reine a destiné un autre fonds à cette fondation.

3°. Le droit de donner à jouer aux jeux de hasard est affermé à celui qui a l'entreprise du théâtre.

Ces jeux ne font permis que pendant le temps que le théâtre eſt ouvert, ils ne peuvent être joués que dans des ſalles qui ſont deſtinées à cet uſage, & qui tiennent au théâtre; il y a des ſalles pour la Nobleſſe & d'autres pour la Bourgeoiſie : on peut pendant le carnaval ſe préſenter à ces jeux en maſque ou ſans maſque, & au moyen d'une ſomme dont on convient avec l'Entrepreneur, on peut, ſi on le veut, tenir la banque pendant le temps qui eſt fixé.

4°. Le privilége des loteries eſt pareillement affermé à une Compagnie particuliere; il ſe fait deux tirages par mois, cette ferme rend environ 100 mille livres par année.

5°. La Poſte aux chevaux eſt pareillement affermée, mais la Poſte aux lettres eſt en régie : le produit de cette régie, les frais prélevés, eſt affecté au rembourſement d'une dette de l'Etat à laquelle il a été deſtiné.

6°. Le droit de chaſſe eſt pareillement en régie; le produit en eſt peu conſidérable.

7°. Le Gouvernement fait encore régir le droit ſur la ſoie écrue. L'exportation qui s'en fait monte par année à 12 ou 14 millions de livres; on perçoit à la ſortie 15 ſous par chaque livre.

8°. Il exiſte à Milan un Tribunal qui eſt connu ſous la dénomination de *Tribunal de ſanté.*

On étoit obligé, avant de retirer de la Douane les marchandiſes étrangeres, & de les introduire dans la ville de Milan, d'aller à ce Tribunal prendre un billet qui coûtoit 10 ſous, & par lequel il étoit atteſté que les marchandiſes qu'on vouloit faire entrer n'étoient ſuſpectées ni de peſte, ni de contagion; cet uſage a été reſtreint aux circonſtances ſeulement dans leſquelles les inquiétudes fondées que l'on peut avoir, exigent cette précaution.

9°. On perçoit à l'exportation des grains & du riz, dont le productions ſont très-abondantes dans le Milanois, des droits, dont la régie ſe fait pour le compte du Gouvernement.

TROISIEME CLASSE.

Taxes Réelle & Personnelle.

CES deux taxes ont été substituées, sous la dénomination de *Censimento*, à différentes Impositions qui se levoient auparavant, & dont les produits étoient destinés, les uns aux dépenses qu'exigeoient l'entretien & le logement des troupes, & la subsistance des armées qui étoient à la charge du pays, & les autres à l'acquittement des dettes & dépenses dont les provinces, les villes & les communautés étoient tenues ; c'est ce que les détails, dans lesquels on se propose d'entrer, feront connoître.

Louis XII, pendant le temps qu'il occupoit le Milanois, avoit jetté les fondemens d'un cadastre ou taxe réelle.

François Sforce, second du nom, avoit porté ses vues plus loin ; il avoit formé le projet de convertir, non-seulement les impositions, mais même tous les droits sur les denrées & marchandises dans l'intérieur de l'Etat, en une imposition sur les fonds ; mais il n'eut pas le temps nécessaire pour l'exécuter.

L'empereur Charles - Quint, qui s'empara du duché de Milan, comme fief dévolu à l'Empire, n'adopta point le système que s'étoit formé François Sforce ; il rétablit les droits que ce Duc avoit supprimés, mais il s'occupa en même-temps à donner une base stable & solide à l'imposition qui portoit sur les fonds, & qui étoit alors connue sous la dénomination du *Mensuale*.

Il étoit nécessaire, pour y parvenir, de procéder à l'arpentement & à l'évaluation des fonds ; cette opération ne fut alors qu'entamée, & ne fut point portée, à beaucoup près, au degré de perfection nécessaire pour servir de regle immuable à la répartition.

Tant que le Milanois fut sous la domination des Princes de la maison d'Autriche qui occupoit le trône d'Espagne, l'opération du cadastre fut entièrement négligée, & les impositions anciennes continuerent d'avoir lieu.

Ces impositions furent connues d'abord sous la dénomination de *Fodra;*

depuis fous celle de *Paye*, *Fourrage*, *Contribution*, *Menfuale*, *Diaria*, *Dette & Dépenfes des provinces, villes & communautés*. Leur produit étoit deftiné, ainfi qu'on l'a déja obfervé, à l'entretien & au logement des troupes, à la fubfiftance des armées, & à l'acquittement des dettes & dépenfes des provinces, villes & communautés.

Le montant de ces contributions étoit réglé par le Souverain.

On fixoit enfuite, d'après un tarif qui étoit formé à cet effet, ce que chaque province, ville & communauté devoit fupporter ; & chaque province faifoit alors, fur les Particuliers, la répartition & la levée, tant de ce qui concernoit la taxe deftinée pour le fervice militaire que pour l'acquittement des dettes & des dépenfes des provinces, villes & communautés.

Les inexactitudes qui exiftoient dans le tarif, les abus qui s'étoient introduits dans la répartition, & la forme de la levée & perception, les excès auxquels on fe portoit dans la répartition des fommes deftinées pour les dépenfes des provinces, des villes & communautés, excitoient fans ceffe des réclamations & des plaintes qui firent connoître la néceffité de les prévenir par une impofition générale qui portât fur les fonds ; & ces circonftances engagerent l'Empereur Charles VI, à reprendre les moyens qui furent jugés les plus propres à parvenir, par la voie d'un cadaftre général, à une impofition réelle ; mais ce n'a été qu'en 1760 que cet ouvrage a été conduit à fon entiere perfection par les foins de l'Impératrice-Reine.

La bafe de cette opération a été un plan figuré & topographique de tout le territoire de Milan ; ce plan comprend chaque héritage, chaque haie, chaque canal, repréfentés au naturel.

Une defcription, jointe à ce plan, indique la qualité du fol, & les autres renfeignemens qui ne pouvoient être rendus fenfibles dans la carte.

C'eft fur le regiftre qui contient cette defcription, que s'infcrivent les changemens qui furviennent journellement dans les poffeffions ; & au moyen des renvois difpofés avec ordre & intelligence, les mutations les plus fréquentes n'occafionnent aucune confufion.

Cette premiere opération exécutée, il a été queftion de déterminer le principe & la proportion de l'impofition réelle.

Pour y parvenir, il a été formé dans chaque lieu un procès-verbal, qui énonce la nature du territoire, l'objet du produit dont il est susceptible, les dépenses qu'exigent la culture des terres, la subsistance des colons & la nourriture des bestiaux, & l'on est parvenu, par la combinaison de ces différentes circonstances, à connoître le produit net des terres, qui a été évalué sur le pied de quatre pour cent.

Quant aux maisons, l'estimation en a été faite principalement, relativement à leur étendue, & au genre de leur construction.

Le total de ces évaluations a été fixé à 75 millions d'écus de 6 livres, monnoie de Milan, faisant, monnoie de France, 50 millions d'écus de 6 livres, ou 300 millions de livres. La répartition de la taxe a été réglée, à raison de tant de sous & de deniers par écu.

Quant aux fonds Ecclésiastiques, on les distingue en deux classes ; ceux que les Ecclésiastiques possedent depuis 1575, sont entrés dans l'évaluation générale, & acquittent les taxes comme les autres fonds.

A l'égard de ceux dont la propriété remonte au-delà de l'année 1575, il a été réglé par un concordat fait en 1756, avec la Cour de Rome, qu'ils ne contribueroient que pour un tiers de leur valeur, & qu'ils jouiroient de l'exemption, quant aux deux autres tiers.

Ainsi, la totalité du produit des fonds qui, dans l'évaluation générale, a été fixée à 75 millions d'écus de 6 livres, se trouve réduite, par le distraction des deux tiers du produit des fonds, que les Ecclésiastiques possedent avant 1575, à 65 millions d'écus de 6 livres, monnoie de Milan, faisant, monnoie de France, 42 millions d'écus de 6 livres, ou 252 millions de livres, & c'est sur ce montant que tombe la taxe réelle.

Quant à la taxe personnelle, elle ne porte point sur les habitans des villes, qui en sont exempts, à raison des autres impositions & droits auxquels ils sont assujettis ; mais uniquement sur les gens de la campagne, qui ne sont point assujettis à ces impositions & droits. Il se leve cependant une taxe à titre d'Industrie, mais qui est fort modérée, & qui se répartit sous la dénomination de *Taille*, sur les différens corps des marchands des villes & provinces de l'Etat.

La taxe personnelle est réglée à 7 livres par personne ; les Ecclésiastiques, les femmes, les garçons, jusqu'à l'âge de quatorze ans, & les hommes depuis l'âge de soixante ans, en sont exempts, un pere de
famille,

famille, qui a douze enfans vivans, en est pareillement exempt.

Le réglement appellé *la Sanction du Censimento* porte, que l'intention de l'Impératrice-Reine, en ne fixant la taxe personnelle qu'au prix modique de 7 livres, & en ordonnant qu'elle ne pourroit être augmentée, a été que le pauvre pût la supporter, & qu'elle a en même-temps considéré, que l'industrie & les facultés des pauvres contribuables étoient peu susceptibles d'accroissement ; qu'elle veut au contraire que, pour le surplus, & selon les besoins, on charge la taxe réelle des fonds par voie de sur-imposition, comme sur un fonds appartenant à qui peut mieux supporter cette surcharge.

Le réglement fait même entrevoir la diminution de la taxe personnelle, à mesure que les communautés seront libérées de leurs dettes & engagemens.

On forme, chaque année, dans chaque communauté de la campagne, un registre dans lequel sont inscrits, avec exactitude, tous ceux qui sont dans le cas d'acquitter la taxe personnelle. Ces registres sont remis à des Receveurs, qui sont choisis dans chaque communauté, & qui sont chargés de faire la collecte, tant de la taxe réelle, que de la taxe personnelle.

On se rappelle que le produit de la taxe personnelle est destiné en partie à acquitter les dettes & les dépenses, soit ordinaires, soit extraordinaires, qui sont à la charge des communautés.

Sur la fin de chaque année, il se tient à Milan une assemblée, qu'on appelle *Assemblée de l'Etat*, & à laquelle chaque province envoie un Syndic, & chaque ville un Député.

On examine dans cette assemblée les dépenses ordinaires & extraordinaires, qui ont été supportées pendant l'année par chaque province, ville & communauté ; & lorsque le montant de ces dépenses excede celui des fonds qui lui avoient été assignés, ou que le Souverain exige un nouveau secours, cet excédant est ajouté l'année suivante par sur-imposition, non sur la taxe personnelle, qui ne peut jamais être augmentée, mais sur la taxe réelle.

Les fonds qui proviennent de la taxe personnelle, sont remis par le Receveur de chaque communauté, savoir, moitié à la Caisse de la province, d'où elle est ensuite versée dans la Caisse du Gouvernement ; & l'autre moitié dans la Caisse particuliere de la communauté, pour être employée aux dépenses communes, conformément aux regles qui font établies à cet effet.

Tous les objets qui font relatifs à l'adminiftration de la taxe réelle & de la taxe perfonnelle, font réglés par un Tribunal, que l'on appelle le *Tribunal du Cenfiment* ; l'on expofe, que de tous les cadaftres qui exiftent, il n'y en a aucun qui ait été fait avec plus d'exactitude, de précifion & de clarté, & qu'il n'y a pas un Particulier, qui ne foit à portée de connoître ce qu'il doit payer chaque année.

Au moyen de ce cadaftre, l'on eft parvenu à fixer une répartition jufte & égale.

1°. Entre les différentes provinces dont le Duché de Milan eft compofé.

2°. Dans chaque province, de communauté à communauté.

3°. Enfin, dans chaque communauté, entre les différens poffeffeurs des fonds qui font affujettis au payement de cette taxe.

IMPOSITIONS
DANS LES ÉTATS
DU ROI DE SARDAIGNE.

L E Roi a jugé à propos de faire prendre des inſtructions ſur les différens cadaſtres qui ſont établis dans les Etats du Roi de Sardaigne.

Ce Prince, à la réquiſition de l'Ambaſſadeur de France à ſa Cour, a témoigné le plus grand deſir de ſatisfaire aux intentions du Roi : en conſéquence, le ſieur Harvoin, Receveur général des finances de la généralité d'Alençon, a été envoyé à Turin ; non-ſeulement le Roi de Sardaigne a donné ordre à ſes Miniſtres de lui procurer tous les éclairciſſemens & toutes les pieces qu'il pourroit demander ; mais il lui a accordé pluſieurs audiences, lors deſquelles il eſt entré dans les plus grands détails, & a bien voulu s'aſſurer par lui-même ſi tout ce qui lui a été fourni, & les mémoires qu'il a rédigés en conſéquence, préſentoient bien exactement le tableau de la grande opération, qu'il a exécutée très-heureuſement dans ſes Etats, & dont il a témoigné le deſir le plus vif, que le Roi fût inſtruit.

Il eſt donc néceſſaire de retracer ;

1º. Les uſages & les regles, la nature des priviléges, qui exiſtoient anciennement dans ces Etats, ainſi que les abus qu'ils avoient introduits.

2º. L'analyſe des pieces, que le Roi de Sardaigne a fait remettre.

3º. La forme dans laquelle ſe fait l'impoſition & le recouvrement.

4º. Enfin, les avantages qui ont réſulté de la formation des péréquations, ſoit pour l'Etat en général, ſoit pour les Contribuables en particulier.

PREMIER OBJET.

Eɴ Piémont, on a toujours regardé comme une loi fondamentale, qu'il ne pouvoit y avoir que deux natures de biens, les uns féodaux, toujours exempts de tribut , & les autres ruraux, qui y ont toujours été aſſujettis.

Il réſulte de cette loi , que l'exemption, ou l'aſſujettiſſement au paiement des impôts , dépend de la nature du bien, & non de la qualité du Propriétaire , par conſéquent la taille y a toujours été réelle.

L'inaliénabilité des biens domaniaux & patrimoniaux de la Couronne, eſt encore une maxime conſtante, inhérente à ſes droits & à ſon indépendance.

Rien n'étoit donc plus important que la conſervation du domaine dans toute ſon intégrité, ainſi que celle des biens ruraux ſujets au tribut ; cependant le fléau de la guerre, les beſoins & les néceſſités des reſſources extraordinaires, pour la conſervation & la défenſe de l'Etat, occaſionnerent, pendant pluſieurs ſiecles, une interverſion dans les maximes, dont les abus devinrent également préjudiciables au Souverain & au peuple.

Il paroît néceſſaire d'en rappeller quelques époques, pour faire connoître l'état où étoient les choſes, lorſque le Roi Victor Amedée ſecond , prit la réſolution de les faire rentrer dans l'ordre.

Avant le quinzieme ſiecle, la plus grande partie du domaine , ainſi que les juriſdictions, avoient été aliénées & inféodées à perpétuité.

En matiere féodale, il y avoit une autre maxime, qui défendoit à jamais la vente & l'aliénation des biens féodaux, par ceux qui les poſſédoient, ſauf aux agnats ; & faute d'agnats, ils étoient réunis, de droit, au domaine du Souverain.

Les femelles ne pouvoient jamais ſuccéder aux fiefs mâles ; & faute de mâles, ils retournoient auſſi au domaine.

Les beſoins de l'Etat mirent dans la néceſſité de donner un édit le 15 Juillet 1475 , qui permit à tous les vaſſaux, poſſédant fiefs nobles & autres biens féodaux, qui étoient, ou ſeroient à l'avenir dépendans du domaine ducal, ainsi qu'à leur postérité, de les vendre & aliéner, à toutes sortes de titres, en faveur de toutes personnes, pourvu qu'elles eussent l'agrément du Souverain pour pouvoir acquérir; & que le prix en fût employé à marier des filles, à payer les dots, & à acquitter d'autres dettes, & à pourvoir à des besoins de quelque nature qu'ils fussent, sans avoir égard aux agnats, & sans que ces derniers pussent s'y opposer.

Cette disposition fut encore étendue par l'édit du 26 Octobre 1491, qui permit l'aliénation pour la restitution des dots & le paiement de l'augment.

Les fiefs qui devoient échoir par succession, furent déclarés grévés, & assujettis au paiement des dots & des dettes, pour lesquelles ils avoient été légitimement hypothéqués, suivant l'édit du premier Décembre 1503.

Cette interversion dans les principes donna lieu aux possesseurs des fiefs de mettre tout en usage, pour les rendre de plus en plus disponibles dans leurs mains.

Il s'étoit introduit aussi des innovations dans les biens ruraux, dont une partie avoit été affranchie des tributs.

Dès-lors il régna une égale confusion dans les biens du domaine de la Couronne, dans les biens féodaux & dans les biens ruraux ; ce qui occasionna un préjudice égal, tant au Souverain & à la noblesse, dont le vrai patrimoine consistoit dans la possession intégrale du fief, qu'au peuple, par la diminution des biens qui devoient contribuer au paiement des impositions.

Les guerres se succéderent & plongerent plus que jamais l'Etat dans de nouvelles confusions, par la nécessité de trouver des ressources extraordinaires.

Le Roi Victor Amédée second, par l'édit du 7 mai 1706, inféoda la seizieme partie un tiers de tous les biens ruraux, qui étoient sujets au tribut ; il les déclara exempts de toutes impositions, en leur donnant la qualité & la nature des anciens biens féodaux, avec le titre de fiefs nobles, comme s'ils l'eussent été de toute ancienneté, avec pouvoir de les vendre & aliéner à perpétuité, & de les hypothéquer librement.

Les possesseurs de ces mêmes biens, nouvellement inféodés, furent dispensés de tout service personnel en temps de guerre ; ils ne furent affujettis qu'à une imposition, dans le cas uniquement où elle seroit demandée à tous les autres vaffaux.

Il fut même permis aux communautés d'inféoder cette partie de leur territoire ; & pour les dédommager de ces aliénations, il fut ordonné qu'il leur feroit déduit une portion d'imposition.

Tels étoient les abus qui fubfiftoient dans la principauté de Piémont ; il n'en exiftoit pas moins dans le duché de Savoie, mais ils étoient d'une efpece différente ; parce que la taille y étoit elle-même d'une autre nature.

En effet elle étoit perfonnelle, les Nobles en étoient exempts pour tous les biens qu'ils poffédoient, foit qu'ils fuffent féodaux ou ruraux, qu'ils les exploitaffent, ou qu'ils les donnaffent à loyer ; de même les biens nobles qui paffoient dans les mains d'un roturier, étoient affujettis à la taille.

Les Souverains de la *Savoie* avoient accordé différens anobliffemens, & *priviléges d'exemptions de taille*, à titre de graces, récompenfes, ou moyennant finance ; ils avoient fait, comme en Piémont, différentes aliénations du domaine, qui avoient diminué le patrimoine de la Couronne.

Sous prétexte des priviléges, les Nobles & les Eccléfiaftiques, ainfi que les Châtelains, les principaux Fermiers, les Praticiens, & autres gens riches, s'exemptoient de payer les portions de taille qu'ils devoient fupporter ; les communautés n'ofant les y contraindre, par la crainte des mauvais traitemens, ou d'être conftitués dans de grandes dépenfes par la longueur des procès.

Plufieurs même avoient fait des accords avec les Officiers des communautés ; d'autres, fous prétexte de fe faire impofer dans le lieu de leur domicile pour l'univerfalité de leurs poffeffions, ne payoient que pour une portion, les Aff'éeurs ne pouvant connoître la valeur de leur bien ; tous abus qui occafionnoient néceffairement la furcharge des moins aifés & des pauvres cultivateurs, & qui produifoient des arrérages confidérables dans le recouvrement des tributs. Ces défordres fubfifterent jufqu'à la paix de 1713.

Le Roi Victor conçut alors le projet d'y remédier ; il fit à cet effet publier le code de 1719.

Cette loi ordonna qu'à l'avenir le domaine ne pourroit plus être aliéné ;

& que les portions qui l'avoient été, y feroient réunies.

Elle ordonna auffi, que toutes les terres, poffeffions & biens, qui étoient dans l'étendue de la domination du Souverain, n'auroient d'autre qualité que celle de féodaux ou ruraux ; & elle abolit toute autre efpece, ou nature de biens, ainfi que les priviléges ou exemptions.

Pour déraciner les abus, elle prefcrivit la rénovation du cadaftre dans les Etats du Piémont ; feul moyen qui pût affurer la tranquillité des fujets taillables.

Par l'édit du 9 Avril 1728, le Roi Victor forma le même établiffement dans le duché de Savoie, où il n'avoit pas encore eu lieu.

Le Clergé avoit également profité des malheurs qui avoient agité l'Etat, pour acquérir des biens confidérables, & pour les fouftraire à toutes contributions.

Dès le 24 Juin 1728, le Roi Victor avoit rendu un Edit, qui ordonnoit, que « tous les biens qui étoient taillables en l'année 1620,
» y demeureroient perpétuellement obligés à l'avenir, & fujets à toutes
» les charges, tant impofées qu'à impofer, quand ils feroient paffés,
» ou pafferoient par la fuite à qui que ce fût ; foit perfonne, college,
» ou univerfités eccléfiaftiques, féculieres ou régulieres, fous quelque
» manière, droits, titres ou actions que ce pût être ».

Il voulut encore, que généralement « tous les biens qui feroient
» affignés à titre de patrimoine clérical, fuffent fujets, & concuruffent
» au paiement de la taille ».

L'établiffement du cadaftre en Piémont fut confirmé par le Roi régnant, par l'édit du 5 Mai 1731.

Celui du cadaftre de la Savoie, l'a été également par l'édit du 15 Septembre 1738 ; & de plus, il a abrogé abfolument « tous les privi-
» léges à titre de nobleffe ; il a affujetti à l'impofition, fans nulle
» exception quelconque, tous les biens ruraux de leur nature, & n'a
» réfervé d'exemption qu'aux biens véritablement féodaux, & aux biens
» eccléfiaftiques de l'ancien patrimoine de l'Eglife feulement ».

Depuis cette époque, tous les biens ruraux de la Savoie font donc taillables, ceux poffédés par des nobles d'ancienne extraction, comme ceux que tiennent les roturiers ; mais auffi tous les biens, véritablement féodaux, font exempts de la taille, quelque quantité qu'en poffede le feudataire d'ancienne extraction noble ; & ils confervent leur exemption, foit qu'ils foient exploités ou cultivés par le Propriétaire, ou donnés à loyer, ou par admodiation à des taillables.

La Taille, qui étoit perfonnelle en Savoie, avant l'Edit de la péréquation, y eft devenue réelle depuis que le cadaftre a été établi ; toutes les parties font rentrées en même-temps dans leur ordre ordinaire ; les inconvéniens & les abus ont été détruits.

Quoique la principauté de Piémont, & le duché de Savoie appartiennent au même Souverain, les péréquations qui y exiftent, ont été faites cependant fur des principes, & d'après des méthodes différentes.

La premiere fut faite fans le fecours de l'expérience, auffi rencontrat-elle des difficultés ; il en réfulta même des inconvéniens, que l'on évita dans la formation du cadaftre de la Savoie ; mais ce ne fut qu'en multipliant les opérateurs, & en confommant beaucoup plus de temps & d'argent.

Par les traités de Wormes & de Vienne, les provinces de Novarre, Tortone, Oltrepo, Siccomario & Vigevano, ainfi que celles d'Alexandrie, Valence & Lumelline, dépendantes du duché de Milan, furent confirmées & cédées au Roi de Sardaigne.

Les premieres étoient déja cadaftrées ; le Roi régnant jugea néceffaire de cadaftrer les autres ; l'expérience de ce qui avoit été fait en Piémont & en Savoie, le mit à portée d'établir des regles certaines pour parvenir à une jufte opération, foit relativement à la mefure, foit eu égard à l'eftimation, & il n'en eft réfulté aucun inconvénient, ni aucune plainte ; au contraire, cet établiffement, toute proportion gardée, a été bien moins long, le nombre des Employés a été diminué de plus de moitié, & la dépenfe réduite des trois quarts ; c'eft ce qui a déterminé le Roi de Sardaigne à faire faire des copies pour le Roi, avec le plus de foin & d'attention qu'il a été poffible, de toutes les pieces de cette derniere péréquation, comme méritant à tous égards la préférence ; on en va donner l'analyfe.

SECOND OBJET.

ANALYSE des Pieces que le Roi de Sardaigne a fait remettre.

CETTE opération eſt fondée ſur deux baſes ; la premiere conſiſte dans l'établiſſement des principes, qui doivent ſervir de regle ; la ſeconde, dans la direction & l'exécution du travail.

Il avoit été envoyé, dans la principauté de Piémont, des Commiſſaires pour l'établiſſement du cadaſtre ; dans le duché de Savoie, il fut confié à l'Intendant général ; la diverſité d'opinions de ces différens Commiſſaires ſur les opérations, détermina le Roi de Sardaigne, pour la formation de la péréquation des provinces conquiſes, à établir une Junte conſultive auprès de ſa perſonne, deſtinée à lui préſenter des projets uniformes pour chaque opération, qui fuſſent dictés par la juſtice, & également utiles à ſon ſervice, & à celui du public ; enfin, qui puſſent aſſurer le ſuccès d'une opération auſſi importante.

Cette Junte fut compoſée du premier Préſident du Sénat, du Contrôleur général des finances, de deux Préſidens de la Chambre des Comptes, de deux Conſeillers d'Etat, & des Avocats & Procureurs généraux, tant du Sénat que de la Chambre des Comptes.

Pour la direction de ces opérations, il créa un Bureau, compoſé de ſujets capables, & gouvernés par un réglement propre pour entreprendre, continuer & accomplir les opérations, & mit à la tête un Sur-intendant.

C'eſt ſous ſa direction & dans ce Bureau, qu'ont été formées toutes les opérations, qui, enſuite ont été communiquées à la Junte, & ſur leſquelles elle a propoſé au Roi tout ce qu'elle a penſé devoir être utile pour l'expédition de toutes les affaires.

L'on choiſit auſſi un homme de mérite & de talent, pour diriger le plan & les inſtructions néceſſaires, & relatives à la menſuration.

Ce Prince a trouvé différens avantages dans ces deux établiſſemens.

1°. L'uniformité entiere & abſolue pour toutes les opérations de chaque communauté d'une même province, & pour toutes les provinces d'entr'elles.

2°. Les difficultés n'ont point été portées devant les Tribunaux ordinaires, ce qui est impraticable dans cette matiere, par rapport à la perte de temps & aux frais qui en résulteroient.

3°. Enfin, on a trouvé une économie très-grande dans les dépenses indispensables qu'entraînent les opérations d'une péréquation, tous avantages justifiés par l'expérience & par la comparaison de cette nouvelle forme, avec celles qui avoient été mises en usage dans le Piémont & dans la Savoie.

Dès que la Junte & le Bureau ont été établis, ils se sont occupés uniquement des objets relatifs à la mensuration, & successivement à l'estimation.

Celui qui fut choisi pour être à la tête des Géometres, forma le plan pour les mesures & pour toutes leurs bases, sur lesquelles le Bureau rédigea les instructions en forme; & après qu'elles eurent été approuvées par la Junte, le modele en fut envoyé aux Intendans.

Il en fut usé de même pour les projets de manifestes & d'instructions, concernant l'estimation des biens de chaque nature.

Cette estimation a été faite, conjointement par deux Estimateurs nommés par chaque communauté, & par deux autres d'office, dont un de la province, & l'autre de la province voisine, afin de réunir plus de connoissance sur la valeur des biens qu'ils avoient à estimer.

Ces instructions une fois formées, & envoyées aux Intendans, l'adjudication de la mensuration se fait au rabais.

Alors le Géometre, conjointement avec les indicateurs de la communauté, & ceux des communautés confinentes, visite tous les confins du territoire, & en trace démonstrativement la figure; ensuite en présence des seuls indicateurs de la communauté, il forme, avec la table prétorienne, sur l'échelle, qui lui a été remise par son directeur, le périmetre régulier du territoire; il y marque les terrains, qui peuvent être en contestation ou enclavés, par des lignes en points, & il y désigne tous les chemins royaux & publics; les différens canaux, ruisseaux, fossés d'écoulement, & autres objets relatifs au terrein, ainsi que le cours des rivieres, & la position des vents.

Lorsque le périmetre d'une communauté est fini, il est confronté avec ceux des territoires confinens, en présence des Géometres qui les ont levés, ainsi que du Directeur, pour constater si la ligne de circonvallation de ce périmetre, se rencontre dans toutes ses parties, avec les autres lignes de circonvallation des périmetres des territoires confinens ; après cette vérification, l'on dresse un procès-verbal, qui constate la vérité des opérations, & la quantité en superficie du territoire de la communauté.

Ce périmetre est remis au Directeur, pour lui servir à contrôler les opérations faites en détail par le Géometre, lors de la formation de la *mappe*.

Le périmetre achevé, le Géometre forme la *mappe*, ou plan détaillé de la communauté ; elle comprend toutes les pieces qui en composent le territoire, même celles enclavées appartenant à un autre territoire, & cette mesure est faite dans la respective étendue, & figure de chaque piece, avec désignation des qualités de terrain de chacune ; elle contient également la mesure du sol de tous les bâtimens, des Eglises & Couvens, celle des chemins publics & royaux, celle des fleuves & torrens ; le tout est calculé séparément, & vérifié par le Directeur dans toutes les regles de l'art.

Cette *mappe* est levée sur une échelle différente de celle du périmetre ; le Géometre y fait les mêmes distinctions, que celles portées dans le périmetre ; enfin, on dresse au pied un procès-verbal, pour en constater la vérité & la consistance.

Le Géometre donne une explication des notes, qu'il a employées pour former les distinctions.

La *mappe* est nécessairement composée de plusieurs grandes feuilles de papier unies ensemble ; si elle étoit réunie aux communautés, elle seroit sujette à des inconvéniens ; pour les prévenir, le Géometre est obligé, par sa soumission, de former un livre, contenant les figures de toutes les pieces qui existent dans la mappe, & ce livre doit durer autant que le cadastre : à la tête de chacune des pages, sont inscrits les numéros de la mappe, les noms, surnoms, & qualités de chaque Propriétaire, les qualités des fonds, leurs cantons, leurs degrés de bonté ou classe, la mesure de leur superficie ; le tout, pour autant de pieces qu'il peut en tenir dans le surplus de la page.

Dans chaque figure, on a l'attention d'y marquer les vents, ainsi que les confins.

B b ij

Lorfque ce livre eft entiérement formé, on releve le montant de la mefure de chaque piece, pour défigner la confiftance de chacune ; & fi étant additionnées toutes enfembles, elles donnent un total femblable à celui du périmetre, & à celui de la mappe, c'eft la preuve que le figuratif eft jufte.

Le Géometre forme enfuite le livre d'indication, dans lequel l'on établit diftinctement, dans un ordre progreffif & fucceffif, les numéros relatifs à la mappe.

Les noms de chaque Poffeffeur, avec la défignation des charges dont leurs fonds peuvent être grévés.

La qualité des pieces, & leur charge particuliere, relativement à la culture du fonds.

L'indication des biens prétendus exempts.

La région dans laquelle chaque piece eft fituée.

Le degré de bonté de chacune, & la quantité de mefure de chaque piece.

Ce livre eft communiqué aux Experts nommés pour l'eftimation, qui conftatent par un procès-verbal, la fixation qu'ils ont faite des degrés de bonté du territoire de la communauté, felon leur naturel refpectif & intrinfeque état, ainfi que l'examen attentif qu'ils ont fait de toutes les pieces féparément, & l'application à chacune de la claffe qui lui convient le mieux d'après fa bonté, & intrinfeque valeur.

Comme ces opérations ne peuvent fe faire que fuivant l'ordre des numéros de la mappe, elles ne feroient point connoître aux Propriétaires, la totalité de chacune de leurs poffeffions; auffi le Géometre eft - il obligé de former un autre livre, par ordre alphabétique, des noms de tous les Propriétaires ; de forte que tous les numéros des pieces appartenant à un même Poffeffeur, fe trouvent réunis fous fon nom.

Dès que la mappe, le livre d'indication & le livre colonnaire font achevés, on les publie, & on en donne communication à chacune des parties intéreffées, afin qu'elles foient à portée de faire leurs repréfentations en cas d'erreur ou d'omiffion, le tout dans la forme prefcrite par les inftructions données aux délégués à cet effet.

Après cette publication, & lorfque toutes les pieces ont été reconnues par les Propriétaires, pour être fans erreur, ou, s'il s'en eft trouvé, qu'elles ont été rectifiées, le Géometre forme le livre de cadaftre pour le service de la communauté, relatif à ceux dont on vient de rendre compte.

Si les résultats de ces différentes opérations donnent une quantité de mesures semblables à celle résultante du périmetre, c'est une preuve certaine qu'il n'a point été fait d'erreurs ; si au contraire, il s'en étoit glissé, il ne seroit pas possible qu'elles échappassent.

Lorsque ce cadastre est fait, il est remis au Directeur, & le Géometre se trouve avoir rempli alors l'engagement pris par sa soumission, & par conséquent tout ce qui concerne la mensuration, & les opérations qui en sont la suite.

Le Directeur transmet au bureau général tous les cadastres, & les Estimateurs leurs procès-verbaux d'estime ; ils y sont vérifiés, & la valeur capitale de chaque fonds, restée en blanc dans le cadastre, est remplie par le bureau, & par ce moyen, toute l'opération est consommée.

Le bureau forme encore le livre de transport, pour y porter toutes les mutations & changemens, partages & divisions des biens inscrits au cadastre ; ce livre est divisé de façon, qu'il est relatif au cadastre & aux numéros de la mappe.

On y inscrit les changemens qui arrivent, l'énonciation des contrats de vente, leur dates, les noms des Notaires, la délibération du Conseil de la communauté, qui en ordonne le changement & l'indication de la piece acquise ; la quantité de chaque piece, & la valeur de chacune.

Pour donner même un exemple, qui pût servir de regle, on a porté sur ce livre de transport, différens changemens & mutations fictifs, comme s'ils avoient déja eu lieu.

Enfin, lorsque ces opérations sont achevées dans toutes les communautés, on rend l'Edit de la péréquation, qui en assure l'exécution.

Il ne s'agit donc plus que de fixer la masse des impositions que l'on doit asseoir sur ces fonds ; & c'est encore un des objets dont il est nécessaire de rendre compte.

TROISIEME OBJET.

On détermine la Masse générale du tribut, on la divise ensuite par province & par communauté, & l'état général est arrêté une seule fois par le Roi de Sardaigne, & enfuite dépofé à la Chambre des Comptes.

L'on envoie une copie de cet état à chaque Intendant, pour la province dont il a l'adminiftration, & il fait paffer au Secrétaire de chaque communauté, le montant du tribut qu'elle doit porter ; ce tribut fe répartit par un fimple marc la livre, fur chaque Poffeffeur, fuivant la Maffe totale de l'eftime de fon bien, portée au cadaftre.

Si le Roi de Sardaigne accorde des diminutions, ou qu'il foit obligé d'augmenter le tribut, on envoie à l'Intendant la portion de diminution ou d'augmentation, que doit fupporter fa province ; il la répartit, relativement à la premiere Maffe d'impofition donnée à chaque communauté, & il en fait paffer la note au Secrétaire, qui fait la même opération fur chaque Propriétaire, lorfqu'il forme le rôle de chaque année ; ainfi il ne peut y avoir d'injuftice de la part de celui qui fait le rôle, ni de conteftation entre les Contribuables ; *il ne peut fe rencontrer tout au plus que des erreurs de calcul* aifées à rectifier, & qui fe réforment de l'autorité de l'Intendant.

Pour former les cadaftres du Piémont & de la Savoie, il a fallu établir des Confeils dans les communautés, ce qui a donné lieu à différens réglemens rendus par le Roi Victor & le Roi régnant, qui ont également ftatué fur la forme d'impofer & de recouvrer ; forme qui, avant cette époque, étoit femblable à celle qui fe pratique encore en France.

Pour l'intelligence de cet objet, il eft néceffaire de fe rappeller, que la guerre a fubfifté pendant plufieurs fiecles dans ces provinces ; les communautés qui les compofent, avoient été obligées de former des emprunts, & de conftituer des rentes pour payer des contributions qu'on levoit fur elles.

Les befoins des Souverains les avoient forcés d'autorifer les communautés à recevoir des inféodations, & à faire des aliénations ; enfin, elles avoient emprunté pour des befoins particuliers ; au moyen de quoi elles font chargées de dettes confidérables, qui ne peuvent être acquittées, que par une impofition annuelle fur elles-mêmes.

Le rôle de chaque année eft donc compofé du tribut royal, & de la fomme néceffaire à impofer pour acquitter les charges locales, & les dettes de la communauté.

Lorsqu'il eſt queſtion de régler le rôle d'impoſition de chaque année, l'on examine dans le Conſeil de la communauté, toute la dépenſe qu'elle eſt obligée de faire dans le courant de l'année; on y vérifie les états, qui ſont préſentés par ceux qui prétendent le paiement de quelques fournitures ou vacations faites pendant l'année précédente, & ces états ſont examinés pour être paſſés, rejettés ou modérés par le Conſeil, & ſont enſuite préſentés à l'Intendant, afin d'y avoir l'égard convenable.

Si ceux qui compoſent le Conſeil ne ſont point unanimement d'accord, ni ſur les cauſes, ni ſur les ſommes, ou qu'elles excedent les forces de la communauté, on fait mention du nombre d'oppoſans & de leurs motifs d'oppoſition, ſur leſquels l'Intendant donne ſa déciſion.

Les revenus de la communauté ſont auſſi détaillés dans le rôle de l'impoſition, de même que le reliquat du compte de l'Exacteur, de l'année précédente, s'il y en a.

Il eſt défendu au Conſeil de faire aucune répartition, ſous quelque titre ou nom que ce ſoit, ſi elle n'eſt approuvée par l'Intendant.

Le Secrétaire ne tire point les ſommes dans le rôle, mais il les porte ſur un brouillard, après toutefois que le rôle a été examiné dans le Conſeil, que toutes les dépenſes y ont eté admiſes, & que la fidélité de toutes les parties qui le compoſent a été aſſermentée, dont il eſt dreſſé un procès-verbal.

Ce rôle, ainſi que le livre des délibérations, & toutes les pieces de dépenſes, ſont préſentés par le Secrétaire, & un Député du Conſeil, à l'Intendant, pour avoir ſa déciſion.

Lorſqu'il a rendu ſon Ordonnance, le Secrétaire forme le cottet, en tête duquel il infere tout au long un double du rôle, & de l'Ordonnance de l'Intendant, & enſuite il y couche le nom & la cote de tous les Particuliers; cette cote eſt déterminée au marc la livre de la Maſſe de l'eſtime du bien de chacun, portée au cadaſtre.

Lorſque ce rôle & ce cottet ſont ainſi formés, le Secrétaire en fait une lecture publique aux habitans de la communauté aſſemblés, en leur notifiant, que le tout reſtera entre les mains du Syndic pendant un nombre de jours, afin qu'il en donne communication à ceux qui le ſouhaiteront; & le temps expiré, ces pieces ſont tranſmiſes à l'Exacteur, qui en donne ſon reçu au Secrétaire; c'eſt à quoi ſe réduit la forme de l'impoſition dans le duché de Savoie.

Les rôles de la principauté de Piémont font faits dans la même forme; mais indépendamment du rôle, l'on dreffe un état de l'impofition perfonnelle, qui eft ordinairement à raifon de 20 fous par tête, pour les perfonnes de toutes conditions, de tout fexe & de tous âges, à l'exception des enfans au-deffous de fept ans, & des perfonnes âgées, incapables de gagner leur vie, qui font portés dans une colonne diftincte.

L'on fait auffi un autre état féparé, de tous les bœufs de tirage & attelage, que poffede chacun des Particuliers impofés auffi uniformément, plus ou moins, fuivant les befoins de la communauté.

Enfin, un troifieme état qui contient les Négocians & les Artifans; le Confeil, après avoir confidéré fcrupuleufement & fans partialité, leur plus grand ou moindre trafic, donne à chacun fa cote, felon la regle de proportion établie par une décifion du Roi de Sardaigne, & dont la plus forte ne peut excéder 15 livres; même il impofe au-deffous de la fixation, s'il s'apperçoit qu'elle foit au-deffus des forces du trafic; ceux qui compofent le Confeil, font d'autant plus attentifs à cet égard, qu'ils font dans le cas d'être condamnés en leur nom par l'Intendant, au dédommagement des Contribuables, dont les plaintes fe trouvent fondées.

Ces états font publiés en même-temps que les rôles & cottet, & font auffi préfentés à l'Intendant pour qu'il les approuve.

Ces impofitions font uniquement appliquées en déduction des charges particulieres des communautés, & nullement en diminution du tribut royal, de forte que s'il n'y avoit point de charges particulieres, cette impofition feroit abolie.

Au contraire, les revenus communaux, que chaque communauté peut avoir, font portés dans le rôle en déduction du tribut royal.

Le Secrétaire de chaque communauté forme un état de comparaifon du rôle de l'impofition de l'année courante, avec celui de la précédente; qu'il envoie aux royales finances, pour qu'elles foient informées de tout ce qui a été impofé dans l'année.

Avant de remettre le rôle entre les mains d'un Exacteur ou Collecteur, il fe tient un Confeil de communauté, où on reçoit les mifes de ceux qui veulent fe charger de l'exaction de la taille; le recouvrement en eft adjugé à celui qui fait la meilleure condition : on ne reçoit point de mifes qui excedent les quatre pour cent; s'il ne fe préfente perfonne pour la

mife,

mise, ou qu'elle excede les quatre pour cent, le Syndic est obligé de faire l'exaction.

L'Ajudicataire donne une caution solvable pour la sûreté du recouvrement ; les Officiers du Conseil de la communauté sont néanmoins obligés de veiller à la conduite de celui qui en est chargé, à peine d'en répondre.

Le paiement du tribut se fait par l'Exacteur, entre les mains du Trésorier établi dans la province.

Aussi-tôt que le cottet est remis à l'Exacteur, il en envoie une copie à ce Trésorier.

La taille étant réelle, elle est privilégiée, & a la préférence sur tous autres créanciers ; préférence ordonnée par les réglemens, qui contiennent aussi les devoirs de l'Exacteur ; & comme il pourroit s'en écarter, sous prétexte d'ignorance, l'Officier local est obligé de lui en faire lecture tous les trois mois, & quinze jours avant l'échéance de chaque quartier.

L'Officier local avertit, à la même époque, tous les Régistrans, au sortir de la Messe paroissiale, de payer incessamment le quartier échu à l'Exacteur, auquel il remet un certificat de l'avis qu'il a donné au Général de la paroisse, afin que, huit jours après l'échéance, l'Exacteur puisse, sans autre formalité, faire procéder à la saisie, vente & adjudication des fruits & effets des débiteurs, par le premier Huissier requis, même par le Juré-crieur de la communauté, en la présence seulement de l'Officier local.

L'Exacteur est obligé, quinze jours avant l'échéance de chaque quartier, d'aller chez tous les Particuliers de la paroisse, pour se faire payer de ce qu'ils doivent, afin d'être en état d'en porter le montant au Trésorier de la province, le lendemain de l'échéance du quartier.

L'Exacteur émarge sur son cottet l'argent qu'il reçoit de chaque Particulier, & lui en donne quittance.

La taille étant réelle, elle est due par le Propriétaire ; cependant les Fermiers & Locataires ne peuvent payer leurs maîtres, s'ils ne leur justifient point des quittances de l'Exacteur ; les fruits & revenus, entre les mains des Fermiers, sont réputés saisis, par un réglement général rendu à cet effet.

Lorsque l'Exacteur fait le paiement, le Trésorier examine son cottet ;

pour voir s'il eſt en regle, & s'il a fait ſes diligences ; il dreſſe un état des Particuliers arriérés , & l'envoie à l'Intendant ; ce dernier décerne les contraintes, & fait faire les pourſuites directement, & envoie au Contrôleur général, pour qu'il en rende compte au Roi de Sardaigne, la note de tous les Nobles & gens en place, qui ſont en retard de payer le tribut.

Le Tréſorier eſt obligé de donner ſes quittances à l'Exacteur au pied du cottet ; de même, ce dernier eſt auſſi obligé de faire enregiſtrer ces quittances à l'Intendance.

Les pourſuites ſe font par voie de brigades militaires ; & par voie de ſaiſie, & vente des fruits & effets.

Le paiement des tributs ſe fait chaque année, pour les deux premiers quartiers, le 20 Juillet, le troiſieme, dans le courant de Septembre, & le dernier, dans le courant de Décembre ; le compte s'en rend par l'Exacteur devant le Conſeil de la communauté, & il eſt enſuite arrêté par l'Intendant.

Telles ſont les diſpoſitions des réglemens faits dans les Etats du Roi de Sardaigne, pour l'impoſition & pour le recouvrement des tributs, & dont il réſulte de grands avantages, par comparaiſon à l'ancienne forme, ſoit relativement à la diminution du travail, ſoit par rapport aux frais ; avantages qui doivent toujours être une ſuite naturelle de toute péréquation bien faite.

QUATRIEME OBJET.

En effet, on n'eſt plus obligé de former chaque année, des brevets, ni des commiſſions pour chaque province, ni même de faire faire des tournées par les Intendans.

Il n'exiſte plus d'injuſtice dans la répartition, d'animoſité entre les Contribuables, de procès entre ces derniers, & les Collecteurs ou les paroiſſes ; plus de ſurcharge à craindre, nulle demande en ſurtaux ou en comparaiſon de cote, plus de rejets ni de réimpoſitions pour les frais qu'entraînoient toutes ces opérations ; au contraire, l'on voit régner la juſtice la plus équitable, la plus ſimple, la plus à portée de tous les gens les moins éclairés, la ſécurité, la paix, la tranquillité, & l'union entre tous les Cultivateurs, sources de la population, comme de l'amélioration de l'agriculture.

La simplicité des formes & de la procédure, introduite pour le recouvrement, procure également les plus grands soulagemens aux Contribuables; & tels sont les motifs qui les ont déterminés.

On a considéré, que si l'on introduisoit des formes, des procédures préliminaires & des délais, avant qu'un créancier pût faire exécuter son débiteur; c'étoit par la raison, que, quel que soit le titre de la créance, le débiteur peut avoir des moyens à opposer contre son créancier.

En matiere de recouvrement, ou de tribut réel, réparti par la voie d'une juste péréquation, la dette est constante, & ne peut jamais être contestée, même lorsque le Régistrant ne la devroit pas en définitif, puisqu'il la doit par provision.

La dette étant établie par un rôle notifié aux habitans, aucun d'eux ne peut ignorer ce qu'il doit.

Le rôle est visé, par conséquent il forme un titre exécutoire.

La dette étant donc connue comme le titre, & le privilége ne pouvant être contesté par un autre créancier, on n'a point trouvé de raison légitime pour obliger d'employer de nouvelles formes, ni des procédures judiciaires pour contraindre les Contribuables à payer, puisque bien loin de leur procurer des avantages, ces procédures occasionnoient précédemment leur mal-aise, & souvent leur ruine.

Le Roi de Sardaigne s'est encore procuré d'autres avantages.

En même-temps qu'il a fait procéder à l'opération des cadastres, il a fait faire un dénombrement général dans son royaume, des hommes, des chevaux & des bestiaux.

La forme établie dans l'imposition opere tout naturellement, chaque année, un nouveau dénombrement; ce qui est, on ne peut pas plus utile, puisque l'on ne peut connoître la puissance & le revenu d'un Etat, si l'on ignore le plus ou le moins d'étendue des parties qui le composent.

Il a aussi fait réunir à son domaine tous les biens qui en avoient été aliénés au préjudice des constitutions fondamentales de son Etat.

Il est parvenu à connoître la vraie valeur, & le produit réel des biens de ce même domaine; de sorte qu'il en tire les mêmes avantages que pourroient en tirer des Particuliers, qui en seroient propriétaires.

C c ij

Il a fait rentrer dans la Maſſe des biens ſujets au tribut tous les biens acquis par les gens d'Egliſe, depuis l'année 1620, & il y a également aſſujetti ceux qu'ils pourront acquérir à l'avenir, par quelque voie & maniere que ce puiſſe être.

Par la menſuration, il eſt parvenu à connoître la ſuperficie du ſol de l'Etat, & par conſéquent ſa juſte étendue.

Par l'eſtimation, le produit exact de ce même ſol, partie par partie, production par production; par conſéquent, le revenu & la richeſſe de l'Etat : cette ſeconde connoiſſance a conduit à établir la juſte balance d'impoſition annuelle, qui pouvoit y être appliquée avec équité; comme auſſi celle que ces productions peuvent porter, par extraordinaire, dans un temps de guerre & de malheur, objet de la derniere importance, puiſque c'eſt le ſigne certain qui doit décider le Souverain pour faire une paix avantageuſe, ſuivant les circonſtances, ou pour prolonger la guerre, afin d'obtenir de plus grands avantages.

Le dénombrement des terres, celui des hommes & celui des beſtiaux, ont fait connoître les provinces plus ou moins peuplées; par conſéquent, on a été dans le cas de porter la population & la culture où elles manquoient.

Dès que l'on a connu les productions de chaque province, même celles de chacun de leurs cantons, on a ſu ſi elles ſuffiſoient ou non, ou ſi elles étoient ſurabondantes pour la conſommation de leurs habitans, eu égard aux beſoins de premiere néceſſité; lorſqu'elles ne l'ont pas été, on y en a fait verſer pour y ſuppléer, & par-là on a prévenu les chertés & les diſettes particulieres.

Lorſqu'elles ſe ſont trouvées ſurabondantes, on a procuré les moyens néceſſaires pour en faciliter les débouchés & l'exportation, en formant des chemins de communication : la miſere qui exiſtoit dans des provinces, par le défaut de débit & de conſommation des denrées, a ceſſé; & les Seigneurs & Propriétaires de biens ſitués dans ces provinces, privés autrefois de tous fermages, par l'impoſſiblité où étoient leurs Fermiers de les payer, ſont rentrés dans la jouiſſance de leurs revenus: dès-lors ils ont été bien dédommagés de la privation d'une extenſion abuſive de priviléges pour leurs biens ruraux. Les gens de bonne foi ne peuvent s'empêcher d'en convenir, & d'approuver l'opération; à l'égard des Cultivateurs, ils en rendent ſans ceſſe leurs hommages, & leurs actions de graces au Souverain.

En connoiffant le nombre des citoyens, on a connu la confommation générale. Le Gouvernement, inftruit des différentes productions des terres de l'Etat, a fu, felon les circonftances des bonnes, médiocres, ou mauvaifes récoltes, s'il y avoit néceffité à l'importation, ou à l'exportation des denrées, & le degré jufte, auquel l'une & l'autre devoient être fixées : dans le cas d'abondance, on a fait rentrer de l'argent dans le royaume, ainfi qu'il eft arrivé cette année; par la même raifon, ces connoiffances préviendront à jamais les chertés & les famines, dans le cas de mauvaifes récoltes.

On eft parvenu auffi à une économie confidérable, fur nombre de parties d'adminiftration, qu'il eft plus aifé de concevoir que de détailler.

Et l'on s'eft auffi procuré des connoiffances certaines & entieres, fur la force ou la foibleffe intrinfeque, de chacune des parties de l'adminiftration, dans le plus grand détail, & dans la plus fcrupuleufe exactitude; on a formé un tableau unique, qui fert au Roi de Sardaigne, à régler annuellement toutes les parties de fon Gouvernement.

Enfin, pour donner une idée des frais qu'a entraînés l'opération du cadaftre, fuivant l'opération la moins coûteufe de toutes celles qui ont été fuivies dans les Etats du Roi de Sardaigne, on obfervera, que la province d'Alexandrie contient deux cent vingt mille journaux, revenant à trois cents trente mille arpens de France; la dépenfe a monté à 110 mille livres, monnoie du Piémont, valant 132 mille livres, monnoie de France; d'où il réfulte, qu'il en a coûté 8 fous par arpent.

L'impofition territoriale monte, dans les Etats du Roi de *Sardaigne*, au cinquieme ou environ, du produit des terres.

Il paroît qu'il ne s'y perçoit point d'impofitions fur les denrées & marchandifes, fi ce n'eft à titre de Douane, aux entrées & forties; & que les dettes des communautés s'acquittent par une impofition perfonnelle, qui eft une véritable capitation, égale entre tous les Contribuables, fans diftinction de rang ni de fortune; mais dont chaque tête eft tenue, de telle maniere, qu'on compte les femmes, les enfans & les domeftiques.

IMPOSITIONS
DANS LES ÉTATS
DE LA RÉPUBLIQUE DE GENES.

LES impofitions qui fe levent dans les Etats de la république de Genes, font de différentes fortes.

La premiere, connue fous la dénomination d'*Avaria*, confifte dans une taxe, qui eft établie fur les biens-fonds, relativement, & en proportion de la valeur de ces biens-fonds, fixée & déterminée par un cadaftre ; cette taxe revient communément à cinq pour cent.

Les *Gouverneurs* des différens lieux, font chargés du recouvrement de cette impofition. On leur accorde une remife de tant pour cent, à proportion de l'étendue de chaque diftrict ; au moyen de cette remife, ils font obligés d'acquitter le montant de l'impofition, même ce qu'ils n'auroient pas reçu ; & ils donnent à cet effet toutes les fûretés convenables ; ils font autorifés à employer les voies d'exécution contre ceux des Propriétaires des biens-fonds, qui refuferoient de payer le montant de leur taxe.

On élit tous les ans dans chaque paroiffe, des Collecteurs qui font chargés de faire la collecte de cette taxe. Ils jouiffent, pendant le temps de leur exercice, de quelques exemptions réelles & perfonnelles. Le Gouverneur leur fait remettre l'état du produit des fonds fitués dans l'étendue des communautés qui compofent fon département ; & à la fin de l'année, ces Collecteurs font tenus de lui rendre un compte général de leur recette.

Indépendamment de l'impofition réelle fur les fonds, les habitans des campagnes font encore affujettis à une autre forte d'*Avaria*, ou impofition perfonnelle, que l'on peut appeller *Capitation*, & dont la fixation eft plus ou moins forte, felon que les befoins de la République & ceux des Communautés, font plus ou moins confidérables.

Le montant de cette taxe eft réglé & déterminé, chaque année, par un Tribunal qui eſt établi pour l'adminiſtration des communautés.

Chaque Gouverneur eſt chargé du recouvrement de cette taxe, qui ſe fait par les mêmes Collecteurs qui perçoivent celle ſur les biens-fonds: on leur remet à cet effet, un regiſtre ou rôle, dans lequel ſont rappellés les noms de ceux qui ſont aſſujettis à cette impoſition.

Cette taxe, ou capitation, n'a aucune regle fixe, ni pour l'impoſition en elle-même, ni pour la maniere d'en régler le montant; elle eſt réputée porter ſur les revenus des capitaux & ſur l'induſtrie; mais comme ces capitaux ſont placés, pour la plus grande partie, chez les Etrangers, & que par cette circonſtance, on ne pourroit, que très-difficilement, en évaluer les produits, on prend le parti de taxer les Particuliers, ſuivant l'état de leur maiſon, que l'on détermine par le nombre des domeſtiques dont elle eſt compoſée, par le nombre d'équipages, par le genre & l'importance des emplois, & par les notions générales que l'on a des revenus d'un chacun.

C'eſt d'après ces différentes circonſtances, qu'eſt réglée la ſomme que chaque Particulier doit ſupporter; mais ſi quelqu'un ſe trouve taxé au-delà de ſes facultés, il a la voie de faire ſes repréſentations à un Tribunal, qui eſt établi à cet effet, & ces repréſentations, lorſqu'elles ſe trouvent fondées, ſont toujours accueillies.

Le montant de la taxe ſur l'induſtrie eſt réglé ſur le plus ou le moins de talens des Particuliers, ſur le profit qu'on juge qu'ils peuvent faire dans leur commerce, ſur les dépenſes intérieures de leur ménage, & principalement ſur le plus ou le moins de luxe qu'ils font paroître dans leurs habillemens.

Ainſi, cette maniere d'impoſer ne peut être ni bien exacte, ni permanente.

Elle ne peut être bien exacte, parce que l'on eſt ſouvent trompé par les apparences.

Elle ne peut être permanente, relativement aux changemens & aux variations qui ſurviennent, ſoit dans l'état, ſoit dans les fortunes des Particuliers; auſſi eſt-on obligé de faire, chaque année, de nouvelles taxes, & d'apporter des changemens continuels dans les détails de l'impoſition.

Lorſque quelqu'un eſt en retard de payer, ſoit la capitation, ſoit la taxe ſur les biens-fonds, on lui fait trois ſommations, & s'il ne ſatisfait pas, on procede contre lui par la voie de la ſaiſie, & exécution de ses effets & de ses biens, & s'ils ne sont pas suffisans, on le constitue prisonnier.

La troisieme espece d'imposition, connue sous la dénomination *Della macina*, consiste dans un droit, qui se perçoit sur chaque mine ou sac de grain qu'on fait moudre.

Ces droits sont affermés par partie au plus offrant & dernier enchérisseur; c'est-à-dire, que les droits sur les grains qu'on fait moudre dans un endroit, sont affermés à un Particulier; ceux qu'on fait moudre dans un autre endroit, à un autre Particulier : c'est le seul moyen que l'on ait pu trouver pour prévenir les fraudes, qui se pratiquoient d'autant plus facilement, que les lieux, où sont situés les moulins, sont en général très-éloignés les uns des autres, & qu'un seul & même Adjudicataire n'auroit pu veiller sur tous ces endroits à la fois; au lieu que chaque Adjudicataire n'ayant qu'un objet particulier à suivre, il est à portée de le faire exactement.

Une quatrieme imposition consiste dans les droits qui se perçoivent sur les cartes à jouer.

Il étoit bien difficile de tirer du droit sur les cartes, tout le parti dont il pouvoit être susceptible; parce que chaque Particulier se procuroit des cartes de contrebande. Il auroit fallu, pour prévenir ce genre de fraude, être informé, avec la plus grande exactitude, des jeux qui se tenoient dans chaque maison; ces recherches auroient occasionné des dépenses considérables; elles auroient eu, aux yeux du public, l'apparence d'une vexation; ce qu'il étoit intéressant pour la République d'éviter. Ces motifs ont engagé à affermer à un Particulier, le droit exclusif de fabriquer & de vendre les cartes, & cette ferme ne produit qu'une modique somme; parce que les cartes de contrebande, étant toujours à un prix inférieur à celui auquel le Fermier vend les siennes, son débit est très-borné.

On perçoit, dans les Etats de la République de Gênes, des droits à la vente du poisson : ces droits sont relatifs au prix auquel le poisson est vendu, & ce prix est fixé par le Tribunal, qui est chargé de la police des vivres. Mais comme la vente du poisson en détail forme un privilége exclusif, les pêcheurs, sous prétexte des difficultés qu'ils éprouvent, soit de la part du Fermier de ce privilége, soit de la part des Commis, qui sont préposés à la perception du droit, préferent de porter

le

le poiffon à Turin, ou dans d'autres endroits, & cette circonftance diminue de beaucoup l'objet de la confommation de cette denrée dans la ville de Gênes.

On perçoit pareillement des droits fur les fours à chaux & à briques, & fur le favon.

Ces droits confiftent dans une fomme, qui eft payée pour la cuite des briques & de la chaux, & pour la fabrication du favon. Ils font affermés à un Particulier ; & la perception en eft d'autant plus facile & plus fûre, que celui qui voudroit fe livrer à la fraude, feroit bientôt décelé par la fumée des fours, & par l'odeur de l'huile qui entre dans la compofition du favon.

La fourniture des bœufs néceffaires pour la confommation des habitans de la ville de Gênes, fe fait par entreprife.

On convient, avec un Particulier, de la quantité & qualité des bœufs qu'il doit fournir, & on regle & détermine le prix que les Bouchers payeront pour chaque bœuf.

Indépendamment de ce prix, on perçoit à l'entrée un droit fur chaque bœuf, & c'eft le Boucher qui eft tenu d'acquitter, fur les bœufs qu'il achette, ce droit, qui revient à peu-près à la moitié du prix auquel la livre de viande eft fixée.

Ce droit, quoique très-confidérable, ne donne cependant qu'un produit affez modique, foit parce que la cherté exceffive de la viande en diminue la confommation, foit parce que les Bouchers, pour s'indemnifer des charges auxquelles ils font affujettis, en vendent beaucoup en fraude.

On perçoit auffi, fous la dénomination de *Baglira*, des droits fur les fruits & herbages qui entrent dans la ville, & qui font vendus aux marchés ; ces droits font affermés, & fe perçoivent à raifon du poids de chaque charge.

Les bois & charbons, qui entrent dans la ville de Gênes, font auffi affujettis à des droits, dont la perception eft affermée à un Particulier.

Il fe perçoit fur le grain, le vin, l'huile, la farine & le pain, des droits de deux fortes, dont les uns fe payent aux entrées, & les autres à la vente en détail.

Les droits qui fe perçoivent à l'entrée fur le grain, le pain & le vin,

Tome I. D d

sont affermés au plus offrant & dernier enchérisseur. Le Fermier en fait faire la perception par des Employés & des Gardes, qu'il tient aux portes des différentes villes.

On observe cependant, que les denrées qui croissent dans l'étendue d'un territoire, & qui y sont consommées, n'acquittent aucuns droits; mais lorsqu'elles sortent de ce territoire, pour être transportées dans un autre, elles sont assujetties aux droits, comme denrées étrangeres.

Les droits qui se perçoivent à la vente en détail du vin, de la farine, du pain & de l'huile, produisent à la République un revenu considérable, quoique ces droits ne soient perçus que dans la seule ville de Genes; la raison en est que les Particuliers, auxquels leurs facultés ne permettent pas de faire des provisions, sont dans la nécessité de se pourvoir aux boutiques où ces denrées sont vendues en détail.

L'administration de la vente de ces denrées est confiée à trois Tribunaux, qui ont été établis à cet effet, & dont ceux qui les composent ont emprunté les fonds nécessaires pour fournir aux achats qu'ils sont obligés de faire : ces Tribunaux sont, celui de l'abondance, qui est chargé de la vente du pain & de la farine, celui du vin & celui de l'huile.

Ces Tribunaux ont des Commis qui sont répandus dans les différens quartiers de la ville, & qui y débitent les denrées au prix, au poids, & à la mesure que chaque Tribunal a fixés pour l'objet qui les concerne.

Une des principales branches des revenus de la République de Gènes, consiste dans le privilége exclusive de vendre le tabac, l'eau-de-vie & les liqueurs fortes, & de tenir la loterie, dite *du Séminaire*.

Ces objets sont affermés à des Particuliers qui, en conséquence de leurs baux, fournissent seuls dans toute l'étendue des Etats de la République, le tabac, l'eau-de-vie, & autres liqueurs fortes qu'ils fabriquent ou qu'ils achettent. Le prix auquel ils doivent en faire la vente, est réglé par la Chambre des finances.

Il en est de même pour la loterie; celui auquel ce privilége est affermé, peut seul distribuer les billets. Le prix en est fixé, & il est obligé de faire les tirages aux époques, qui sont pareillement réglées par la Chambre des finances. Il est fait les dépenses le plus expresses à toutes personnes de former une semblable loterie, ou autre établissement qui pourroit y avoir quelque rapport.

On perçoit, dans les États de la République de Gênes, des droits de
Péage dont le produit est destiné pour l'entretien des grands chemins;
c'est cette circonstance qui a fait donner à ces droits la dénomination de
Gabelle des chemins.

La perception de ces droits est affermée, non en général, mais à
autant de Particuliers qu'il y a de grandes routes, sur lesquelles on perçoit
des Péages.

Les droits qui se levent sur chaque balle de papier à écrire, qui arrive
à Gênes, sont affermés chaque année : on ne connoît point l'objet de
ces droits.

Les droits qui se perçoivent sur le papier timbré sont plus ou moins
forts, relativement au plus ou moins d'importance des actes auxquels
chaque espece de papier est destinée.

Ces droits sont toujours perçus très-exactement, & il ne peut point
se commettre de fraudes.

En effet, on remet aux Gouverneurs des villes & bourgs, une quantité de papier timbré déterminée : ceux-ci tiennent regiftre de ce qu'ils
en remettent de leur côté à ceux qui sont chargés de le vendre ; ainsi,
l'on connoît par le nombre des feuilles qui restent, la quantité qui a
été vendue, & le montant des droits qui ont été payés. Tout acte ou
contrat qui ne seroit point fait sur papier timbré, même entre les Particuliers, & sous signature privée, n'auroit aucune force en justice.

On perçoit sur tous les contrats en général, des droits qui varient suivant
la nature de ces contrats.

Ceux qui sont perçus sur les contrats de mariage, sont acquittés par
les parties qui contractent, à raison de tant pour cent pour la dot des
filles ; ils sont connus sous la dénomination de *Gabelle delle Censarie.*

Les droits sur les contrats de vente & aliénation des biens-fonds, &
des bâtimens de mer, se payent aussi à raison de tant pour cent de la
valeur de ces biens-fonds & bâtimens.

Ces droits, quoique l'objet en soit assez considérable, sont cependant
perçus avec la plus grande facilité, & il est d'autant plus difficile de s'y
souftraire, que les Notaires qui passent les contrats qui y sont sujets,
sont tenus, dans un délai fixé, de remettre une copie de ces contrats au Tribunal qui est chargé de cette perception, & qui fait ensuite payer les
Redevables. Les Notaires, qui ne remettroient pas des copies des actes

ou contrats, feroient condamnés en des amendes confidérables. Il y a d'ailleurs, des perfonnes prépofées pour s'informer des contrats qui font paffés, & qui en donnent avis au Tribunal.

Lorfque l'on paye les droits dans un certain délai, on obtient des diminutions affez fortes ; mais lorfque les droits n'ont point été acquittés, les contrats n'ont aucune force, & les femmes même ne peuvent exercer aucune hypotheque pour leurs dots.

L'impôt fur le fel forme encore une branche de revenu affez confidérable pour la République de Genes.

Le Tribunal, qui eft chargé de cet objet, fait un marché avec un Entrepreneur, qui s'oblige de fournir la quantité de fel qui eft convenue, & moyennant un prix qui eft réglé & fixé.

Le Tribunal paffe enfuite, avec le même Entrepreneur ou avec d'autres ; un fecond marché, par lequel cet Entrepreneur ou autre s'oblige de vendre un certain nombre de mefures de fel que le Tribunal lui fournit, & à peu-près au même prix que le Tribunal le lui a laiffé.

Le profit de ce Fermier, confifte en ce que, lorfqu'il a vendu le nombre de mefures qui a été convenu, le Tribunal lui en vend d'autres à un prix inférieur, & il les revend enfuite pour fon compte, fur le même pied que les premieres qu'il avoit achetées plus cheres.

On perçoit enfin, dans la ville de Genes, & dans quelques autres villes de la République, des droits de Douanes fur les marchandifes qui viennent du dehors, foit pour être confommées dans ces villes, foit pour être tranfportées ailleurs.

Les marchandifes qui font fabriquées dans les Etats de la République, & qui font deftinées pour la confommation de la ville de Genes, & celles qui fortent de la ville & des Etats de la République pour être exportées à l'étranger, font fujettes aux mêmes droits.

La Douane eft adminiftrée par un Tribunal, qui a auffi l'infpection fur le *port-franc*, qui confifte en ce que les marchandifes qui viennent de l'étranger, & qui font dépofées à la Douane, font exemptes pendant dix ans de tout droit.

Cette facilité d'introduire, dans la ville de Genes, des marchandifes fans payer les droits de Douane, occafionne la contrebande. On eft obligé, pour prévenir les abus, de mettre aux portes des villes un grand nombre de Commis & de Gardes, dont les gages diminuent de beaucoup le produit net des droits de Douane.

Ces détails font suffisamment connoître, soit la nature des impositions & droits qui se levent & se perçoivent dans les Etats de la République de Genes, soit les principes & les formes, d'après lesquels la levée & la perception en sont dirigées.

IMPOSITIONS
DANS LA TOSCANE.

LE syftéme des finances dans la Toscane, tient du Gouvernement populaire de l'ancienne République, du Gouvernement mixte qui a été introduit par les Médicis, & du Gouvernement monarchique.

Dans l'ancien Gouvernement, chaque ordre de l'Etat déterminoit la maniere dont il devoit contribuer aux befoins publics, & régloit la forme dans laquelle devoient fe faire la répartition & la levée des fommes qu'il avoit été arrêté de fournir; de là l'établiffement d'autant de Tribunaux qu'il y avoit de genres d'impofitions. Il en exifte encore actuellement, dans la ville de Florence, trente-deux, qui connoiffent chacun de l'impofition pour laquelle ils ont été établis, qui ont chacun leur Caiffe particuliere, & qui font entiérement indépendans les uns des autres.

Le Gouvernement introduit par les Médicis, n'a apporté aucun changement dans les formes qui exiftoient fous le Gouvernement populaire; mais à mefure que les befoins de l'Etat ont mis dans la néceffité d'établir de nouveaux impôts, la levée & la répartition en ont été dirigées par des formes entiérement différentes.

Enfin en 1740, l'Empereur a formé une Ferme générale, qu'il a compofée de certains droits & revenus, pour la perception & le recouvrement defquels il a été établi des réglemens particuliers; de maniere qu'il réfulte du mélange de ces différens fyftêmes & de la variété qui fe rencontre dans les formes établies pour la répartition & la levée des impôts, une multiplicité de loix qui rendent le recouvrement des impôts, très-difficile, & qui donnent fouvent lieu à des amendes, à des faifies & à des confifcations de tout genre.

La Tofcane eft divifée en commiffariats ou provinces; ces provinces font elles-mêmes divifées en vicariats ou potefteries; la potefterie eft compofée d'un certain nombre de communautés. Lorfqu'il eft queftion d'établir un impôt, le Souverain érige un Tribunal qui eft compofé de trois Com-

miſſaires , d'un Greffier , d'un ou pluſieurs Teneurs de livres & d'autres Officiers ſubalternes ; ces Commiſſaires , en conſéquence du
pouvoir qui leur eſt attribué par l'Edit de leur établiſſement ,
reglent la forme de la répartition & de la levée de l'impoſition , & déterminent les principes par leſquels elles doivent être faites , ils adreſſent les ordonnances & les réglemens qu'ils ont arrêtés aux Commiſſaires
des provinces qui les font paſſer aux Vicaires , ces derniers aux Poteſtats ,
& les Poteſtats aux Juges des communautés.

Les deniers provenans de l'impoſition ſont perçus , dans les villes par
des Receveurs qui ſont établis à cet effet , & dans les campagnes , par le
Juge du lieu ; les fonds de ces recettes ſont remis dans la Caiſſe de la
Chambre ou Tribunal qui a l'inſpection ſur cette impoſition.

On préleve ſur le montant des recettes , les frais de recouvrement , qui
conſiſtent en des remiſes qui ſont communément de cinq pour cent ;
le ſurplus eſt employé aux dépenſes auxquelles il eſt deſtiné , & s'il ſe
trouve de l'excédant , il eſt porté dans le Tréſor du Prince.

Lorſque le Redevable eſt en retard pour les paiemens , on le con-
traint par la voie des ſaiſies & exécutions , & même par corps ; il eſt
en outre condamné en une amende , & il ne peut , juſqu'à ce qu'il ait
ſatisfait , exercer aucune fonction publique.

S'il s'éleve des conteſtations relativement à la répartition & à la levée
d'une impoſition , ou au recouvrement d'un droit , elles ſont portées &
jugées en premier & dernier reſſort , dans les Chambres ou Tribunaux qui
connoiſſent de cette impoſition , mais le Redevable n'eſt admis à ſe pourvoir que lorſqu'il a acquitté le montant du droit ou de l'impoſition ; &
ſi ſa réclamation ſe trouve fondée , on lui tient compte du paiement
qu'il a fait ſur les premieres ſommes qu'il doit payer.

Les impoſitions , les taxes & les droits qui ſe levent & ſe perçoivent
dans la Toſcane , ſont ſi multipliés , que leur nombre excede celui de deux
cents.

Ces droits , ces taxes & impoſitions portent ſur les objets de conſommation , ſur les marchandiſes , ſur l'induſtrie , ſur les arts & métiers ;
la régie & perception de tous ces droits ſont ſi diſpendieuſes , ſoit à cauſe
de la grande quantité des Employés , ſoit par le grand nombre de Tribunaux qui ſont établis pour en connoître , que l'objet de leur produit
net eſt conſidérablement diminué par les frais qu'elles occaſionnent.

Indépendamment des différens droits & taxes qu'on vient de rappeller, il se leve dans la Toscane une taille qui ne porte uniquement que sur les fonds, & qui est divisée en deux parties que l'on connoît, l'une sous la dénomination de *Dîme*, l'autre sous le nom d'*Estimation*.

La dîme ne se perçoit que dans la ville & le territoire de Florence, l'estimation se leve dans le surplus de la Toscane; ceux qui ont douze enfans vivans sont exempts du paiement de la dîme & de l'estimation. Tous les autres Propriétaires de fonds, soit Nobles, soit Ecclésiastiques, y sont sujets.

La dîme se leve sur les revenus nets des maisons & des biens-fonds, toutes charges déduites, elle monte à quatorze pour cent de ces revenus.

L'estimation se perçoit pareillement sur les biens-fonds, mais le montant n'en est point fixé : on fait tous les ans une estimation du revenu que doivent donner les fonds qui appartiennent à chaque Propriétaire, & c'est d'après cette estimation, qui ne peut jamais être parfaitement exacte, qu'est déterminé le montant de la taille ou estimation que le Propriétaire doit supporter, aussi ces évaluations donnent-elles lieu à des réclamations multipliées.

Chaque communauté a, pour ainsi dire, son cadastre particulier ; ces cadastres sont très-anciens, & n'ont été formés que sur les déclarations, qui ont été faites alors par les Propriétaires, & qui n'ont pas même été vérifiées.

Celui qui acquiert un héritage, ou qui y succede, est tenu, sous peine d'une amende qui est arbitraire, de se transporter au bureau qui est établi à cet effet, pour y faire sa déclaration, & faire substituer son nom à celui de l'ancien Possesseur, de maniere que depuis la formation des premiers cadastres, on connoît les Propriétaires successifs de tous les héritages qui y sont énoncés.

Les fonds, qui appartiennent au Clergé, sont compris dans un cadastre particulier, dans lequel sont distingués ceux qu'il possédoit avant 1516, & ceux qu'il a acquis depuis.

Les fonds que le Clergé possédoit avant 1516, sont assujettis à une dîme, dont l'objet n'est pas aussi considérable que celui de la dîme ordinaire. Le produit de cette dîme est destiné à l'entretien des Universités de Florence & de Pise. Les fonds qui ont été acquis par le Clergé

depuis

depuis 1516, supportent la dîme, dans la même proportion que les fonds appartenans aux Laïcs.

Indépendamment de la dîme ou estimation qui se paye dans les différentes communautés, on perçoit encore sur les biens-fonds une taxe, dont l'objet est de procurer à la communauté, dans laquelle les fonds sont situés, les sommes qui lui sont nécessaires pour subvenir à ses charges communes. Ces taxes sont plus ou moins fortes, suivant que la communauté a plus ou moins de revenu & plus ou moins de charges. Elles n'ont point lieu dans les communautés dont les revenus sont suffisans pour faire face à leurs dépenses annuelles.

Enfin toutes les villes & communautés de la Toscane payent annuellement, sous le nom *del Chiesle*, ou de demande, une autre contribution qui se leve pareillement sur les maisons & sur les fonds, & dont l'objet varie, suivant que les besoins de l'Etat sont plus ou moins considérables : la répartition & la levée de cette imposition sont dirigées par les mêmes principes, & se font de la même maniere que celles dont on vient de rendre compte.

IMPOSITIONS
ET DROITS
Dans les duchés de PARME, PLAISANCE &
GUASTALLE.

Les impofitions & droits qui fe levent & perçoivent dans les duchés
de Parme, Plaifance & Guaftalle, fe divifent fous deux claffes : ceux
qui font fufceptibles de variations, & ceux qui font fixes & permanens.

Dans la premiere claffe font compris les droits de Douane fur les
marchandifes & denrées, les droits fur les beftiaux & les boiffons; les
droits fur les boucheries, fur la mouture, fur la fabrication & la vente
du fel, tant volontaire que d'impôt; la ferme des tabacs & eaux-de-vie,
celle des poudres & falpêtres, la ferme des cuirs, la loterie de Genes,
les poftes aux lettres & aux chevaux, l'exploitation des mines de fer,
le papier timbré, la ferme des chiffons & autres priviléges exclufifs,
les droits des ports, bacs & péages, les droits allodiaux & leurs dé-
pendances.

Dans la feconde claffe font comprifes les taxes réelles & perfonnelles,
telles que les Collectes, la Solde militaire & autres de ce genre.

Des différens objets qui compofent les revenus fujets à variations, les
uns font entiérement différens dans chacun des trois Duchés, les autres
y font exactement les mêmes.

Ceux qui admettent des différences entr'eux, font connus fous la dénomination de *Droits de perception.*

Ceux qui font les mêmes dans les trois Duchés, confiftent dans les
priviléges & impôts exclufifs, & dans les droits qui ont été nouvellement établis.

Les droits de bacs, ponts, péages & les droits allodiaux, dépendent des circonftances & ont un rapport direct avec les territoires où la perception en a été établie.

On va rendre compte fucceffivement de ce qui concerne la levée & la perception de ces impofitions & droits, dans chacun des trois Duchés.

DROITS appellés de Perception, *qui ont lieu dans le duché de Parme.*

Droits de DOUANE.

LES droits de Douane font perçus dans la Douane principale, aux quatre portes de la ville de Parme, & dans quarante petits bureaux particuliers qui font répandus dans l'étendue de ce duché.

Ces droits ont été établis, les uns par les Souverains, les autres par le Corps-de-ville de Parme, qui, formant une efpece de République, avoit anciennement le droit d'impofer des droits ; elle ne peut actuellement faire ufage de cette prérogative, qu'autant que le Souverain veut bien lui permettre, & il n'en accorde la permiffion que lorfqu'il ne veut pas paroître faire l'impofition de fon autorité.

On perçoit auffi des droits de Douane dans l'étendue du territoire de Pallavicini, qui comprend les villes & bourgs de Borgo-Saint-Domingo, Buffeto, Corte maggiore, Monticelli, Dongina & leurs territoires qui formoient anciennement un domaine ou feigneurie particuliere ; mais qui, depuis un long efpace de temps, ont été réunis au duché de Parme.

Tous ces droits font perçus d'après des réglemens & des tarifs, qui font propres & particuliers à chacun de ces bureaux.

Les droits de Douane, dont les anciens Ducs de Parme ont ordonné l'établiffement fous la dénomination de *Droits cameraux* ou de la Chambre du domaine, font perçus à l'entrée, à la fortie & au paffage de toutes efpeces de marchandifes & denrées.

Suivant un réglement du 24 Janvier 1705, dont les difpofitions ont été renouvellées par un autre du 24 Janvier 1722, on eft obligé, pour les marchandifes & denrées que l'on veut faire entrer & circuler dans le duché de Parme, d'en faire la déclaration au premier bureau de la frontiere, d'y payer les droits & de prendre un acquit; le défaut de ces formalités emporte la confifcation des marchandifes & denrées, mais il n'eft prononcé aucune amende.

Quant aux marchandifes & denrées que l'on veut faire fortir, la déclaration doit être faite au bureau le plus prochain du lieu de l'enlevement; & faute de s'y conformer, les marchandifes & denrées font pareillement dans le cas d'être confifquées.

Le montant des droits qui doivent être perçus, eft configné dans les tarifs dont les originaux forment un regiftre que l'on appelle le *Livre d'or*, qui eft dépofé dans les archives de l'hôtel-de-ville de Parme, & qui contient non-feulement l'impofition originaire & les accroiffemens fucceffifs qu'elle a reçus depuis, mais encore les ordonnances & réglemens qui y font relatifs.

Il exifte encore dans l'étendue du Duché de Parme & le long du Pô, deux Douanes, dont l'une eft établie à Toricella, & l'autre à Polefino.

On perçoit dans chacune de ces Douanes, des droits de Tranfit fur les marchandifes qui remontent & defcendent le Pô, & en outre un droit fur les barques, & qui eft connu fous la dénomination de *Fonds de bateaux.*

La facilité que les canaux & les rivieres qui arrofent la Lombardie, donnent aux Conducteurs des barques & bateaux, d'éviter de paffer dans ces Douanes, engage à faire des remifes affez fortes fur les droits de Tranfit, qui par eux-mêmes font très-médiocres.

Les droits qui ont été établis par la communauté de Pàrme, ne font perçus qu'à l'entrée des marchandifes, fous la dénomination d'*Impofition*, *Addition* & *Entrée des huiles.*

L'impofition fe perçoit en conféquence d'un réglement & d'un tarif de 1720, renouvellé le 2 Décembre 1758, fur les marchandifes qui y font énoncées; ces réglemens comprennent auffi les droits de détail fur les boiffons, dont on rendra compte dans la fuite.

L'addition n'a lieu que fur les fromages, la cire, les cuirs, le poiffon falé & mariné, & l'huile d'olive qui viennent de l'Etranger, & fur les chandelles, foit étrangeres, foit fabriquées dans la ville de Parme; mais comme le droit fur ces deux derniers objets n'a été établi en 1728, que pour acquitter le *Don gratuit* que la ville de Parme devoit payer au Duc Antoine, à l'occasion de son mariage, il ne se perçoit que dans cette ville seule, & non dans les campagnes.

On ordonna à la même époque de 1728, pour dix années seulement, la perception d'autres droits, tels que le doublement du Péage du pont d'Euza, un droit sur les fruits & légumes étrangers, & un sou (3 deniers, monnoie de France), d'augmentation sur le prix courant de chaque livre de sel ; mais les besoins, qui sont survenus depuis, ont fait continuer cette perception qui existe encore actuellement.

L'entrée des huiles consiste dans un droit de 9 sous (2 sous 3 deniers, monnoie de France), par poids d'huile d'olive qui entre dans la ville & dans le Duché de Parme, & dont l'établissement ne remonte qu'au 20 Décembre 1748.

Indépendamment de la confiscation, qui seule a lieu pour les contraventions aux réglemens sur les droits de Douane, établis par les Ducs de Parme, il y a une amende pour les contraventions aux droits établis par la ville de Parme.

Avant 1763, il existoit dans l'étendue des trois Duchés, différens petits droits & priviléges exclusifs qui étoient très-onéreux au public, sans qu'il en résultât des avantages réels pour les Ducs : ces droits & priviléges ont été supprimés ; & il y a été substitué, sous la dénomination de *Nouvelles additions camérales*, un droit additionnel aux droits d'entrée sur les marchandises de luxe & de prix, telles que les étoffes de soie, d'or & d'argent, les galons, les toiles fines, les draperies, les vins étrangers, les drogueries & épiceries ; mais pour ne point déranger le commerce de ces especes de marchandises avec l'Etranger, il a été ordonné que le montant de ces droits additionnels seroit restitué sur les expéditions qui seroient faites à l'Etranger, en rapportant un certificat en bonne forme, de l'arrivée des marchandises dans le lieu de leur destination.

Il s'étoit introduit, par succession de temps, un abus qui consistoit en ce que, quoique suivant les anciens réglemens, les Etrangers dussent payer pour le droit de Douane, le double de ce que payoient les nationaux, cependant les Etrangers ne payoient pas davantage ; on a fait revivre l'ancien usage, de maniere que les Etrangers sont tenus de payer le double, & le produit de ce doublement fait partie des droits établis sous la dénomination de *Nouvelles additions*.

Les objets qui forment les produits les plus considérables des droits de Douane, sont les cocons & les soies, les cuirs, les fromages, les riz, les huiles & les savons.

La soie, qui forme la production la plus précieuse, & la branche du commerce la plus étendue du pays, a principalement excité dans tous les temps l'attention du Gouvernement, soit pour en empêcher la sortie jusqu'à ce qu'elle fût au moins travaillée en trame, soit pour en perfectionner les apprêts, soit enfin pour assurer la perception des droits auxquels elle est assujettie.

Dans le temps de la récolte des cocons, il se tient, dans la ville de Parme, & dans les principales villes & bourgs de ce Duché, des foires & marchés où les gens de la campagne les apportent.

Chaque partie de cocons est pesée avec des balances ou romaines publiques, par des personnes préposées à cet effet : plusieurs Officiers de police sont chargés de régler le prix de ces cocons, de décider sommairement les contestations qui peuvent survenir entre les Vendeurs & les Acheteurs ; ils font porter les cocons dans les usines qui sont établies pour filer la soie ; & pendant la saison de la vente, on garnit les frontieres de Soldats & de Gardes, afin d'empêcher la sortie des cocons.

On a perçu jusqu'en 1766, sur les cocons, dans la ville de Parme, un droit de 8 livres [a] par poids de vingt-cinq livres pesant, & un droit de 4 livres [b] sur la même quantité dans les campagnes : on percevoit en outre différens petits droits dans l'étendue du territoire de Pallavicini ; mais en 1766, tous ces droits ont été supprimés, & il en a été établi un seul qui se paye tant à la ville qu'à la campagne, & qui revient à 3 livres 2 sous 6 deniers [c] par livre de douze onces sur la soie grèse, c'est-à-dire, sur la soie telle qu'elle est lorsqu'on la tire de dessus le cocon.

---

[a] 2 livres.
[b] 1 livre. ⎬ *monnoie de France.*
[c] . . . . . 15 sous 7 deniers.

Les soies en trame payent un droit de sortie à raison de 30 sous[a] par livre, les fleurets un droit de 15 sous[b], & les rebuts un droit de 10 sous[c].

Le produit de ces derniers droits est destiné pour le corps des Fabricans de soieries, soit pour les indemniser de quelques droits qui leur ont été ôtés, soit pour leur donner des encouragemens.

Les habitans de la campagne sont obligés de faire, dans le bureau de la Douane le plus prochain, une déclaration de la quantité de cocons qu'ils ont tirés de leurs vers à soie, & de justifier de la vente qu'ils en ont faite, faute de quoi ils sont tenus de payer les droits qu'auroit acquittés le Fileur.

Les Cuirs & Peaux sont assujettis,

1°. Aux droits Cameraux d'entrée, de sortie & de transit.

2°. Aux droits de Communautés, c'est-à-dire, à ceux qui ont été ajoutés en 1728 aux premiers.

Ces droits se payent à raison de 50 sous[d] par poids de vingt-cinq livres pesant, sur les cuirs étrangers, & à raison de 42 sous[e], aussi par poids de vingt-cinq livres pesant, sur les cuirs du pays; les peaux apprêtées en mégie & pelleterie, payent à raison de 5 livres 2 sous[f] par vingt-cinq livres pesant.

Les peaux en verd doivent être marquées aux extrêmités avant d'être mises à la tannerie, ou de passer par quelqu'autre apprêt; elles reçoivent une nouvelle marque & acquittent les droits à la sortie de ces apprêts : les Tanneurs & autres Fabricans sont tenus de faire des déclarations, aux bureaux des Douanes, des peaux qu'ils ont à faire tanner & apprêter, afin qu'on puisse les prendre en charge & les marquer, le tout à peine de confiscation, d'amende, & même de peine afflictive.

Les Corroyeurs, les Cordonniers, ne peuvent, sous les mêmes peines, avoir chez eux des cuirs, soit entiers, soit entamés, qu'ils ne soient revêtus de la marque.

---

[a] 7 sous 6 deniers.
[b] 3 sous 9 deniers.
[c] 2 sous 6 deniers.
[d] 12 sous 6 deniers.
[e] 10 sous 6 deniers.
[f] 25 sous.

} *monnoie de France.*

Les cuirs étrangers font marqués à leur arrivée dans le Duché de Parme, & ils acquittent les mêmes droits que ceux de la fabrique intérieure.

Les Peauffiers, les Gantiers & les Fourreurs, acquittent les droits par abonnement, & font, par ce moyen, difpenfés de faire marquer leurs peaux.

Le riz du Piémont & du Milanois, les huiles & les favons de Genes, & les fromages de Lodi, forment auffi un objet de revenu affez confidérable, non-feulement par les droits d'Entrée auxquels font affujettis ceux qui fe confomment dans le Duché de Parme, mais à caufe des droits de Tranfit qui fe perçoivent fur ceux qui y paffent & qui font tranfportés dans les Etats voifins.

Les fromages qui font confommés dans le pays, & ceux qui font envoyés au-dehors, doivent être déclarés & marqués ; ils acquittent les droits fur le pied de 42 fous * par poids de vingt-cinq livres pefant, indépendamment des droits qui fe perçoivent à la fortie fur ceux qui font envoyés au-dehors : la régie de ces droits eft établie de maniere que ceux qui fabriquent les fromages font affujettis, par compte ouvert, à juftifier mois par mois, de l'emploi de ceux qu'ils ont fabriqués ; on n'appofe aucune marque & on ne perçoit aucuns droits fur ceux que les Propriétaires réfervent pour leur confommation.

Le Souverain, les Fermiers de fes domaines, les Officiers des cours & des bureaux du Prince, les Militaires & les Peres de famille qui ont douze enfans, font exempts des droits de Douane fur toutes les denrées & marchandifes qui viennent pour leur fervice ; le Clergé régulier & féculier, les Hôpitaux, les Maifons de retraite, n'en font exempts qu'en partie ; les nouveaux réglemens qui ont été faits, ont retranché plufieurs des priviléges qui leur avoient été accordés, & l'on s'occupe encore de cet objet : toutes les marchandifes qui paffent pour le fervice des Princes des Etats voifins, ne font point fujettes aux droits de Tranfit ; & ces Princes en ufent de même à l'égard du Duc de Parme.

---

* 10 fous 6 deniers, *monnoie de France.*

DROITS *du Marché des bestiaux & des boissons.*

LES droits sur les bestiaux & les vins, se perçoivent, tant dans la ville que dans l'étendue du Duché de Parme.

Dans la ville, le bureau pour la perception de ces droits, est établi sur la place où se tient, deux fois la semaine, le marché des bestiaux & des vins; il y a pendant l'hiver un marché particulier pour les porcs; dans les campagnes, les Douaniers ou Buralistes sont chargés de cette perception.

Ces droits connus sous la dénomination de *Droits de contrats*, sont perçus d'après un tarif inséré dans le livre d'or, sur les ventes & achats des bestiaux vifs, & sur celles des vins en gros; ils sont payés moitié par le Vendeur & moitié par l'Acheteur; & s'il arrive que l'un des deux soit exempt, on ne perçoit que la moitié du droit: le même tarif comprend aussi quelques droits qui sont perçus à l'abatis des bestiaux & à la vente du vin en détail dans les cabarets; ces droits sont plus considérables & plus multipliés dans la ville que dans les campagnes.

Comme les droits sur la vente des vins en gros, sont fixés à raison de tant par livre du prix de la vente, les Redevables déclarent les vins à des prix inférieurs à ceux auxquels ils sont vendus; on est occupé des moyens de prévenir ces abus. Les Cabaretiers de la ville de Parme & de la banlieue, sont sujets à des exercices qui ne représentent que très-imparfaitement ceux qui ont lieu en France dans les pays d'aides; dans les campagnes, les Cabaretiers sont abonnés.

Les droits sur la vente des vins en détail, reviennent, en y comprenant l'entrée, à raison de 6 livres * par *breute*, qui contient la quantité de soixante-douze pintes, mesure de Paris: on accorde aux Cabaretiers une demi-breute ou trente-six pintes par tête tous les mois pour la consommation de leur famille, à l'exception néanmoins des enfans au-dessous de sept ans; on leur fait en outre tous les six mois une remise de cinq pour cent sur la totalité de la vente qu'ils ont faite.

Dans les campagnes, où la consommation des bestiaux n'est pas assez

---

* 30 sous, *monnoie de France.*

Tome I. F f

confidérable pour fupporter les frais des exercices, les droits à l'abatis font perçus par abonnement fur les Bouchers.

Le commerce des beftiaux, & notamment celui des porcs, eft très-confidérable dans le Duché de Parme, & exige qu'on lui procure des facilités & des encouragemens.

Tous ceux qui élevent des porcs, font tenus de fournir, au mois de Juillet de chaque année, des déclarations par écrit du nombre qu'ils en poffédent ; ainfi l'on eft à portée de connoître la quantité de porcs qui exiftent & qui font deftinés à l'engrais, de fixer le nombre néceffaire pour l'approvifionnement du pays, & de permettre l'exportation du fur-plus ; ce qui procure des facilités au commerce & augmente le produit des droits de fortie : on s'occupe des mêmes arrangemens pour le gros bétail ; on travaille pareillement à réformer les abus qui réfultent des priviléges & exemptions des droits fur les beftiaux & fur les vins, qui ont eu lieu jufqu'à préfent.

DROITS des Boucheries de Parme.

ON perçoit dans les boucheries de la ville de Parme, un droit de 43 fous 9 deniers * fur chaque vingt-cinq livres pefant de viande qui fe vend en détail.

Lorfque les beftiaux font abattus, on pefe la viande en préfence des Commis qui font établis à cet effet, ils la prennent en charge par compte ouvert avec chaque Boucher ; on fait l'arrêté le Jeudi de chaque femaine, & les droits font acquittés fur le réfultat de la vente : on déduit aux Bouchers le montant de ce qui a été fourni aux perfonnes qui font exemptes fuivant les certificats qu'ils repréfentent de ces mêmes per-fonnes ; mais comme ces exemptions donnent lieu à des fraudes & à des abus, on s'occupe des moyens de les faire ceffer.

DROITS de Moutures.

LES droits de Mouture fe perçoivent fur les gros & menus grains qui font moulus, fur le pain qui eft deftiné à être vendu, & fur les pâtes.

---

* 10 fous 10 deniers, monnoie de France.

Pour chaque *flare*, ou foixante-douze livres pefant de France, de blé-froment.

Le Particulier paye 1 livre 15 fous [a].

Le Boulanger, 4 livres 2 fous [b].

Le Fabricant de pâtes, 4 livres 3 fous [c].

Pour chaque *flare* de menus grains, le Particulier paye 17 fous 6 deniers [d].

Le Boulanger & le faifeur de pâtes, 2 livres 1 fou 6 deniers [e].

Les Boulangers de la campagne ne payent, pour chaque *flare* de froment, que 40 fous [f]; les farines qui entrent dans la ville de Parme, payent, outre les droits que l'on vient de rappeler, un droit d'Entrée de 40 fous [g] par *flare* de froment.

Lorfqu'on veut faire moudre du grain, on eft obligé de le conduire au bureau de la mouture, où il eft pefé & enregiftré, & les droits acquittés.

De ce bureau, il eft porté au moulin avec un bulletin qui eft remis au Meunier qui doit le faire moudre dans le terme qui eft fixé.

Lorfque la mouture eft faite, la farine eft reportée au bureau avec le bulletin, & lorfque l'identité eft reconnue, le Propriétaire peut l'enlever; on obferve feulement de déchirer un coin du bulletin, afin qu'il ne puiffe fervir une autre fois. Les grains & les farines qui ne font pas accompagnés d'un bulletin, à l'exception des grains qui viennent directement au bureau, font dans le cas d'être confifqués : les Boulangers & les Fabricans de pâtes dans le plat-pays, font abonnés pour les droits qui les concernent.

Les mêmes exemptions que l'on a rappelées ci-deffus, ont lieu pour la mouture des grains; mais on s'occupe des moyens de les faire ceffer, ou du moins de remédier aux abus qui en réfultent.

---

[a] 8 fous 9 deniers.
[b] 20 fous 6 deniers.
[c] 20 fous 9 deniers.
[d] 4 fous 4 deniers.
[e] 10 fous 4 deniers.
[f] 10 fous.
[g] 10 fous.

} *monnoie de France.*

Un Edit du 22 Mai 1767, a ordonné la perception, pendant dix ans, de la moitié en sus des droits de Mouture.

L'objet de cette augmentation est 1º de faire rentrer, dans le trésor du *Prince*, le montant des sommes qui en ont été tirées pour les approvisionnemens de grains qui ont été faits pendant les deux années de disette que l'on vient d'éprouver; 2º de se procurer les fonds nécessaires pour un magasin d'abondance qui contiendra soixante mille stares de grains.

Cette augmentation de droits porte sur toutes sortes de personnes indistinctement & sans aucunes exemptions; & en conséquence, ceux qui étoient exempts auparavant, sont tenus de payer, à titre d'augmentation, tant les anciens droits que les nouveaux sur les grains qu'ils feront moudre.

Les grains qui sortoient de la ville de Parme pour le dehors, & qui n'étoient sujets à aucuns droits, acquittent actuellement ceux qui ont été mis par augmentation.

DROITS de l'Etat Pallavicini.

CES droits établis par les anciens Seigneurs, ont continué à être perçus depuis la réunion de cette province au Duché de Parme.

Ils sont connus, dans la ville & territoire de Borgo-Saint-Domingo, sous la dénomination d'*Ancienne* & *Nouvelle imposition*, & se levent sur différentes especes de marchandises & bestiaux; ils s'acquittent à la Douane avec les droits du Duché de Parme.

On y perçoit un droit de 40 sous [a] par *stare* de grains destinés pour les Boulangers, un droit de 8 sous [b] par *stare* de farine destinée à faire du pain, & un droit de 28 sous [c] par *stare* de farine destinée à faire des pâtes; les Boulangers & les Faiseurs de pâtes sont abonnés pour raison de ces droits.

La viande qui se vend en détail, paye deux sortes de droits qui re-

----

[a] 10 sous.
[b] 2 sous.　　　} monnoie de France.
[c] 7 sous.

viennent à 15 fous [a] par vingt-cinq livres pefant ; les Bouchers font exer-
cés pour ces droits.

Les vins qui fe vendent en détail, font auffi affujettis à des droits qui
reviennent à 4 livres 12 fous [b] par *breute*, ou foixante - douze pintes,
mefure de Paris ; les Cabaretiers font abonnés pour ces droits.

Dans les villes de Bufleto , Corte-maggiore , Monticelli , Dongina ,
Caftelvetro & leurs territoires , les droits locaux ne portent que fur la
fortie & le tranfit des beftiaux, marchandifes & denrées , dont la perception eft faite fuivant d'anciens tarifs renouvellés en 1729.

DROITS de Communautés.

LES principales villes & bourgs du Duché de Parme , jouiffoient de
certains droits & revenus qui, en 1756 , ont été réunis au domaine du
Prince, & qui confiftent dans des péages , des droits de marché , dans
des bois, prés , terres , moulins , fours , dépôt de gages & faifies.

La ville de Parme poffede auffi des revenus de ce genre , *tels que la*
marque des cartes à jouer , le péage du pont d'Euza , la marque des
toiles , la marque des pots & bouteilles , & les droits fur les fours à
brique.

On va maintenant rendre compte des droits qui fe perçoivent dans
le Duché de Plaifance.

DROITS de Douane.

LES droits de Douane, qui fe perçoivent à l'entrée , à la fortie & au
paffage de toutes efpeces de marchandifes, denrées & beftiaux, font acquittés dans la Douane principale , & dans foixante petites Douanes
qui font répandues dans toute l'étendue du Duché de Plaifance.

Ces droits de Douane qui avoient été impofés dans l'origine , les uns
par le Gouvernement , les autres par la ville de Plaifance , ont été réunis
par un tarif du 17 Juin 1702 , en un feul & même droit.

La fituation de la ville de Plaifance fur le Pô , rend cette ville l'en-

---

[a] 3 fous 9 deniers.
[b] 23 fous.   } monnoie de France.

trepôt des marchandifes qui viennent de Genes pour fe répandre dans la Lombardie ; ces marchandifes payent des droits de Tranfit, qui font perçus en conféquence d'un tarif particulier.

La Douane de Plaifance réunit la perception de différens droits qui, dans le Duché de Parme, ont chacun leurs bureaux, tels que les droits fur le foin, les beftiaux, les droits à l'abatis, les droits à la fortie des porcs & autres de ce genre : quant à la marque des cuirs & aux droits fur les Poiffons marinés, ils font, à Plaifance, comme à Parme, du reffort des Douanes.

Les augmentations qui ont été faites en 1763, des droits fur les marchandifes de luxe & de prix, ont lieu dans le Duché de Plaifance comme dans le Duché de Parme.

Les exemptions des droits de la Douane de Plaifance, font les mêmes que dans le Duché de Parme, & font fujettes aux mêmes inconvéniens

Les Cabaretiers font pareillement abonnés dans la ville & la campagne pour les droits de détail ; *mais ces droits de détail font beaucoup plus forts* que dans le Duché de Parme, puifqu'au lieu de 6 livres [a] par *breute,* ou foixante-douze pintes de vin, ils montent à 14 livres 10 fous [b].

Le commerce du Duché de Plaifance confifte dans les mêmes objets que celui du Duché de Parme, c'eft-à-dire, dans les cocons & foies, les fromages, les huiles, les favons, les beftiaux, les vins, les riz & les lins.

Les cocons payent à raifon de 4 livres 10 fous [c] par poids ou vingt-cinq livres pefant ; & lorfque la foie eft filée, elle paye encore 20 fous [d] par livre.

La foire ou marché des cocons fe tient dans la ville de Plaifance feule ; la police y eft la même qu'à Parme.

Les droits fur la foie font fixés, pour l'entrée, à 8 fous 6 deniers [e] par livre ; pour la fortie, à 12 fous 6 deniers [f] ; & pour le tranfit, à 6 fous 3 deniers [g].

---

[a] 1 livre 10 fous.
[b] 3 livres 12 fous 6 deniers.
[c] 1 livre 2 fous 6 deniers.
[d] . . . . 5 fous.
[e] . . . . 2 fous 1 denier.
[f] . . . . 3 fous 1 denier.
[g] . . . . 1 fou 6 deniers.

} *monnoie de France.*

Il y a dans la ville de Plaisance un très-beau & très-vaste moulin à organsins, dont la direction est confiée, par le Gouvernement, à des personnes au fait du commerce ; les trames & organsins qui en sortent, sont envoyés à Lyon & en Angleterre, & y sont très-recherchés.

Les soies étrangeres que l'on envoye dans ce moulin pour y être travaillées, payent, pour droit de Douane, 5 sous * par livre à l'entrée, & autant à la sortie.

Les porcs sont si abondans dans le Duché de Plaisance, qu'il s'en fait un commerce très-considérable au-dehors, ce qui augmente les produits des droits de Douane.

Tout Etranger qui arrive à cheval à Plaisance, paye un droit d'entrée par tête ; les Courtisannes sont pareillement assujetties à ce droit ; mais comme il doit se percevoir sur la déclaration, il est facile de sentir qu'il n'est d'aucun produit.

DROITS du Vin & du Poisson frais.

Les vins & le poisson frais, qui entrent dans la ville de Plaisance, sont assujettis à des droits qui ont été imposés par la ville, & qui sont réglés par des tarifs particuliers.

DROITS de Boucheries.

Les droits sur la vente en détail de la viande, font partie des Douanes dont les Commis exercent les Bouchers ; il n'y a d'exempt de ces droits, que l'Evêque & les Officiers des Cours.

DROITS de Mouture.

Les droits de Mouture ont été imposés anciennement par la ville, sur tous les grains que l'on y fait moudre.

Le Particulier paye par *staro*, ou soixante-douze livres pesant de fro-

---

* 1 sou 3 deniers, *monnoie de France.*

ment, 20 fous [a] ; par *flare* de méteil, 20 fous [b] ; & par *flare* de menus grains, 15 fous [c].

Les Boulangers de la ville, outre ces droits, payent 20 fous [d] de plus par *flare* de froment.

Les Boulangers de campagne font abonnés.

Il y a dans Plaifance, des Boulangers & des Fourniers.

Le Boulanger eft celui qui fait du pain pour le vendre au public.

Le Fournier reçoit la pâte toute pétrie & la fait cuire dans fon four ; le Boulanger ne peut empiéter fur les fonctions du Fournier.

Les mêmes exemptions qu'à Parme ont lieu dans la ville de Plaifance fur les droits de Mouture.

L'augmentation qui a été établie dans le Duché de Parme fur les droits de Mouture, n'a point lieu dans le Duché de Plaifance, parce que le Prince n'a point été obligé d'y pourvoir à la fubfiftance du peuple ; il y a un Tribunal dont les fonctions confiftent à veiller à ce que les marchés foient fuffifamment garnis de grains, & qui en regle le prix.

DROITS *locaux de Fiorenzuola.*

LA ville de Fiorenzuola, indépendamment des droits de Douane, eft affujettie à des droits locaux & particuliers, tel que le droit Ducal qui fe perçoit à l'entrée, à la fortie & au paffage des marchandifes & denrées ; le droit de 7 fous 6 deniers [e] par *breutes* de vin qui fe récolte dans l'étendue de fon territoire ; le droit de contrat, qui confifte dans un fou par breute de vin qui fe vend en gros ; le droit de détail fur les Cabaretiers, à raifon de 5 livres 5 fous [f] par breute ; le droit d'abat & de contrat fur les beftiaux & porcs ; & le droit de 14 fous [g] par chariot de foin qui fe récolte dans le pays.

Perfonne, même les Eccléfiaftiques, n'eft exempt de ces droits.

---

[a] 5 fous 1 denier.
[b] 5 fous 1 denier.
[c] 3 fous 9 deniers.
[d] 5 fous 1 denier.
[e] 1 fou 10 deniers.
[f] 1 livre 6 fous 3 deniers.
[g] . . . . 3 fous 9 deniers.

} *monnoie de France.*

DROIT de l'Etat Landi & Borgotaro.

L'ÉTAT Landi étoit composé des bourgs de Bardy & Compiano ; il appartenoit aux Marquis de Landi, maison très-ancienne dans le Duché de Plaisance ; les Farneses l'ont réuni, ainsi que Borgotaro & son territoire, à leur domination ; ces districts ont leurs usages particuliers, & sont assujettis à des droits locaux, tels que des droits de Douane & des droits sur les bestiaux & boissons, tant à la vente en gros qu'au détail.

PRIVILÉGES.

IL existe dans le Duché de Plaisance divers priviléges exclusifs, tels que ceux de la fabrication des verres & de la fabrique du vinaigre ; ces priviléges s'afferment à la chaleur des encheres.

DROITS de Communautés.

LA ville de Plaisance jouissoit de différens droits & revenus, qui consistent dans la marque des poids & balances, la marque des pots & bouteilles, les dépôts des gages & saisies.

Quelques autres villes jouissoient des droits de péages, de marché, de moulins, de boulangeries & boucheries ; ces droits ont été réunis au domaine du Prince en 1756.

DES DROITS qui se perçoivent dans le duché de Guastalle.

Droits de DOUANE.

LA ville de Guastalle est située à peu de distance du Pô, ainsi on y connoît, comme à Parme & à Plaisance, deux sortes de Douanes, celle de terre & celle de riviere.

Les droits des Douanes de terre portent sur les mêmes objets que ceux des Douanes des Duchés de Parme & Plaisance.

Tome I. G g

La Douane de riviere ne perçoit qu'un droit de Tranſit, & celui connu ſous la dénomination de *Fonds de bateaux* ; toutes les marchandiſes, à l'exception des grains, vins, foins, bois & poiſſons, payent à raiſon de 4 livres [a] par ſomme de vingt poids ou cinq cents livres peſant, & en outre huit pour cent du montant du droit pour l'agiot de l'eſpece ; la continence ou portée des barques ſe juge à l'eſtimation & ſur les bulletins ou acquits des Douanes étrangeres dont les Patrons ſont munis ; en cas de ſoupçon, on fait peſer tout le chargement : ces droits ont été impoſés par les Ducs ; le dernier tarif a été publié en 1717 par les ordres du Duc Antoine-Ferdinand de Gonzague.

On étoit dans l'uſage de ne point exiger de droits ſur de petites parties de marchandiſes, au-deſſous de vingt-cinq livres peſant ; cet uſage a été changé en 1763, en même temps qu'on établit dans les Douanes de Guaſtalle, l'augmentation qui a été ajoutée aux droits exiſtans.

Les mêmes exemptions que dans les deux autres Duchés, ont lieu à Guaſtalle.

Les droits de boucheries & de ventes des boiſſons en détail, ſont affermés aux Bouchers & Cabaretiers ; on afferme en même temps le droit de 6 deniers [b] qui ſe perçoit ſur chaque livre de porcs qui s'abattent depuis le mois d'Octobre juſqu'au Carême.

Le Duché de Guaſtalle, quoique d'une très-petite étendue, produit beaucoup de grains, de beſtiaux, de porcs, de vins, de cocons & de chanvres, l'exportation de ces denrées procure de l'aiſance aux habitans & augmente le produit des droits.

Les marchés ou foires des cocons ſe tiennent à Guaſtalle, à Luzara & Reggiolo ; on y obſerve la même police qu'à Parme & à Plaiſance ; le cocon paye en totalité 5 livres 5 ſous [c] par vingt-cinq livres peſant.

La ſoie ne reçoit d'autre apprêt, dans le Duché de Guaſtalle, que la premiere filature : on ſe propoſe d'y établir des manufactures pour la travailler en trame ou organſin.

---

[a] 20 ſous.
[b] . . . . . . 1 denier.
[c] 26 ſous 10 deniers.
     } *monnoie de France.*

DROITS *de Mouture.*

LES droits de mouture font de deux fortes, le Cameral & le droit de Communauté.

Le Cameral fe perçoit en nature, à raifon d'un huitieme de ftare par fac de froment & de blé de Turquie que l'on fait moudre; le fac eft compofé de deux ftares, qui font cent quarante-quatre livres pefant de France.

Quant à ceux qui font exempts de ce droit, il n'eft perçu que fur la portion qui appartient à leurs Fermiers ou Métayers.

On raffemble dans des greniers les grains qui proviennent de cette perception, & on les fait vendre enfuite fur les marchés, au cours de la place.

Le droit de Communauté fe perçoit en argent, il n'étoit ancienne- ment que de 19 fous par fac; actuellement le Boulanger & les Mar- chands de farine, payent 4 livres[b] par fac, & les autres 40 fous[c]; ceux qui font moudre des grains, font obligés de payer les deux droits en même-temps.

Le droit de Mouture, dans le bourg de Luzara & fon territoire, eft en partie Cameral & en partie de Communauté.

Le droit Cameral eft de 3 livres[d] par fac de farine *pour les Boulan- gers,* de 40 fous[e] par fac *pour les Particuliers,* & de 30 fous[f] par fac de farine de blé de Turquie *pour les Marchands de farine.*

Le droit de Communauté confifte dans une Capitation annuelle, & qui eft réglée à 50 fous[g] pour tous les Particuliers.

Le droit de Mouture à Reggiolo, eft purement Cameral, il eft fixé à 6 livres[h] par fac de farine de froment, à 3 livres[i] par fac de blé de

---

[a]   4 fous 9 deniers.
[b] 20 fous.
[c] 10 fous.
[d] 15 fous.
[e] 10 fous.
[f]   7 fous 6 deniers.
[g] 12 fous 6 deniers.
[h] 30 fous.
[i] 15 fous.

} *monnoie de France.*

Turquie pour les Boulangers & les Marchands de farine ; on paye en outre 5 fous [a] pour le bulletin qui eft délivré à tous ceux qui font moudre.

Les exemptions du droit de Mouture portent, à Guaftalle, fur les mêmes perfonnes que dans les Duchés de Parme & de Plaïfance.

Tous les actes & contrats, qui, dans les diftricts de Luzara & Reggiolo, font paffés par-devant Notaires, font fujets à un droit d'infinuation ou contrôle.

On paye pour les ventes, les conftitutions & amortiffemens des rentes, fept & demi pour cent du capital.

Pour les dots, deux & demi pour cent ; & en cas de reftitution, cinq pour cent ; pour les permutations ou échanges, cinq pour cent.

En cas de contravention, on paye le double droit & 10 écus d'or [b] ; l'écu d'or revient à 7 livres [c], monnoie de Guaftalle.

Les Notaires font tenus de déclarer dans la huitaine les actes qu'ils ont paffés, *à peine de nullité de ces actes.*

Les baux à ferme ne payent aucun droit.

P R I V I L É G E S.

Les Priviléges exclufifs, tels que la fabrique des pots & vaiffelles de terre, la manufacture des chapeaux de copeaux, la vente des huiles d'olive, la vente exclufive à Luzara & à Reggiolo, des papiers, cartons, cartes à jouer & des verres, font affermés, à la chaleur des encheres, pour trois, fix ou neuf années.

Droit de Communauté.

Il confifte, à Guaftalle, principalement dans le Péage du bac fur le Pô, & fe perçoit en conféquence d'un tarif particulier.

On va maintenant rendre compte des priviléges, des impôts exclufifs & des droits nouvellement établis, qui font communs aux trois Duchés de Parme, Plaïfance & Guaftalle.

---

a . . . . 1 fou 3 deniers.
b 17 livres 17 fous 6 deniers.   } *monnoie de France.*
c 1 livre 15 fous 9 deniers.

Impôt ou *Gabelle du Sel.*

Dans les Duchés de Parme & Plaisance, la fabrication & la vente
du sel, & dans le Duché de Guastalle, la vente du sel, appartiennent
au Souverain.

Il est nécessaire de donner une idée de cette fabrication, avant d'entrer dans les détails qui concernent l'impôt.

Au pied du mont-Appenin, à vingt-cinq milles * de Plaisance & à
vingt milles de Parme, est un bourg nommé Salso, au milieu duquel,
& à quatre milles à l'entour, sont plusieurs sources salées, dont les eaux
sont recueillies & conservées dans des puits, qui ont été construits à cet
effet; à portée sont des bois qui fournissent ceux qui sont nécessaires
pour l'aliment des usines dans lesquelles le sel se fabrique.

Ces sources produisoient anciennement la quantité de sel nécessaire
pour la consommation des Duchés de Parme & Plaisance; mais elles
sont aujourd'hui insuffisantes, & l'on y supplée par le sel que l'on tire
de Sicile, & qui se trouve dans les ports de la mer Adriatique.

On avoit jusqu'à présent délivré ce sel tel qu'on le faisoit venir; mais
on a reconnu que c'étoit ouvrir la porte à la contrebande, parce que
les Faux-sauniers de la riviere de Genes avoient la facilité de s'en pro_
curer de semblable dans les ports de cette *République*, & l'on a imaginé,
pour prévenir les fraudes, d'*identifier* ce sel étranger avec celui de *Salso*,
dont la qualité est entiérement différente de celle du sel des contrebandiers; on donne même, d'après ce qui se pratique en Toscane depuis
plus d'un siecle, une légere teinture au sel que l'on destine pour certains districts, & par ce moyen la contrebande n'est plus praticable.

Vente & Distribution *du Sel.*

On distingue, dans les Etats du Duc de Parme, le sel d'impôt, le
sel de vente volontaire, le sel des exempts & privilégiés, & le franc-
salé.

---

* Trois milles font une lieue de France.

L'impôt est de deux sortes; 1° la plupart des bourgs & paroisses des Duchés de Parme & Plaisance, situés dans la montagne, sont imposés à une quantité de sel relative & proportionnée à l'étendue des fonds qu'ils cultivent, au nombre des colons & à la quantité des bestiaux qu'ils peuvent avoir.

Le sel se paye & s'enleve par quartier; les Syndics & Consuls des paroisses, apportent au commencement de chaque quartier, à Parme & à Plaisance, le montant de la taxe; le Trésorier du Prince leur donne une quittance, & le bureau des finances, un ordre qu'ils portent au grenier à sel, & on leur délivre la quantité de sel qui a été fixée pour leur paroisse; ils en font ensuite la distribution dans chaque famille, à proportion de ce qu'il en revient à chacun.

L'autre forme d'imposition n'a lieu que dans les districts de Borgotaro, Bardi, Campiano, Ciano, Castel, Arquato, & dans les autres districts qui ont été nouvellement assujettis à prendre le sel dans les greniers *du Prince; comme le sel leur a été* accordé dans les commencemens à un prix modéré, on a jugé devoir imposer chaque habitant à raison de dix-huit livres de sel par an, à l'exception seulement des enfans au-dessous de trois ans. L'imposition se fait sur les dénombremens que l'on a soin de faire fournir tous les ans, avant le commencement de l'année, & cette maniere d'imposer s'appelle le *sel boccatico*, ou sel imposé par bouche; les Syndics & Consuls payent le sel, l'enlevent, & en font la distribution.

La vente volontaire a lieu dans les villes de Parme & Plaisance, & dans les bourgs & paroisses du plat-pays & des environs; ce sont les Regratiers qui en sont chargés; on leur accorde depuis cinq jusqu'à dix pour cent de remise, suivant les endroits.

Le prix commun du sel est de 15 livres [a], par vingt-cinq livres pesant, dans le Duché de Parme; de 12 livres [b] dans le Duché de Plaisance, & de 5 livres 12 sous [c] dans le Duché de Guastalle.

Dans les districts où le sel est imposé par bouche, il ne se vend que moitié du prix ordinaire.

---

[a] 3 livres 15 sous.
[b] 3 livres.
[c] 1 livre 8 sous.

} monnoie de France.

Quant aux exempts & privilégiés, on les diftingue en deux claffes; la premiere comprend le Clergé féculier & régulier, les Hôpitaux & Maifons de retraite; la feconde comprend la Maifon de fon Alteffe royale & fes domaines, les Officiers de juftice & bureaux du Prince, les Militaires, les Profeffeurs de l'Univerfité, les Peres qui ont douze enfans, & quelques maifons privilégiées.

Parmi le Clergé régulier, tous les Ordres mendians & les Hôpitaux reçoivent le fel *gratis*; les couvens, qui font rentés, le payent fur le pied des tarif, le prix en eft très-modique.

Les maifons religieufes des deux fexes, & les Hôpitaux, doivent préfenter tous les fix moix au Tribunal des finances de Parme, ou à fes Subdélégués à Plaifance & à Guaftalle, des états exacts de toutes les perfonnes qui compofent leurs monafteres & de leurs domeftiques; on leur expédie en conféquence un ordre pour aller lever au grenier le fel qui leur eft néceffaire pour le femeftre.

Quant au Clergé féculier, le Délégué eccléfiaftique du reffort met fon certificat fur le carnet dont chaque Eccléfiaftique eft porteur; il délivre en outre un billet imprimé, qui refte au grenier comme piece juftificative de la délivrance qui a été faite; la fixation pour les fimples Clercs, eft de vingt-cinq livres de fel par an; pour ceux qui font dans les Ordres facrés, cinquante livres; & pour les Bénéficiers & ceux qui ont quelques dignités, foixante-quinze ou cent livres.

Dans les villes de Parme, Plaifance & Guaftalle, les Officiers des greniers à fel font mi-partis, les uns font établis par le Prince directement, les autres par l'adminiftration.

Ces Officiers font chargés de la délivrance & diftribution du *fel d'impôt*, du fel impofé par bouche, du franc-falé, du *fel de privilége* & du *fel des regratiers*: ils font pareillement la vente en détail jufqu'à la concurrence de douze livres & demie pefant. Ce font les Pefeurs même du bureau qui font office de Regratiers, moyennant des remifes qui leur font accordées fur le fel qui eft délivré.

Les produits de la partie du fel qui eft vendue dans le Duché de Parme, appartiennent pour une portion à la ville de Parme, qui eft chargée du paiement des voitures qui y tranfportent le fel de Salfo.

C'eft le grenier de Parme qui eft chargé des achats, qu'il eft néceffaire de faire, du fel étranger.

Dans le Duché da Guaſtalle , l'impôt du ſel n'a point lieu , on n'y connoît que la vente volontaire & la vente aux privilégiés.

Lesréglemens concernant la gabelle & le faux-ſaunage ont été renouvellés & raſſemblés dans une ordonnance générale du 12 Octobre 1754 ; les peines contre le faux-ſaunage ſont très-rigoureuſes.

FERMES UNIES des Tabacs & Eaux-de-vie.

LA fabrication & la vente excluſive des tabacs , des eaux-de-vie & liqueurs , forment une des principales branches des revenus du Duc de Parme ; ces deux priviléges ſont affermés à un même Fermier.

Ce Fermier eſt le ſeul qui ait le droit de faire entrer des tabacs, tant bruts que travaillés ; il peut même en planter & en cultiver s'il le juge à propos , & faire préparer les tabacs bruts pour les expoſer en vente; les prix auxquels les tabacs doivent être vendus , ſont réglés & fixés par des tarifs qui ne peuvent être changés que de l'autorité du Gouvernement.

L'entrepôt général des tabacs eſt à Parme , & c'eſt ce Magaſin qui approviſionne les bureaux des trois Duchés. Les réglemens concernant le tabac ſont rappellés dans un réglement qui a été renouvellé le 5 Octobre 1757.

L'adminiſtration ſeule a le droit de faire diſtiller des vins pour les convertir en eaux-de-vie & en fabriquer des liqueurs; on tolere cependant aux Apothicaires & aux Pharmacies des communautés religieuſes, l'uſage d'un petit alambic pour diſtiller les fleurs & en exprimer les eſſences & les eſprits néceſſaires pour la compoſition des drogues.

L'adminiſtration tient pluſieurs fabriques ou laboratoires ; celui de Parme eſt aſſez conſidérable, mais il le cede à ceux de Guaſtalle & de Reggiolo, qui ſont occupés pendant toute l'année , parce que les vignes étant très-multipliées dans le Duché de Guaſtalle, on y achette une quantité immenſe de raiſins que l'on convertit en vins, en eaux-de-vie & en eſprit-de-vin.

Différens Propriétaires obtiennent des permiſſions de diſtiller , mais ils ſont tenus de remettre dans le magaſin de l'adminiſtration , les eaux-de-vie qui proviennent de cette diſtillation , moyennant les prix qui ſont convenus.

Les

Les liqueurs de toutes especes ne se fabriquent que dans la seule ville de Parme.

Le Fermier des eaux-de-vie est seul chargé de la vente qu'il doit faire, conformément aux prix qui sont fixés par les tarifs.

FERME des Poudres & Salpêtres, & du Vitriol.

LE droit de tirer le salpêtre, la fabrication & la vente de la poudre & le droit de faire commerce avec l'Etranger de ces deux genres de marchandises, est donné, à titre de ferme, dans les trois Duchés.

Les Salpétriers sont autorisés à se transporter par-tout, pour y prendre le salpêtre, en se conformant aux regles qui leurs sont prescrites ; ils jouissent de quelques exemptions, tels que le service militaire, les droits de péage & autres.

On fabrique de la poudre de quatre sortes, la poudre fine, la poudre surfine, la poudre grise & la poudre de munition; le prix de chaque espece de poudre est fixé par des tarifs, qui ne peuvent être changés que par les ordres du Gouvernement.

Le salpêtre, qui forme un objet de pur commerce, n'a point de prix fixe.

Loterie à l'usage de Genes.

CETTE loterie est exactement la même que celle qui est connue en France, sous la dénomination de *Loterie de l'Ecole-royale-militaire*.

Papier timbré.

L'ÉTABLISSEMENT du papier timbré, dans les Duchés de Parme, Plaisance & Guastalle, ne remonte qu'à l'année 1753; les réglemens sur cet objet sont les mêmes que ceux qui ont lieu en France.

DROITS de Notulation.

SOUS cette dénomination, sont compris les droits de Contrôle & Insinuation, tels qu'ils sont établis en France.

Nouvel Impôt sur les CUIRS.

CET impôt, établi en 1758, porte sur deux objets, l'un de commerce, l'autre d'établissement de droits.

Quant au commerce, les Bouchers & autres sont tenus de porter les peaux des bestiaux qu'ils abattent ou qui meurent, aux magasins qui ont été établis dans les villes & les chefs-lieux de chaque arrondissement ; le prix de ces peaux est payé à raison du poids, suivant & conformément aux tarifs qui sont arrêtés à cet effet.

Ces peaux sont ensuite vendues aux Fabricans, & le bénéfice consiste en ce que le prix de l'achat est inférieur à celui de la vente, qui est pareillement fixé par des tarifs.

Quant au second objet, les peaux que les Fabricans font venir de l'Etranger pour les tanner & apprêter, sont assujetties à un droit qui représente le bénéfice que le Gouvernement auroit fait sur ces peaux, s'il les eût vendues.

Les cuirs tannés & apprêtés, qui viennent de l'Etranger, sont pareillement assujettis à un droit de 9 livres 10 sous * par vingt-cinq livres pesant.

On perçoit enfin par proportion, les mêmes droits sur les ouvrages en cuir, tels que les bottes, les harnois & les souliers qui viennent de l'Etranger.

Postes aux Lettres & aux Chevaux, Courriers.

LES postes aux lettres sont établies à peu-près comme en France, le Ministre en a la surintendance ; l'administration en est confiée à un Intendant général, auquel sont subordonnés les Directeurs & autres Employés, les Maîtres des postes & les Courriers.

Les postes aux chevaux sont affermées à la chaleur des encheres, avec le droit de tenir auberge & les autres priviléges qui en dépendent.

Le Gouvernement fournit les maisons de postes & une partie des effets

---

* 2 livres 7 sous 6 deniers, *monnoie de France.*

néceffaires pour les monter ; le Maître de pofte eft obligé de les entretenir & de les rendre en bon état à la fin de fon bail, ou d'en payer la valeur.

Cette partie d'adminiftration vient d'être mife parfaitement en regle ; les Poftillons portent tous la livrée du Prince.

Exploitation des Mines de fer.

DANS les montagnes de l'Apennin, à trente milles de Plaifance & aux environs, il exifte des mines de fer, à portée defquelles le Gouvernement a fait conftruire des forges confidérables.

On étoit dans l'ufage de donner, à titre de ferme, l'exploitation de ces mines & de ces forges ; mais depuis quelques années elles font dans la main du Prince, qui les fait valoir, & qui par ce moyen prend les mefures convenables pour perfectionner différens genres d'ouvrages qui promettent déja les plus heureux fuccès.

Priviléges de différentes efpeces.

L'ACHAT & la vente des chiffons qui fervent à la fabrication du papier, forment un privilége exclufif, qui fe donne à titre de ferme au plus offrant & dernier enchériffeur.

Le Fermier achette les chiffons de ceux qui les ramaffent, fur le pied & eu égard à leur qualité ; s'il en a plus que les moulins ne peuvent en confommer, il obtient la permiffion de les vendre à l'Etranger.

Priviléges du Plâtre & de la Craie dans le duché de Parme.

LE plâtre & la craie fe trouvent dans le territoire de Bargone, village fitué entre Borgo-Saint-Domingo & Salfo ; ceux qui en font l'extraction font obligés de les vendre à celui qui a affermé ce privilége, & celui-ci eft tenu d'en tenir des magafins dans les villes & bourgs pour en approvifionner le public ; ceux qui font deftinés pour le fervice du Prince, font vendus à un quart moins que ceux qui font achetés par le public.

Priviléges des Œufs & Volailles-de Borgo-Saint-Domingo & Monticelli.

LE Fermier de ce privilége a seul le droit d'acheter dans les marchés, les œufs & la volaille; mais il ne peut faire ses achats que lorsque les Particuliers ont fait leurs provisions.

Privilége de l'Huile à brûler.

CE privilége, qui consiste dans la fabrication & la vente exclusive de l'huile à brûler, a été supprimé dans le Duché de Parme; mais il subsiste dans celui de Plaisance, & s'afferme à la chaleur des encheres.

Biens allodiaux & dépendances.

SOUS la dénomination de *Biens allodiaux*, sont compris les domaines fonciers du Prince, tels que les terres de Colorno, Sala, Cornochio, Fonteriro dans le Duché de Parme, beaucoup d'autres dans le Duché de Guastalle; & les droits de pêche, les moulins, les droits de cabarets, de boucheries, de ponts, bacs, péages & autres de ce genre.

Revenus fixes.

CES revenus consistent dans la taxe du sel forcé, dont on a rappelé les détails, & dans les collectes qui forment une sorte de taille réelle, qui est imposée sur les biens, maisons, moulins & rentes.

Dans le Duché de Parme, chaque biolche de terre, qui comprend huit cents toises carrées de France, paye suivant la qualité des terres, qui sont divisées en trois classes, 30 sous [a] 40 sous [b] ou 50 sous [c].

Les maisons payent dix pour cent du montant des loyers.

---

[a] 7 sous 6 deniers.
[b] 10 sous.　　　　　　　　　} monnoie de France.
[c] 12 sous 6 deniers.

Les moulins payent à raison de tant par roue tournante ; la plus forte taxe n'excede pas 12 livres 10 sous [a] par an.

Les fonds ecclésiastiques ont toujours été réputés exempts de la collecte ; mais comme ces Ecclésiastiques ont joui jusqu'en 1764, dans les trois Duchés, de la faculté d'acquérir, & qu'au moyen des acquisitions qu'ils avoient faites, les fonds des Particuliers se trouvoient surchargés, parce que l'on vouloit retirer de l'imposition le même produit, il a été ordonné que les fonds acquis par les Ecclésiastiques & Gens de main-morte, depuis la formation du dernier cadastre qui remonte à cent cinquante années, seroient assujettis à la collecte.

Taxe du Solde Militaire.

Tous les gens de la campagne, des Etats de l'Infant, sont inscrits & enrôlés à la Milice depuis l'âge de quatorze ans jusqu'à quarante, & non au-delà : chaque Milicien doit payer 24 sous [b] par mois ; c'est le produit de cette taxe qui forme le solde militaire : le *Milicien* est dispensé, en faveur de cette taxe, de différentes corvées, & jouit de quelques exemptions.

Les Milices sont formées par régiment ; le Colonel réside dans le chef-lieu de l'arrondissement, & fait passer ses ordres aux Capitaines & Lieutenans qui résident dans les bourgs ou villages où sont les compagnies.

Les Capitaines sont chargés du recouvrement de la taxe ; ils en remettent le produit, les uns à Parme, les autres à Plaisance, où résident les Généraux de la Milice de chaque Duché.

Au moyen de cet établissement, qui doit son origine à un Prince de la maison de Farnese, toute la jeunesse de l'Etat se trouve enrôlée sans qu'il en coûte rien au Souverain, qui en tire au contraire un produit.

Les compagnies de Grenadiers portent l'uniforme lorsqu'elles sont de service, le reste n'en a point ; une partie de cette Milice est à cheval.

Tout Milicien peut avoir un fusil chez lui ; mais il ne peut le porter que lorsqu'il est commandé : on ne peut le faire assigner sans une permission du Général ; ces petites prérogatives leur font acquitter la taxe sans aucune répugnance.

---

[a] 5 livres 12 sous 6 deniers. } monnoie de *France.*
[b] . . . . . 6 sous.

On emploie les Miliciens dans toutes les occasions qui intéressent la police & le bon ordre, dans les incendies, les inondations & le paſſage des contrebandiers.

Le Duc de Parme poſſede un grand nombre de cens, rentes & redevances, dont une partie ſe paye en nature, & une autre en argent; les plus conſidérables ſont celles de Fonteriro, Sala, Bardi & Compiano.

Les Juifs payent une taxe annuelle pour la liberté qu'on leur accorde de faire le commerce, & d'habiter dans les Etats du duc de Parme; mais ils ne peuvent faire leur réſidence dans les villes de Parme & Plaiſance.

IMPOSITIONS
DANS
L'ÉTAT ECCLÉSIASTIQUE.

CHAQUE ville, bourg ou village de l'Etat Eccléfiaftique, forme un corps ou communauté.

Pendant que l'ancienne adminiftration a fubfifté, il y avoit, dans chaque communauté, un Confeil compofé d'un certain nombre d'habitans, qui étoient chargés de la répartition & de la levée des fommes que le Prince demandoit, & de celles qui étoient néceffaires pour fubvenir aux dépenfes communes.

Cette forme d'adminiftration n'a plus lieu actuellement; les communautés font fous l'infpection du bureau d'adminiftration générale établi à Rome, les droits auxquels elles font affujetties, font levés & perçus par des Fermiers.

Les impofitions font de deux fortes, les unes territoriales, les autres portent fur plufieurs objets de confommation & fur certaines efpeces de marchandifes.

IMPOSITIONS territoriales.

L'ÉTAT Eccléfiaftique eft cadaftré, chaque communauté a fon cadaftre particulier : la taxe que doit fupporter une terre n'eft point fixe, elle augmente ou diminue fuivant que la terre augmente ou diminue de valeur, mais l'augmentation ou la diminution eft toujours déterminée dans la proportion de la premiere taxe, à laquelle la terre a été affujettie.

Dans tout le territoire Romain, qui s'étend à quarante milles autour de Rome, l'impofition fur les terres eft ordinairement très-modique, par la raifon que le produit de cette impofition ne forme point, comme celui du furplus de l'Etat Eccléfiaftique, partie des revenus du Prince, il eft affecté à l'entretien des ponts & chauffées.

IMPOSITIONS sur les objets de consommation.

DROIT de Mouture de bled.

LE Boulanger & le Particulier, qui veulent faire moudre du grain, prennent une permiffion, dans laquelle eft exprimée la quantité de grain qu'ils fe propofent de conduire au moulin.

Lorfque le grain eft moulu, un Commis pefe la farine, en enregiftre le poids, & fait payer 6 livres 17 fous monnoie de France, par chaque *rube*; le *rube* compofe fix cent vingt à fix cent quarante livres, de douze onzes la livre de farine, fuivant la qualité du grain.

DROIT fur la VIANDE.

ON envoie, dans toute l'étendue du territoire romain, compter le nombre des animaux; on tient un état de la quantité & qualité de ceux qui appartiennent à chaque Particulier; tous font obligés de les conduire au marché, & lorfqu'il en meurt quelques-uns de maladie ou d'accident, le Propriétaire doit en juftifier & en rapporter les peaux.

On impofe au marché, fur chaque animal, un droit, qui eft réglé fur le prix auquel il eft vendu; ce droit ne fe paye point comptant, la communauté des Bouchers eft refponfable de la dette de chacun d'eux en particulier: chaque Boucher dépofe, dans un magafin commun, la graiffe de la femaine; on en tient regiftre.

Cette graiffe eft vendue aux Chandeliers qui font obligés de venir fe fournir à ce magafin: on déduit à chaque Boucher, fur le montant de ce qu'il doit, la fomme qu'a produit la graiffe qu'il a remife au magafin.

DROITS fur le VIN.

LE vin qui provient du territoire romain, ne fupporte aucuns droits; celui du crû des autres cantons de l'Etat paye 20 fous par barrique de foixante-huit bouteilles de France.

Le vin étranger, qui arrive en bouteille, eft taxé à 2 fous par pinte;

&

& celui qui vient en futaille, paye environ cinquante pour cent de l'estimation.

DROITS *sur le* SEL.

LE sel, qui se distribue dans les Etats du Pape, vient ou de la saline d'Ostie sur la Méditerranée, ou de celle de Cervia sur la mer Adriatique : il se vend depuis 1 sou jusqu'à 2 sous la livre de douze onces, suivant que les frais de transport sont plus ou moins considérables, relativement aux lieux où le sel est conduit : cet objet forme une Ferme particuliere.

DOUANES.

IL n'y a point de Douanes sur les frontieres de l'Etat Ecclésiastique ; elles ne sont établies qu'à l'entrée du territoire romain : les marchandises destinées pour *Rome* n'acquittent les droits qu'à *Rome* : celles dont la destination est pour d'autres villes du territoire, les payent à l'entrée de ce territoire.

Toutes especes de soieries sont taxées à vingt-deux pour cent de l'estimation.

Les droits sur les draps fins sont moins forts que ceux sur les gros draps ; le motif de cette modération de droits sur les draps fins, a été d'encourager les Fabricans nationaux, qui ne fabriquent, pour la plus grande partie, que des draps très-gros.

Les Douanes sont en régie.

POSTES.

LES Postes sont en ferme ; elles produisent 46 mille écus romains ; ce qui revient, monnoie de France, à 241 mille 500 livres ; l'écu romain valant 5 livres 5 sous de notre monnoie.

OCTROIS.

CHAQUE communauté jouit d'octrois qui sont proportionnés à ses charges : le produit de ces octrois sert à l'entretien d'un Gouverneur,

Tome I. I i

d'un Médecin, d'un Chirurgien, d'un Secrétaire, d'un Maître d'école, & des ponts & chauffés. Les Eccléfiaftiques ne contribuent point au paiement des octrois; c'eft la feule taxe dont ils foient exempts.

On eftime les revenus du Pape, à 2 millions 500 mille écus romains; ce qui forme monnoie de France, un objet de 13 millions 125 mille livres.

Les Fermiers font obligés de payer, tous les deux mois, la portion du prix de leur bail qui eft échue; ils portent, ainfi que les Régiffeurs, les fonds au tréfor du Prince directement.

Papiers publics.

On ne connoît dans l'Etat Eccléfiaftique, que deux efpeces de papiers publics qui produifent des intérêts, les *Lieux-de-mont* & les Vacables; ces deux papiers font des contrats de rentes.

Le Lieu-de-mont forme une rente perpétuelle.

Le Vacable forme une rente viagere.

Le Lieu-de-mont n'a été créé, & n'eft rembourfé par le Gouvernement, que fur le pied de 100 écus [a] romain : les operations de la place l'ont fait monter jufqu'à 127 [b] ou 130 [c] écus; l'intérêt s'en paye fur le pied de trois pour cent, & même au-deffous.

La difficulté de trouver à acquérir des biens nobles, qui font prefque tous fubftitués, le peu de fûreté des acquifitions, parce qu'on ne connoît, dans les Etats du Pape, aucune maniere de s'affurer que les fonds qu'on achette ne font point grévés d'hypotheque; les facilités enfin qui fe rencontrent dans la vente des Lieux-de-mont, font les motifs qui ont accrédité ces papiers, & qui les font regarder comme l'effet le plus commode & le moins embarraffant, toute la formalité confiftant à fe faire enregiftrer à la banque à la place du Vendeur; cet effet rapportant d'ailleurs un intérêt plus confidérable, que ne feroit l'acquifition d'un fonds qui ne produit qu'un & demi, ou deux pour cent au plus, du montant du prix de l'achat.

---

[a] 1525 livres,
[b] 1666 livres 15 fous. } monnoie de France.
[c] 1682 livres 10 fous.

Les Vacables font des rentes viageres, qui cependant peuvent devenir perpétuelles ; parce que celui, fur la tête duquel elles ont été conftituées, peut les vendre à un autre, & celui-ci à un troifieme, & ainfi fucceffivement : il eft vrai que ces ventes, pour être valables, exigent deux conditions ; la premiere, que celui qui vend n'ait pas foixante-trois ans révolus ; la feconde, qu'il furvive de quarante jours après l'époque de la vente.

L'intérêt du Vacable n'eft point fixe, il varie fuivant que le produit de la daterie, dont les revenus font affectés au paiement de cet intérêt, eft plus ou moins confidérable.

Sixte V, premier créateur des Lieux-de-mont & des Vacables, avoit deftiné les fonds rendus libres par l'extinction des Vacables, à une Caiffe d'amortiffement pour les Lieux-de-mont : les Papes en ont fait ordinairement d'autres emplois ; Benoît XIV les a appliqués au rembourfement des dettes.

Il y a à Rome deux banques, où l'on donne en papier - monnoie la valeur qu'on y porte en argent : le crédit de ce papier fe foutient parfaitement dans cette capitale ; mais il ne circule point dans le furplus de l'Etat Eccléfiaftique.

L'intérêt de l'argent eft fixé ; favoir ;

Pour le Marchand, à fix pour cent.

Pour le Particulier, à quatre pour cent.

Et pour les Communautés religieufes, à trois pour cent.

Il y a à Rome des greniers d'abondance : le bureau, fous l'infpection duquel font ces greniers, prend le bled où il juge à propos, & en fixe le prix : l'exportation des grains ne peut fe faire qu'en conféquence de permiffions, qui ne s'accordent qu'à prix d'argent. Ces deux circonftances ont fait prefque généralement négliger la culture des terres dans l'étendue du territoire romain.

Les différentes efpeces d'huile font toutes portées à un bureau qui eft établi à cet effet, & qui en fixe le prix : les Détailleurs font obligés de venir fe fournir à ce bureau ; on y mêle les différentes qualités d'huile, ce qui fait qu'en général, l'huile eft d'une mauvaife qualité dans le territoire romain.

IMPOSITIONS

ET DROITS

DANS LE ROYAUME DE NAPLES.

Les impofitions qui fe levent, & les droits qui fe perçoivent dans le royaume de Naples, confiftent:

1°. Dans la contribution annuelle & générale des provinces:

2°. Dans un droit connu fous la dénomination de *Valimento*:

3°. Dans les Arrendemens ou revenus royaux, qui font compofés de la ferme du tabac, du produit des droits fur le fel, fur la foie, fur le falpêtre & la poudre à canon; du droit de 2} *grains* par once de la Douane de Naples, & du produit des droits de quelques autres petites Douanes particulieres; du droit de *Regi cenfali*, des droits fur le fer, fur la manne; des droits de poids & mefures, des droits fur l'huile, fur les cartes à jouer, fur le fucre, fur la chaux; des parties d'arrende-ment, des revenus ou produits de la Douane de Foggia, des droits fur les offices, du droit de falme & de traite, du droit de deux pour cent fur les chebecs, des droits de relief & de quinze ans, des droits de fortie du royaume, & des droits connus fous la dénomination de *Corps divers*.

On va rappeller fucceffivement les détails qui font relatifs à chacun de ces objets.

On expofera enfuite le montant des revenus que Sa Majefté Sicilienne retire de la Sicile & des préfides de Tofcane, fur lefquels on n'a pu fe procurer les renfeignemens que l'on auroit defirés.

PREMIER OBJET.

CONTRIBUTION *annuelle & générale des provinces.*

LA contribution annuelle & générale des provinces est composée :

1°. De l'imposition connue sous la dénomination d'*Adoha*, & qui porte sur les biens féodaux, qui payent à raison de vingt-six ¼ pour cent, non de produit actuel mais de celui auquel ce produit ou revenu, a été évalué en l'année 1564 ; de maniere que par les augmentations qui sont survenues successivement dans le revenu des fonds, le produit de l'*Adoha* est bien inférieur à celui que cette imposition rendroit, s'il eût été procédé à une nouvelle estimation ou fixation des revenus de ces fonds.

2°. De la Capitation qui se leve sur les différentes classes des sujets :

3°. Des Taxes qui sont imposées sur les biens-fonds & sur l'industrie :

4°. Du tribut, dont chaque province est tenue pour l'entretien des chemins publics & des ponts & chaussées.

CAPITATION.

CHAQUE pere de famille paye, pour la Capitation, 10 *carlins* * ; ses enfans ne sont assujettis à cette imposition que lorsqu'ils quittent la maison paternelle pour en habiter une particuliere, & qu'ils sont émancipés. Ceux qui doivent acquitter la Capitation ou leurs héritiers, sont inscrits sur un registre, que l'on appelle *Registre du dénombrement général* ; on observe cependant, que lorsqu'un Particulier sujet à la Capitation laisse plusieurs héritiers, un seul est assujetti à cette Capitation.

TAXE *sur les* BIENS-FONDS.

LA Taxe sur les biens-fonds est réglée d'après les appréciations qui sont faites des revenus que ces fonds produisent.

---

* 4 livres 5 sous, *monnoie de France.*

TAXE sur l'INDUSTRIE.

LA Taxe de l'induſtrie eſt fixée, relativement aux différens genres de commerces & de métiers que chacun exerce.

CONTRIBUTIONS pour les Chemins, Ponts & Chauſſées.

LA Contribution pour l'entretien des chemins publics, ponts & chauſſées, forme un objet annuel de 180 mille ducats [a]; cette contribution eſt perçue pour le compte du Roi, qui fournit à la dépenſe des objets auxquels elle eſt deſtinée.

Le montant de la ſomme pour laquelle chaque diſtrict, chaque ville doit contribuer, eſt réglé & déterminé, & c'eſt d'après ce montant que la répartition eſt faite ſur tous les Contribuables.

On ſuppoſe qu'un diſtrict doive fournir pour ſa contribution 10 mille ducats, & que, d'après le nombre des perſonnes ſujettes à la Capitation, le produit de cette Capitation forme un objet de 2 mille ducats, il reſtera à lever 8 mille ducats pour compléter les 10 mille, montant de l'impoſition totale.

On fait alors une eſtimation ou appréciation des revenus que produiſent à chaque Particulier, ſoit les biens-fonds qu'il poſſede, ſoit la profeſſion qu'il exerce.

Le réſultat de ces produits eſt diviſé en onces, dont chacune équivaut à 6 ducats [b].

Ainſi, en ſuppoſant que le total & l'enſemble des revenus, ſoit des fonds, ſoit de l'induſtrie, forment un montant de 80 mille onces ou 480 mille ducats de revenu ; en ce cas, comme il s'agit de remplir les 8 mille ducats, qui reſtent à acquitter ſur la Contribution générale, chaque Particulier eſt tenu de payer 1 carlin [c] par 6 ducats [d] de ſon revenu, & ainſi à proportion, ſuivant le plus ou le moins qui reſte à fournir après la Capitation prélevée.

---

[a] 765 mille livres, *monnoie de France* ; le ducat étant de 4 liv. 5 ſous de France.
[b] 25 livres 10 ſous.
[c] Le carlin vaut 8 ſous 6 deniers.   } *monnoie de France.*
[d] 25 livres 10 ſous.

Lorſqu'une Communauté poſſede des fonds communaux, & que les revenus de ces fonds ſont employés au paiement de la contribution qu'elle doit ſupporter, le montant de la taxe ſur chaque once de revenu diminue à proportion.

Il y a des diſtricts qui, peu conſidérables dans le principe, n'ont été chargés que d'une impoſition très-modique, & que s'étant agrandis dans la ſuite par la population & le défrichement des terres, jouiſſent, dans l'état actuel, d'un revenu très-conſidérable, relativement à la contribution dont ils ſont tenus, & qui ne forme pas un grain [a] par once [b] de leur revenu.

Les réglemens ſur la levée & perception de la contribution annuelle & générale des provinces, font des défenſes d'impoſer ſur chaque once de revenu au-delà de 12 grains (*ou 20 ſous de France*) ; & lorſque cette taxe n'eſt pas ſuffiſante pour acquitter cette contribution, on eſt dans l'uſage d'établir des droits ſur le pain, le vin, la viande, la neige ou quelqu'autre denrée ; il eſt même des *Communautés* qui, quoiqu'il ſoit enjoint d'établir la contribution d'abord ſur les fonds & l'induſtrie, préferent de l'acquitter tant avec le produit de leurs revenus communaux, que par le moyen de quelques droits qu'elles s'impoſent volontairement.

Pour parvenir à fixer le montant de la ſomme que chaque once doit ſupporter dans la contribution, les Membres de la communauté nomment deux Particuliers qui font l'eſtimation, tant des *revenus des Laïcs*, que des revenus des Eccléſiaſtiques ; & c'eſt ſur cette eſtimation qu'eſt réglée la contribution que chaque once de revenu doit payer.

On obſerve cependant que la moitié des onces des revenus des Eccléſiaſtiques, eſt exempte de la contribution, en conſéquence d'un concordat qui a été paſſé, en 1741, entre le Roi d'Eſpagne actuellement régnant & le Pape Benoît XIV.

Le Syndic & les Elus de chaque communauté ou diſtrict ſont tenus de faire, chaque année, dans trois époques différentes, le recouvrement de la contribution, & d'en porter le montant au Tréſorier provincial.

Lorſqu'ils ne peuvent parvenir à faire le recouvrement en entier, ils ſont obligés d'en donner avis à ce Tréſorier & de lui en-

---

[a] . . . . 9 deniers.
[b] 25 livres 10 ſous. } *monnoie de France.*

voyer une note exacte de ceux qui font en retard de payer ; le Tréforier leur envoie un Ecrivain qui demeure chez eux & à leurs frais jufqu'à ce qu'il aient fatisfait.

Quelques Communautés, pour s'éviter les embarras de la collecte, donnent à titre de ferme le montant de la contribution, & le fermier s'oblige d'acquitter cette contribution pour elles.

Les Communautés font auffi dans l'ufage de prendre fur le produit des onces, les dépenfes qui leur font particulieres & perfonnelles, telles que celles qui font établies pour les Saints Protecteurs, pour les Ecoles, les Avocats, les Médecins, les Hôpitaux & autres objets de ce genre ; mais le montant de ces dépenfes doit en ce cas être fixé par la Chambre royale *de la Sommaria*.

Plufieurs Communautés, lorfqu'il furvient quelque calamité publique, font des emprunts pour acquitter la contribution, & payent tant pour cent d'intérêt, il en réfulte que, fous prétexte de ces intérêts à acquitter, les communautés exigent annuellement des membres qui les compofent, le double de ce que chacun devroit payer pour fa contribution.

Chaque pays ou diftrict a fes Officiers municipaux & fon Caiffier qui eft chargé des revenus publics.

Ces Officiers font tenus, à la fin de chaque année, de rendre compte de leur adminiftration devant deux Révifeurs qui font choifis à cet effet par le pays ou diftrict.

L'appel des jugemens, qui font rendus par ces Révifeurs, peut être porté devant un Jurifconfulte, qui eft pareillement choifi par la communauté ; les fentences que rend ce Jurifconfulte doivent être exécutées par provifion ; mais lorfque ces fentences ont reçu leur exécution, celui qui fe croit fondé à fe plaindre, peut s'adreffer à la Chambre royale qui prononce en dernier reffort.

Les Univerfités ou Communautés qui n'ont point voulu adopter le fyftême des onces, relativement à la fixation des gabelles ou droits fur le comeftible, fe font mifes dans la dépendance de la Chambre royale.

Les gabelles portent uniquement, ainfi qu'on l'a déja obfervé, fur les vivres & les denrées. La ville de Naples, celle de Salerne & un très-petit nombre d'autres villes qui en ont obtenu la permiffion, peuvent feules impofer des gabelles ou droits fur les marchandifes.

Ces droits font affermés au plus offrant & dernier enchériffeur ; les

Fermiers

Fermiers ne peuvent prétendre ni obtenir aucune indemnité qu'ils n'aient rempli toutes les conditions de leur bail, & qu'ils n'en aient payé le prix.

Le Gouvernement a établi dans chaque province un Tréforier, qui prend titre de *Receveur provincial*; les fonctions de ces Receveurs confiftent à exiger le montant de la contribution, à acquitter les dépenfes qui font à la charge du Roi dans la province où ils réfident, & à faire parvenir les deniers qui leur reftent, à la Tréforerie générale à Naples.

Les offices de Receveurs fe vendent à vie; la finance en eft réglée, relativement à l'étendue de leurs fonctions, & aux profits qui en réfultent.

Chaque Receveur a à fes ordres un nombre fuffifant d'Officiers fubalternes, dont les appointemens font de 30 à 40 ducats * par mois; les frais de bureau, le port des deniers, les caiffes & autres dépenfes font à la charge du Roi.

Indépendamment de ces appointemens, ces Officiers fubalternes font payés des vacations ou journées qu'ils emploient à parcourir les provinces pour faire le recouvrement des impofitions; les Receveurs font dans l'ufage de retenir à leur profit un tiers du montant de ces vacations ou journées.

Ces Receveurs exercent une forte de jurifdiction très-peu étendue, & qui eft uniquement relative à ce qui concerne le recouvrement. Ils font leur réfidence ordinaire auprès des Tribunaux provinciaux; ils ne peuvent s'en éloigner qu'avec une permiffion de la Chambre royale, à laquelle ils rendent compte de leur geftion, & qui nomme, à cet effet, un Révifeur particulier pour chaque province.

Voici un tableau qui fera connoître province par province, le montant de la Contribution annuelle & générale, celui des charges qui font à acquitter fur cette contribution, & le produit net qui en réfulte.

---

* 127 livres 10 fous à 170 livres, *monnoie de France.*

NOMS DES PROVINCES.	REVENUS PLEINS.	CHARGES.	REVENUS NETS.
Terre de Labour. . . .	121489^d 24^g	. . . .	121489^d 24^g
Comté de Molife. . .	43306. 91.	3093^d 70^g	40213. 22.
Principauté citérieure...	103801. 22.	11104. 12.	92697. 10.
Principauté ultérieure...	64740. 10.	2812.	61928. 10.
Capitanate.	89067. 69.	7508. 25.	81559. 44.
Bafilicate.	118160. 68.	12218. 54.	105942. 14.
Bary.	165959. 53.	17716. 23.	148243. 30.
Otrante.	150727. 82.	21520. 45.	129207. 37.
Calabre citérieure. . .	142165. 20.	8070. 80.	134094. 40.
Calabre ultérieure. . .	184523. 47.	14588. 59.	169934. 88.
Abruzza citérieure. . .	76238. 2.	4562. 67.	71675. 35.
Abruzza ultérieure. . .	146127. 42.	6875. 42.	139252.
TOTAL. . . .	1406307^d 31^g	110070^d 77^g	1296236^d 54^g
Monnoie de France. . .	5976805^l 8^f 3^d	467800^l 7^f 9^d	5509005^l » 6^d

Droit de Valimento.

C E droit confifte dans les fommes qui font payées par les Propriétaires de fiefs qui réfident hors du royaume ; ainfi, le Prince de Civitella, le Prince de Melfi & la Princeffe de Cellamare, qui ont leur habitation à *Rome*, payent, le premier 1000 ducats [a], le fecond 1291 ducats 11 grains [b], & la troifieme 3600 ducats [c].

Les Barons qui poffedent les fiefs, font pareillement tenus de faire leur réfidence dans le royaume de Naples ; & lorfqu'ils établiffent leur domicile dans quelque pays étranger, ils payent l'*Adoha*, ou vingt-fix $\frac{1}{4}$ pour cent du revenu actuel des fiefs.

Lorfqu'ils veulent voyager , ils doivent en obtenir la permiffion du

---

[a] 4250 livres.
[b] 5487 livres 2 fous 3 deniers. } monnoie de France.
[c] 15300 livres.

Roi, & le temps de cette permission est ordinairement très-limité.

Arrendemens ou *Revenus royaux.*

Dès les premiers temps de la Monarchie, il a été établi des droits prohibitifs sur différentes sortes d'objets ; ces droits, qui ont été succeffivement augmentés, font connus fous la dénomination d'*Arrendamenti.*

La perception de ces droits étoit faite anciennement pour le compte du Roi, par des perfonnes qui étoient prépofées à cet effet ; mais dans la fuite ils furent aliénés prefqu'en entier à différentes perfonnes, qui formerent un Corps ou Compagnie.

Ce Corps, ou Compagnie choifit, tous les deux ans, quatre Directeurs qui font chargés du foin de faire la recette des droits, & d'en partager les produits entre les Propriétaires par proportion à leurs mifes. Il y a dans la ville de Naples un délégué particulier pour chaque branche de ces revenus, & auquel appartient la connoiffance des matieres & conteftations qui y font relatives.

Sa Majefté Catholique, informée que les produits de ces droits étoient très-fupérieurs aux finances, pour lefquelles l'aliénation en avoit été faite, établit, fous la dénomination de *Sur-intendance*, un Tribunal auquel préfide le Secrétaire d'Etat, qui a le département de l'*Affiente* ou des finances, & reffortit à la Chambre royale de la *Sommaria* ; & dans la vue de réunir, à fa Caiffe, l'excédant de l'ancien revenu, qui avoit été aliéné par les Rois fes prédéceffeurs, Elle ordonna que les comptes & l'adminiftration des droits, feroient réglés par ce nouveau Tribunal.

On va rappeller féparément chaque branche de ces revenus.

FERME du TABAC.

Le droit de la vente exclufive & du commerce du Tabac, eft affermé pour fix années, à compter du premier Janvier 1768, jufqu'au 31 Décembre 1774, inclufivement, pour la fomme de 440 mille ducats * par an.

Une partie de ce revenu a été aliénée jufqu'à concurrence de 100

---

* 1 million 870 mille livres, *monnoie de France.*

mille ducats par an , dont l'amortiſſement ſe fait d'année en année.

Quand il s'agit de procéder à l'adjudication de cette ferme, pluſieurs Habitans & Négocians s'uniſſent, & ſe diviſent en vingt-quatre colonnes égales ; les chefs éliſent un Adminiſtrateur général, qui ſuit l'affaire.

Auſſi-tôt qu'il a été procédé à l'adjudication , les intéreſſés choiſiſſent à leur gré, entre les Préſidens & les Conſeillers de la Chambre , cinq Officiers , qui forment un Tribunal, que l'on nomme la *Junte du Tabac*; ce Tribunal connoît & décide en dernier reſſort , de toutes les matieres relatives au commerce du Tabac, aux Sous-fermes & à la Contrebande : ceux, qui ſont employés au ſervice de la ferme , ont leurs cauſes commiſes à ce Tribunal, tant au civil qu'au criminel.

Voici les différentes qualités & les prix des Tabacs qui ſe vendent à la balance dans le magaſin du Breſil à Naples.

Tabac particulier . . . . 120 grains [a] ou 12 carlins la livre de douze onces.

Fleur	80 grains [b].
Breſil	70 [c].
Feuilles	60 [d].
Moulu	30 [e].
Lavé	33 [f].
Autres feuilles	30 [g].
Haché	33 [h].
Forcé	40 [i].
Canada	40 [k].
Virginie	40 [l].

---

[a] 5 livres 2 ſous.
[b] 3 livres 8 ſous.
[c] 2 livres 19 ſous 6 deniers.
[d] 2 livres 11 ſous.
[e] 1 livre 5 ſous 6 deniers.
[f] 1 livre 8 ſous 6 deniers.
[g] 1 livre 5 ſous 6 deniers.
[h] 1 livre 8 ſous 6 deniers.
[i] 1 livre 14 ſous.
[k] 1 livre 14 ſous.
[l] 1 livre 14 ſous.

} *monnoie de France.*

Ceux qui se débitent dans le magasin du Roi, appelé *Séville*, sont :

Le Havanne fin . . . . 120 grains [a].
Le Havanne à sac . . . . 60 [b].
La petite Havanne . . . . 40 [c].
Le râpé . . . . 64 [d].
L'appelé . . . . 54 [e].
L'appelé de Paris . . . . 100 [f].
Le Virginie . . . . 40 [g].
Le Séville . . . . 450 [h].
De Lecce . . . . 100 [i].

Les intéressés dans la ferme du Tabac sont dans l'usage de céder des provinces à des Sous-fermiers, qu'ils chargent d'une quantité considérable de tabacs, dont ils exigent le prix qu'ils y mettent.

Les Sous-fermiers, ainsi que l'Administrateur de Naples, entretiennent un nombre infini de *Gardes* & de *Commis*, qui parcourent les provinces pour y empêcher la contrebande ; ils sont autorisés à faire, quand *ils* le jugent à propos, des visites dans les maisons des particuliers, dans les monasteres, & même dans les églises.

Anciennement, on forçoit les Communautés à prendre une certaine quantité de tabac ; mais cet abus ne subsiste plus, & l'on ne vend du tabac qu'à ceux qui veulent en acheter.

Une des principales branches de l'Industrie dans la province de Lecce, consiste dans la plantation du tabac ; mais le commerce en est presqu'entiérement restreint à cette province, par les droits exorbitans qui sont exigés lorsqu'on le fait passer à Naples ou dans tout autre endroit du royaume.

---

[a] 5 livres 2 sous.
[b] 2 livres 11 sous.
[c] 1 livre 14 sous.
[d] 2 livres 14 sous.
[e] 2 livres 5 sous 6 deniers.   } monnoie de France.
     4 livres 5 sous.
[g] 1 livre 14 sous.
[h] 20 livres 2 sous 6 deniers.
[i] 4 livres 5 sous.

Les peines contre ceux qui font la contrebande, font très-rigoureufes: les Militaires & les Officiers-royaux perdent leurs emplois ; les autres font condamnés à des peines corporelles ou à des amendes pécuniaires très-confidérables.

Le prix de la ferme eft payé, chaque mois d'avance.

Les intéreffés dans la ferme font obligés de fournir, de leurs deniers, les fonds néceffaires pour le paiement des appointemens des Officiers de la *Junte*, & ces appointemens font indépendans de ceux que ces Officiers reçoivent du Roi pour raifon de leurs autres emplois & fonctions.

Les intéreffés font dans l'ufage de former un fonds d'avance de 200 mille ducats [a].

Le profit ordinaire pendant un bail de fix années, monte à 350 mille ducats [b], qui font répartis entre les Fermiers, proportionnellement à leur mifes.

Le tabac qui eft pris en contrebande, & les amendes qui font prononcées, font au profit de la ferme.

Le Secrétaire d'Etat des finances, auxquels le tiers de ces confifcations & amendes appartient, le cede ordinairement au Fermier pour 1900 ducats [c].

Revenu ou *Arrendement du SEL.*

LA vente du fel forme une des plus anciennes impofitions qui ait lieu dans le royaume de Naples.

Comme la Capitation étoit autrefois beaucoup plus forte qu'elle ne l'eft actuellement, le Roi faifoit donner *gratis* un *tomolo* [d] de fel par chaque feu ; mais aujourd'hui on vend tout le fel.

On diftingue dans le royaume de Naples deux efpeces de fel; le fel de mer, qui eft fabriqué, & le fel foffile, que l'on tire principalement des montagnes de Calabre; l'un & l'autre appartiennent au Roi.

La diftribution de fel ne fe faifoit point autrefois d'une maniere uni-

---

[a] . . . . . . 850 mille livres.
[b] 1 million 487 mille 500 livres.   } *monnoie de France.*
[c] . . . . . . 8 mille 75 livres.

[d] Le *tomolo* contient vingt-quatre mefures, la mefure quatre jointées, & la jointée ce qu'on peut tenir dans les deux mains jointes enfemble.

forme dans toutes les provinces ; dans quelques-unes le *tomolo* étoit de quarante-huit *rotolos* ou quinze cent quatre-vingt-quatre onces [a], & dans d'autres il n'étoit que de trente-trois *rotolos* ou mille quatre-vingt-neuf onces ; mais S. M. Catholique a fait établir des poids & mesures uniformes dans toute l'étendue du royaume, pour la vente du sel.

Le prix ancien & originaire du sel étoit de 12 carlins [b] par tomolo; mais il a été successivement établi sur cette denrée, d'abord une imposition de 52 grains & demi, savoir, 15 au profit de la ville de Naples, & 37 ½ au profit du Roi, & depuis une autre imposition de 82 grains & demi ; de maniere que le sel se vend actuellement à raison de 25 carlins [c] le tomolo ou les 48 rotolos.

Chaque imposition qui a été mise sur le sel, est gouvernée par un corps particulier d'Administrateurs, qui sont choisis par ceux qui traitent du montant de cette imposition ; ainsi il y a trois corps d'Aministrateurs, le premier pour le prix ancien du sel de 12 carlins, le second pour l'imposition de 52 grains & demi, & le troisieme pour celle de 82 grains & demi.

Chacun de ces trois corps est dirigé par quatre Gouverneurs, qui ont un Juge délégué qui décide en dernier ressort; le nombre des Officiers & Agens subalternes est très-considérable.

Il existe dans toutes les principales villes du royaume, des magasins, dans lesquels les endroits les moins considérables viennent s'approvisionner.

Certains districts ou communautés prennent la vente du sel à titre de sous-ferme ; on leur délivre une quantité de sel déterminée, qu'ils revendent ensuite à un prix un peu au-dessus de celui qu'ils l'ont acheté.

Ceux qui avoient acquis les droits & impositions sur le sel, étoient dans l'usage d'administrer ces droits & impositions comme bon leur sembloit ; mais S. M. Catholique ayant reconnu que les profits que faisoient ces acquéreurs étoient très-considérables, Elle s'est portée à faire administrer cette partie, de maniere que les fonctions des Gouverneurs

---

[a] L'once forme le seizieme de la livre de France.

[b] 5 livres 2 sous.

[c] 10 livres 12 sous 6 deniers. } *monnoie de France.*

qui font prépofés par les intéreffés , confifte uniquement, quant à préfent, à veiller à la fûreté des fonds de leurs commettans , & l'adminiftration, eft dirigée par le Roi qui établit à cet effet des Officiers dans les endroits où il eft convenable qu'il y en ait.

Chaque manufacture de fel eft dirigée par un Adminiftrateur, duquel dépendent ceux qui le travaillent.

Les Préfidens ou Gouverneurs des provinces décident les affaires fommaires qui requierent célérité.

Les Religieux mendians ne payent qu'un feul grain [a] par mefure ou quatre jointées de fel.

Les autres Religieux & les Prêtres féculiers ne payent qu'un ducat 35 grains [b] par tomolo de fel.

Les Fermiers des herbages de la Douane de Foggia , ne font affujettis qu'à 4 carlins [c] par tomolo.

Les principaux magafins font Naples, Salerne, Gaette , Capitello , Caftelamare & Pouzzuols.

Le produit net des droits fur le fel eft de 365 mille 596 ducats 56 grains [d].

Arrendement de la Soie.

Il eft permis à toutes perfonnes de faire de la foie ; mais dès qu'elle eft faite , chaque Particulier doit déclarer la quantité qu'il en a ; & pour prévenir la fraude, il eft expreffément défendu d'exercer le métier de Tireur de foie fans une permiffion du Gouvernement : ceux qui font pourvus de ces permiffions , doivent déclarer la quantité de foie qu'ils ont tirée, & pour le compte de qui ils ont travaillé ; le Propriétaire fait enfuite fa déclaration qui doit fe trouver conforme à celle du Tireur.

La foie que chaque Propriétaire emploie pour fon ufage , eft exempte de toute impofition ; celle qu'il vend eft affujettie à un droit de 28 grains [e] par livre pefant.

---

[a] . . . . 9 deniers.
[b]   1 livre   9 fous 3 deniers.
[c]   1 livre   14 fous.   } *monnoie de France.*
[d]   1553785 livres   6 fous 6 deniers.
[e] . . . . 21 fous.

L'arrendement

L'arrendement de la foie fe divife en deux parties, en foie de Calabre & foie de la terre de Labour : cette divifion vient de ce que dans le principe on ne faifoit de la foie que dans la Calabre & dans la terre de Labour.

Les impofitions & les droits, établis fur la foie, ont été aliénés, pour la plus grande partie, à deux compagnies qui choififfent quatre Gouverneurs pour veiller à la perception de ces droits; mais le Roi nomme un premier Adminiftrateur général pour la Calabre, & un fecond pour le furplus du royaume : ces deux Adminiftrateurs qui ont à leurs ordres tous les Officiers fubalternes, fe font remettre les déclarations, & perçoivent l'impofition dans le moment de la vente de la foie. Les Propriétaires, qui envoient leurs foies directement à la Douane de Naples, ne payent à l'Officier qui eft fur le lieu, que 6 grains par livre; le furplus des droits eft acquitté lors de la fortie de la Douane.

On obferve au furplus que l'impofition fur les foies n'eft point la même dans tout le royaume; des motifs d'encouragement ont porté le Gouvernement à les réduire dans certains diftricts; la ville de Naples, les îles d'Ifchia & de Procida, font même entiérement exempts de ces droits.

On doit pareillement obferver, que les droits dont on vient de faire le détail, ne portent que fur la foie crue, & non fur les foies ouvrées, fur lefquelles il a été établi une impofition particuliere, & dont on parlera dans la fuite.

Le produit net des droits fur la foie crue, monte à 74 mille 713 ducats [a].

Arrendement du Salpêtre & de la Poudre à canon.

CETTE branche de revenu confifte dans le droit exclufif de fabriquer & vendre la poudre.

La Pouille eft la province qui eft la plus abondante en falpêtre. Dans tous les endroits où il y en a des manufactures, le privilége exclufif de le travailler eft affermé; le Fermier eft obligé d'en fournir

----

[a] 317530 livres 5 fous, *monnoie de France.*

au Roi une quantité fixe & déterminée, & de la qualité qui a été convenue,
à raison de 15 ducats [a] par quintal de cent vingt-cinq livres pesant ; le
Fermier dispose du surplus, comme bon lui semble.

La poudre à tirer se vend, depuis 6 jusqu'à 12 carlins [b] le rotolo, suivant
sa qualité.

Celle pour les feux d'artifice, 3 & 4 carlins [c] le rotolo.

Le Salpêtrier & ses Ouvriers, ne peuvent être traduits que devant le
Juge, qui leur est assigné dans la capitale ; il a le droit de prendre par-
tout, sans rien payer, le fumier & la terre dont on tire le salpêtre.

Les Salpêtriers sont exempts de toutes charges publiques ; ils ne peuvent
être arrêtés pour dettes ; ils ont des espions & des gardes pour veiller
à la contrebande ; ils doivent porter le salpêtre dans les manufactures à
poudre du Roi, qui sont situées aux environs de Naples, & c'est delà
que sort la poudre, pour être transportée dans tout le royaume.

Il est fait les défenses les plus expresses d'introduire des poudres
étrangeres.

Le Roi a aliéné une partie du revenu sur la poudre, jusqu'à concurrence de 30 mille ducats ; ainsi le produit annuel n'est que d'environ 2
mille ducats [d], outre la poudre que le Roi consomme pour ses Troupes,
pour le service de l'Etat & pour ses chasses.

Arrendement des Vingt-trois grains par Once de la douane de Naples.

CE produit consiste dans les droits que payent les draps & étoffes
de soie, qui entrent dans la ville de Naples, soit qu'ils viennent de l'é-
tranger ou de l'intérieur.

Deux Officiers-priseurs taxent ces marchandises, eu égard au prix
qu'elles peuvent être vendues, & chaque once, ou 6 ducats, paye 23
grains [e].

---

[a] 63 livres 15 sous, *monnoie de France.*

[b] Depuis 2 livres 11 sous, *monnoie de France*, jusqu'à 5 livres 2 sous les trente-
trois onces, ou deux livres une once de France.

[c] Depuis 5 livres 5 sous 6 den. jusqu'à
　　　　　1 livre 14 sous.　　　　　*monnoie de France.*

[d] 8 mille 500 livres.

[e] Sur 25 livres 10 sous, *monnoie de France*, on paye environ 17 sous 6 deniers.

Les Priseurs inscrivent leur estimation sur un registre, d'après la quantité qui a été déclarée, & le Caissier perçoit le droit en conséquence.

Lorsque la marchandise sort de la Douane, un Réviseur constate si la déclaration qui a été faite est exacte; si elle est reconnue fausse, la marchandise est confisquée, & le Propriétaire encourt des peines proportionnées à l'importance de l'objet.

Arrendement connu sous la dénomination de Regicensali.

Ce revenu consiste dans les droits qui se perçoivent aux portes de Naples sur le grain, les légumes, les herbages, le verre, la poterie, & généralement sur *toutes les denrées* qui servent à la consommation des habitans, & dans le droit de Boucherie.

Ces droits, qui ne sont relatifs qu'à la seule ville de Naples, ont été aliénés en partie; ils produisent net 27 mille 881 ducats [a] : c'est le Tribunal de la Sur-intendance, qui en a la direction.

Arrendement du Fer.

Cette branche de revenu consiste dans le droit exclusif de tirer la mine, de fabriquer le fer, & de faire le commerce de celui qui vient de l'étranger sans être travaillé.

Le royaume de Naples se divise, relativement à cette partie, en quatre départemens, dont chacun embrasse trois provinces.

Cet objet produit un revenu net de 42 mille 129 ducats 38 grains [b].

Le département de Calabre, a seul le droit de travailler le fer; parce que c'est dans cette province qu'existent les mines : le Gouvernement donne aux Ouvriers, qui en font l'extraction, une certaine quantité de matieres, sous la condition de lui en rendre la moitié en fer travaillé; on prend sur cette quantité, ce qui est nécessaire pour le service, & le surplus est vendu au Fermier qui en fait le commerce.

---

[a] 118 mille 494 livres 5 sous.
[b] 179 mille 49 livres 15 sous 6 den. } *monnoie de France.*

Arrendement de la Manne.

Ce revenu confiste dans le droit exclufif d'acheter la manne de ceux qui la recueillent, & la revendre enfuite au prix le plus avantageux qu'il eft poffible.

Il y a deux fortes de manne, celle de Pouille & celle de Calabre.

Le Gouvernement avoit pris le parti de confier cette partie à des Adminiftrateurs; mais il a jugé depuis qu'il étoit plus convenable d'affermer ce privilége.

Le Fermier achette la manne de ceux qui l'ont recueillie, & la paye, favoir; la manne commune, 3 carlins & demi le rotolo [a], & 5 carlins [b] la manne choifie.

Les Propriétaires ne peuvent fe difpenfer de vendre la manne au *Fermier*; *il entretient d'ailleurs,* un nombre d'efpions, qui parcourent les bois dans le temps de la récolte; & qui prennent, jour par jour, de ceux qui la font, une note de ce qu'ils ont recueilli; au moyen de quoi il fait la quantité que chacun doit en avoir.

Il paye aux Propriétaires des bois 5 carlins [c] par chaque *Mannarole* ou *Ouvrier,* qui eft employé à la récolte; mais ces Propriétaires ne peuvent, en aucune maniere, difpofer du produit de leurs arbres, pas même pour des médicamens pour eux; ils doivent acheter la manne, dont ils ont befoin, du Fermier ou *Appaltateur royal,* qui la vend le plus cher qu'il peut.

Quoiqu'une partie du revenu de la manne ait été aliénée, les Aliénataires n'ont aucune adminiftration fur cet objet; elle eft exclufivement confiée au Tribunal de la Sur-intendance.

Dans le temps de la récolte, les habitans des lieux font obligés d'y travailler; le Tribunal de la Sur-intendance a pleine & entiere jurifdiction fur les employés; il établit des Gardes où bon lui femble, pour empêcher qu'on n'enleve la manne, & qu'on n'en faffe commerce;

---

[a] 1 livre 9 fous 9 deniers, *monnoie de France*, les 33 onces.

[b] 2 livres 2 fous 6 deniers.

[c] 2 livres 2 fous 6 deniers. $\}$ *monnoie de France.*

les Ouvriers, qui travaillent à la récolte, ne peuvent, tant qu'elle dure, être constitués dans les prisons, pour aucune dette ni obligation civile.

Arrendement du poids & de la Mesure.

CE revenu consiste dans les droits qui sont payés pour la marque des poids & mesures dont on se sert dans le commerce.

Le droit de visiter & marquer les poids & mesures avoit été réuni à la monnoie, & les Directeurs des monnoies le faisoient excercer, dans les provinces, par des personnes qu'ils y envoyoient.

Philippe II, sur les représentations qui furent faites des vexations, auxquelles ceux qui étoient préposés à cette police se livroient, remit ce droit aux communautés, & convertit en une taxe sur chaque feu le produit qui en résultoit; ainsi le droit de marque, qui est confié à un Officier préposé par le Gouvernement, n'a plus lieu que dans la seule ville de Naples.

On paye pour chaque demi-cane, 5 grains [a]; pour une balance, 1 carlin [b]; pour le tomolo, 2 carlins [c]; & ainsi pour les autres poids & mesures, à proportion de leur grandeur.

Le produit net de ce droit est de 2 mille 232 ducats 80 grains [d].

Les Gouverneurs de l'Annonce & les Officiers des Douanes sont spécialement chargés de veiller aux contraventions; ils en donnent avis au Fermier, qui traduit les contrevenans devant le Juge, qui est établi à cet effet.

Arrendement des Cartes à jouer.

LE droit exclusif de fabriquer les cartes à jouer est sous l'inspection de la Chambre royale, qui l'afferme tous les dix ans; le Fermier sous-ferme ce droit dans les provinces; le produit net monte à 3 mille ducats [e].

---

a . . . . 4 sous.
b . . . . 8 sous 6 deniers.
c . . . . 17 sous.
d 9489 livres   8 sous.
e 12750 livres.

} *monnoie de France.*

Arrendement de l'Huile & du Savon.

LES droits qui se perçoivent sur l'huile, sont de 25 grains [a] par *staro*; sorte de mesure, qui contient à peu-près vingt-une livres d'huile.

La perception de ce droit est faite par les Particuliers auxquels il a été aliéné; ils entretiennent, dans quatre endroits du royaume de Naples, un Gouverneur ou Administrateur, auquel il été adjoint des Officiers subalternes pour percevoir les droits.

Ceux qui récoltent l'huile, & qui la consomment pour leur usage, ne sont sujets à aucuns droits; elle n'y est assujettie que dans le cas de vente, ou lorsqu'on la transporte hors du lieu où elle a été fabriquée.

Ceux qui vendent l'huile pour le pays étranger, payent au Fermier 33 carlins [b] par charge, qui contient dix-huit *staro*, ou trois cent soixante-dix-huit livres pesant; 2 carlins [c] à la Douane de chaque lieu où l'huile passe, & 10 carlins [d] au Roi.

Les Marchands obtiennent quelquefois des compositions sur les droits du Fermier.

Le produit net, pour le Roi, des droits sur l'huile, monte à 35 mille 428 ducats 59 grains [e].

Les droits sur le Savon sont pareillement aliénés à des particuliers; mais indépendamment de ces droits, on paye au Gouvernement 10 carlins [f] par quintal de Savon; il a été établi à cet effet dans chaque fabrique un Douanier, un Peseur, un Caissier & un Réviseur.

Dans la fabrique de Savon à Naples, le droit s'acquitte sur la lie de l'huile, qui doit le former, parce que l'on sait que telle quantité de lie produit telle quantité de Savon.

Le produit net de ce droit est de 476 ducats [g].

<table>
<tr><td>[a]</td><td colspan="2">1 livre.</td><td rowspan="7">} monnoie de France.</td></tr>
<tr><td>[b]</td><td>14 livres</td><td>6 deniers.</td></tr>
<tr><td>[c]</td><td>. . . . .</td><td>17 sous.</td></tr>
<tr><td>[d]</td><td>4 livres</td><td>5 sous.</td></tr>
<tr><td>[e]</td><td>150571 livres</td><td>10 sous.</td></tr>
<tr><td>[f]</td><td>4 livres</td><td>5 sous.</td></tr>
<tr><td>[g]</td><td colspan="2">2023 livres.</td></tr>
</table>

Arrendement de la Cire & du Sucre.

LA Cire, qui fe fabrique dans le royaume de Naples, n'eſt aſſujettie à des droits, que lorſqu'on la tranſporte pour être vendue hors du diſtrict dans lequel elle a été fabriquée : ces droits ſont d'un grain & demi [a] par livre.

Celle qui vient du Levant ou de Veniſe, eſt ſujette aux mêmes droits.

Le Sucre, qui eſt importé dans le royaume de Naples, paye à l'entrée 11 carlins & demi [b] par quintal ; il eſt encore ſujet au même droit, lorſqu'il paſſe d'une province dans une autre, ou du territoire d'une Douane dans celui d'une autre.

Ces droits donnent un produit net de 19 mille ducats [c].

Arrendement de la Chaux.

CHAQUE poids de Chaux, qui entre dans la ville de Naples ſeulement, paye un droit de 3 grains [d].

Ce droit eſt formé de deux impoſitions, l'une ancienne, qui étoit d'un grain & demi, & la nouvelle qui eſt pareillement d'un grain & demi.

Ces deux impoſitions ſont perçues par deux Officiers différens qui reçoivent chacun un grain & demi.

Ces deux droits devroient produire autant l'un que l'autre ; mais comme, lors de l'établiſſement du nouvel impôt, il fut accordé pluſieurs exemptions, le produit de l'ancienne impoſition eſt évalué à 8 mille 687 ducats, & celui de la nouvelle à 7 mille 70 ducats : ces deux ſommes réunies forment celle de 15 mille 757 ducats [e].

---

[a] . . . . 1 ſou 3 deniers.
[b]   4 livres 17 ſous 9 deniers.   } *monnoie de France.*
[c] 80750 livres.
[d] Le poids contient vingt rotolos, le rotolo trente-trois onces, & par conféquent deux livres une once peſant ; ainſi le poids eſt de quarante-une livres quatre onces. Les 3 grains reviennent à 2 ſous 6 deniers de France.
[e] 66 mille 967 livres 5 ſous, *monnoie de France.*

Parties d'Arrendement.

CES parties d'Arrendement font compofées de différens objets :

1°. S. M. Catholique avoit établi, fous la dénomination de *Fonds de la Caiffe militaire*, une nouvelle impofition de 300 mille ducats, dont le montant fut réparti fur les différens arrendemens ou branches de revenus, dont on vient de faire le détail, ce qui occafionna une augmentation affez forte fur chacun des droits, dont ces arrendemens font formés.

Depuis, & en laiffant fubfifter les augmentations qui avoient lieu fur ces différens droits ou arrendemens, on a formé de l'impofition du fonds de la Caiffe militaire, un corps d'impofition féparé & diftinct ; il en a été aliéné jufqu'à concurrence de 147 mille ducats, & il n'a plus été perçu au profit du Roi, que 153 mille ducats, ci . . . . 153 mille ducats.

2°. Il eft rentré dans la Caiffe de S. M. Sicilienne, foit à titre de rachat, foit par démiffion d'emplois, foit par le décès de ceux qui les poffédoient, différentes parties qui ont été réunies à l'impofition du fonds de la Caiffe militaire, & qui fe perçoivent en même-temps :

Ces parties confiftent :

1°. Dans celles qui étoient affignées au Grand-Amiral, & qui montent à. . . . . 6936. ducats.

2°. Dans celles qui ont été rachetées de l'Electeur Palatin, & qui montent à. . . . . 392. 84 grains.

3°. Dans celles qui ont été rachetées fur les herbages de Foggia, & qui reviennent à. 2094. 74

4°. Dans les parties dévolues, qui font de 1023 ducats, ci . . 1023.

Ces quatre objets réunis forment un montant de. . . . . . . 10445^d 158^s

Qui réunis aux 153 mille ducats de l'impofition du fonds de la Caiffe militaire, donnent un revenu de 163 mille 445 ducats 158 grains *.

DOUANES.

IL exifte, dans le royaume de Naples, plufieurs Douanes, dont les unes font établies dans les lieux maritimes les plus fréquentés & les plus com-

___

* 694 mille 648 livres, *monnoie de France.*

modes

modes pour le commerce, les autres dans les principales villes du royaume, d'autres enfin sur les chemins publics, & principalement sur les frontieres des différentes provinces.

L'administration de ces Douanes étoit anciennement divisée en quatre départemens.

Depuis, toutes les Douanes, à l'exception des trois qui sont dans la Pouille, & qui sont demeurées sous l'inspection d'un Gouverneur général, ont été mises sous l'administration du Tribunal & de la Surintendance.

Des différens droits qui sont perçus dans les Douanes, *les uns n'ont lieu que dans les Douanes maritimes*, d'autres sont perçus dans toutes les autres Douanes; quelques-uns de ces droits ont été donnés à titre de fiefs à des Barons; quelques autres ont été vendus à des communautés: il y a même quelques Douanes entieres, principalement dans les deux Calabres, qui ont été aliénées à des Barons dans les lieux maritimes qui leur appartiennent.

Voici les différens droits qui se perçoivent dans ces Douanes.

Le premier est un droit de place qui consiste dans la perception de 18 grains * par 6 ducats du prix & valeur de tous les contrats en général; cet impôt est très-ancien, & doit son origine aux Princes Lombards.

Ce droit, pour les marchandises de l'intérieur, est perçu par les Barons ou par les Communautés qui en donnent le montant en déduction de celui des 42 carlins qui sont imposés sur chaque feu; mais c'est le Roi qui le perçoit sur les marchandises étrangeres qui entrent dans le royaume.

Les Communautés sont dans l'usage d'affermer ce droit; en observant néanmoins d'en prescrire le recouvrement d'une maniere qui n'apporte aucune gêne ni entrave au commerce.

Les habitans des lieux, qui font le commerce entr'eux, ne sont point assujettis à ce droit, qui n'a lieu pour les Régnicoles que lorsqu'ils trafiquent d'un lieu à l'autre: les Etrangers, au contraire, l'acquittent doublement, puisque d'un côté ils le payent & à l'entrée & dans les lieux où ils s'établissent; & ce qui paroîtra le plus singulier, c'est que ce droit est acquitté à chaque vente & revente des marchandises.

---

* 13 sous par 25 livres 10 sous, *monnoie de France.*

Tome I. M m

Le second droit confiste dans le *droit de Magafin*, auquel les marchandifes étrangeres font affujetties à raifon de 15 grains[a] par once ou 6 ducats de leur valeur ; les marchandifes du pays font exemptes de ce droit lorfqu'elles n'approchent point, foit par terre foit par mer, de l'étendue de la jurifdiction de la douane de Naples.

La foie crue, qui ne payoit anciennement que 7 grains & demi par livre, paye actuellement beaucoup plus.

Le troifieme droit confifte dans le *droit d'Ancrage*, c'eft - à - dire, dans la taxe qui eft impofée fur les bâtimens, à raifon de leur entrée & de leur féjour dans les ports & baies du royaume.

Les vaiffeaux à deux ponts payent 9 ducats[b] ceux à un pont 6 ducats[c] ; les bâtimens qui n'ont point de pont, payent 3 ducats[d], & les petites barques à proportion de leur grandeur : ces droits font perçus chaque fois que le bâtiment rentre dans le port, même après le voyage le plus court.

Le quatrieme droit eft celui d'*Armement* ; on le percevoit autrefois chaque fois que le bâtiment entroit dans le port, relativement à la valeur des armes ; mais actuellement ce droit fe rachette pour toujours ; le prix en eft arbitraire, & dépend du Grand-Amiral ou de fon Lieutenant.

Le cinquieme eft le *droit de Fanal*, qui fe paye par tous les vaiffeaux indiftinctement, à raifon d'une tornefe ou demi-grain[e] par chaque tonneau.

Le fixieme eft le *droit de nouvelle Gabelle*.

Ce droit avoit été établi par Charles III de Duras, à raifon de 6 grains[f] par once de la valeur des marchandifes qui entreroient ou fortiroient par toutes les côtes depuis le fleuve Tronto jufqu'à la ville de Reggio. Il fut augmenté en 1482, par Alphonfe d'Arragon ; mais le Propriétaire qui l'a acquitté une fois, peut faire entrer & fortir les mêmes marchandifes, tant qu'il le juge à propos, fans être affujetti à aucune nouvelle taxe.

Suivant la même ordonnance, par laquelle ce droit a été établi, tout

---

[a] . . . . 12 fous.
[b] 28 livres   5 fous.
[c] 25 livres 10 fous.
[d] 12 livres 15 fous.
[e] . . . . 5 deniers.
[f] . . . . . . 4 fous 6 deniers.

} *monnoie de France.*

bâtiment de trois cents tonneaux, qui s'arrête dans quelque endroit des côtes que l'on vient de rappeler , paye 6 ducats [a] ; ceux au-dessous de trois cents tonneaux, 30 carlins [b], & toutes les barques 15 carlins [c], soit que ces bâtimens soient chargés de marchandises ou non.

Le septieme est le droit de *poids & mesure*, qui ne s'acquitte que dans les Douanes royales, à raison de 5 grains [d] par quintal , savoir, moitié par l'acheteur , & moitié par le vendeur.

Les marchandises qui se mesurent avec des cannes, payent 2 carlins [e] par cent aunes de canne ; les toiles ordinaires blanches ne payent que 3 grains [f].

Les toiles fines , les draps qui se vendent en pieces ou balles , les draps ou toiles ordinaires, qui se tirent de la Douane , sans convention de poids ni de mesure , ne sont point sujets à ce droit.

Les marchandises qui se mesurent par tomolo , payent 1 grain par tomolo [g].

Le huitieme est le *droit d'Embarquement*, qui a été établi par Fré- déric II.

Il se perçoit sur le poids des marchandises destinées à être embar- quées à raison de 2 grains [h] par quintal.

A ce droit d'embarquement sont joints deux autres droits qui se per- çoivent , l'un à raison de 5 carlins [i] par 100 ducats sur toutes les mar- chandises qui sortent après avoir été assurées ; l'autre à raison de 10 car- lins [k] que payent ceux qui s'établissent dans les rues pour faire le change de l'argent.

Le neuvieme est le *droit de Sortie*, qui se paye pour les marchandises qui sortent du Magasin du Roi : le montant de ce droit varie dans les différentes Douanes ; il est de dix pour cent à Naples. Ce droit est perçu

---

[a]	25 livres 10 sous.
[b]	12 livres 15 sous.
[c]	6 livres 7 sous 6 deniers.
[d]	. . . . . . 4 sous.
[e]	. . . . . 17 sous.
[f]	. . . . . . 2 sous 3 deniers.
[g]	. . . . 9 deniers.
[h]	. . . . . . 1 sou 6 deniers.
[i]	2 livres 2 sous 6 deniers.
[k]	4 livre 5 sous.

} *monnoie de France.*

sur les marchandises qui sont achetées à bord du bâtiment, qui est dans le port, lors même qu'elles n'entrent pas dans la Douane.

Le Sel, le Fer & les autres objets qui sont assujettis à d'autres droits, sont exempts de celui-ci ; mais les bois y sont sujets à leur sortie du royaume.

On paye à la sortie des denrées & bestiaux qui servent à la consommation du pays, un droit de *derniere Sortie* qui est de dix pour cent de la valeur : l'objet de ce droit a été d'empêcher l'exportation de ces denrées ; celui qui régit ce droit porte le nom de *Maîtres des vivres*.

On perçoit dans la douane de Naples, sous la dénomination de *Nouvelles impositions*, d'autres droits dont voici le détail.

Chaque livre de Soie & de Safran paye à la sortie du royaume, 1 carlin [a], à moins qu'on ne soit en état de justifier que les droits établis sur ces marchandises ont été acquittés dans le lieu de leur crû.

Chaque quintal de *chanvre, qui sort du royaume*, paye 15 carlins [b] ; le quintal à *Naples* est de cent vingt-cinq livres pesant.

Le Poisson salé de toute espece paye à la sortie 2 carlins [c] par once ou 6 ducats ; celui qui vient de l'étranger paye les mêmes droits de Douane que les autres marchandises.

Le droit connu sous la dénomination de *Bon-denier*, consiste dans 1 tarin [d] (ou 2 carlins), qui est payé par chaque once de Viande salée, de l'Huile & des Fromages : ce droit se divise en huit parties, dont cinq sont perçues par la ville de Naples, & trois par des aliénataires.

Indépendamment de ces droits de Douane, la ville de Naples, pour se récupérer des sommes qu'elle a fournies au Souverain, perçoit un droit de dix pour cent sur toutes les marchandises qui proviennent des fabriques & manufactures de cette capitale, soit qu'elles soient transportées dans l'intérieur du royaume, soit qu'elles passent à l'étranger.

Le Roi ne possede qu'une partie des droits de Douane, qui existent dans le royaume de Naples, à cause des aliénations multipliées qui ont été faites par les Rois ses prédécesseurs. Les produits des autres sont di-

---

[a] . . . . . . 8 sous 6 deniers.
[b] 6 livres 7 sous 6 deniers.
[c] . . . . . 17 sous.
[d] . . . . . 17 sous.

} *monnoie de France.*

visés en différentes branches, que des particuliers sont dans l'usage d'acheter à vie : c'est ainsi qu'a été aliéné le droit pour le séjour des bâtimens dans les ports & baies du royaume ; & ce droit, joint à celui de l'Assurance & sortie des marchandises, forme l'office du *Portulano*.

Le droit de ce Portulano s'étend sur toutes les côtes maritimes d'une province entiere, & quelquefois au-delà.

Dans l'étendue du royaume de Naples sont des villes & autres lieux, qui, soit en conséquence de quelque privilége concédé par le Souverain, soit parce qu'ils les ont acquis, sont exempts de tout ou partie de ces impôts.

Toutes les Douanes sont régies comme celle de Naples ; mais dans celles qui sont de peu d'importance, souvent la même personne exerce deux ou trois emplois, & quelquefois même davantage.

On évalue ce que les droits de Douane rapportent à S. M. Sicilienne, à 237 mille 457 ducats 39 grains [a].

Douane de Foggia.

Les fonds que S. M. Sicilienne possede dans la province de la *Capitanate*, & dont moitié est destinée au pâturage des bestiaux, & l'autre à la culture du blé, sont affermés chaque année.

Ce corps de rente est très-ancien dans le royaume de Naples ; il existoit du temps des Romains, à la vérité, sous une forme toute différente de ce qu'elle est aujourd'hui ; c'étoit alors un droit qui se levoit sur les bestiaux qui passoient de l'Abbruzze dans les pâturages de la Pouille, qui étoient possédés par des Propriétaires particuliers.

Cette forme de perception n'éprouva aucun changement sous le regne de Frédéric II : ce fut sous les Princes de la maison d'Anjou qu'on établit un droit exclusif sur les pâturages destinés à l'engrais des bestiaux dans la Pouille ; & comme le Souverain n'étoit point encore, ainsi qu'on l'a déja observé, propriétaire de ces pâturages, il les prenoit à titre de ferme de ceux qui les possédoient, & ils les sous-fermoit ensuite aux Bergers.

---

[a] 1 million 9 mille 193 livres 17 sous 6 deniers, *monnoie de France.*

Alphonfe d'Arragon donna, en 1443, une forme réguliere à ce corps de rente; il afferma les herbages à perpétuité; il réunit en un feul & même droit, qu'il fixa à 8 grains * par chaque tête de bétail, les différens droits qui étoient payés; il ordonna que les habitans des deux Abbruzzes, du Comté de Molife & de la terre de Labour, feroient tenus d'envoyer tous les ans leurs beftiaux dans la Pouille, & il s'obligea à leur procurer des pâturages fuffifans.

Il fut en conféquence établi un Directeur qui connoiffoit en même temps, à l'exclufion de tous autres Juges, de toutes les conteftations qui pouvoient s'élever, tant en matiere civile que criminelle, entre les bergers & les propriétaires des beftiaux.

Les beftiaux qui étoient infcrits pour le pâturage, cefferent d'être fujets au droit de ponts, barques, chemins & autres, auxquels ils étoient précédemment affujettis. Alphonfe d'Arragon donna à cet établiffement la dénomination de *Douane; il prit enfuite toutes les mefures néceffaires pour procurer aux beftiaux une continuation de pâturages, depuis les* endroits les plus reculés de l'Abbruzze jufqu'à leur arrivée dans la Pouille.

On fe rappelle que la propriété des pâturages ne réfidoit point dans la main du Souverain : la rébellion des Barons, en 1458, fournit à Ferdinand I, une occafion pour acquérir la plus grande partie des fiefs qu'il tenoit à titre de ferme ; on fuivit la même marche lors des révoltes qui furvinrent dans la fuite ; & c'eft ainfi que furent formées infenfiblement les vaftes poffeffions de S. M. Sicilienne dans la Pouille.

Comme les Barons poffédoient encore quelques herbages, les Vice-Rois leur impoferent l'obligation de les affermer à perpétuité, au moyen de quoi tous les pâturages fe trouverent réunis dans la main du domaine.

Les troubles qui agiterent le royaume fous les fils & les neveux de Ferdinand d'Arragon, entraînerent la ruine prefqu'entiere de l'établiffement de la douane de Foggio. Les Barons, les Communautés d'habitans, les Maifons religieufes, les Particuliers mêmes s'emparerent de la plus grande partie des poffeffions du domaine.

Ces ufurpations engagerent fucceffivement les Vice-Rois à nommer

---

* 6 fous 3 deniers, *monnoie de France.*

des Commiſſaires qui furent chargés de réunir tout ce qui avoit été uſurpé ; il fut procédé, en 1647, à une réviſion générale, & le domaine ſe mit en poſſeſſion de tout ce qui fut jugé lui avoir appartenu.

Cette opération a éprouvé d'abord quelques contradiſtions ; elle n'eſt pas même entiérement terminée, & il arrive encore quelquefois que, malgré la longue jouiſſance des poſſeſſeurs, le domaine s'empare de quelques fonds, lorſque l'on juge qu'ils ont été diſtraits de l'ancien domaine royal.

La redevance qu'Alfonſe d'Arragon avoit fixée à 8 grains par tête de bétail, fut portée à 10 grains par le Vice-Roi Dom Pierre de Tolede. Le Duc d'Albe l'augmenta, en 1554, de 2 autres grains & demi, ce qui fait 12 grains & demi [a].

On obſerve que tous les beſtiaux en général, à l'exception des porcs, ſont admis dans les pâturages ; les bœufs, les vaches, les jumens & les buffles ſont comptés chacun pour dix têtes ; ainſi ces beſtiaux payent à raiſon de 125 grains [b].

Alphonſe d'Arragon fit venir d'Eſpagne un grand nombre de beſtiaux choiſis, & qui ont tellement multiplié qu'ils ont été le principe de l'immenſe quantité que la Pouille en renferme aujourd'hui. Il diviſa ces beſtiaux en bandes ou compagnies, auxquelles il donna le nom de *Locations*, que portent aujourd'hui les vingt-deux grandes portions, dans leſquelles le territoire de la Pouille, connu dès le temps des Angevins ſous la dénomination de *Tavoliere*, a été depuis diviſé.

Voici maintenant de quelle maniere les herbages ſont affermés.

L'herbage ſe meſure dans la Pouille par charretée, eſpece de meſure qui a été introduite par les Princes Normands : chaque charretée comprend vingt verſures, une verſure ſoixante pas carrés, le pas ſept pieds ; ainſi la verſure répond à l'ancien arpent romain.

Une loi expreſſe a fixé & déterminé le nombre de beſtiaux qui pouvoient ſe nourrir ſur l'étendue de terrein déſignée par une charretée ; mais comme cette fixation eſt relative à la qualité des herbages, elle varie néceſſairement beaucoup.

Dans chaque location ſont inſcrits les Propriétaires des beſtiaux qui

---

[a] . . . . . . 9 ſous 6 deniers.　　　　　　⎫
[b] 5 livres 5 ſous 9 deniers.　　　　　⎬ *monnoie de France.*
　　　　　　　　　　　　　　　　　⎭

forment entr'eux la quantité que cette location peut contenir.

Le 25 de Novembre, époque à laquelle les beftiaux font rendus dans les environs de la Pouille, chaque Propriétaire déclare fecrétement au Préfident de la Douane, le nombre de beftiaux qu'il veut introduire fous fon nom, ainfi que ceux qui lui appartiennent ou qui font cenfés lui appartenir.

Le lendemain 26, on fait le relevé du regiftre où les déclarations font infcrites; on calcule le produit qui doit en réfulter; les beftiaux font introduits dans la location; les Pafteurs ou Bergers fubdivifent enfuite entr'eux les herbages, & on affigne à chacun fa portion.

Ceux qui n'ont point envoyé, ainfi qu'ils y font obligés, leurs beftiaux aux pâturages, font condamnés en des amendes qui montent à 7 grains & demi [a] par tête de beftiaux. Ces amendes font recouvrées par des Officiers qui fe tranfportent dans les campagnes pour vérifier fi les beftiaux ont tous été envoyés; on excepte cependant de l'obligation d'aller aux pâturages les beftiaux qui font employés aux travaux de la campagne.

Indépendamment des quatre provinces qui font nommément défignées pour envoyer leurs beftiaux aux pâturages, tout le gros bétail du royaume doit y être conduit fous peine d'amende.

On eft dans l'ufage de dreffer des procès-verbaux qui contiennent une efpece de généalogie des beftiaux, & de ceux qui en proviennent, afin de connoître fi les propriétaires les envoient au pâturage.

On fe rappelle qu'Alfonfe d'Arragon avoit établi de diftance en diftance des pâturages pour faciliter aux beftiaux leur fubfiftance pendant les chemins qu'ils avoient à faire; Ferdinand fon fils ajouta à cette première précaution celle de faire ouvrir, depuis les confins du royaume jufque dans la Pouille, des chemins de foixante pas de largeur; la plupart de ces chemins n'exiftent plus aujourd'hui.

On fe rappelle pareillement que la moitié des fonds que S. M. Sicilienne poffede dans la Pouille, a été deftinée pour la culture du blé; cependant il n'y a guere que le tiers & demi de cette moitié, qui reçoive ce genre de culture; le furplus eft en pâturage qui eft deftiné pour les beftiaux que l'on emploie à la culture.

---

[a] 6 fous, *monnoie de France.*

Les

Les terres deſtinées au labourage, ſont affermées par verſure, à raiſon de 23 carlins & demi [a] pour chacune.

On ſuppoſe qu'un Particulier prenne à ferme neuf cents verſures ; trois cents doivent reſter vides, & deux cents ſont aſſignées pour le pâturage ; ainſi il ne peut cultiver que quatre cents verſures, & cependant il eſt obligé de préparer les trois cents verſures pour recevoir la ſemence, & c'eſt celui qui entre en jouiſſance l'année ſuivante, qui lui rembourſe les frais de cette culture.

Les Cultivateurs ou Colons jouiſſent des mêmes exemptions & priviléges qui ſont accordés aux Bergers ; mais comme il a été reconnu que pluſieurs habitans des villes, pour jouir de ces priviléges & exemptions, prenoient à ferme une ſeule verſure de terre, il a été réglé que les baux ne pourroient être paſſés qu'aux habitans des campagnes, qui réſident dans l'étendue des fiefs.

L'adminiſtration de la douane de Foggia a été confiée, juſque vers la moitié du dernier ſiecle, à un Douanier qui réuniſſoit toute l'autorité ; les abus, qui réſultoient de cette forme d'adminiſtration, ont engagé le Gouvernement, d'un côté à envoyer tous les deux ans à Foggia, un Préſident de la Chambre, qui eſt chargé de tous les détails relatifs à cette partie, & de l'autre, à établir dans cette ville un Tribunal permanent.

Ce tribunal eſt compoſé :

1°. Du Préſident-gouverneur qui connoît de tout ce qui peut intéreſſer le domaine, des cauſes civiles & criminelles de tous les Officiers de la Douane, des contrats, des lettres de change & autres objets de ce genre ; ſes appointemens ſont fixés à 6 mille ducats [b] par an :

2°. D'un Auditeur qui connoît de toutes les conteſtations civiles & criminelles qui s'élevent entre les Particuliers ; ſes appointemens ſont de 1000 ducats [c] par an :

3°. D'un Avocat fiſcal qui exerce ſes fonctions, tant devant le Préſident que devant l'Auditeur ; il a 2 mille ducats [d] d'appointemens :

4°. D'un Avocat qui eſt chargé de la défenſe des Pauvres dans les

---

[a] 9 livres 15 ſous 6 deniers.
[b] 25 mille 500 livres.
[c] 4 mille 250 livres.
[d] 8 mille 500 livres.

} *monnoie de France.*

affaires criminelles, & qui a toute jurifdiction fur les prifons de Foggia :

5°. D'un Secrétaire ou Greffier, dont l'office eft affermé 7 mille 800 ducats [a] par an ;

6°. Ce Tribunal a à fa fuite foixante Ecrivains & vingt-quatre Gardes à cheval qui font des tournées dans le royaume pour exiger le paiement des amendes, & qui, dans la faifon, gardent les entrées des herbages dans la Pouille.

Les offices de Gardes à cheval fe vendent ou s'accordent à titre de récompenfe à des Militaires ; ceux-ci les afferment environ 300 ducats [b] par an.

Le Gouvernement tient encore à Foggia deux Ecrivains du Patrimoine royal, qui font chargés des écritures qui concernent les droits d'Entrée.

Le Préfident établit chaque année dans la plus grande partie des villes du royaume, un Officier qui connoît de toutes les conteftations fommaires entre les Officiers de la Douane ; il fait l'inftruction des affaires criminelles, & les envoie au Tribunal ; il n'a d'autre autorité que celle de faire mettre le coupable dans les prifons.

Les produits de la Douane de Foggia confiftent en deux parties :

1°. Dans le revenu des fonds domaniaux dont on vient de rappeler l'adminiftration :

Ce revenu forme un objet d'environ 500 mille ducats [c].

2°. Dans le produit des amendes :

Ce fonds eft adminiftré par la Chambre royale, qui l'afferme 47 mille ducats [d] par an ; le bénéfice des Fermiers eft ordinairement affez confidérable.

On prétend que les obligations qui font impofées aux Cultivateurs & aux Propriétaires des beftiaux, & les amendes qui font prononcées contr'eux lorfqu'ils ne les rempliffent pas, font fufceptibles de beaucoup d'inconvéniens ; mais d'un autre côté, les Propriétaires des beftiaux jouiffent de différens avantages & priviléges :

---

[a] 33 mille 150 livres.
[b] 1275 livres.
[c] 2 millions 125 mille livres.
[d] . . . . 199 mille 750 livres. } *monnoie de France.*

1°. Tous les genres d'Induſtrie qui ſont ſujets à la douane de Foggia, ſont exemps de la taxe de l'Once dans chaque province, des droits de Péage & de tous autres droits de Douane :

2°. Les marchandiſes & denrées, telles que les laines, les fromages, les peaux & les proviſions de toute eſpece, ſont exemptes de tous droits, non-ſeulement pour le propriétaire de beſtiaux, qui les vend ; mais encore pour celui qui les achette le premier, ſoit que la vente s'en faſſe pour l'intérieur ou pour l'étranger.

3°. Le propriétaire de beſtiaux ne paye le ſel que 4 carlins a par tomolo de quarante-huit rotolos ; on délivre à ce propriétaire la quantité qui lui eſt néceſſaire, ſoit pour la nourriture de ſes beſtiaux, ſoit pour ſaler ſa viande & ſes fromages :

4°. Les propriétaires des beſtiaux & leurs bergers, lorſqu'ils paſſent cinq mois entiers dans la Pouille, ſont exempts de toutes charges de bourgeoiſie dans les lieux de leur réſidence.

Ils jouiſſent encore de quelques autres priviléges, mais qui ſont peu importans.

La recette des Cens & Redevances de la douane de Foggia, eſt faite par un Receveur qui eſt attaché au Tribunal, & qui a ſous ſes ordres un grand nombre d'Officiers ſubalternes.

Les propriétaires des beſtiaux ne peuvent ſortir de la Pouille, qu'ils n'aient acquitté au moins la moitié de ce qu'ils doivent : ils laiſſent, pour ſûreté de l'autre moitié, les laines de leurs troupeaux.

Ces laines ſont tranſportées à Foggia, & remiſes à quatre Officiers ou Peſeurs royaux qui en conſtatent le poids & tiennent une note de ceux à qui ils appartiennent : ces laines ne peuvent ſortir des mains des peſeurs, que lorſque les ſommes dont elles forment le gage, ſont entiérement payées.

Le produit net de la douane de Foggia pour le domaine, eſt évalué à 352 mille 509 ducats 14 grains b.

A la douane de Foggia eſt jointe la douane de l'Abbruzſe, qui conſiſte, ainſi qu'on l'a déja obſervé, dans le produit des amendes par tête

---

a . . . . 1 livre 14 ſous. ⎰
b 1 million 498 mille 163 livres :7 ſous. ⎱ *monnoie de France.*

de beftiaux, foit grands, foit petits, qui n'ont point été envoyés aux herbages : cette Douane eft affermée 50 mille ducats [a] par an.

Indépendamment des Douanes dont on a rendu compte, il en exifte d'autres dans l'Abbruzze, dans la Pouille, à Molfette & à Mola.

Ces deux dernieres avoient été aliénées, favoir, celle de Molfette au Baron de ce nom, & celle de Mola au Comte de Mola; mais elles ont été rachetées par S. M. Sicilienne qui les adminiftre, non comme Souverain, mais comme Propriétaire particulier.

Quant aux douanes de l'Abbruzze & de la Pouille, elles font adminiftrées comme celles de Naples, avec cette différence néanmoins que la plus grande partie des droits qui y font perçus, appartiennent aux offices des Douaniers, que le Gouvernement vend à vie à ceux qui veulent les acquérir.

Le produit de ces Douanes, pour le Roi, ne monte qu'à 25 mille 281 ducats 24 grains [b].

Droits fur les Offices.

IL exiftoit anciennement, dans le royaume de Naples, fept grands Officiers de la Couronne, favoir :

Le Grand - Connétable ou Général des Armées.

Le Grand - Jufticier ou Préfident de toutes les judicatures du royaume.

Le Grand - Chambellan ou le Sur - intendant des finances.

Le Grand - Amiral.

Le Grand - Proto - Notaire.

Le Grand - Chancelier.

Et le Grand - Sénéchal.

Ces offices ont été fupprimés, & font remplacés par les Secrétaires d'Etat & les Tribunaux fuprêmes.

Il n'exifte dans le royaume de Naples qu'un Siége d'amirauté, qui connoît des matieres relatives à la marine & au commerce maritime; mais les autres Tribunaux peuvent en connoître pareillement.

Le Tribunal fuprême de la Chambre royale de Sainte-Claire perçoit fur l'expédition des jugemens interlocutoires, des droits dont une partie appartient au Roi; mais il n'en perçoit aucun fur les fentences défini-

---

[a] 212 mille 500 livres.

[b] 107 mille 445 livres 3 fous.   } *monnoie de France.*

tives : c'eft ce Tribunal qui eft chargé de l'exécution des ordres de la Chancellerie royale pour l'expédition des Lettres-patentes des Gouverneurs & Juges, & pour les priviléges & les graces que S. M. Sicilienne accorde.

C'eft le Préfident du Sacré-Confeil qui exerce les fonctions du Proto-Notaire ; il expédie les provifions aux Notaires & Juges à contrats, & le Roi les confirme enfuite.

La Chambre royale de Sainte-Claire & le Proto-notariat produifent net au Roi, chaque année, 12 mille 523 ducats [a].

Le Papier marqué, dont on eft obligé de fe fervir dans certaines affaires qui font portées au Sacré-Confeil, eft payé 12 grains & demi [b] par feuille, & rapporte net 1497 ducats [c].

On paye, pour les Lettres-patentes qui concernent les offices, le montant du revenu, pendant quatre mois, de l'office pour lequel ces lettres font expédiées ; mais ce revenu eft toujours eftimé à un prix très-modique. On prenoit anciennement fur ce produit les appointemens des Secrétaires & des Officiers de la Secrétairerie ; mais ces appointemens font payés actuellement fur le Tréfor du Roi, qui fait percevoir les droits des Lettres-patentes, dont l'objet eft très-peu confidérable par les remifes que l'on eft dans l'ufage de faire.

Les offices de Portiers des Tribunaux royaux ne rapportent pas davantage ; parce que la Cour les accorde ordinairement à titre de récompenfe : ces Portiers font à peu-près les fonctions d'Huiffiers, pour raifon defquelles on leur paye des droits très-modiques.

Les fonctions des Portiers des Tribunaux inférieurs font les mêmes ; les droits qui leur font payés font de moitié moins forts ; les Portiers de la Chambre royale & des délégations, font payés le double de ces derniers.

Le produit des droits des offices de Secrétaires & de Portiers rapporte 4 mille 471 ducats 50 grains [d].

Le Sacré-Confeil perçoit fur tous les jugemens définitifs qu'il rend,

---

[a] 53 mille 222 livres 15 fous.
[b] . . . . 10 fous.
[c] 6 mille 362 livres 5 fous.
[d] 19 mille 3 livres 17 fous 6 den.
} monnoie de France.

un droit, à raison d'un & demi pour cent, de l'estimation de la chose jugée : ce droit, dont les Conseillers partageoient entr'eux le produit, entre en entier dans les coffres du Roi, depuis que leurs appointemens ont été augmentés de 400 ducats par an ; on évalue le montant de ce droit à 10 mille ducats [a].

Un autre objet de revenu consiste dans les différens offices qui ont été créés dans les Tribunaux, & qui font vendus à vie.

Ces offices font les douze *Mestro-dates*, ou Gardes-notes du Sacré-Conseil, qui se vendent depuis 14 jusqu'à 24 mille ducats [b].

L'office du Sceau royal qui doit être apposé sur tous les décrets & jugemens exécutoires.

L'office de Secrétaire de la Chambre royale, qui se vend 30 mille ducats [c].

Les offices d'*Attuario*, ou Notaires publics, qui font au nombre de soixante, & qui ont chacun la direction d'une banque.

Ces offices se vendent depuis 3 mille jusqu'à 30 mille ducats [d].

Dans les Tribunaux des provinces du royaume, il y a un Secrétaire & deux *Mestro-dates*, l'un civil & l'autre criminel, dont les offices se vendent ordinairement à perpétuité à des Particuliers qui les afferment par l'entremise de la Chambre royale ; cette Chambre est chargée de veiller à la conservation des droits du Roi & des Intéressés.

C'est la Chambre de la *Sommaria*, qui exerce l'office du Grand-Chambellan, dont les droits ont été réunis à cette Chambre.

Le Roi nomme cependant un Grand-Chambellan, auquel il assigne une petite pension annuelle : de tous les émolumens qui étoient attachés à cet office, il ne jouit que du *droit de Tapis*, qui consiste dans la redevance qui est due par chaque Baron qui prend possession d'un fief, soit à titre de succession, soit à titre d'acquisition : cette redevance est de 2 tarins [e] par chaque once, ou 6 ducats du revenu du fief : on la nomme *droit de Tapis*, parce que les Barons avoient le droit de s'asseoir sur le tapis

---

[a] 42 mille 500 livres

[b] 102 mille livres.

[c] 127 mille 500 livres.

[d] Depuis 12 mille 750 livres jusqu'à 127 mille 500 livres.

[e] 17 sous.

} *monnoie de France.*

que l'on met fous les pieds du Roi ; elle produit 1200 ducats[a].

La Chambre royale perçoit auffi des droits fur les révifions & clôtures des comptes ; ceux qui prennent à ferme, pour un temps limité, quelques fonds dépendans du domaine, payent le Dixieme du revenu d'une année ; ceux qui achettent un office à vie, payént le Cinquieme, & quelquefois la moitié du revenu d'un an.

Avant 1759, le produit de ces derniers droits étoit réparti entre les Préfidens de la Chambre ; ils font verfés dans le Tréfor du Prince, qui a affigné à chaque Préfident 400 ducats d'appointemens.

Le produit de ces droits forme un objet de 13 mille 680 ducats 78 grains[b].

Droits de Salme & de Traite.

Tous les comeftibles, & principalement le bled, ne peuvent être embarqués fans une permiffion de la Chambre royale, qui perçoit pour la Traite une tornefe[c] par tomolo, & un pareil droit pour la Salme ou droit de Mefure : ce font les Maîtres poftulans qui font chargés du recouvrement de ces droits ; ils produifent 5 mille 600 ducats[d].

Droit de deux pour cent fur les CHEBECS.

LES invafions fréquentes des corfaires de Barbarie, qui enlevoient les Bâtimens deftinés à tranfporter les marchandifes d'un lieu du royaume dans un autre, engagerent le Gouvernement à former une efcadre de Chebecs pour affurer la navigation ; & pour fubvenir aux frais que cet établiffement occafionna, les marchandifes tranfportées furent affujetties à un droit de deux pour cent. Cet impôt n'a lieu que lorfque l'efcadre des chebecs, galeres ou vaiffeaux, eft hors de la darfe de Naples : c'eft le Douanier des lieux d'où les marchandifes font tranfportées, qui le perçoit.

---

[a] 5 mille 100 livres.
[b] 58 mille 143 livres. } monnoie de France.
[c] Les 2 tornefes valent 9 deniers.
[d] 23 mille 800 livres.

Droits de Relief & de Quinze ans.

L E droit de Relief confiste dans la moitié du revenu d'une année, que les Barons font tenus de payer lorfqu'ils prennent poffeffion d'un fief, foit à titre gratuit, foit à titre onéreux ; l'eftimation de ce revenu eft faite fur le produit du fief pendant l'année dans laquelle le dernier Baron eft décédé. Ce font les Tribunaux provinciaux qui procedent à cette eftimation fur les commiffions de la Chambre royale, qui fixe enfuite le montant du droit qui doit être acquitté. Ce font les Receveurs des provinces qui font le recouvrement.

Le droit de *Quinze ans* confifte de même dans le relief que les Eglifes & Communautés font tenues de payer tous les quinze ans, pour raifon des fiefs qu'elles poffedent, & dont le montant eft réglé fur le revenu du fief pendant l'année dans laquelle le droit eft payé. C'eft Jeanne II qui a établi ce droit.

Droit de Sortie.

L E droit de Sortie a été établi en 1284, par Charles Ier d'Anjou ; il a été augmenté en 1454 & en 1559. Le Vice-Roi Don Jean Manriquez lui donna la forme dans laquelle il exifte actuellement.

Dans fon principe, le droit de Sortie ne portoit que fur l'exportation des bleds hors du royaume ; mais dans la fuite il a été étendu à toutes les liqueurs & denrées comeftibles, qui font exportées : les premiers droits de fortie furent réglés à un tarin ^a par falme, & à 15 carlins ^b par charretée ; mais ils ont été portés depuis, jufqu'à 4 ducats ^c par charretée.

Le droit de Sortie fur le grain eft réglé chaque année par le Gou-

---

^a 17 fous, *monnoie de France.*

^b 6 livres 7 fous 6 deniers, *monnoie de France*, par trois tomolos de vingt-quatre mefures chacun.

^c 17 livres, *monnoie de France.*

vernement ;

vernement ; il n'eſt jamais au-deſſous de 18 grains [a], ni au-deſſus de 3 carlins [b] par tomolo.

La ſoie, quoiqu'elle ne puiſſe être rangée dans la claſſe des commeſtibles, eſt cependant aſſujettie aux droits de ſortie, comme formant une production nationale.

Les droits de Sortie produiſent annuellement un montant de 58 mille 592 ducats 12 grains [c].

La manufacture des pâtes, que l'on nomme *Legorizia*, forme un privilége excluſif, que le Gouvernement afferme ordinairement pour 28 à 30 mille ducats [d] : le Fermier peut vendre les pâtes & les ſortir du royaume, ſans être aſſujetti à aucun impôt.

L'huile n'eſt pareillement point ſujette au droit de Sortie ; elle ne paye que l'impôt, dont on a rappellé les détails, dans le chapitre des Arrendemens.

CORPS DIVERS.

ANCIENNEMENT c'étoit le Grand-Veneur, qui pouvoit ſeul donner des permiſſions de chaſſe : les droits attachés à cet office furent depuis aliénés aux Barons, dans l'étendue des fiefs qu'ils poſſedent, & la juriſdiction du Grand-Veneur ne s'étendit plus que ſur les villes domaniales. L'office du Grand-Veneur ſe vendóit à vie juſqu'à 90 mille ducats : cet office a été racheté ; c'eſt la Chambre royale qui afferme la chaſſe dans les lieux qui dépendent du domaine, & l'adminiſtre par elle-même dans la terre de Labour où elle donne des permiſſions de chaſſe aux Vaſſaux mêmes des Barons : chaque Chaſſeur paye 4 carlins [e], & ceux qui veulent chaſſer dans les quartiers de réſerve en payent 12.

Le Roi nomme un Grand-Veneur pour ſes plaiſirs ; il donne des permiſſions de chaſſe *gratis*.

---

[a] . . . . 13 ſous 6 den. ⎫
[b] . . . . 25 ſous 6 den. ⎬
[c] 249 mille 16 livres 10 ſous.   ⎥ monnoie *de France*.
[d] De 56 à 60 mille livres.   ⎥
[e] 1 livre 14 ſous.   ⎥
[f] 5 livres 2 ſous.   ⎭

Les droits de l'office de Grand-Veneur rapportent net . . . . 6629 ducats 55 grains [a].

Ceux de l'office du Grand-Courrier, ou Sur-intendant des postes . . . . 75000 ducats [b].

Il exiſte, dans la terre de Labour, un Capitaine des vivres, qui exerce la police dans les marchés, & qui connoît des conteſtations relatives à cette police. Il perçoit certains droits, dont le produit monte à 2139 ducats 82 grains [c].

Il en eſt de même du Capitaine des vivres de l'Abbruzze, qui eſt d'ailleurs ſpécialement chargé de veiller à ce qu'on n'exporte de cette province, des vivres, pour les introduire dans les Etats voiſins.

Cet office rapporte 5 mille 725 ducats 60 grains [d].

Les droits attachés à l'office de Premier-Médecin conſiſtent à avoir l'inſpection ſur toutes les drogues, à régler la quantité & le prix des médicamens, à donner des brevets aux Sages-femmes, & des permiſſions de ſaigner à ceux qui ne ſont point Chirurgiens privilégiés.

La Chambre royale afferme chaque année les droits de cet office à des Apothicaires ou autres, qui font des tournées dans les provinces ; le prix de cette ferme eſt de 18 mille 301 ducats [e].

Sa Majeſté Sicilienne poſſede, dans les deux Calables, une forêt immenſe d'où l'on tire le bois & le goudron pour la Darſe royale, & dont on afferme l'herbage : cette forêt eſt ſous l'inſpection d'un adminiſtrateur, qui a un *Meſtro-date*, dont les fonctions conſiſtent à faire le recouvrement des amendes, qui font prononcées contre ceux qui uſent, ſans permiſſion, des productions de cette forêt.

L'office de *Meſtro-date*, s'afferme annuellement 162 ducats .

Il exiſte à Naples une Loterie, que l'on appelle la *Beneficiate*, & dont le produit peut être évalué à 233 mille 698 ducats [g].

***

[a] 28 mille 175 livres 10 ſous.
[b] 318 mille 750 livres.
[c] 9 mille 94 livres.
[d] 24 mille 333 livres 15 ſous.
[e] 77 mille 779 livres 5 ſous.
[f] . . . . . 688 livres 10 ſous.
[g] 993 mille 216 livres 10 ſous.
} *monnoie de France.*

Ce produit eſt quelquefois plus confidérable.

On évalue le produit des maiſons, des cens & des fiefs que le Roi poſſede, tant dans la capitale que dans les provinces, à 91 mille ducats 60 grains [a].

Le connétable Colonne paye, pour le pâturage de ſes troupeaux, 400 ducats [b].

On a vu, dans les détails qui concernent l'arrendement du ſel, qu'il avoit établi une nouvelle impoſition de 37 grains & demi par tomolo. L'objet de cette impoſition fut de ſe procurer annuellement l'équivalent du *Don gratuit*, qui fut donné au Roi après la campagne de Velletry.

Par l'augmentation de population, & l'exactitude avec laquelle cette régie eſt ſuivie, le produit de l'impoſition de 37 grains & demi a reçu un accroiſſement confidérable ; on évalue cette augmentation à 74 mille 62 ducats 26 grains [c] qui, déduction faite des charges, produit net 67 mille 917 ducats 86 grains [d].

Les Barons, dans la vue de reſtreindre le montant des droits de relief, ſe portent ordinairement, dans les déclarations qu'ils font des biens féodaux, à en diminuer la valeur : le Gouvernement fait faire de temps en temps des réviſions ou examens des titres & archives des Barons ; on tranſige avec eux ſur les amendes qu'ils ont encourues : cet objet forme un montant annuel de 4 mille ducats [e].

Les poix, tant blanches que noires, de la forêt royale, produiſent net 1800 ducats [f].

Le Bailliage, la Paneterie de cette forêt & les Neiges de la Calabre, produiſent 4607 ducats [g].

La nouvelle mine de Vitriol dans l'Abbruzze, près de Caſtel-ſangro, eſt affermée 448 ducats [h].

---

[a] 386 mille 752 livres 10 ſous.
[b] 1700 livres.
[c] 314764 livres 12 ſous.
[d] 288650 livres 17 ſous.
[e] 17000 livres.
[f] 76500 livres.
[g] 19579 livres 15 ſous.
[h] 1904 livres.

} *monnoie de France.*

La gabelle de Barlette, ou les droits fur les enfeignes à vin, produifent net 83 ducats 73 grains [a].

L'impofition appelée *Corritura de Capo-di-monte*, produit net 773
ducats 40 grains [b].

Cette impofition confifte dans le droit que payent, à l'entrée dans
la ville de Naples, les comeftibles, la poterie & le bois à brûler, qui
viennent des environs de Naples, & dont les habitans ne font point
fujets à la Capitation.

La pêcherie de Tarente rend 660 ducats [c].

L'arrendement de la Teinture en noir dans la ville de Naples, eft
affermé 1000 ducats [d].

L'arrendement du Safran a été aliéné pour 28 mille ducats [e] : on
prétend qu'il ne produit pas cette fomme.

Les Rentes qui proviennent des fonds, qui appartiennent au domaine
dans les lieux où il y a des places, des châteaux & des fortereffes,
produifent environ 250 mille ducats [f].

Les Commandans des places jouiffoient anciennement des droits du
Roi fur la boucherie & les fours, d'une certaine étendue de pâturages
& autres droits; tous ces objets ont été réunis au domaine; les fonds
qui en proviennent font deftinés pour des penfions, & il a été réglé
des appointemens aux Commandans des places.

Le Roi poffede auffi certains fonds particuliers, qui dépendent des
places d'armes, des châteaux & fortereffes, & dont le produit avoit
été deftiné à fubvenir aux réparations que ces châteaux & fortereffes
pouvoient exiger : ce produit forme une Caiffe particuliere, dont le
Gouvernement fait telle difpofition qu'il juge convenable.

Enfin, on porte à 250 mille ducats [g] le produit de la vente, qui fe
fait annuellement des charges & offices dans les différens départemens.

On va réunir fous un feul & même tableau, les différentes branches

---

[a] 355 livres 17 fous 6 deniers.
[b] 3 mille 286 livres 19 fous.
[c] 2 mille 805 livres.
[d] 4 mille 250 livres.
[e] 119 mille livres.
[f] 1 million 62 mille 500 livres.
[g] 1 million 62 mille 500 livres.

monnoie de France.

des revenus de Sa Majesté Sicilienne, dans le royaume de Naples. Ce tableau est divisé en trois colonnes, dont la premiere contient les revenus en totalité; la seconde, les charges, & la troisieme, le produit net.

On ajoutera à ce tableau, le montant des revenus des présides de Toscane & de la Sicile, sur l'administration desquels on n'a pu se procurer des renseignemens suffisans.

TABLEAU GÉNÉRAL DES REVENUS.

	REVENUS.	CHARGES.	NET.
Contribution générale	1406307 d. 31 s.	110070 d. 77 s.	1296236 d. 54 s.
Droit de Valimento			5891. 11.
Ferme du Tabac			440000.
Revenu des Sels	637229. 12.	271632. 54.	365596. 56.
Revenu de la Soie	226598.	151885.	74713.
Poudre & Salpêtre			20000.
23 grains par once de la douane de Naples	92415. 40.	80827. 40.	11588.
Regi - censali	47239.	19358.	27881.
Revenu du Fer	294123. 36.	251993. 98.	42129. 38.
Revenu de la Manne	42664. 50.	19221. 50.	23443.
Poids & Mesures	7635.	4402. 20.	3232. 80.
Cartes à jouer	15000.	12000.	3000.
Revenu de l'Huile	60776. 38.	2672. 79.	58103. 59.
Cire & Sucre	19230.	230.	19000.
Impositions sur la Chaux	15955.	198.	15757.
Parties d'Arrendemens	309907. 2.	147000.	162907. 2.
Douanes	700491.	463034. 61.	237457. 39.
Douane de Foggia			352509. 14.
Différens Droits	74466. 63.	2750. 94.	71715. 69.
Droits de Sortie	68310. 82.	9717. 70.	58593. 12.
Corps divers	830892. 32.	53220. 37.	777671. 95.
Présides de Toscane	20361. 62.	1620. 97.	18740. 65.
Revenus de Sicile	1444019. 70.	255504. 58.	1188415. 12.
TOTAL	6313623 d. 18 s.	1857441 d. 35 s.	5274582 d. 6 s.
Monnoie de France	26832898 l. 10 s.	7894125 l. 15 s.	22416973 l. 15 s.

IMPOSITIONS

DANS

LE ROYAUME D'ESPAGNE.

LES revenus du Roi d'Espagne confistent principalement dans différens droits, qui font connus fous la dénomination de *Rentes provinciales*, *Rentes générales*, *Rentes particulieres*, *droits de Lanzas*, *de Mediannata & d'Excufado*.

Les Rentes provinciales fe divifent en différentes branches, qui toutes font régies par des principes qui leur font propres.

PREMIERE BRANCHE.

LA premiere branche, connue fous la dénomination de *Alcavala y Cientos*, confifte dans un droit qui fe perçoit fur toutes les chofes mobiliaires & immobiliaires qui font vendues, échangées & négociées : ce droit qui, dans le principe, avoit été fixé à quatorze pour cent, a été depuis réduit à fix pour cent.

En matiere de vente d'effets mobiliers, celui qui vend eft obligé de prévenir la perfonne qui eft chargée de la perception & adminiftration du droit, de la vente qu'il a faite & du montant de cette vente ; & faute par lui de faire fa déclaration, il encourt la peine du double droit.

Quant aux immeubles, les contrats de vente & d'échange doivent être paffés par des Notaires ; ceux-ci font tenus d'en donner avis aux perfonnes chargées de la perception du droit, & faute par eux de s'y conformer, ils font dans le cas de payer le droit au quadruple.

Le droit fur les ventes de meubles ou immeubles, doit être acquitté dans les cinq jours de la vente, & lorfque ce terme eft expiré, le ven-

deur payé le double droit; l'acheteur eſt ſujet à la même peine s'il ne
déclare pas ce qu'il a acheté dans les trois jours de la vente.

On a déſigné dans les grandes villes trois portes, dans les petites villes
deux portes, & pour les villages deux rues où ſont établis les bureaux
pour la perception du droit ſur tout ce qui eſt amené dans ces villes &
villages pour y être vendu; les marchands ſont obligés de ſe préſenter
à ces bureaux avec leurs marchandiſes, faute de quoi elles ſont confiſquées.

SECONDE BRANCHE.

LA ſeconde branche des Rentes provinciales conſiſte dans les droits
qui ſe perçoivent ſur les Huiles, les Vins & les Vinaigres.

Pour aſſurer le recouvrement de ces droits, les propriétaires des huiles,
vins & vinaigres, & ceux qui en font commerce, ſont tenus de déclarer
la quantité qu'ils en ont; le prépoſé à la perception du droit ſe tranſporte dans les maiſons & magaſins, à l'effet de vérifier ſi les déclarations ſont exactes, & lorſque quelqu'un eſt trouvé en fraude, ce qu'il
n'a point déclaré eſt confiſqué; il eſt en outre condamné en une amende,
qui eſt fixée au montant de la valeur de la marchandiſe confiſquée.

Lorſque, par le moyen des déclarations & des viſites, les quantités
que chaque particulier poſſede ſont conſtatées, ceux-ci ne peuvent en
vendre aucune partie ſans la permiſſion du Prépoſé qui ne la refuſe jamais:
la permiſſion exprime la quantité qui doit être vendue, & ſi la vente
en ſera faite en gros ou en détail.

Celui qui vend en gros ne paye que le droit d'*Alcavala y Cientos*,
c'eſt-à-dire, ſix pour cent; mais s'il veut vendre en détail, il paye en
outre d'autres droits dont les uns entrent dans les coffres du Roi, &
les autres ſont deſtinés à ſubvenir aux dépenſes qui ſont occaſionnées par
les vérifications qui ſont faites à l'effet de conſtater la conſommation,
qui a été faite, chaque année, relativement aux quantités que chaque
particulier avoit déclarées: ces vérifications ſont arrêtées, chaque année,
le dernier Septembre; on procede à un nouvel inventaire dans le mois
d'Octobre, & par ce moyen on connoît l'objet de la conſommation

annuelle, l'objet des droits qui ont été perçus, & la quantité des huiles, vins & vinaigres qui exiftent.

Dans les endroits où l'on ne recueille ni huiles ni vins, & dont les habitans font obligés de les tirer des lieux voifins, les Cabaretiers & les Marchands font tenus de fe munir d'un acte ou certificat, qui conftate leur profeffion ; ils préfentent cet acte ou certificat au Prépofé, ou au Juge du lieu dans lequel ils vont faire leurs achats : on retient cet acte, & on leur en délivre un autre, qui énonce les quantités de chaque efpece qu'ils enlevent, & le nom du vendeur. Ce dernier acte tient lieu d'acquit à caution , & faute d'avoir rempli ces formalités, les marchandifes & voitures font confifquées , & les conducteurs font condamnés en des amendes.

Lorfque les acheteurs arrivent dans les lieux de leur réfidence , ils font tenus de repréfenter leurs certificats ou acquits à caution , & les marchandifes qui y font énoncées, à l'un des bureaux qui font établis à cet effet, finon les marchandifes font confifquées , & ils font en outre condamnés en des amendes.

TROISIEME BRANCHE.

LA troifieme branche eft compofée du droit qui eft impofé fur la viande, qui fe débite dans les boucheries , & fur les beftiaux de toute efpece que les particuliers ont la faculté de faire tuer chez eux pour leur confommation : on tient un regiftre exact de tous les beftiaux qui entrent dans les villes & bourgs, & l'on perçoit un droit de *Pied-fourché* fur ceux qui font deftinés pour des particuliers.

Il y a, dans chaque boucherie, un Commis , qui voit pefer la viande , & en perçoit les droits dont il remet le montant à l'Adminiftrateur.

Toute perfonne , autre que les bouchers, qui entreprendroit de vendre de la viande en détail , feroit condamnée, pour la premiere fois , en une amende de 80 livres ; de 160 livres pour la feconde fois ; de 240 livres pour la troifieme fois, & feroit attachée au pilori.

QUATRIEME

QUATRIEME BRANCHE.

La quatrieme branche confifte dans quelques droits, qui fe perçoivent fur certaines efpeces de marchandifes venant de l'étranger : ces droits, dont l'objet eft modique, fe payent dans les Douanes qui font établies fur les frontieres. Les Adminiftrateurs de ces Douanes délivrent des acquits à caution, par le moyen defquels les marchandifes font introduites dans l'intérieur du royaume ; & faute de ces acquits, les marchandifes font confifquées.

CINQUIEME BRANCHE.

La cinquieme branche des Rentes provinciales eft compofée des droits, qui fe levent fur les papiers & les fucres, qui fe fabriquent dans le royaume.

Avant de pouvoir enlever des fabriques, des papiers & des fucres, on eft tenu de faire, au bureau établi à cet effet, une déclaration des qualités & quantités qu'on fe propofe d'en tirer, & d'en acquitter les droits : l'acheteur eft pareillement tenu de fe munir d'un acquit de paiement, qui énonce que les droits ont été payés ; faute de quoi, les marchandifes font confifquées, & le vendeur & l'acheteur font *en outre* condamnés en des amendes.

SIXIEME BRANCHE.

La fixieme branche confifte dans un droit connu fous la dénomination de *las Tercias*, & qui forme la neuvieme partie de toutes les Dixmes, de quelque efpece qu'elles foient, qui fe levent dans le royaume.

Tome I. P p

SEPTIEME BRANCHE.

LA feptieme branche, que l'on nomme le *Service ordinaire*, confifte dans un tribut ou fomme annuelle que les habitans des bourgs & villages font obligés de payer : ce tribut ou cette efpece de capitation eft très-modique ; les Nobles en font exempts.

HUITIEME BRANCHE.

LA huitieme & derniere branche des Rentes provinciales a pour objet la contribution à laquelle chaque village eft affujetti, pour raifon du privilége qui lui a été accordé de vendre & débiter de l'eau-de-vie cette contribution a été réglée d'après la confommation que l'on a jugé que chaque village pouvoit faire annuellement.

Les différens droits, que l'on vient de rappeler, font adminiftrés par des regles, qui leur font propres & particulieres.

La plus grande partie des bourgs & des villages ont fait des abonnemens pour le produit des droits qui les concernent, & qu'ils levent à leur profit particulier. Ils font néanmoins tenus de fe conformer exactement aux réglemens qui ont été faits fur chaque objet.

Suivant ces réglemens, les Juges ordinaires font tenus de faire remettre dans les Caiffes du Chef-lieu de chaque diftrict, le montant des abonnemens de tout le diftrict, dans les trois termes qui font fixés, favoir, à la fin des mois d'Avril, d'Août & de Décembre : ces Juges ordinaires jouiffent, pour les foins & les dépenfes du recouvrement dont ils font tenus, d'une fomme qui eft fixée à fix pour cent du montant total de l'abonnement, & s'ils ne font pas exacts à faire les recouvremens dans les termes qui font indiqués & fixés, ils fupportent feuls les frais des contraintes & des pourfuites, & ils ne peuvent en répéter l'objet fur les bourgs & les villages.

Voici maintenant en quoi confiftent les Rentes générales.

RENTES générales.

LES Rentes générales confiſtent dans les droits auxquels ſont aſſujetties les marchandiſes qui entrent & qui ſortent du royaume.

Les Négocians ou les Commiſſionnaires préſentent les factures de ces marchandiſes aux Douanes, & ſi d'après la vérification qui eſt faite, les factures ſont reconnues être exactes, on permet le *Tranſit*; mais s'il ſe trouve de l'erreur ou de la mauvaiſe foi, & ſi les marchandiſes ſont différentes de celles qui ſont énoncées dans les factures, elles ſont confiſquées.

Les Douanes ſe diviſent par diſtricts ; la principale eſt placée dans la capitale de chaque province, de manière que les autres en dépendent.

Dans toutes les Douanes il exiſte un livre ou tarif ſur lequel ſont portées les évaluations de toutes les marchandiſes, & le montant des droits auxquels elles ſont ſujettes.

D'après ce tarif, les Adminiſtrateurs & Viſiteurs ſont tenus d'examiner la qualité des marchandiſes qu'on leur préſente, & de faire mention ſur la facture, de la ſomme qui doit être payée ; le *Contador* fait enſuite la liquidation totale des droits, & porte chaque partie ſur ſon regiſtre, & enſuite le Tréſorier reçoit le montant des droits.

Lorſque ces formalités ſont remplies, les Adminiſtrateurs délivrent les acquits à caution, dans leſquels ſont rappelées la quantité & la qualité des marchandiſes, le nom du propriétaire, le montant des droits qu'il a payés, le lieu où il les a conduites, & la ſoumiſſion qu'il a faite de faire viſer ces acquits dans les petites Douanes.

Les Directeurs des Douanes principales envoient, chaque année, aux Douanes ſubalternes un certain nombre d'acquits en blanc, dont les Adminiſtrateurs de ces Douanes ſont comptables ; ils adreſſent pareillement douze petits regiſtres ſur chacun deſquels chaque Adminiſtrateur doit écrire les acquits qu'il délivre pendant le mois ; & ce regiſtre eſt envoyé à la fin de chaque mois à la Direction principale.

On ne paye aucuns droits dans les petites Douanes ; elles ſont uniquement établies pour faire la vérification des acquits à caution & des marchandiſes.

Si ces marchandiſes ne ſont pas les mêmes que celles énoncées dans les acquits, elles ſont confiſquées ainſi que les chevaux & voitures ; lorſque

cependant la fraude n'e cede pas deux pour cent de la totalité, le propriétaire en eft quitte pour payer les droits qu'il avoit voulu frauder.

Les Adminiftrateurs des Douanes principales & fubalternes remettent,
à la fin de chaque année, à la Direction générale les acquits en blanc,
qui n'ont pas été employés, & par ce moyen, l'on connoît fi le nombre
des acquits qui ont été adreffés, répond à celui des acquits qui ont été
délivrés, & dont il n'a point été fait ufage.

Si, lorfque les marchandifes font parvenues à leur deftination, le propriétaire veut les tranfporter à quelque foire, ou dans tout autre endroit,
il eft affujetti à des déclarations & à des formalités, qui rentrent dans
celles que l'on vient de rappeler, & d'après lefquelles on peut fuivre
les marchandifes jufqu'à ce qu'elles aient été vendues.

RENTES particulieres.

LES Rentes particulieres confiftent dans les droits qui font perçus fur
le fel, la poudre & le plomb, le tabac & les laines.

Voici les détails qui font relatifs à chacun de ces objets.

RENTES des Sels.

LE fel, qui fe confomme dans le royaume, fe tire des fabriques du
Roi, d'où il eft tranfporté dans les différens Magafins ou Dépôts qui
font établis dans chaque diftrict.

Les Receveurs ou Adminiftrateurs de ces dépôts particuliers donnent,
aux Adminiftrateurs des fabriques, des reçus qui conftatent la quantité de
fel qui leur a été envoyée.

Toutes les villes, bourgs & villages, font obligés de prendre chaque année,
une quantité fixe de fel, dont la quotité a été réglée fur la confommation que l'on a jugé qui pouvoit y être faite; & ces villes, bourgs &
villages font tenus de payer cette quantité lors même qu'elle excede leur
confommation : le motif de cet arrangement a été de prévenir l'ufage
que les particuliers pourroient faire des fels qui fe trouvent dans les fon-
taines & lacs falés qui font fort communs dans toute l'étendue du royaume
d'Efpagne.

Chaque diftrict eft obligé de fe fournir de fel dans le dépôt qui lui
eft affigné, & il ne peut s'approvifionner dans un autre département.

L'Adminiſtrateur ou Directeur de chaque dépôt délivre à chaque ville, bourg ou village, la quantité de ſel qui lui eſt aſſignée, ſur un ordre qui lui eſt adreſſé par les Juges des lieux, & ſur le reçu qui lui eſt donné, au pied de cet ordre, par la perſonne qui en eſt chargée; c'eſt cet ordre & ce reçu qui forment le titre en conſéquence duquel le montant du ſel eſt exigé aux échéances qui ont été réglées à cet effet.

Les Juges des lieux délivrent aux habitans la quantité de ſel qui eſt aſſignée à chacun; ils en retirent le montant, & le font paſſer dans le chef-lieu de leur diſtrict.

Si la quantité de ſel réglée pour une ville, bourg ou village, n'eſt pas ſuffiſante pour ſa conſommation, ou ſi la portion délivrée à un particulier, ne remplit pas l'objet de ſes beſoins, les uns & les autres peuvent prendre le ſel qui leur manque, dans les dépôts de leur diſtrict, en le payant comptant.

Il y a cependant quelques lieux qui, par des circonſtances particulieres, ne ſont point aſſujettis à prendre une quantité de ſel fixe & déterminée.

Dans ces endroits ſont établis des dépôts où des Regrattiers vont prendre le ſel en gros, & le vendent enſuite en détail aux particuliers: ces Regrattiers ſont obligés de tenir des regiſtres dans leſquels ils inſcrivent jour par jour la quantité qu'ils débitent, les noms des perſonnes qui l'achettent, & la quantité que chacune d'elles a priſe : on connoît par ce moyen ſi telle perſonne, qui eſt dans le cas de conſommer une telle quantité de ſel, a réellement & effectivement pris cette quantité; & lorſqu'elle ne l'a pas priſe, on fait les recherches néceſſaires pour découvrir l'endroit d'où elle a tiré le ſurplus, & pour prévenir dans la ſuite les fraudes qui ont été commiſes.

RENTE de la Poudre & du Plomb.

LA Poudre & le Plomb ſe fabriquent, ainſi que les Sels, pour le compte du Roi : on ſuit pour la fabrication & la diſtribution les mêmes regles qui ſont établies pour le ſel, c'eſt-à-dire, qu'il y a dans chaque lieu des magaſins où la vente s'en fait à un prix fixé : on paſſe à ceux qui ſont chargés de l'adminiſtration de ces magaſins, cinq pour cent du montant du produit des ventes.

RENTE du Tabac.

Tous les Tabacs qui fe débitent en Efpagne, à l'exception de ceux qu'on tire du Brefil & de la Virginie, fe fabriquent pour le compte du Roi à Séville & à la Havanne.

Il y a, dans chaque factorie ou fabrique, des magafins où les tabacs font gardés fous trois clefs, qui font remifes aux Facteurs & aux Gardes-magafins, qui, fur les ordres des Directeurs, envoient les tabacs aux Adminiftrateurs particuliers qui font établis dans les provinces.

Ces Adminiftrateurs particuliers fourniffent enfuite ceux qui font prépofés pour la vente en détail.

Tous ces Adminiftrateurs généraux & particuliers, & les prépofés à la vente en détail, font tenus d'avoir des comptes ou regiftres exacts des quantités qu'ils reçoivent, qu'ils envoient & qu'ils débitent; & c'eft fur le réfultat de ces comptes particuliers qu'eft formé le compte général qui fait connoître le produit du tabac.

Tous ceux qui font convaincus d'avoir falfifié le tabac, font, non-feulement privés de leur emploi, mais même condamnés à des amendes confidérables & à des peines fuivant l'exigence des cas : tous les Employés principaux & fubalternes font obligés de donner des cautions proportionnées à leur recette & à leur maniement.

RENTE des Laines.

La rente des laines confifte dans les droits qui fe payent fur les laines qui font deftinées pour l'étranger : ces droits font acquittés aux bureaux des Douanes établies fur la frontiere.

Pour connoître la quantité des laines qui exifte chaque année, il a été établi, dans tous les diftricts & à des diftances convenables, des lavoirs publics auxquels tous les propriétaires font obligés de faire porter leurs laines pour y être lavées.

Dans chaque lavoir font un Adminiftrateur & un Commis de confiance, qui tiennent un regiftre exact de toutes les parties de laine qui y font amenées, du nom du propriétaire, du lieu d'où elles arrivent, de quel troupeau elles proviennent, de l'année, du poids de chaque balle de laine, & de la marque imprimée fur cette balle.

Les laines ne peuvent fortir qu'en vertu d'un paffe-port que donne l'Ad-miniftrateur, & dans lequel font énoncés la quantité de laine, le nom de celui à qui on la confie, fon domicile & le lieu de fa deftination.

Avant que l'Adminiftrateur délivre ce paffeport, le propriétaire des laines donne fa foumiffion de rapporter, dans un terme qui eft fixé, un contre - paffeport figné par l'Adminiftrateur de la Douane par où elles doivent fortir, ou du lieu de la deftination, afin de conftater, fi ces laines ont été exportées, que les droits en ont été acquittés ; & fi elles ne font point exportées, qu'elles ont été réellement & effectivement employées dans l'intérieur du royaume.

Indépendamment des précautions que l'on vient de rappeler, les pro-priétaires des laines font obligés de déclarer, foit aux Adminiftrateurs des laines, foit aux Juges des lieux de leur réfidence, les ventes qu'ils font ; & les acheteurs doivent donner des cautions pour affurer le paie-ment des droits, lorfque les laines font deftinées à fortir du royaume.

Les Vifiteurs qui font répandus dans les différens diftricts, tiennent auffi des regiftres de tous les troupeaux : les pafteurs ou bergers font obligés de déclarer par ferment le nombre des têtes dont leurs troupeaux font compofés ; & ces déclarations font vérifiées avec la plus grande exactitude.

Enfin, tout propriétaire de laine eft obligé, foús peine de payer un double droit de fortie, d'établir ; par un reçu des Adminiftrateurs, qu'elles ont été portées au lavoir ; par des acquits ou billets de correfpondance, qu'elles ont été employées dans l'intérieur du royaume ; & par des *vifa* des Adminiftrateurs des Douanes des frontieres, qu'elles ont acquitté les droits à la fortie.

Les droits à la fortie doivent être acquittés, favoir, pour moitié fur le champ, & pour l'autre moitié dans les deux mois qui fe fuivent, & l'on eft obligé à cet effet de donner des cautions.

Il a été formé, en 1761, une efpece de réglement ou d'inftruction dans lequel ont été raffemblées les différentes efpeces de fraudes ou de contrebandes qui peuvent être pratiquées au préjudice des droits du Roi, & l'on a réglé & déterminé les amendes qui doivent être prononcées, & les peines qui doivent être infligées, foit contre les propriétaires, foit contre les acheteurs, foit contre les voituriers & conducteurs : l'on a pareillement prefcrit un même genre & une même forme d'inftruction fommaire pour tous les cas & pour toutes les fraudes, de maniere que le Juge n'a uniquement qu'à vérifier le genre de fraude & y appliquer la peine qui y eft attachée.

Il s'agit maintenant de rappeler les moyens qui font mis en ufage pour l'adminiftration des revenus dont on vient de faire le détail.

Ces revenus font adminiftrés par un Sur-intendant général des finances, par deux Directeurs généraux, par des Intendans de provinces, des Adminiftrateurs généraux, des Adminiftrateurs particuliers, des Contadors, des Tréforiers, des Subdélégués des diftricts des, Gardes & des Vifiteurs.

Du Surintendant général.

LE Sur-intendant général des finances, réunit l'autorité, les pouvoirs & les fonctions les plus étendues.

Il connoît, à l'exclufion de toute autre perfonne, de tout ce qui concerne les rentes, les droits & les revenus du Roi : fa jurifdiction eft tellement privilégiée, que fi l'intérêt de la finance fe trouve mêlé dans quelque affaire que ce foit, il les évoque & en retient la connoiffance jufqu'à que cet intérêt ait été rempli ; il peut fubdéléguer & communiquer fes pouvoirs & fes fonctions aux Intendans, aux Gouverneurs & aux Corrégidors dans telle étendue & avec telles reftrictions qu'il juge convenables : il évoque toutes les fois qu'il le juge à propos, les affaires qui concernent la fraude & la contrebande : on ne peut mettre à exécution les fentences qui ont été rendues dans ces matieres par les juges qui en doivent connoître, que lorfqu'il les a approuvées : il nomme & révoque comme il lui plaît tous ceux qui font employés pour l'adminiftration des finances.

Les recouvremens & les diftributions de tous les revenus du Roi, font à fa difpofition jufqu'à ce qu'ils foient entrés dans le Tréfor royal, d'où ils ne peuvent fortir qu'en conféquence des ordres du Roi.

Le Surintendant général, dans toutes les affaires qui intéreffent la finance, peut tranfiger de telle maniere qu'il juge à propos ; il peut modérer & même remettre dans des cas de calamité, les arrérages des contributions publiques. Les Intendans & les Subdélégués entretiennent avec lui une correfpondance fuivie par le moyen de laquelle il connoît l'état actuel de chaque rente, les événemens qui furviennent, le mon-

tant

tant des fonds qui font entrés dans les différentes Caiffes, les fommes qui n'ont pas été recouvrées.

Le Surintendant général a pour affeffeur un Confeiller du Confeil des finances avec lequel il décide les affaires contentieufes.

De la Direction générale.

LA Direction générale des rentes, établie à Madrid, eft compofée de deux Confeillers des finances, qui agiffent d'après les inftructions qui leur font données par le Surintendant général.

Ils entretiennent une correfpondance fuivie avec les Adminiftrateurs & les Subdélégués, qui font obligés de fe conformer aux ordres qu'ils leur donnent.

Ces Directeurs généraux propofent au Surintendant les fujets, qu'ils jugent les plus propres pour remplir les emplois qui deviennent vacans; ils lui rendent pareillement compte des difficultés qui furviennent dans l'adminiftration des rentes, & le Surintendant les décide & prefcrit ce qui doit être fait.

Il y a, dans la Direction générale, un bureau pour chaque efpece de rente qu'on nomme *Contadorie;* on tient dans ces bureaux ou contadories un état exact & détaillé des valeurs & des diftributions de chaque rente; on y conferve avec foin les ordres originaux qui font donnés pour l'adminiftration de chaque branche de ces rentes.

Les comptes des Adminiftrateurs & des Tréforiers font pareillement remis dans ces *Contadories* pour y être examinés & approuvés, après quoi, ils font dépofés dans les archives de la *Contadorie,* afin d'y avoir recours en cas de befoin.

Des Intendans des provinces.

IL y a, dans chaque province, un Intendant ou Subdélégué du Surintendant général, qui connoît de toutes les affaires relatives à la perception des droits & revenus dans l'étendue de fa province, & qui veille en même temps fur les Employés.

Ces Intendans ou Subdélégués tiennent, toutes les femaines, avec les Adminiftrateurs généraux, les Contadors & les Tréforiers de toutes les efpeces de rentes, des comités dans lesquels on leur rend compte de l'état actuel de chaque rente, du montant des fonds qui ont été remis dans les Caisses, des vides qu'il peut y avoir dans ces Caisses, des motifs par lesquels le recouvrement a été retardé : on regle & on détermine ensuite les moyens que l'on juge convenables pour accélérer les recouvremens ; on examine enfin si la perception des droits se fait avec exactitude & si les Employés remplissent fidélement leurs fonctions.

On forme des mémoires exacts des différens détails qui ont été traités & des déterminations qui ont été prises ; ces mémoires sont adressés au Surintendant général, qui, après les avoir examinés, les approuve ou prescrit ce qui doit être fait.

Pour faciliter le recouvrement des rentes provinciales, il a été arrêté, en 1725, une instruction qui a été perfectionnée en 1760, & dans laquelle sont déduits les moyens qui doivent être mis en usage, pour percevoir les *impôts, avec les ménagemens convenables.* Les Intendans sont obligés de se conformer avec la plus grande exactitude à cette instruction.

Ils doivent prendre, tous les mois, une connoissance précise des fonds qui existent dans chaque Caisse, & se faire représenter par les Contadors les états de recette & de dépense ; & par ce moyen ils voient si les Caisses sont en regle, & prennent en même temps les mesures convenables pour que les fonds soient remis sans retardement entre les mains des Trésoriers généraux.

Les Intendans, ou Subdélégués du Surintendant général, doivent pareillement s'occuper des moyens d'accroître le produit des rentes, & ils peuvent en conséquence réformer, de leur propre autorité, les abus qu'ils découvrent, ainsi que les dépenses superflues ; mais si les ordres qu'ils donnent font naître des difficultés, c'est le Surintendant qui y statue sur le rapport qui lui en est fait.

Si les Administrateurs généraux & particuliers ne présentent point leurs comptes, dans les temps qui sont fixés à cet effet, les Intendans doivent les tenir aux arrêts dans leurs maisons jusqu'à ce qu'ils y aient satisfait, ils ont la même autorité sur les Contadors, lorsque c'est par leur négligence que les comptes ne sont point en état d'être présentés.

Si un Employé prévarique dans ses fonctions ou manque à ses devoirs, les Intendans, après l'avoir admonété une premiere & une seconde fois, le suspendent de ses fonctions & en rendent compte au Surintendant général.

Les Intendans doivent encore faire, chaque année, une tournée dans les districts de leurs provinces, à l'effet de reconnoître par eux - mêmes les abus, examiner si les Employés sont exacts & pourvoir aux objets instans ; ils doivent enfin rendre compte au Surintendant général de ce qu'ils ont reconnu de défectueux pendant le cours de leur visite.

Des Administrateurs généraux.

IL existe, dans chaque province, un Administrateur général pour chaque rente ; on lui donne les instructions relatives à celle dont il est chargé, & il doit veiller principalement à ce que ces rentes soient bien administrées par les Employés.

Ils doivent avoir attention à ce que les comptes des Commis de confiance & des Receveurs soient liquidés réguliément & exactement par la *Contadorie*, & à ce que les fonds soient versés ponctuellement dans la Caisse destinée pour chaque rente.

C'est eux que regarde le soin de veiller au recouvrement des abonnemens qui sont faits avec les bourgs & villages de leurs districts ; & si les poursuites qu'ils dirigent contre les Officiers de justice qui sont chargés de recevoir le montant de ces abonnemens, ne produisent point leur effet, ils s'adressent à l'Intendant ou Subdélégué du Surintendant général, qui fait conduire ces Officiers dans les prisons, & les y retient jusqu'à ce qu'ils aient satisfait à leurs obligations ; les fonds, qui rentrent pendant la semaine, doivent être déposés dans la Caisse qui est destinée à cet usage ; cette Caisse a trois clefs, dont l'une demeure entre les mains de l'Administrateur, la seconde entre les mains du Contador, & la troisieme est pour le Trésorier : ces trois Officiers sont solidairement responsables de ces fonds.

C'est l'Administrateur général qui distribue les Gardes, & qui doit les tenir dans un exercice continuel, pour prévenir & empêcher la fraude & la contrebande : il les dispose de maniere qu'ils n'ont point de postes fixes, afin qu'ils ne puissent former des liaisons & des intelligences avec les fraudeurs.

Les Administrateurs généraux doivent suivre l'instruction & poursuivre le jugement de toutes les caufes & contestations qui intéreffent les droits du Roi. Ils font tenus de remettre aux Directeurs généraux , des états des valeurs & des produits nets des rentes , & de les informer de tout ce qui peut arriver d'extraordinaire à ce fujet , afin que ceux-ci puiffent leur prescrire ce qu'ils doivent faire.

Enfin les Adminiftrateurs généraux font obligés d'envoyer à la Direction générale , dans les quatre mois après l'année finie , leurs comptes auxquels doivent être joints ceux des Adminiftrateurs particuliers de leur diftrict.

Des Adminiftrateurs particuliers.

LES Adminiftrateurs particuliers exercent dans leurs diftricts particuliers les mêmes fonctions que les Adminiftrateurs généraux fous les ordres defquels ils font. Ils dépofent, à la fin de la femaine, les fonds qui leur parviennent, dans une Caiffe à deux clefs dont ils gardent l'une, & le Contador l'autre.

À la fin de chaque mois, ils remettent à leurs Adminiftrateurs généraux un état dreffé par le Contador & qui contient le détail de ce que chaque rente a produit, de ce qui a été payé & de ce qui refte à acquitter; ils font en même-temps parvenir ce reftant à la Tréforerie du chef-lieu ; enfin ils font tenus d'envoyer aux Adminiftrateurs généraux leurs comptes, à la fin du mois de Janvier de chaque année.

Des Contadors.

LES Contadors doivent tenir un compte exact & raifonné du produit des rentes , en énonçant par détail les paiemens qui font faits pour chaque ville , bourg ou village , les falaires ou appointemens qui ont été payés , les frais qui ont été néceffaires & les fommes qui ont été remifes au Tréforier de l'armée.

Ils doivent affifter à l'entrée & à la fortie des fonds dans les Caiffes ; ils font chargés de former , chaque femaine , les états des recouvremens & des dépenfes ; ils dreffent les comptes des Adminiftrateurs , & ils affiftent aux comités qui fe tiennent chez les Intendans & Subdélégués du Surintendant général , afin d'y propofer ce qu'ils jugent le plus convenable

Des Tréforiers des capitales des provinces.

LES Tréforiers, qui font dans les capitales de chaque province, reçoivent les fonds qui proviennent des rentes, & acquittent, de concert avec le Contador, les appointemens & autres dépenfes qu'exige
l'adminiftration.

A la fin de chaque femaine, ils dépofent dans la Caiffe deftinée à cet
ufage les fonds qui leur font parvenus, & à la fin de chaque mois
ils les font paffer à la Tréforerie de l'armée, où on leur expédie des
quittances qu'ils joignent aux comptes particuliers qu'ils font tenus, fous
peine des arrêts, d'envoyer, à la fin de chaque année, à la Direction générale.

Tout Tréforier ou autre perfonne ayant le maniment des deniers royaux,
qui les emploie à fon ufage particulier, eft privé de fon emploi, &
déclaré incapable d'en poffléder aucun autre, même lorfqu'il remplace
exactement les fonds dont il s'eft fervi.

S'il fe trouve dans l'impoffibilité de les rétablir, il eft condamné à un
banniffement depuis deux jufqu'à dix années, fuivant que la fomme qu'il
a diffipée eft plus ou moins confidérable, & quelquefois pour un temps
illimité & jufqu'à ce qu'il plaife au Roi de le rappeler ; ce châtiment
n'eft jamais ni modifié ni commué par quelque circonftance ou confidération que ce foit.

S'il eft convaincu d'avoir fouftrait, enlevé ou caché frauduleufement
les deniers royaux, il eft condamné à mort, conformément au décret
donné par S. M. Catholique, le 5 Mai 1764.

Des Subdélégués des diftricts.

LE Surintendant général donne communément la fubdélégation des
rentes, dans chaque diftrict, aux Gouverneurs ou *Corrégidors* des villes capitales ; mais il ne leur accorde point des pouvoirs auffi étendus qu'aux
Intendans, & ils font au contraire fubordonnés à ces derniers : les fentences qu'il rendent, font, comme celles des Intendans, fujettes à être

viſées & approuvées par le Surintendant général, avant qu'elles puiſſent être miſes à exécution.

Ces Subdélegués rempliſſent au ſurplus, dans l'étendue de leurs diſtricts, les mêmes fonctions que les Intendans, mais ſous l'inſpection de ces derniers.

Des Gardes.

IL Y A, pour chaque eſpece de rentes, un nombre ſuffiſant de Gardes, qui ſont commandés par un Chef de brigade ; ils ſont néanmoins obligés de veiller ſur toutes les rentes en général, de viſiter toutes les marchan-diſes qu'ils rencontrent, de ſaiſir celles qui ne ſont pas accompagnées d'acquits à caution, d'arrêter les délinquans, de dreſſer des procès-verbaux & de les adreſſer, ſans aucun retardement, à l'Adminiſtrateur de la rente, afin que celui-ci en inſtruiſe le Subdélégué du diſtrict, qui, en qualité de défenſeur immédiat du produit des rentes, doit pourſuivre & faire ſtatuer ſur la contravention.

Les Gardes & leurs chefs ſont ſous les ordres des Adminiſtrateurs ; ils ſont obligés de faire des patrouilles continuelles dans les endroits qui leur ſont indiqués, afin d'empêcher la fraude.

Des Viſiteurs.

LES fonctions des Viſiteurs conſiſtent à parcourir les adminiſtrations, pour examiner ſi l'on a ſoin de tenir exactement les livres, ſi l'on y inſcrit toutes les parties avec l'ordre & la préciſion convenables, ſi les comptes ſont formés avec exactitude, ſi les fonds exiſtent dans les Caiſſes, & ſi les ordres, qui ſont preſcrits pour la bonne adminiſtration, ſont ſuivis & exécutés.

Les Viſiteurs, qui ſont chargés du département des ſels & du tabac, doivent examiner ſi l'on n'en altere point la qualité. S'ils trouvent quel-ques fraudes, qui leur paroiſſent tirer à conſéquence, ils ſuſpendent le coupable de ſes fonctions qu'ils font exercer par *interim* ; ils dreſſent des procès-verbaux, & les adreſſent à l'Adminiſtrateur général, qui eſt obligé de faire les pourſuites que les circonſtances peuvent exiger.

Droit de Lanzas.

ANCIENNEMENT, & même dès les temps les plus reculés, toutes les personnes conſtituées en dignités, tels que les Grands, les Ducs, les Marquis, les Comtes & les Vicomtes étoient obligés de ſervir en perſonne avec un certain nombre d'hommes armés de lances ; ces lanciers étoient employés dans les garniſons & ſur les frontieres du royaume.

Ce ſervice a été en uſage juſqu'en 1632, qu'en conſéquence d'une Ordonnance du Souverain, du 22 Juin 1631, il fut converti en une impoſition ou rétribution en argent.

Les motifs exprimés dans cette Ordonnance furent la difficulté de faire des recrues, d'avoir des troupes diſciplinées pour les garniſons & pour la garde des frontieres, & le défaut de moyens de leur procurer la ſubſiſtance, malgré l'économie que le Souverain avoit introduite dans les dépenſes de ſa maiſon, qu'il avoit retranchées au-delà même de ce que la décence ſembloit permettre.

Ce fut d'après ces différentes circonſtances que le Souverain ſe porta à ſubſtituer au ſervice des lances une impoſition en argent, dont le produit fut deſtiné à ſoudoyer les Soldats des garniſons, qui continueroient leur ſervice pendant ſix ans.

En conſéquence de cette Ordonnance, il fut formé un tarif ou plan d'impoſition, dans lequel on régla ce que chaque perſonne conſtituée en dignité devoit payer, à raiſon du rang qu'elle occupoit, & du nombre de lances qu'elle étoit obligée de fournir.

Le Grand-d'Eſpagne qui, relativement à ſa dignité, étoit obligé de ſervir avec vingt lances, fut taxé à 3 mille 600 *réaux de veillon* par chaque année, pour ſubvenir à l'entretien de cinq Soldats, à raiſon de 70 *réaux de veillon* * par mois pour chacun.

Les Ducs, les Marquis & les Comtes qui doivent, comme les Grands-d'Eſpagne, fournir vingt lances, furent taxés à la même ſomme de 3 mille 600 *réaux*.

---

* *Nota.* Le *réal de veillon* revient à 5 ſous 3 deniers de France ; ainſi les 3 mille 600 *réaux* donnent 945 livres ; & les 70 *réaux*, deſtinés par mois à chaque Soldat, reviennent à 18 livres 7 ſous 6 deniers, monnoie de France.

Les Vicomtes furent réduits à moitié, c'est-à-dire, à 1800 *réaux.*

Cette imposition n'a point varié depuis 1632; la perception en est faite tous les six ans, & comme elle est attachée, non à la personne, mais au titre, celui qui réunit à la fois plusieurs titres paye pour raison de chaque dignité.

Dans la même taxe ont été comprises les Commanderies des trois Ordres militaires de Saint-Jacques, de Calatrava & d'Alcantara; mais leur contingent est réglé sur le revenu personnel de chaque Commandeur, & sur le produit de chaque Commanderie.

Les Cardinaux, les Archevêques, les Evêques & les Abbés, qui possèdent des Abbayes, avoient été compris dans cette contribution; mais ils en ont été affranchis par un décret du 3 Janvier de l'année 1661.

Du Droit de *Médiannata.*

Le droit de *Médiannata* a été établi par un décret du 22 Mai 1631, & dans des circonstances difficiles.

Ce droit consiste dans la moitié du revenu, pendant la premiere année, de toutes les dignités, charges, offices & emplois qui font conférés & donnés, soit par le Souverain lui-même, soit par son Conseil, ses Vice-Rois ou autres Officiers : ce droit est général & absolu; personne n'en est exempt, pas même les Infans d'Espagne.

C'est le Conseil des finances qui connoît de toutes les matieres qui concernent ce droit. Voici les principales regles d'après lesquelles il est dirigé :

1°. Il se perçoit sur toutes les graces, dignités, offices, emplois & pensions, toutes les fois qu'il est nécessaire d'expédier des cédules & autres titres, pour que celui qui en est l'objet puisse entrer en jouissance ou en exercice :

2°. L'acquittement du montant de la demi-année du revenu, doit être fait en deux paiemens égaux, le premier à l'instant où l'on remet au Titulaire le brevet ou les provisions, le second dans le courant de l'année; & l'on est obligé de donner, pour sûreté de ce second paiement, une caution qui doit être acceptée par le Trésorier général de la *Médiannata* :

3°. Dès que la grace ou la place qui a été accordée, a été déclarée dans le Conseil, la personne qu'elle concerne doit acquitter le droit de

Médiannata,

Médiannata; & fi elle diffère de retirer le titre par lequel elle lui a été accordée, elle peut être contrainte par corps au paiement du droit:

4°. Lorfque les graces, ou les places que le Souverain accorde, font à titre purement gratuit, ou à titre de bienfaifance & de charité, telles que les penfions qui font données aux veuves & aux enfans de ceux qui occupent les charges des maifons royales, en ce cas il n'eft dû aucun droit; mais il eft néceffaire que ces motifs foient exprimés dans les brevets, ou titres de don, fans quoi le droit peut être exigé:

5°. Le droit de Médiannata, relativement aux emplois ou commiffions, qui fe donnent dans les Indes, fe paye, favoir, moitié à Madrid dans l'inftant que l'emploi eft donné, & l'autre moitié, dix-huit mois après, entre les mains du Tréforier du département de la partie des Indes, dans laquelle l'emploi doit être exercé; celui qui en eft revêtu eft obligé de donner caution:

6°. Ceux qui font pourvus de Commanderies des Ordres militaires, acquittent le droit de Médiannata, auffitôt qu'ils ont obtenu le bref du Pape pour les poff
éder; mais en attendant ils font obligés de fournir une caution fuffifante:

7°. Chaque Chevalier des Ordres militaires, qui obtient une difpenfe pour être relevé des fix mois de navigation qu'il eft obligé de faire fur les Galeres du Roi, paye, pour le droit de Médiannata, 100 ducats, qui, à raifon de 57 fous 9 deniers de France, reviennent à 288 livres 15 fous:

8°. Si celui, qui eft pourvu d'un office ou emploi vient à décéder avant d'en avoir pris poffeffion, fes héritiers ne font point tenus de payer le droit de Médiannata:

9°. On paye pour des titres de Nobleffe le droit de *Médiannata*, à raifon de 200 ducats *:

10°. Les grandes charges & les emplois de la Cour font auffi fujets au droit de Médiannata:

11°. Ceux qui acquierent des feigneuries acquittent ce droit, eu égard & par proportion au revenu qu'elles donnent: ce droit revient à nos droits de Lods & Ventes.

---

* Le ducat vaut 57 fous 9 deniers de France; ainfi les 200 ducats reviennent à 577 livres 10 fous.

Tome I. R r

On paye pour le titre de Grand-d'Espagne , à sa création , 8 mille ducats [a].

Pour la succession en ligne directe de la Grandesse , 4 mille ducats [b].

Pour la succession en ligne collatérale , 6 mille ducats [c].

Et pour la Grandesse personnelle , 1000 ducats [d].

On paye pour le titre de Baron en Castille , 100 ducats [e].

Pour le même titre en Arragon , même somme.

Pour le titre de Vicomte , 750 ducats [f].

Pour celui de Marquis ou de Comte , 1500 ducats [g].

Lorsque ces titres sont héréditaires , le Marquis & le Comte payent , en ligne directe , 750 ducats [h].

Et le Vicomte , 375 ducats [i].

Et en collatérale , les deux premiers payent chacun 1500 ducats , & le troisieme 750 ducats.

Depuis l'établissement du droit de Médiannata , il a été rendu différentes Ordonnances & Arrêtés du Conseil, qui ont introduit des variations ou des fixations différentes relativement aux emplois ; quelquefois même on obtient , par une grace particuliere , tantôt des modérations , & quelquefois l'exemption entiere du droit.

Droit d'*Excusado*.

LE droit d'*Excusado* consiste dans la jouissance qu'a le Roi de la Dixme de la meilleure maison de chaque paroisse : le Clergé étoit chargé anciennement de la perception de ce droit, & en rendoit 1 million 991 mille 703 *réaux de veillon* [k] ; mais depuis que le Roi d'Espagne l'a repris , il est affermé 12 millions de *réaux de veillon* [l].

---

[a] 23100 livres.

[b] 11550 livres.

[c] 17325 livres.

[d] 2885 livres 10 sous.

[e] 288 livres 15 sous.

[f] 1790 livres 12 sous 6 deniers.

[g] 4331 livres 5 sous.

[h] 1790 livres 12 sous 6 deniers.

[i] 895 livres 6 sous 3 deniers.

[k] 498 mille livres.

[l] 3 millions.

} *monnoie de France.*

PROJET d'une Contribution unique.

Il reste maintenant à rendre compte du plan, qui a été formé, d'une Contribution unique, que l'on projette d'établir dans le royaume d'Espagne, & des motifs par lesquels ce projet a été déterminé.

La Contribution unique doit être substituée aux impositions qui existent actuellement, c'est-à-dire, à celles de ces impositions, qui sont connues sous la dénomination de *Rentes provinciales*, & qui embrassent les différentes parties dont on a fait le détail.

L'établissement de ces impositions est si vicieux dans le fond & dans la forme, qu'il n'a pas été possible, malgré l'attention suivie qui a été donnée à cet objet, d'en réformer les abus.

Le mal provient de différentes causes ; de l'excès de ces impositions, de l'infidélité & du désordre qui regnent dans les régies, des *immunités* du Clergé, des priviléges & exemptions dont jouissent certains états au préjudice des autres, des différentes manieres de percevoir qui, quoique fixées & déterminées par les ordonnances, sont toujours sujettes à un grand nombre de difficultés, de discussions & de procès.

Ces impositions sont portées si haut, qu'elles sont intolérables : le seul droit d'*Alcavala*, que l'on exige sur tous les meubles & immeubles, & sur toutes les denrées qui se vendent, est porté depuis huit jusqu'à quatorze pour cent : ce droit se reproduit sur les mêmes objets à chaque fois qu'ils changent de main, de maniere qu'il arrive souvent que les droits d'*Alcavala* emportent en peu de temps la valeur intrinseque de la chose, ce qui occasionne des ventes frauduleuses, des compositions secretes avec les Employés au préjudice du Fisc, des procédures ruineuses, des emprisonnemens & de faux sermens.

Le peuple, indépendamment du service ordinaire & extraordinaire dont le Clergé & la Noblesse sont exempts, supporte encore les logemens, les ustensiles, les milices, l'habillement des Troupes, les quintes, les recrues, les ponts & chaussées, & les autres charges municipales.

Toutes ces charges détruisent & découragent tellement les Cultivateurs, les Trafiquans & les Propriétaires, qu'ils préferent souvent de s'abandonner à l'oisiveté, plutôt que d'être exposés aux recherches avides des exacteurs.

Les exemptions, les subterfuges des riches & les immunités du Clergé, rendent encore toutes ces charges plus onéreuses pour les laboureurs & pour le bas peuple.

Le Clergé paye cependant un subside particulier; il contribue pareillement, directement aux Rentes provinciales, en payant le huitieme & le huitieme du huitieme sur les fruits & autres productions de son patrimoine, & indirectement, par les droits qui se perçoivent sur les denrées & autres objets de consommation qu'il achette des laïcs; aussi prétend-il que, malgré ses priviléges, il est aussi surchargé qu'eux.

Ce sont les différens inconvéniens que l'on vient de rappeler, qui ont engagé le Souverain à nommer une *Junte* ou Commission, composée de sujets éclairés sur le maniement des finances, pour délibérer sur les moyens d'établir un Impôt général fixe, simple & proportionné aux facultés de chaque sujet, & qui cependant pût rendre l'équivalent du produit des Rentes provinciales; & c'est ce qu'on appelle le *cadastre*, ou *contribution unique*.

On a constaté d'abord quel étoit le produit des rentes dans les vingt-deux généralités des royaumes de Castille & de Léon, & en formant une année commune sur trois, il a été reconnu:

1°. Que ces rentes, en y comprenant celles qui sont aliénées, rendoient 102 millions 133 mille 6 réaux de veillon [a] :

2°. Que le subside que fournit le Clergé montoit à 3 millions 160 mille 883 réaux de veillon [b] :

3°. Que le droit d'Excusado, qui étoit alors affermé au Clergé, rendoit 1 million 991 mille 703 réaux de veillon [c] :

Ces 3 objets réunis, forment un montant de 107 millions 285 mille 593 réaux de veillon [d] :

Pour que la Junte ou Commission pût établir le travail dont elle étoit chargée, sur des principes solides, il étoit indispensable de se procurer des connoissances exactes de l'état des choses, des facultés, des revenus & des possessions des contribuables.

---

[a] 25 millions 540 mille livres.

[b] . . . . 790 mille livres.

[c] . . . . . . 500 mille livres.

[d] 26 millions 781 mille livres.

} *monnoie de France.*

Il a été en conféquence envoyé dans les vingt-deux généralités ou provinces des royaumes de Caftille & de Léon, des perfonnes, dont la capacité & la probité étoient reconnues, & qui ont été chargées de rendre un compte exact de la qualité & quantité des territoires, de leur nature, des poffeffions de chaque particulier, de fes revenus de toute efpece, des beftiaux, du commerce & du trafic du pays, des maifons, des fabriques, enfin de tous les objets de revenu qui s'y trouveroient.

Cette opération, qui a été très-longue & très-difpendieufe, a été exécutée avec la plus grande exactitude : les *Députés* ont formé des états immenfes de toutes les poffeffions, revenus & facultés des habitans tant laïcs qu'eccléfiaftiques des vingt-deux généralités.

On n'a négligé aucun des moyens, qui ont été jugés néceffaires pour perfectionner cet ouvrage ; on a porté l'attention jufque fur les détails les plus minutieux ; les *Députés* ont eu la précaution de prendre les déclarations de chaque particulier, & de les vérifier fur les témoignages des Notables des lieux ; ils ont combiné & balancé les *variations des récoltes* en formant une année commune de cinq ; enfin, après avoir fuivi, difcuté & approfondi ce travail pendant plufieurs années, ils ont formé un relevé de la totalité des revenus de chaque province & généralité qui s'eft trouvé confifter, favoir ;

1º. En foixante-un millions cent quatre-vingt-feize mefures de *terre* de toute efpece, appartenant aux laïcs, & dont le produit a été porté par les eftimations qui ont été faites par des Experts, & du confentement des propriétaires, à 817 millions 282 mille 98 réaux de veillon [a] :

2º. En un million trois cent foixante-quatorze mille cent *artifans & journaliers*, dont les journées ont été fixées fuivant l'ufage & le taux de chaque pays, & montent à 572 millions 898 mille 140 réaux de veillon [b] :

3º. En vingt-neuf millions fix mille deux cent quatre-vingt-trois têtes de *bétail* de toute efpece, à l'exception des mules de carroffes & des chevaux de main, dont le produit revient à 197 millions 921 mille 871 réaux de veillon [c] :

4º. Dans le produit des *maifons*, moulins & toutes efpeces d'édifices,

---

[a] 204 millions 500 mille livres.
[b] 143 millions 214 mille 535 livres. } *monnoie de France.*
[c] 49 millions 480 mille livres.

qui a été fixé à 252 millions 86 mille 9 réaux de veillon [a] :

5°. Dans le produit du commerce ou d'industrie, qui a été fixé à 531 millions 921 mille 798 réaux de veillon [b] :

Les revenus ou autres produits, qui concernent le Clergé, ont été fixés, savoir, en bénéfices :

1°. A 263 millions 514 mille 296 réaux de veillon [c], tant pour les terres que pour les maisons, moulins & autres édifices :

2°. En patrimoine, à 47 millions 63 réaux de veillon [d] pour les terres :

3°. Pour les bestiaux, à 21 millions 937 mille 619 réaux de veillon [e] :

4°. Pour le produit des maisons & autres édifices, à 15 millions 32 mille 833 réaux de veillon [f] :

5°. Pour salaires fixes, & autres profits & utilités, à 12 millions 321 mille 440 réaux de veillon [g],

En réunissant tous ces objets de revenus, tant des laïcs que des ecclésiastiques dans les *vingt-deux généralités* des royaumes de Castille & de *Léon*, il en résulte que les revenus des Laïcs montent à 2 milliards 372 millions 109 mille 916 réaux de veillon [h].

Et les revenus des Ecclésiastiques, à 359 millions 806 mille 251 réaux de veillon [i].

Or, en imposant sur les revenus des Laïcs, 4 réaux 2 maravedis par 100 réaux [k], & sur ceux des Ecclésiastiques, 3 réaux 2 maravedis [l] aussi par 100 réaux, le produit des deux impositions donnera les 107 millions

---

[a]　63 millions　22 mille livres.
[b]　132 millions 980 mille 500 livres.
[c]　65 millions 878 mille 600 livres.
[d]　11 millions 740 mille livres.
[e]　5 millions 485 mille livres.
[f]　3 millions 758 mille 200 livres.
[g]　3 millions 80 mille livres.
[h]　593 millions 27 mille 479 livres.
[i]　89 millions 951 mille 563 livres.
} *monnoie de France.*

[k] 100 réaux font, *monnoie de France*, 25 livres 8 sous 4 deniers ; ainsi les 4 réaux 2 maravedis font 22 sous ; c'est environ le denier vingt-cinq ou quatre pour cent.

[l] Les 3 réaux 2 maravedis font 17 sous de France ; c'est environ le denier trente-trois, ou trois pour cent.

285 mille 593 réaux de veillon [a] que rendent les Rentes provinciales, le subside du Clergé & l'Excusado qui, au moyen de la Contribution unique, doivent être abolis.

On observe que les autres branches des revenus du Roi d'Espagne, qui n'ont rien de commun avec les impositions dont on vient de parler, subsisteront dans le même état où elles sont.

La Junte ou Commission qui a rédigé le projet de la Contribution unique, prétend que ce réglement produira de grands avantages pour le peuple en général; voici ceux qu'elle expose principalement:

1°. La liberté du commerce pour toutes sortes de denrées de consommation.

Elle observe, par exemple, qu'un ecclésiastique qui a 300 ducats de revenu [b], & dont la dépense de bouche consiste en deux cents cinquante-six livres de viande par an, vingt-deux arobes [c] & demi de vin, quatre arobes d'huile, un arobe de vinaigre & un cochon, paye, dans l'état actuel pour tous les droits auxquels il est assujéti, 261 réaux 32 maravedis [d], au lieu que suivant le nouveau plan de la Contribution unique, il ne payera que 100 réaux 32 maravedis [e]: cet exemple qui, dans toutes les proportions, peut servir à l'égard du Clergé, fait connoître l'avantage considérable qu'il retireroit de l'établissement de la Contribution unique.

Il en est de même du Laïc.

Un particulier, par exemple, qui jouit de 500 ducats de revenu, & qui étant obligé de nourrir trois personnes, consomme, chaque année, trente-quatre arobes de vin, sept cent soixante-huit livres de viande, cinq arobes d'huile, un cochon, un arobe & demi de vinaigre, deux arobes de chandelles, paye, dans l'état actuel pour les droits, 383 réaux 14 maravedis [f]; au lieu qu'au moyen de l'unique Contribution, il ne payeroit que 223 réaux [g], & ainsi des journaliers & artisans à proportion.

---

[a] 26 millions 781 mille livres.
[b] 866 livres.
[c] L'arobe pese vingt-cinq livres.
[d] 66 livres.
[e] 25 livres.
[f] 96 livres.
[g] 56 livres.

} *monnoie de France.*

Un second avantage consiste en ce que les biens des Laïcs, qui passeront dans les mains du Clergé, demeureront chargés de l'imposition premiere, établie par la répartition générale, qui aura été faite sur les biens-fonds à perpétuité.

Un troisieme avantage résulte de ce que l'on épargnera les appointemens d'un grand nombre d'Employés, & que par ce moyen la Contribution unique rendra plus que les contributions actuelles ; cet excédant formera un fonds suffisant pour faire des remises aux pauvres, & pour réparer les pertes qui seront occasionnées par des évenemens fâcheux.

La Contribution unique a encore cet avantage qu'elle formera une regle sûre pour tirer des sujets, dans le cas d'une guerre, des secours extraordinaires, en observant une juste égalité.

Enfin le Peuple ne sera plus exposé aux vexations des Employés, qui ne seront plus à même d'appliquer à leur profit particulier les contributions arbitraires, qu'ils exigeoient à la faveur du désordre qui regne dans les *Rentes provinciales :* chaque *Particulier* sera à portée de vérifier dans les regiftres de sa généralité à quoi monte son contingent.

Cet établissement, tout avantageux qu'il est, a excité des plaintes de la part de quelques personnes que l'autorité, l'adresse & la puissance mettoient à l'abri de payer les droits des Rentes provinciales, ou au moins de les payer en entier ; de la part des habitans de certains districts, dont les productions étoient moins chargées que celles des autres cantons : mais ce sont principalement ces abus que l'on s'est proposé de faire cesser en établissant une regle de proportion ; & quoiqu'on ne puisse se dissimuler que cette opération sera susceptible, dans l'exécution, des plus grandes difficultés, on compte que, par l'attention suivie que le Gouvernement y donne, elle sera à sa perfection dans trois ou quatre années, au lieu qu'on ne parviendroit jamais à rectifier les abus qui existent dans la forme & la perception des contributions actuelles.

IMPOSITIONS
DANS LE PORTUGAL.

La difficulté de raffembler des renfeignemens clairs & certains fur la nature & fur la forme d'adminiftration des différens objets qui compofent les revenus du roi de Portugal, ne permet pas de donner, relativement à ces objets, des détails auffi précis qu'on le defireroit. C'eft un affemblage compliqué de revenus particuliers, d'impofitions & de droits dont les uns font auffi anciens que la Monarchie, & les autres ont été fucceffivement établis, tantôt dans un endroit, tantôt dans un autre, fur des principes prefque toujours différens, & dont par cette circonftance les motifs d'établiffement & de perception n'ont pas été auffi combinés qu'ils auroient pu l'être.

Les différentes parties, qui compofent les finances du roi du Portugal, font fi multipliées, qu'elles donnent lieu chaque année à quatre comptes généraux, qui comprennent la quantité des pays foumis à la domination du roi de Portugal.

Le premier pour Lisbonne & la province d'Eftramadoure.

Le fecond pour les autres provinces du royaume, les Açores & l'île de Madere.

Le troifieme pour l'Afrique occidentale, le Maragnon, & les Commarques du territoire de la relation de la Baye de tous les Saints, & des Gouvernemens qui reffortiffent à ce Tribunal. On entend par *Commarques* les fubdivifions de provinces.

Le quatrieme pour le territoire de la relation de Rio-janeiro, de l'Afrique orientale & des poffeffions portugaifes en Afie.

Ces quatre comptes généraux font formés de cent fix comptes particuliers, & chacun de ces derniers offre le produit d'une branche particuliere de revenu.

Sans fe livrer à l'énumération faftidieufe de tous ces objets, on fe bornera à réfumer les principaux; les voici:

Tome I. S s

1º. Tous les revenus ou produits des fonds faisant partie du domaine :

2º. Les revenus des Hôtels des monnoies, les produits des fermes du sel, du tabac & des cartes à jouer, de la Compagnie des Indes & des Douanes :

3º. Les droits établis sur toutes les denrées de consommation, de quelque genre qu'elles soient :

4º. Les droits qui sont dus à chaque mutation des immeubles, & ceux qui se perçoivent sur tout ce qui est vendu & acheté dans la ville de Lisbonne & dans toute l'étendue de son territoire :

5º. Le produit des grande & petites Chancelleries :

6º. Les droits qui se perçoivent sur tous les offices de judicature :

7º. Les dîmes qui appartiennent au Souverain dans la plus grande partie du royaume de Portugal :

8º. Le montant du tiers qui revient au Souverain dans le produit des fonds communaux, dont jouissent les habitans des différentes communautés :

9º. Le produit d'une espece de capitation à laquelle sont assujétis les propriétaires de fonds :

10º. Les revenus des grands maitrises des Ordres du Christ, de Saint Jacques & d'Avis :

11º. Le produit du centieme denier ou d'un pour cent sur les rentes des particuliers :

12º. Les anciens & nouveaux droits d'entrée sur les Esclaves :

13º. Le produit de la ferme des diamans & du cinquieme de l'or en poudre, que l'on est obligé de porter aux Hôtels des monnoies pour y être fondu :

14º. Les droits de péage par terre & par eau.

Il faut ajouter, à ces différens produits, celui du dixieme, dont le roi de Portugal a ordonné la levée & la perception à l'occasion de la derniere guerre.

Il n'a pas été possible de rassembler les détails nécessaires pour donner une connoissance exacte de ces différens objets, & l'on n'a pu se procurer que des notions très-vagues relativement à quelques-uns. Voici ce qui en résulte.

Les Maures, en même temps qu'ils s'étoient rendus maîtres de l'Espagne, avoient pareillement envahi le Portugal. Ils se maintinrent pendant un assez grand nombre d'années dans ces Etats : ce ne fut que successivement & avec beaucoup de peine que les naturels du pays parvinrent à les expulser.

On ne connoissoit plus alors les anciens propriétaires des fonds ; chaque contrée reconquise sur les Maures devint, par le droit de la guerre, le partage du Chef qui s'en étoit rendu maître.

Le Portugal étant depuis devenu un Etat monarchique, le Souverain se mit en possession des fonds qui avoient appartenu à ces Chefs ; il établit dans chaque contrée des Almoscherifs ou Régisseurs, qu'il autorisa à concéder les terres moyennant des cens & redevances payables au domaine.

Ces accensemens ou concessions ne furent point dirigés par des principes uniformes ; plusieurs particuliers d'ailleurs, qui se soumirent volontairement à la nouvelle domination, furent maintenus dans la libre propriété des terres dont ils étoient en possession ; ainsi il est des terres pour raison desquelles le Propriétaire paye des redevances assez considérables à la Couronne, d'autres ne payent que le tiers ou le quart de ce que les premieres supportent, d'autres enfin ne sont assujéties à aucune redevance.

Les biens ecclésiastiques ne sont sujets à aucune redevance.

L'Accise, qui forme une imposition ou un droit, qui se perçoit sur tout ce qui se vend & s'achette, n'a point lieu dans toute l'étendue du royaume de Portugal, plusieurs provinces en sont exemptes, & cette imposition, dans les endroits où elle est établie, est tantôt plus forte & tantôt plus foible.

Les droits de Douane portent principalement sur les denrées & marchandises qui se consomment dans les Colonies, & sur les marchandises étrangeres qui sont importées dans le Portugal : ces dernieres payent, à l'entrée, des droits qui reviennent à vingt-sept pour cent de leur valeur.

Les droits de passage & de péage appartenoient tous, dans le principe, aux Seigneurs des lieux dans lesquels ils avoient été établis ; ce n'a été que successivement & par degrés que le Souverain les a réunis à son domaine : ces droits forment un revenu assez considérable.

Il est dû à chaque mutation des fonds, un droit au Souverain : on ne connoît point l'objet de ce droit.

S s ij

Les Propriétaires de fonds font fujets à une efpece de capitation, qui revient à quatre & demi pour cent du produit des fonds qui leur appartiennent.

Il n'y a dans le Portugal aucune efpece de denrée ou boiffon qui ne foit fujette à des droits, mais on n'en connoît ni la nature ni la quotité.

Tous les Particuliers qui jouiffent de rentes, font tenus de payer annuellement un pour cent du montant de ces rentes.

Le Souverain jouit de la dîme de tous les fonds fitués dans certaines contrées; il jouit pareillement du tiers des communes dans toute l'étendue de fes Etats.

Les Efclaves deftinés pour le fervice & l'exploitation des mines, payent à l'entrée, dans la Baye de tous les Saints & à Fernambouc, deux droits, l'un de 3 mille 500 *reis*, l'autre de 1000 *reis* *.

On ne connoît dans le Portugal d'impofition véritablement générale que le dixieme, & les droits fur le tabac, le fel & les cartes.

Le dixieme fe perçoit fur les fonds, fur les contrats & autres actes produifans des intéréts; fur les penfions, les gages & les appointemens, à l'exception de ceux des Militaires qui en font exempts.

Il fe perçoit pareillement par eftimation fur les bénéfices que font les Commerçans & les Gens à induftrie.

Ces eftimations font faites en préfence du Corrégidor ou Juge du lieu. Les réclamations, auxquelles elles peuvent donner lieu, font portées devant le Surintendant.

Les Eccléfiaftiques féculiers font affujétis à cette impofition pour les fonds qu'ils poffédent à titre patrimonial, à l'exception néanmoins de ceux qui conftituent leur titre clérical.

Quant aux biens eccléfiaftiques, le Clergé paye un don gratuit qui tient lieu de la dixieme.

Enfin, les droits fur tous les actes & expéditions des procédures, ceux des Chancelleries font multipliés à l'infini, & forment un des principaux objets des revenus du roi de Portugal.

---

* Les 3 mille 500 reis font 21 livres 17 fous 6 deniers de France, & les 1000 reis 6 livres 5 fous.

On estime que ces revenus peuvent monter annuellement en totalité à 50 millions.

Telles sont les connoissances que l'on a pu se procurer sur les différens objets qui composent les finances du Roi de Portugal.

Il reste à exposer l'ordre qui s'observe, soit pour la rentrée & le versement des fonds au Trésor du Prince, soit pour la sortie & l'emploi de ces mêmes fonds.

Avant 1761, l'inspection générale des finances étoit confiée à une Chambre des Comptes ou Maison royale; il existoit, dans les principales villes du Portugal, des coffres dans lesquels étoient déposés les fonds provenans des revenus domaniaux, des impositions & des droits.

Ceux à qui la garde de ces fonds étoit confiée, tiroient des coffres, sur les ordres qui leur étoient donnés par le Secrétaire d'Etat & par la Chambre des Comptes, les sommes nécessaires pour faire les paiemens qui leur étoient prescrits.

Cette forme d'administration étoit sujette à des inconvéniens, & donnoit lieu à des prévarications de tout genre; on a pris le parti d'établir un Trésor royal, dans lequel tous ceux qui sont dans le cas de percevoir les revenus du domaine, les impositions & les droits de toutes especes, sont obligés de porter directement & dans les délais qui sont fixés, le montant de leur recette, sous les peines les plus séveres.

Le Trésor royal a pour chef un Inspecteur général, & pour principaux Officiers un Grand-Trésorier, un Ecrivain & quatre Compteurs généraux; les Subalternes sont des Teneurs de livres, en grand nombre, un Portier, quatre Fideles & quatre Huissiers.

L'Inspecteur général préside au Trésor royal, comme Lieutenant immédiat du Roi.

Le Grand-Trésorier est tenu principalement de veiller à ce que les livres & les comptes des Chefs des quatre départemens principaux, soient toujours en regle; leur situation est constatée tous les samedis de chaque semaine, il en est fait mention dans un registre qui est destiné à cet effet, & tous les huit jours l'Inspecteur général met, sous les yeux du Roi, l'état de son Trésor, c'est-à-dire, le résultat de la recette & des dépenses qui ont été faites pendant la semaine.

Le Grand-Trésorier a la premiere clef du coffre dans lequel se garde l'argent destiné aux dépenses de chaque mois, la seconde est entre les mains de fon Ecrivain, la troifieme eft gardée par le premier Compteur général de chaque département : il en eft de même des clefs des autres coffres deftinés à tenir les fonds de réferve.

L'Ecrivain du Grand-Tréforier a un regiftre numéroté & paraphé par l'Infpecteur général, dans lequel il écrit d'un côté toutes les fommes qu'il reçoit chaque jour, les noms des perfonnes qui les ont remifes, & d'où elles proviennent ; & de l'autre côté font infcrites, dans le même ordre, les dépenfes du jour : ces regiftres font tenus avec la plus grande exactitude, & vérifiés tous les jours par le Grand-Tréforier, qui figne fon arrêté.

Le Tréfor royal eft divifé, ainfi qu'on l'a obfervé, en quatre départemens principaux, à la tête de chacun defquéls eft un Compteur général qui a un diftrict fixe & déterminé.

Le premier eft chargé de faire rentrer les fommes que doivent payer les *Corrégidors*, les *Provéditeurs*, les *Juges*, les *Almofchérifs*, les Receveurs & les Fermiers des rentes & revenus de Lisbonne & de la province d'Eftramadoure.

Le fecond doit faire rentrer tous les revenus, impofitions & droits des provinces de Portugal, de l'Algarve, des îles Açores & de l'île de Madere.

Le troifieme a dans fon département l'Afrique, le Maragnon, les Commarques du territoire de la relation de la Baye de tous les Saints, & des Gouvernemens qui font du reffort de ce Tribunal.

Le quatrieme eft chargé du territoire de la relation & du gouvernement de Rio-janeïro, de l'Afrique orientale & des poffeffions portugaifes en Afie.

Chaque Compteur général a fous lui plufieurs Ecrivains, qui font obligés de tenir les livres en parties doubles.

Les quatre Fideles font établis pour l'expédition & l'accélération des paiemens qui font faits aux différentes perfonnes qui fe préfentent pour toucher.

Les quatre Huiffiers font obligés de fe tenir tous les jours, foir & matin, dans la grande falle du Tréfor pendant la durée du travail, pour faire les fignifications & autres actes dont on a à les charger.

Le Tréfor royal eft fous la garde d'une compagnie d'Infanterie, dont le Capitaine prend les ordres de l'Infpecteur général, lorfqu'il s'y trouve, & dans les autres temps du Grand-Tréforier.

Tous les emplois, offices & poftes, dans le Tréfor royal, ne font que pour trois ans, & ceux qui les rempliffent peuvent, dans cet intervalle, être révoqués.

Il eft fait les défenfes les plus expreffes à tout Officier du Tréfor royal, de rien exiger ni recevoir des Parties, à quelque titre que ce foit, fous peine de perdre fa place, & même fous plus grande peine, fuivant l'exigence des cas.

On fe rappelle que les fonds dépendans du domaine, forment une branche de revenu affez confidérable; comme l'adjudication de ces fonds eft faite, dans chaque territoire, par des Tribunaux qui n'ont aucune relation ni connexité avec le Tréfor royal, on a pris le parti d'établir un certain nombre de Courtiers des finances, dont les fonctions confiftent à remettre ou faire remettre au Tréfor royal des expéditions en forme, de toutes les adjudications qui fe font dans le diftrict qui leur eft affigné: cette recette doit être faite dans les dix jours, à compter de celui de leur adjudication, fous peine, contre le Courtier, de fufpenfion de fon office, & contre l'Adjudicataire, de nullité de l'adjudication.

On connoît, par ce moyen, au Tréfor royal, les époques auxquelles commencent & finiffent les baux ou adjudications, le montant des fommes qui doivent être payées par les Adjudicataires ou Fermiers, l'échéance des paiemens & les conditions fous lefquelles les adjudications ont été faites. La même forme eft obfervée à l'égard des adjudications des biens faifis & vendus fur ceux qui font en retard de porter au Tréfor royal les fommes dont ils font débiteurs.

Quant aux deniers royaux, qui font de nature à être perçus par les Almofchérifes, Tréforiers, Receveurs, Exacteurs & autres perfonnes chargées de la régie ou recette de ces deniers, ils font remis avec la plus grande exactitude au Tréfor royal dans les délais qui font fixés.

La moindre inexactitude, le plus léger retard eft puni par la fufpenfion des places, par la faifie des meubles & immeubles, par des emprifonnemens, enfin par toutes les voies les plus rigoureufes; les mêmes peines s'infligent aux Fermiers ou Rentiers qui font en retard de payer; on procéde à de nouvelles adjudications, & fi les biens font adjugés à un prix au-deſſous de celui auquel ils le tenoient, on leur fait ſupporter la diminution.

Voici maintenant l'ordre qui s'obſerve pour l'emploi des fonds remis au Tréſor royal.

CES fonds ſont employés :

1°. Aux dépenſes de la Maiſon royale :

2°. Au paiement des Appointemens, des Rentes & des Penſions :

3°. Au paiement des Troupes & des autres dépenſes qui concernent cette partie :

4°. A l'entretien des Magaſins & à l'acquit des dépenſes pour la Marine :

5°. Enfin au paiement des anciennes dettes des Magaſins de Guinée & des Indes.

Quant aux dépenſes de la Maiſon royale, voici ce qui ſe pratique.

Le Tréſorier de la Maiſon royale, le Garde-Tapiſſerie, le Pourvoyeur, le Garde-meuble & le Tréſorier des gages, ont chacun un regiſtre numéroté & paraphé par le Grand-Maître de la Maiſon du Roi, ou par celui qui en fait les fonctions.

Ils inſcrivent ſur ce regiſtre :

1°. Le montant des appointemens & gages par chaque quartier :

2°. Le montant des achats qu'ils ont faits pendant le même quartier,

3°. Les menues dépenſes.

Tous ces objets doivent être établis & juſtifiés, ſoit par les ordres qui leur ont été donnés, ſoit par des mémoires & quittances vérifiés & approuvés par le Grand-Maître.

Ils ſe préſentent avec ces différentes pieces à l'Inſpecteur général du Tréſor, qui les renvoie par-devant les Compteurs généraux ; & lorſque les calculs ont été vérifiés, on leur expédie le montant des ſommes qui y ſont contenues, & les états de dépenſe ſont dépoſés dans les archives deſtinées à cet effet.

Avant de toucher au ſecond quartier, ils ſont obligés de rapporter la preuve que les ſommes qu'ils ont reçues pour le précédent, ont été véritablement employées au paiement des différentes dépenſes pour leſquelles

quelles elles ont été délivrées, & par ce moyen on eſt aſſuré qu'à chaque quartier tout eſt ſoldé.

On ſuit la même forme pour tous les objets relatifs aux dépenſes de la Maiſon royale.

Le paiement des arrérages des rentes & des penſions, ne ſe fait qu'à la révolution de l'année; on ſuit les mêmes formes, & l'on prend les mêmes précautions pour conſtater que tous les paiemens de l'année précédente ont été véritablement & réellement faits.

Quant au paiement des Troupes, voici ce qui ſe pratique.

Il y a ſix Caiſſes de recette & de dépenſe pour tout ce qui concerne le Militaire.

Dans ces Caiſſes entrent les produits de certains fonds deſtinés pour ſubvenir à ces dépenſes.

Le Tréſorier en chef de la *Junte* des Trois-Etats ſe préſente, le premier jour de chaque quartier, & on lui avance les ſommes néceſſaires pour les dépenſes qui ſont à faire pendant ce quartier.

A la fin de l'année on vérifie les recettes & les dépenſes ; on fait la balance du tout, & c'eſt d'après cette balance que les comptes ſont arrêtés, & que l'on fixe, d'après l'augmentation ou la diminution qui ſe rencontre dans le montant de ces dépenſes, ce qui doit être délivré au Tréſorier de la *Junte* pour l'année ſuivante.

Il en eſt de même pour l'acquittement des dépenſes des magaſins de la Marine & des anciennes dettes des magaſins de Guinée; il y a des ſommes deſtinées pour ces différens objets, & l'emploi en eſt vérifié avec la plus grande attention.

Enfin tous les ſix mois on préſente au Souverain une balance ou état de ſituation générale des finances, dans lequel ſont portées les recettes & les dépenſes pendant ces ſix mois, & ce qui reſte au Tréſor royal ; cet état de ſituation eſt vérifié, & l'argent qui doit reſter exactement compté, & l'on dreſſe du tout un procès-verbal.

Chaque Tréſorier, Receveur, Exacteur & fermier doit compter de ce qu'il doit dans le délai qui lui eſt fixé ; le moindre retardement eſt ſuivi des pourſuites & des peines les plus rigoureuſes ; & par ce moyen la rentrée de tous les revenus, impoſitions & droits, s'opere avec la plus grande exactitude.

F I N du Tome premier.

TABLE
DES MATIERES
CONTENUES DANS LE PREMIER VOLUME.

ABRUZZA, citérieure, & ultérieure. pag. 258.

ANGLETERRE. Les impôts font des droits de douanes, des droits d'accifes, & des droits intérieurs.

Les droits de douanes font des droits de traites, nommés *Tonnages*, quand ils fe perçoivent à raifon du tonneau, & *pondage*, quand ils fe perçoivent à raifon du poids. — Comme en France, les Commis peuvent prendre les marchandifes pour le prix déclaré, & un dixieme en fus. — En général, la régie de ces droits eft affez femblable à celle des mêmes droits en France. Il eft à remarquer que le bénéfice fur les marchandifes, retenues par les commis, eft verfé à la caiffe d'amortiffement, pag. 1, 2.

L'accife confifte en droits fur les confommations, dont la perception donne lieu à des exercices de commis, comme font les droits d'aides en France, pag. 3.

Les droits intérieurs fe divifent en droits proprement dits & en taxes ou impofitions. — Les droits portent fur la pofte aux lettres, les cabaretiers & colporteurs, le papier timbré, les caroffes, cabriolets, chaifes à porteurs, les cartes, les dez, les penfions, les emplois, les apprentiffages, &c. — Les taxes portent fur les maifons & fur les terres, pag. 4.

Tous les droits font fixes & permanens, à l'exception de celui fur la dreche. Les taxes font fujettes à rénouvellement & à variations, pag. 5.

La taxe fur les terres eft proportionnelle au revenu eftimé d'après les déclarations anciennes & fort infideles des proprié-

T t ij

taires ; elle a été tantôt du dixieme , tantôt du cinquieme ,
tantôt du feptieme du produit, pag. 6. — La taxe fur les maifons
eft plus fixe , & eft proportionnée au nombre des fenêtres, pag. 7.

Outre ce , il y a la taxe des pauvres, affife fur tout ce qui
produit un revenu réel, & par conféquent principalement fur les
terres, & cette taxe forme un objet confidérable, pag. 7 , 8 , 9.
La nation Angloife eft endettée , pag. 10. Etat de fes dettes,
en 1766, pag. 11 , 12. Etat des dépenfes annuelles qui fe prennent fur la taxe des terres & le produit des droits fur le malt
ou la dreche, pag. 13.

Opérations tendantes au remboursement de la dette nationale, pag. 14 , — 16.

Chaque province a fes états, dont les pouvoirs font bornés
à la répartition & à la perception des Impôts.

La répartition fe fait d'après d'anciens cadaftres. Tous les fonds ,
ceux même du Souverain & de l'Eglife, contribuent à l'impôt.

L'induftrie eft auffi impofée , mais on s'en rapporte aux Déclarations faites fous la foi du ferment.

La recette fe fait gratuitement.

Les Etats répondent de la totalité des impofitions. Ils payent
pour un redevable qui ne paye pas , mais celui-ci doit rembourfer l'intérêt des avances pour lui faites. Faute d'y fatisfaire ,
on faifit fa terre , ou feulement les revenus , s'il s'agit d'un
Majorat, pag. 66 , — 68.

D'ailleurs les autres impôts font les mêmes que ceux de
Bohême , voyez donc *Bohéme*.

— Dans des droits fur le vin & fur les beftiaux de boucherie. — Dans une taxe pour la garde de la ville. — Une capitation
par tête : — une taille par arpent de terre : — des corvées : —

feigneuriaux , droits d'aides , péages ou traites , dans le produit de la monnoie & dans celui des falines.

Le gouvernement prend foin des veuves des employés, & de leurs enfans, pag. 94 , 95.

BERNE, (Canton de). Tout habitant y eft enregimenté depuis 16 jufqu'à 60 ans , doit avoir un habit d'uniforme & fes armes à fes dépens.

Il y a plus d'impôts que dans les autres cantons.

Le vin & le fel y font affujettis à des droits conftans.

Il y a des droits de péage fur les beftiaux & les marchandifes.

Il s'y fait des impofitions pour la garde , la maréchauffée & les lanternes.

Les Magiftrats , Capitaines & bourgeois , ayant des places lucratives , payent à proportion de leurs profits.

Les lettres de naturalité s'y payent. On y paye le droit de féjour. On y paye pour pouvoir y recruter.

Le canton poffede des domaines & droits Seigneuriaux.

Chaque ville , bourg , & village , a auffi fa caiffe particuliere pour fes befoins, pag. 99 , 102.

BIENNE, (ville de) Le vin y paye des droits à la vente , tant en gros qu'en détail.

Au befoin , la bourgeoifie fe cottife elle-même.

La ville a des dîmes fur les vins & fur les grains. Elle perçoit des droits de traites, pag. 110 , 111.

BOHÊME. Finances réformées en 1748 , pag. 53.

Les impofitions s'y divifent en contributions & en droits.

Les contributions font régies par les Etats , qui n'ont plus le droit d'impofition.

Elles portent fur les fonds , les maifons , l'induftrie , les perfonnes , les confommations & les rentes.

Les fonds font cadaftrés. Les terres payent à raifon de leur produit , à-peu-près 40 pour 100 , déduction faite des frais. Les fonds feigneuriaux ne payent que 20 au lieu de 40. Les prés , bois , & forêts ne payent auffi que 20 , mais du produit total.

Ce cadaftre eft bien fait, bien tenu, & exige un grand travail annuel, pag. 54 — 60.

La contribution fur les maifons eft auffi proportionnelle, mais elle eft modique, pag. 57.

Chaque claffe d'artifans eft taxée pour l'induftrie, pag. 58.

L'impofition perfonnelle, nommée amortiffement, eft une capitation diftinguée par claffes, cotifées graduellement, pag. 58.

Il y a de plus l'impôt de famille, tellement conftitué, que les Célibataires payent comme peres de famille, pag. 59.

La contribution eft augmentée d'un pour cent, à raifon des Invalides, pag. 59.

En outre, il y a un impôt fur chaque livre de viande, lequel eft perçu par les Collecteurs de la contribution, pag. 59.

Enfin, la réduction, que les rentes ont éprouvée, tourne au profit de l'Etat, qui perçoit la part retranchée, dont le Créancier ne jouit plus, pag. 59.

La comptabilité de tous ces objets eft dans le plus bel ordre, au point que, chaque jour, on peut voir au net l'état des finances, pag. 62, 63.

Les payfans, quoique dans la dépendance des Seigneurs, y font cependant ménagés, parce que les contributions font tellement combinées, que les Seigneurs ont intérêt à ce que leurs payfans foient à l'aife, pag. 60 — 61.

Outre ces contributions, qui font régies par les Etats, il y a plufieurs impôts & revenus qui en font indépendans. Tels font les droits fur le fel, — fur les boiffons; — les droits de douanes; — les revenus des fonds confifqués; — ceux des mines; — les droits fur le tabac; — ceux du papier timbré; — les droits fur les fucceffions collatérales & fur les actes, pag. 64, 65.

où les impositions portent fur les biens fonds d'après un ancien cadaftre, pag. 91.

D'ailleurs ils payent les mêmes droits que les autres Duchés de l'Electorat de Hanovre ; ainfi voyez *Hanovre*.

BRIXEN, (Evêché de) voyez *Tirol*.

CALABRE, pag. 258, 267.

CALEMBERG, GOTTINGEN & GRUBENHAGEN, (Duchés de) partie de l'Electorat de Hanovre, où les Etats, pour lever les fubfides ou contributions ordinaires, imposent des droits, tantôt de traites, tantôt d'aides. Si le produit ne fuffit pas, on prend le furplus dans la caiffe dite de fecours, formée de l'excédant des produits des années précédentes, A défaut de fonds, on a recours à un emprunt. On a foin de ménager les denrées de premiere néceffité, à caufe des pauvres, pag. 89.

De plus, chaque ville paye une fomme pour les fourrages de la cavalerie & des dragons ; la répartition s'en fait fur les fonds, eu égard à leur étendue. On paye en argent ou en nature, pag. 90.

Quant aux autres droits, voyez *Hanovre*.

CARINTHIE, voyez *Autriche*.

CARNIOLE, voyez *Autriche*.

CASAL MAGGIORE, voyez *Milanois*.

CILLEY, (Comté de) voyez *Autriche*.

CÔNE, voyez *Milanois*.

COPPENHAGUE, pag. 45.

CREMONE, voyez *Milanois*.

DANNEMARCK & NORWEGE, Les impofitions y font réelles ; & portent fur les fonds qu'on a rappellés tous à une même valeur, en compenfant le défaut de qualité par plus d'étendue de terrein, Il y a quelques privileges.

Il eft un ordre de payfans, pour lefquels les Seigneurs font tenus d'acquitter l'impôt, lorfque les premiers ne le payent pas. Ainfi point de vexations à craindre.

L'impôt fe percevoit en grains, mais les Receveurs exigeoient mefure comble ; & ne vendoient au profit du Roi que mefure raz ; abus qui a été réformé, pag. 37 — 44.

Outre

Outre les impositions, il y a des droits sur les consomma-
tions & sur les marchandises. Ces derniers sont affermés à des
négocians, & le commerce en est mieux traité, pag. 44,
45.

On connoît aussi en Dannemark un droit sur les cartes à
jouer; — un autre sur le papier, équivalent à nos droits de
formule, de contrôle, d'insinuation & de centieme denier,
pag. 42.

Il y avoit autrefois une capitation; mais elle a été jointe
à l'imposition réelle. Il n'y a plus que les Seigneurs qui la
perçoivent sur ceux pour qui ils payent l'impôt réel, pag. 41.

DANTZIC (ville de). On y perçoit à-peu-près les mêmes impôts que
dans celle de Hambourg; voyez *Hambourg*.

La plus forte imposition est une capitation, dont le montant
fixé est toujours excédé, & de beaucoup, pour fournir aux
dépenses de la ville, pag. 51.

Une autre imposition personnelle est une taxe payée par tous
gens établis & mariés, pag. 51.

Il y a des droits de traites, & des droits d'aides. Ces derniers portent sur tous les objets de consommation, pag. 52.

DIEPHOLTZ & HOYA (Comtés de). Le montant des subsides est acquitté
par une taille arbitraire, répartie avec l'avis des Syndics de
chaque Communauté, pag. 91; voyez *Hanovre*, dont ces
comtés font partie.

ELECTORATS. Voyez *Baviere*, *Hanovre*, *Mayence*, *Saxe*, &c.

ESPAGNE. Les revenus du Roi consistent en rentes & en droits.

Les rentes sont provinciales, générales ou particulieres.

Les rentes provinciales sont des droits sur les ventes tant de
meubles que d'immeubles. Ils se renouvellent à chaque revente,
échange, commerce, pag. 294. — Des droits sur les huiles,
les vins & les vinaigres, pag. 295. — Des droits sur la viande
de boucherie, pag. 296. — Des droits de traites. — Des droits
sur le papier & sur le sucre, pag. 297. Un dixieme de toutes
les dîmes. — Une capitation, appelée service ordinaire, dont
les nobles font exempts. — Des droits ordinairement abonnés
pour la vente de l'eau-de-vie, pag. 298.

Les rentes générales font des droits de douanes, pag. 299.

Les rentes particulieres font des droits fur le fel, qui fe vend par impôt, pag. 300. — Des droits fur la poudre, le plomb, le tabac, tous vendus au profit du Roi, pag. 301, 302. — Des droits à l'exportation des mines, dont le produit eft affuré en forçant chaque propriétaire à venir laver fes laines à un lavoir public, où il en eft tenu inventaire, pag. 302, 303.

Ces rentes font régies par un Sur-Intendant général, pag. 303; une direction générale, pag. 304; des Intendans de provinces, pag. 306; des Adminiftrateurs généraux & particuliers, pag. 307, 308; des Contadors, pag. 308; Des Tréforiers, des Subdélégués, pag. 309; des gardes & des Vifiteurs, pag. 310; les Supérieurs jouiffent d'une autorité fans bornes, pag. 306; les Inférieurs s'entendent facilement avec les fraudeurs, pag. 315.

La perception de ces rentes donne lieu à des déclarations, à des inventaires, à des exercices de Commis, à des formalités fans nombre, dont la moindre omiffion emporte des faifies, des amendes, des peines corporelles: Avec cela, des exemptions multipliées, des regles de perception ni ftables, ni uniformes, pag. 315.

Ces motifs ont fait concevoir le projet d'une contribution unique, repréfentative de toutes ces rentes, laquelle ne porteroit que fur les fonds, pag. 315, — 320.

Les droits font ceux de *Lanzas*, repréfentatifs des lances ou gens de guerre, que les grands & perfonnes de qualité doivent fournir, pag. 311. Le droit de *Mediannata*, payé auffi par les perfonnes titrées, tant lors de l'acquifition, que pour la confervation du titre, pag. 312. — Le droit d'*Excufado* confiftant dans la dîme de la meilleure maifon de chaque Paroiffe, pag. 314.

Outre les droits qui portent fur le peuple, il eft encore chargé des logemens, des uftenfiles, des milices, de l'habillement des troupes, des quintes, des recrues, des ponts & chauffées, & de toutes les charges municipales. L'excès des droits eſt porté au point, que la culture & le commerce ſont abandonnés. On préfere l'oiſiveté à l'acquiſition de richeſſes, qui ſeroient l'objet des recherches d'exacteurs avides, pag. 315.

Le Clergé, malgré les exemptions dont il jouit, prétend être auſſi ſurchargé que le peuple, pag. 316.

ETAT ECCLÉSIATIQUE. Chaque ville, bourg & village avoit autrefois ſon Conſeil, chargé de la répartition & de la levée des impoſitions & des droits. Aujourd'hui, tout eſt ſous l'inſpection du bureau d'Adminiſtration générale, établi à Rome.

On diſtingue des impoſitions & des droits. Les impoſitions ſont territoriales, mais le produit en eſt modique, & affecté au ſeul entretien des ponts & chauſſées, pag. 247.

Les droits ſont affermés. Ce ſont ceux de la mouture du bled : — Ceux ſur la viande, payables à proportion du prix de chaque bête. Le mode de la perception & du paiement de ce droit, paroît ingénieuſement imaginé, & donne beaucoup de facilité aux bouchers, pag. 248 : — des droits ſur le vin : — d'autres ſur le ſel : — des droits de douane : — des droits d'octrois appartenans à chaque communauté : — les poſtes ſont affermées, pag. 249.

Il y a, dans l'Etat Eccléſiaſtique, deux papiers publics, produiſant intérêt, qui ſe ſoutiennent bien, attendu la difficulté d'acquérir des fonds, qui y ſont fort chers; & produiſent peu, pag. 250.

Il y a deux banques, où l'on paye en papier monnoie, qui ne circule que dans Rome, pag. 251.

La culture des terres eſt négligée, parce que l'Etat achete & revend les bleds, dont il fixe le prix. L'exportation ne s'en accorde point, ſans permiſſion couteuſe.

L'Etat s'eſt auſſi réſervé la vente excluſive des huiles, pag. 251.

FRIBOURG. (canton de) Les plus grands produits font ceux des droits de traites, & ceux des foires.

Les Bourgeois y payent une taxe annuelle, égale pour tous.

On ne peut y exercer un métier ou commerce, fans y payer les droits d'aggrégation.

L'Etat jouit de dîmes & de rentes foncieres, dont quelques terres font exemptes, pag. 104.

FRIOUL AUTRICHIEN, voyez *Autriche.*

GÊNES. (République de) On y diftingue des impofitions & des droits.

Les impofitions font cadaftrées, eu égard à la valeur des fonds, pag. 206.

Il eft une autre impofition, mais perfonnelle, qui ne s'impofe que relativement aux revenus des capitaux & de l'induftrie, conféquemment très-arbitraire dans fa répartition, pag. 307. Ces deux impofitions fe nomment *avaria.*

Les droits font ceux de mouture de grains : — ceux fur les cartes à jouer : — ceux dus à la vente du poiffon, pag. 208 : — droits fur les fours à chaux & à briques ; — droits fur le favon : — droits fur les bœufs à la boucherie, & fur toute efpece de confommation, pag. 209, à l'exception de celles qui font confommées dans le lieu du cru, pag. 210 : — le droit de la vente exclufive du tabac, de l'eau-de-vie, & des liqueurs fortes : — une loterie, pag. 210 : — la gabelle des chemins ou droits de péage, pag. 211 : — des droits fur le papier à écrire, — d'autres fur le papier timbré : — d'autres fur les actes, fur les conftitutions de dots aux filles ; fur les contrats de vente, &c., pag. 211, 212 : — enfin des droits de douane, qui, malgré le trop grand nombre de Commis, font très facilement éludés, pag. 212, 213 : — l'impôt fur le fel eft tellement réglé que le fermier a intérêt à ne pas frauder, pag. 212.

GENEVE, pag. 105.

GLARIS. (canton de) Quand les dépenfes de la bourfe commune excedent la recette, on a recours à une impofition, qui porte,

les denrées & fur les grains, moulus dans les moulins de la République, pag. 47.

Les droits particuliers réfultent du produit de la vente des charges & offices : — de celui des droits fur les places, échopes, & étaux des bouchers, *ibid* : — du droit de protection fur les Juifs, réparti par eux-mêmes, pag. 48 : — des droits de maitrife dans les Corps & Communautés : — de ceux de port & d'ancrage : — du produit de la vente des places deftinées aux corderies : — de celui des amendes & confifcations, pag. 48 : — des droits payés par ceux qui quittent le pays : — du produit de l'entreprife de la monnoie : — des droits payés pour acquérir la bourgeoifie, pag. 49 : — du produit d'un Lombard : — de celui de la cave de ville, où il y a des vins du Rhin de 100 feuilles : — de celui de l'Apothicairerie, très-bien fournie, & du produit de la douane de la farine, pag. 49.

Lss impofitions fe divifent en ordinaires & extraordinaires. Les ordinaires font 1º. une taille fixée en proportion des biens & des facultés, laquelle ne fe répartit point, chacun payant en confcience, & fon ferment fuffit. 2º. Une fomme fixe par tête, pour la garde de la ville. 3º. Une autre pour les boues & lanternes payée par maifon, pag. 50.

Les impofitions extraordinaires font : 1º. une capitation qui porte fur tous, excepté les Nobles, les Eccléfiaftiques, les perfonnes titrées : 2º. une fomme additionnelle, nommée *droit des foffés*, deftinée aux dépenfes d'entretien, pag. 51.

HANOVRE. (Electorat de) Les revenus proviennent de domaines & de fubfides,

Les domaines confiftent dans les biens-fonds, cens, rentes, reconnoiffances en nature & en argent, compofées de différens droits, pag. 85, 86 : — dans le produit des mines : — dans celui des falines, dont la régie eft très-difpendieufe : — dans les droits de *licentes*, ou de péages : — dans les revenus cafuels, provenant des amendes, du gibier, des jardins potagers, &c., & dans le produit des poftes & meffageries bien exactement perçu, & fans qu'il puiffe y avoir de fraudes, pag. 88.

Quant aux fubfides, chacune des huit provinces qui compofent l'Electorat, & qui font autant de pays d'Etat, a fon régime particulier, voyez *Bremen*, &c., *Calemberg*, &c., *Diepholtz*, &c., *Lunebourg*.

HOLLANDE. Pays chargé d'impôts mal adminiftrés. Il n'en entre que
moitié dans la caiffe publique, pag. 132, 133.

On y perçoit des droits de traites, des droits d'aides, des
droits perfonnels & des droits réels.

Les droits de traites font fixés par des tarifs; mais la perception en eft compliquée, & la fraude fréquente & facile,
pag. 133, 134. Outre ces droits, il fe perçoit un droit de
poids à la vente, aux reventes, au tranfport d'un village dans
une ville, pag. 135.

Les droits d'aides ou accifes portent fur toutes les confommations. Aucune n'eft exceptée, perfonne n'eft exempt. — A
ces droits, chaque régence ajoute des accifes municipales, dont
le produit eft deftiné à fes dépenfes. Il n'y a gueres que les
vins fur lefquels les régences ne peuvent mettre de droits additionnels, parce que les principaux font exceffifs, pag. 136.
— Les droits doublent le prix des bleds & des farines. —
De plus le pain paye à chaque tranfport & entrée en autre
lieu que celui de fa fabrication, pag. 137. — Tous ceux qui
font ou vendent ces denrées fujettes à droits, y font taxés
perfonnellement à des impofitions annuelles, pag. 138. —Les
beftiaux payent pour leur nourriture, pour leur hébergement.
On paye pour le droit de les engraiffer, pour les herbes deftinées à leur engraiffement. On paye les places deftinées à leur
vente, & on paye à raifon de la vente même, pag. 139. —
Le bois paye un quart de fa valeur, & un dixieme en fus.
— La tourbe paye tant par tonne; le tourbier paye l'induftrie
pour fa fabrique, & le confommateur paye pour fon ufage,
pag. 140. — Tout fel, autre que le fel raffiné, eft prohibé,
& celui-ci eft fujet à des droits, foit qu'il foit deftiné aux
hommes, foit qu'il le foit aux beftiaux, pag. 140, 141. —
Le poiffon, le favon, le plomb, le tabac; en un mot, il n'eft

pas une denrée fouſtraite aux acciſes qui ſe reproduiſent ſous toutes les formes, pag. 142, 143.

Les droits perſonnels ſont une capitation, à raiſon du nombre des domeſtiques, à raiſon de l'uſage du thé, du café, des liqueurs, pag. 143, 144. — Tous ceux qui ſe marient payent un droit, pag. 144.

Sous le nom des droits réels, ſont compriſes les impoſitions ſur les bêtes à cornes, ſur les chevaux, ſur les voitures, ſur les terres, les jardins, les prairies, ſur les maiſons, pag. 145 — 147.

Tous actes ſont ſujets à droits, ſinon point d'hypotheque, pag. 146.

Défenſes de teſter autrement que ſur papier timbré, dont le prix varie ſuivant la force des fortunes, pag. 146.

Les ſucceſſions, donations, legs, &c. ſont ſujets à des droits, pag. 146, 147.

La perception de tant d'impôts emploie plus de 50 mille Commis, pag. 148.

Avec tant d'impôts, le peuple eſt à l'aiſe, pag. 151.

HONGRIE. Un ſeul impôt y eſt à la diſpoſition du Souverain. C'eſt une capitation uniforme pour tous les habitans de la campagne, non nobles, proportionnée aux facultés, ſelon la déclaration des redevables, pag. 69.

Mais le Souverain y demande des contributions, & les Etats les payent, en ordonnant telle impoſition qui leur plaît. La répartition en eſt faite par la Diette qui détermine ce que chaque comitat doit payer. Chaque comitat regle enſuite la part des Communautés, qui ſubdiviſent ſelon les facultés arbitrées de chacun; car il n'y a point d'impôt purement réel, quoiqu'il y ait un ancien cadaſtre très-vicieux, dont on fait encore quelque uſage, pag. 70, — 72.

Le Souverain, d'ailleurs, y jouit de revenus, provenant des mines — du bénéfice du commerce des matieres d'or & d'argent: — du produit des terres & Seigneuries royales, dont le nombre augmente journellement: — de quelques droits ſur les Communautés, dont les nobles ſont exempts, mais ils les

payent

payent sous le nom de traites : — du produit de la gabelle, dont il hausse le prix à volonté, pag. 72, 73.

Enfin, les Etats fournissent la solde & l'entretien de quelques troupes, pag. 73.

Liege. (pays de) Les impôts y sont consentis par les Etats. On en distingue d'ordinaires & d'extraordinaires : — les premiers sont des droits de traites, — les seconds sont une augmentation de ces mêmes droits, portant sur le vin & la dreche, & un vingtieme du prix de la viande de boucherie.

Si ces droits ne suffisent pas, on a recours à une taille sur les fonds, lesquels sont cadastrés & se cadrastent journellement, à l'aide de Déclarations vérifiées, au besoin, par l'arpentage : les médiocres terres ne payent que moitié des bonnes, & les mauvaises en acquittent le quart : — on fait porter un tiers de l'imposition totale sur l'industrie. Lorsque les maisons sont imposées, elles le sont à raison du nombre de leurs fenestres, pag. 119, 123.

Lucerne. (canton de) Il n'y a guere d'impôts tant qu'il y a des fonds en caisse. Ces fonds proviennent des rentes, dîmes & droits appartenans à l'Etat, de celui des péages & des droits, payés en foire. Cependant il s'y leve une imposition personnelle & par tête pour la garde de la ville.

Le Pape n'a pas consenti à l'établissement d'un don gratuit sur le Clergé.

Au besoin, on leve une taxe personnelle sur tout habitant, relativement à ses facultés ; l'impôt cesse avec le besoin.

La France fournit aux dépenses courantes de l'Etat, p. 102,-104.

Tome I. X x

MILANOIS. Il comprend les Villes, Principautés, Comtés & Seigneuries de Pavie, Cremone, Cone, Lodi & Cafal Maggiore, dans lefquelles les impofitions & droits font femblables.

On en compte trois claffes : les droits régaliens, les impofitions mifes en fermes, & les taxes, pag. 173.

Les droits régaliens font des droits de mouture, de boulangerie, de boucherie, de vente & confommation des vins, des droits d'entrée & de fortie fur prefque toutes les denrées. La plupart de ces droits font aliénés en tout ou en partie : delà, un nombre trop multiplié de bureaux de perception, tant au profit des aliénataires, que du Souverain, pag. 174, — 178.

Les impofitions mifes en ferme font la vente du fel, tant naturel que raffiné : — celle du tabac : — les droits de traites très-multipliés : L'extraction du falpêtre : — la fabrication & la vente de la poudre à tirer : — les bénéfices des fermiers font connus & bornés, pag. 178 — 180.

Il y a de plus des fermes ou régies particulieres, pour les cartes à jouer : l'entreprife du théâtre de Milan : — les permiffions pour jouer aux jeux de hazard : — la loterie : — la pofte aux chevaux & aux lettres : — les droits de chaffe : — les droits fur la foie écrue : — ceux connus fous le nom de tribunal de fanté fur les marchandifes fufpectées de pefte : — les droits à l'exportation des grains & du riz, pag. 180, 181.

Les taxes font réelles & perfonnelles. Les taxes réelles font cadaftrées. Les fonds anciens des Eccléfiaftiques ont des priviléges, pag. 180 — 184.

Il n'y a peut-être pas de cadaftre mieux fait.

La taxe perfonnelle a lieu dans les campages exemptes des droits perçus dans les villes. — Dans la ville, il fe perçoit une taxe modérée à titre d'induftrie, pag. 184 — 186.

MODENE. (Duché de) On diftingue des droits confiés à la Chambre fouveraine, qui les régit par économie, & en compte au Souverain ; & des droits mis en fermes, foit générales, foit particulieres, pag. 167.

Les objets régis par la Chambre fouveraine font le *cenfiment ;* ou impofition, fur ceux qui poffedent, en fonds de terre, un revenu de 1200 liv. & au-deſſus. — La *Mezza-Doppia*, ou impôt ſur les gens de la campagne, dont ſont exempts ceux qui peuvent fournir un ſoldat, ſans que le labourage en ſouffre. A cet impôt eſt joint celui des charriages ou fourniture des chariots néceſſaires aux réparations des chemins, tranſport des troupes, &c. pag. 168. — *il Teſlatico*, ou impoſition ſur chaque tête de beſtiaux, pag. 169. — Le droit de chaſſe affermé par tout où il n'appartient pas aux Seigneurs de fiefs, *ibid.* — Le produit des poſtes aux lettres & aux chevaux, pag. 170. — Les droits ſur les fonds vendûs, *ibid.* — Le privilége de la vente excluſive de verres à vitre, & des ouvrages de verrerie, *ibid.* — Les péages par eau. — Une loterie. — Enfin des droits ſur le pain, pag. 171.

Les objets mis en ferme ſont la vente du ſel fixé par impôt, mais à prix différens, ſelon le domicile des conſommateurs en ville, en campagne, ou ſur les frontieres : — la vente du tabac : — celle des eaux-de-vie : — La mouture des grains : — les droits ſur les cuirs : — ſur la viande, & ceux de traites, pag. 171, 172.

NAPLES. (Royaume de) Les impofitions confiftent dans une contribution annuelle & générale : — le droit de valimento, — & les arrendemens, ou revenus royaux, pag. 252.

La contribution annuelle & générale confifte dans l'impofition nommée *Adoha*, portant fur les biens féodaux qui payent 26 $\frac{2}{3}$ pour cent de leur valeur, eftimée en 1564, pag. 253: — dans une capitation uniforme fur chaque pere de famille,

qui font des droits fur les pâturages , dont l'origine remonte aux Romains, pag. 276 — 284: — les droits appartenans jadis à plufieurs offices fupprimés, pag. 284 — 286 : — les droits de Salm , ou de traites fur tous les comeftibles , & fur tout le bled embarqué, pag. 287 : — le droit de deux pour cent fur les chebecs , *ibid*: — les droits de reliefs payés par les barons , & de quinze ans, payés par les Eglifes & par les Communautés , à raifon de leurs fiefs , pag. 288 : — le droit de fortie fur toutes fortes de denrées & de marchandifes , pag. 288 , 289 : — enfin des droits nommés corps divers , & compofés en effet de divers objets , pag. 289 — 291.

ché , de moulins , de fours, de bois , &c. pag. 229:

Quant à ces droits dans les autres duchés, voyez *Guaſtalle* & *Plaiſance.*

Les droits uniformes dans les trois duchés , ſont l'impôt ſur le ſel. On diſtingue le ſel d'impôt , qui ſe répartit dans quelques lieux , eu égard à l'étendue des fonds , dans d'autres , eu égard au nombre des perſonnes ; le ſel de vente volontaire. — Le ſel de privilége & de franc-ſalé, pag. 235 —239. L'impôt du ſel n'a pas lieu dans le duché de Guaſtalle, pag. 240. — Les fermes unies des tabacs , des eaux-de-vie & liqueurs , pag. 340. — La ferme des poudres & ſalpêtre & du vitriol , pag. 241. — La loterie , ſemblable à la loterie Royale de France , *ibid.* — Les droits de notulation , de contrôle & d'inſinuation, comme en France , pag. 241. — L'impôt ſur les cuirs que l'Etat achete excluſivement , & revend de même , pag. 242. — Le produit des poſtes aux chevaux & aux lettres , *ibid.* — Le produit de l'exploitation des mines de fer, pag. 243. — Des privileges de vente excluſive de pluſieurs objets ou de leur fabrication, tels que du papier, du plâtre , & de la craie dans le Duché de Parme, des œufs & volailles dans Borgo Saint Domingo & Monticelli , pag. 244. De l'huile à brûler , *ibid.* — Le produit des biens allodiaux , *ibid.* — Des revenus fixes, qui conſiſtent tant dans le produit du ſel déja détaillé , que dans celui d'une taille réelle , impoſée ſur les biens, moulins , maiſons & rentes , à laquelle quelques fonds Eccléſiaſtiques contribuent en partie, 244 , 245.

Enfin, il y a la taxe du ſolde militaire , tellement conſtituée que les milices , loin de rien coûter au Prince , produiſent un revenu , pag. 245 , 246.

&

& du poiſſon frais qui entre dans la ville, pag. 230. — Droits
de boucherie, *ibid.* — Droits de mouture, *ibid*, & pag. 232.
— Droits locaux de Fiorzenula, qui ſont droits d'aides & de
traites, pag. 232. — Droits ſemblables dans l'Etat - Landi &
Borgotaro, pag. 233. — Des priviléges de vente excluſive de
certains marchandiſes, *ibid* ; & des droits dits de Communautés, *ibid.*

Quant aux autres droits, voyez *Parme.*

PAYS-BAS AUTRICHIENS. Pays d'Etat, où les impoſitions s'adminiſtrent
comme en Flandres & en Hainault. — Le Souverain y fait
des demandes. Les Etats ſtatuent ſur l'accord de l'impoſition,
ſur le mode & ſur la répartition.

Les impoſitions du Brabant ſont regardées comme les plus
également réparties, pag. 124.

Il faut diſtinguer les *impoſitions* dans les villes cloſes, &
celles du plat-pays. Dans les villes, on paye un vingtieme du
loyer des maiſons & des jardins, pag. 125, 126. Dans le plat-
pays, on connoît auſſi l'impoſition des vingtiemes, celle de
bede, & celle du rachat de bétail & de mouture.

Les vingtiemes ne ſont pas du vingtieme du produit des
terres, mais une taxe proportionnelle à chaque arpent de
terre, chaque nature de production, de revenu, & même
d'induſtrie, pag. 127. Si un vingtieme ne ſuffit pas, on en
impoſe pluſieurs, pag. 126.

L'impoſition de *Bede* eſt territorial, fixé uniformément à 25
ſous par arpent, pag. 128.

L'impoſition pour rachat du bétail, & de la mouture
eſt fixé uniformément à 7 ſous par tète, au-deſſus de 7 ans,
pag. 129.

Outre ces impoſitions & droits, le Souverain jouit de
droits de traites, ſujets à variation, d'un droit particulier de traites, nommé *tol* ou *tonlieu*, & d'un autre
nommé *Convoi*, pag. 130, 131. Il y jouit auſſi des domaines
non-aliénés, pag. 130.

PORTUGAL. Il n'y a guere d'impoſition générale que le dixieme. —
Les droits ſur le tabac : — ceux ſur le ſel — & ceux ſur les

cartes. Le dixieme porte fur tous les objets qui produifent revenus d'après titres, ou eftimation faite en préfence des juges du lieu. — Les biens patrimoniaux des Eccléfiaftiques , font fujets, à l'exception de leur titre clérical. — Quant aux biens Eccléfiaf- tiques, ils font exempts, mais le Clergé paye un don gra- tuit.

Il exifte un nombre prodigieux de droits de traites & d'aides fujets à variation à chaque pas , pag. 321 , — 324.

La comptabilité eft tenue dans le meilleur ordre. Chaque femaine , il eft remis au Roi un état général de la recette & de la dépenfe ; & tous les fix mois, outre le même état que le Roi examine, il vérifie les fonds du tréfor. Le moindre retard dans la recette , & le moindre délai dans la compta- bilité mettroient le Receveur & le Comptable dans le cas d'ef- fuyer des pourfuites rigoureufes, pag. 325 — 329.

les confommations des habitans, pag. 116.

SAINT-GALL, (ville de) petits droits & revenus, comme dans les cantons de Zurich & de Bafle. — Au befoin, chaque bourgeois déclare fes facultés, & il eft taxé à proportion, pag. 110.

SARDAIGNE, PIEMONT & SAVOIE: — la taille y eft purement réelle. Les cadaftres ont été renouvelés récemment & faits avec grand foin. Tous les biens font affujettis, à l'exception des biens féodaux, & de ceux de l'ancienne dotation de l'Eglife. L'impofition, en général, y eft du cinquieme du produit des terres; mais il n'y a pas d'autre impôt, fi ce n'eft à titre de douane. — Cependant il y a une impofition perfonnelle, ou capitation, deftinée à payer les dettes des Communautés; mais le rôle doit en être fait avec grand ménagement; ceux qui le font font tenus de payer pour ceux dont les plaintes font reconnues fondées. — En cas de befoin, & s'il faut plus que le tarif ne porte, on impofe ce plus au marc la livre. Depuis l'établiffement du cadaftre, il n'y a plus ni procès, ni injuftice, pag. 187 — 205. Nous invitons ceux qui prennent intérêt à la meilleure répartition des impôts, à lire le détail des opérations faites pour parvenir à la formation du cadaftre. Chaque arpent de terre a coûté à-peu-près 8 fous.

SAXE. Pays d'Etat où les impofitions font la taille répartie d'après d'anciens cadaftres affez vicieux, & la capitation réduite aux feuls offices militaires & civils. — Les droits font établis fur la bierre, fur le vin, — & fur le papier timbré. Le régime de la perception de ces droits reffemble à celui de France, pag. 82, — 84.

SCHAFFOUSE, (Canton de) droits fur le vin confommé: — plus forts fur celui qui eft débité & exporté. — Taxe fur les Cabaretiers & Aubergiftes: — droits modiques fur le fel: — droit payé par ceux qui recrutent; tels font les feuls droits ordinaires. — L'Etat jouit de dîmes, de péages, de droits Seigneuriaux & de plufieurs bâtimens, pag. 109.

SCHWEIDNITZ, (ville de) en Siléfie; fes octrois font confidérables, pag. 81.

Y y ij

fitions. Ces hemans appartiennent aux Gentilshommes , & ne
font francs que s'ils font exploités par eux-mêmes. Cependant
des bourgeois & des prêtres peuvent poſſéder auſſi des hemans
francs. — Il faut encore comprendre au rang des revenus réels
les produits des lacs & pêches appartenant au Souverain. —
On peut encore donner ce nom au produit des droits ſur les
mines , dont quelques-uns ſe payent en nature. — Enfin on le
donne aux contributions réglées à tant par feu , pour différens
objets de dépenſe fixe.

Les revenus mobiliers réſultent du produit de la poſte aux
lettres ; — de celui des douanes ; — de celui des droits d'acciſes
ou d'aides ſur les conſommations ; — d'un droit ſur le papier
timbré — Enfin il y a une capitation générale ſur tout ce qui
n'eſt pas noble.

Quelques impoſitions font fixes , d'autres font variables , mais
devenues fixes par la ſuite des temps de leur perception.

Outre ce , les diettes accordent ſouvent des impoſitions de
nouveau genre.

Telle eſt la nature des impoſitions réelles & fixes , qu'un
propriétaire peut être dépouillé de ſon heman faute de payer,
pag. 17. — 23.

Tableau des contributions accordées à la diette de 1761 ,
pag. 23. — 36.

SUISSE. On y perçoit peu d'impôts ; le caractere ſuiſſe s'accorderoit mal
avec les exactions. Tous les habitans y ſont ſoldats. Dans tous
les Cantons il y a des droits Seigneuriaux , des péages , on
y perçoit des droits de recrue. Tels font les rapports communs.
Pour entrer dans le détail , il faut diſtinguer 1°. les cantons
ariſtocratiques. Voyez *Berne* , *Fribourg* , *Lucerne & Soleurre* ;
2°. les cantons ariſto-démocratiques. Voyez *Baſle* , *Bienne* ,
Malhouſe , *Saint-Gall* (ville) , *Schaffouſe* , & *Zurich*.

3°. Les Etats démocratiques, voyez *Claris* , *Griſons* (République des) *Schwitz* , *Valais* (République du) *Underval* , *Uri* , *Zug*.

4°. Les Etats alliés de la Suiſſe , ſuivant le Gouvernement
Monarchique , voyez *Baſle* (Evêché) , *Neufchatel* , *Saint-Gall*
(Abbaye).

quitter en nature ou en argent; s'il ne vient pas payer ce qu'il doit, au temps fixé, on lui fait payer le double. pag. 157.

Il y a des droits sur les beſtiaux, ſur la farine, ſur les teſtamens, ſur les ſucceſſions, ſur les ventes. pag. 158, 159.

Les impoſitions perſonnelles portent ſur les Communautés d'arts & métiers, pag. 159.

Les droits d'aides portent ſur les bœufs, ſur le tabac, ſur le ſel, & ſur les huiles mis en fermes ſéparées, pag. 160, 161.

Les droits de douane ou de traites régis comme en France, 162.

Fin de la Table des Matieres.